ERNST-JOACHIM LAMPE

Grenzen des Rechtspositivismus

Schriften zur Rechtstheorie

Heft 128

Grenzen des Rechtspositivismus

Eine rechtsanthropologische Untersuchung

Von

Prof. Dr. Ernst-Joachim Lampe

Duncker & Humblot · Berlin

CIP-Titelaufnahme der Deutschen Bibliothek

Lampe, Ernst-Joachim:
Grenzen des Rechtspositivismus: e. rechtsanthropolog. Unters./
von Ernst-Joachim Lampe. - Berlin: Duncker u. Humblot,
1988
(Schriften zur Rechtstheorie; H. 128)
ISBN 3-428-06417-8
NE: GT

Satz: Irma Grininger, Berlin 62
Druck: Berliner Buchdruckerei Union GmbH, Berlin 61
Printed in Germany

ISBN 3-428-06417-8

Vorwort

Meine Untersuchung ist keine Kampfschrift gegen den Rechtspositivismus – und sie ist es doch. Sie zweifelt nicht an der eminenten Bedeutung einer positiven Normenordnung für die Verläßlichkeit unseres Lebens. Aber sie zweifelt daran, daß es *allein die Rechtsnormen* sind, die unser Leben verläßlich gestalten. Sie sieht das positive Recht vielmehr eingebettet in einen sozialen Lebensraum, der von einer Fülle soziokultureller Determinanten durchzogen und von einer Fülle soziokultureller Strukturen geprägt wird. Das positive Recht liefert selbst einige dieser Determinanten und Strukturen – vielleicht sogar die prägnantesten. Aber es darf nicht damit rechnen, unbeeinflußt von den anderen das menschliche Leben zu gestalten. Seine Geltung und seine Wirkung sind relativ, bedingt und begrenzt durch die Konkurrenz anderer Ordnungssysteme. *Es gibt keine absolute Geltung des positiven Rechts!*

Die *„Grenzen des Rechtspositivismus"* herausarbeiten, heißt daher, die Relativität der juristischen Normgeltung bestimmen. Es heißt, sich in Bereiche hinausbegeben, wo das positive Recht mit den natürlich-kulturellen Determinanten und Strukturen des sozialen Lebens zusammentrifft. Es sind die Bereiche des Übergangs, nicht der strengen Entgegensetzung. Es sind die Bereiche der Wandlung – von Normalität in Normativität, von Sein in Sollen. Die Gegensätze des Ontischen und des Deontischen haben hier ihre gemeinsamen Wurzeln, gleichen sich noch, daß es manchmal wissenschaftlich fast unentscheidbar ist, welche Determinanten und Strukturen sozial und welche rechtlich sind: vorrechtliche Übung oder rechtliche Usance, vorrechtliches Brauchtum oder rechtlicher Brauch, vorrechtliche Abmachung oder rechtlicher Vertrag? Es sind, kurzum, jene Bereiche, die man mit der – an sich widersprüchlichen – Bezeichnung „Naturrecht" („Natur-Recht") zu belegen pflegt, weil die Naturgesetze (aber auch die Kulturgesetze!) den Richtstab zur Leitung des menschlichen Lebens dort an die Rechtsgesetze weiterreichen, ohne deren „gesollte, weil gewollte" Ordnung vollständig aus ihrem Regiment zu entlassen.

Der Untertitel bezeichnet die Untersuchung als *„rechtsanthropologisch"*. Er beschränkt sie somit auf den Bereich, wo Recht und Mensch aufeinandertreffen: das Recht auf den Menschen als ein „unfestgestelltes", aber „der Feststellung bedürftiges" Wesen, der Mensch auf das Recht als ein „Feststellung gewährendes", selbst aber „unfestgestelltes" Ordnungssystem. Es ist der Bereich, wo das reale Recht zum Steuerungsmittel des Menschen wird und der reale Mensch zum Steuerungsobjekt des Rechts, wo die naturhaften Determinanten in das Recht eindringen, ihm einen typisch menschlichen Gehalt geben, und wo die normativen Determinanten des Rechts den Menschen zur Person formieren, zum Träger von Rechten und Pflichten: „Sei eine Person und respektiere die anderen als Personen!" bzw. „Sei im Recht!"

Der „Mensch im Recht" in diesem Bereich ist *der ganze Mensch* – mit all seinen vitalen Bedürfnissen, mit all seinen Strebungen, Interessen, Neigungen, mit all seinen intellektuellen Fähigkeiten. Er ist, Kantisch gesprochen, der Mensch sowohl als phänomenon als auch als noumenon. Das menschliche Recht ist deshalb ein Produkt beider, des phänomenalen und des noumenalen Menschen. Schon deshalb wäre es verfehlt, es als allein rationale Ordnung zu betrachten. Es war und ist auch ein Produkt des menschlichen Gefühls: für das Richtige, Angemessene, Harmonische. Und es war und ist auch ein Produkt des Willens und der Tat: sic volo, sic iubeo, ita ius esto! Deshalb reicht eine Verstandesmethode allein nicht aus, um das „Recht des Menschen" zu erfassen. Sie bedarf der Ergänzung durch eine Methode der gefühlsmäßigen Kognition und der handlungsmäßigen Entscheidung. Die vorgelegte Untersuchung liefert hierfür Materialien. Daß sie noch keine allseits überzeugenden Ergebnisse liefern kann, ist selbstverständlich. Wieviel sie von solchen Ergebnissen trennt, vermag allerdings nur der zu ermessen, der auf dem immer differenzierter und unübersichtlicher werdenden Gebiet der Rechtsanthropologie selbst einmal gearbeitet hat.

Ich möchte die Veröffentlichung meiner Untersuchung benutzen, um mich noch einmal bei all denen zu bedanken, die in den letzten Jahren in der rechtswissenschaftlichen Grundlagenforschung mit mir zusammengearbeitet haben. Mein Dank gilt vor allem den Teilnehmern der Arbeitsgemeinschaften „Das sog. Rechtsgefühl", „Persönlichkeit, Familie, Eigentum. Grundrechte aus der Sicht der Sozial- und Verhaltenswissenschaften" und „Verantwortlichkeit und Recht", die in den Jahren 1983, 1985 und 1987 im Zentrum für interdisziplinäre Forschung (ZiF) in Bielefeld stattfanden und deren Ergebnisse in den Jahrbüchern für Rechtsoziologie und Rechtstheorie Bd. X, XII und XV veröffentlicht wurden bzw. werden. Sie haben mir gezeigt, wie unendlich vielgestaltig die Perspektiven sind, aus denen der „Mensch im Recht" betrachtet werden kann.

„Einer hat immer Unrecht; aber mit zweien beginnt die Wahrheit", hat Friedrich Nietzsche einmal gesagt. Ich hoffe deshalb, daß auch dort, wo ich infolge der Begrenztheit meiner Perspektive im Unrecht bin, ich doch der Wahrheit, die andere finden werden, zu nützen vermag.

Ober-Olm, im Juni 1987

Ernst-Joachim Lampe

Inhaltsverzeichnis

Einleitung

Der *Rechtspositivismus* definiert das Recht als eine Befehls- und Zwangsordnung mit beliebigem Inhalt. Rechtsetzung im allgemeinen und Gesetzgebung im besonderen findet von seinem Standpunkt aus statt einerseits im Zeichen höchstmöglicher Unsicherheit darüber, was Inhalt bzw. Zweck des Rechts sein soll, andererseits im Zeichen höchstmöglicher Sicherheit darüber, was die zur Zweckerreichung einzusetzenden Mittel sind, nämlich Befehl und Zwang. Diese an sich merkwürdige Kombination von rechtlicher Freiheit in der Wahl der Rechtsinhalte und rechtlichem Zwang in der Durchsetzung dieser Inhalte begründet der Rechtspositivismus zum einen mit der Kontingenz aller materialen Wert- und somit auch Rechtsinhalte, also der resignierenden Feststellung, daß hier keinerlei Richtigkeitsgewähr zu erlangen sei[1], zum andern mit der Eigenheit menschlicher Handlungen, naturgesetzlich nicht oder nicht vollständig determiniert zu sein, weshalb es notwendig werde, das Gemeinschaftsleben durch normative Satzung so oder so autoritativ zu gestalten. Sein Grundsatz lautet: Auctoritas, non veritas facit legem! Auf den Normgeber bezogen: „Wer Recht durchzusetzen vermag, beweist damit, daß er Recht zu setzen berufen ist“[2]. Auf den Normanwender konkretisiert: „Der Jurist wird immer wieder die instinktive Scheu haben, eine positive Norm unbeachtet zu lassen, weil dies die Ordnungsfunktion des Rechts schmälert, die uns allein vom Chaos trennt“[3]. Und auf den Normadressaten gemünzt: „Es ist besser, es geschehe dir Unrecht, als die Welt sei ohne Gesetz“[4]. Nimmt man dies alles zusammen, so ist es des Menschen, insbesondere des Juristen, Scheu vor Unordnung, die den Rechtspositivismus in seinem Selbstverständnis legitimiert; weil diese Scheu instinktiv größer ist als der Abscheu vor Unrecht, deshalb gelte, so die Argumentation,

---

[1] Daß Rechtspositivismus und Relativismus nicht Hand in Hand gehen müssen, noch gar identisch sind, betont mit Recht *M. Kriele* (1963), S. 13 f. Gleichwohl ist kaum eine Lehre so gut geeignet und hat auch keine Lehre so oft dazu gedient, den Rechtspositivismus zu begründen, wie der Relativismus. Ausführlich zum Rechtspositivismus: *W. Ott* (1976); ausführlich zum Relativismus: *H. Wein* (1950).

[2] *G. Radbruch* (1932), S. 81. Ferner S. 83: „Für den Richter ist es Berufspflicht, den Geltungswillen des Gesetzes zur Geltung zu bringen, das eigene Rechtsgefühl dem autoritativen Rechtsbefehl zu opfern, nur zu fragen, was Rechtens ist, niemals, ob es auch gerecht ist.“

[3] *H. Welzel* (1953), S. 289. Vgl. ferner *E. Riezler* (1951), S. 339: „Der tiefere Grund, warum wir darauf bestehen müssen, daß naturrechtliche Ideale nicht mit geltendem Recht vermengt und ihm gleichgestellt werden, ist das Bedürfnis nach Rechtssicherheit, das in jedem Rechtsstaat, gleichviel welcher verfassungsrechtlichen Struktur, hervortritt, ja für ihn charakteristisch ist.“

[4] *J. W. von Goethe,* Maximen, S. 279 (Nr. 113).

selbst der unsittliche Rechtsbefehl[5]. Ist folglich der Rechtspositivismus nicht nur eine pragmatische Philosophie des „law and order“ – ist er darüber hinaus eine anthropologisch begründete Notwendigkeit?

Mir scheint, daß gerade seine anthropologische Begründung, sein *Menschenbild*, den Rechtspositivismus anfällig macht gegen Kritik. Würde seine Lehre wahrhaftig die menschliche Wirklichkeit spiegeln, dann enthielte sie eine ebenso erstaunliche wie beunruhigende Erkenntnis. Aber bisher hat der Rechtspositivismus sein Menschenbild weder als Wirklichkeit beweisen noch auch nur als Wahrscheinlichkeit so plausibel zu machen vermocht, daß wir von ihm als von einer feststehenden Grundlage bei unseren juristischen Erörterungen ausgehen könnten. Der Rechtspositivismus steht wissenschaftlich auf ungefestigtem Boden! Gewiß wird ihm niemand bestreiten, daß es in jeder Menschengruppe Ordnungsfanatiker gibt, die „law and order“ unbedenklich über „equity and liberty“ erheben. Dennoch verstellt dieses Zugeständnis nicht den Blick auf die weitere Erkenntnis, daß Ordnungsfanatiker nirgends die Mehrheit bilden und daß sie vor allem bisher niemals die Ausgestaltung einer Rechtsordnung bestimmt haben. Zumindest mit dem Anspruch, Recht und nicht Unrecht zu setzen, ist bisher überall der Gesetzgeber aufgetreten. Und indem er diesen Anspruch erhob, hat er sich unter die Herrschaft rechtsethischer Determinanten gebeugt, um einerseits *mit* ihrer Unterstützung sein Gesetzeswerk aufzubauen und in soziale Wirklichkeit umzusetzen und um andererseits *durch* ihre Unterstützung die ethische Gesinnung des Volkes zu stabilisieren.

Berechtigt freilich war der Anspruch eines Gesetzgebers, Recht und nicht Unrecht zu setzen, stets nur in dem Maße, wie die rechtsethischen Determinanten seines Tuns sich wissenschaftlich kontrollieren und als richtig nachweisen ließen. Die Legitimation des Gesetzgebers bestand niemals schon in seiner löblichen Absicht, sondern erst in der wissenschaftlich gewonnenen Prognose, daß sich diese Absicht – zumindest bis zu einem gewissen Grade – verwirklichen werde. Wie aber ließ sich eine solche Prognose erstellen?

Der Rechtspositivismus hat die Möglichkeit einer wissenschaftlichen Kontrolle der Gesetzgebung stets und mit Vehemenz bestritten. Nach seiner Lehre wird der Inhalt der Gesetze zwar nicht durch die „nackte“ Willkür des Gesetzgebers, wohl aber durch frei gewählte und deshalb wissenschaftlich unkontrollierbare Faktoren geprägt. Die freie Wahl des Gesetzgebers, im doppelten Sinne des Wählens und des Gewähltwerdens verstanden, sei, so meint er, das Optimum dessen, was ein pluralistisches, im Zeichen des ethischen Relativismus stehendes und deshalb zur Toleranz verpflichtetes[6] Gemeinwesen an Richtigkeitsgewähr

---

[5] Vgl. *F. Somló* (1927), S. 308 f.: Es gelte „unumstößlich die Wahrheit, daß die Rechtsmacht (oder nach anderer Terminologie: der Gesetzgeber, der Staat, die souveräne Macht) jeden beliebigen Rechtsinhalt setzen kann“. *H. Kelsen* (1960), S. 201: „Jeder beliebige Inhalt kann Recht sein. Es gibt kein Verhalten, das als solches, kraft seines Gehalts, ausgeschlossen wäre, Inhalt einer Rechtsnorm zu sein.“

[6] Die Forderung nach Toleranz gegenüber (allen?) anderen Wertansichten läßt sich aller-

hervorzubringen vermöge[7]. – Doch die Zeichen einer solchen Freiheit trügen: Jedesmal wenn der Gesetzgeber die Grenzen des dem Menschen Möglichen oder Erlaubten überschritt, jedesmal wenn seine Gesetze, offen oder versteckt, dem Menschen Unmögliches oder Unerlaubtes, gar „schreiende" Unsittlichkeit abforderten, sind bisher die Grenzen des positiven Rechts sichtbar geworden. Und der Rechtspositivismus, der diese Grenzen nicht erklären konnte, vielmehr bereit war, von seinem wissenschaftlichen Standpunkt aus auch die unsittlichen Gesetze als legitim hinzunehmen, ist dann jedesmal selbst in eine tiefe *Legitimationskrise* hineingeraten. Seinen Verfechtern erschien dann die hautnahe Realität des gesetzlichen Unrechts als so unerträglich, daß sie, um des höheren Ideals der Gerechtigkeit willen, forderten, dem Befehl das Recht seiner Verweigerung, dem Zwang die Freiheit eigener sittlicher Entscheidung entgegenzustellen[8].

In Deutschland geschah das zuletzt nach der Katastrophe des *Nationalsozialismus*. Die jahrzehntelang unangefochtene rechtspositivistische Grundhaltung der deutschen Juristen wich damals dem entgegengesetzten Extrem der Naturrechtsgläubigkeit[9], welche die naturrechtswidrigen Gesetze des „Dritten Reiches" für nichtig erkannte und sich nicht scheute, diese Erkenntnis zur Grundlage einer neuen, rechtsstaatlichen Grundsätzen entsprechenden Judikatur zu machen. Diese aus einer Krisensituation hervorgegangene Rechtsprechung soll man heute gewiß nicht überbewerten; der Rückschritt zur Gesetzesgläubigkeit ist, wie wir wissen, längst getan. Wir dürfen aber festhalten, daß zumindest seither, wenn nicht schon längst, den Rechtspositivismus jener Vorwurf trifft, den er der Naturrechtslehre lange Zeit glaubte entgegensetzen zu

---

dings aus dem Wertrelativismus nicht herleiten, sondern stellt im Gegenteil eine Durchbrechung dieser Lehre dar. Eher kann m.E. der Wertrelativismus als Folgerung aus der Forderung nach Toleranz angesehen werden (vgl. *E.-J. Lampe*, 1976, S. 106).

[7] Dazu besonders *R. Thoma* (1923), S. 42 ff.; ferner *ders.* (1930), S. 190 ff.

Zu Thoma vgl. auch *H.-D. Rath* (1981), S. 105: „In dieser Konzeption der wertneutralen Demokratie stellt das formal-demokratische ‚Spielregelsystem' den Rahmen bereit, innerhalb dessen die sozialen und politischen Konflikte ausgetragen werden können. Diese Reduktion der Demokratie auf eine bestimmte Methode der Herrschaftsbestellung liegt in der Konsequenz des – nicht zuletzt erkenntnistheoretisch fundierten – Prinzips der Gleichrangigkeit und Gleichberechtigung aller Wertstandpunkte, demzufolge die Auseinandersetzung um inhaltlich divergente Gesellschaftsprogramme der politischen Eigendynamik, dem ‚Spiel der freien Kräfte' überlassen bleibt."

[8] Eindrucksvoll *G. Radbruch* (1973), S. 344 f.: „Der Positivismus hat in der Tat mit seiner Überzeugung ‚Gesetz ist Gesetz' den deutschen Juristenstand wehrlos gemacht gegen Gesetze willkürlichen und verbrecherischen Inhalts. Dabei ist der Positivismus gar nicht in der Lage, aus eigener Kraft die Geltung von Gesetzen zu begründen. Er glaubt, die Geltung eines Gesetzes schon damit erwiesen zu haben, daß es die Macht besessen hat, sich durchzusetzen. Aber auf Macht läßt sich vielleicht ein Müssen, aber niemals ein Sollen und Gelten gründen. Dieses läßt sich vielmehr nur gründen auf einen Wert, der dem Gesetz innewohnt. ... Man kann Recht, auch positives Recht, gar nicht anders definieren denn als Ordnung und Satzung, die ihrem Sinn nach bestimmt ist, der Gerechtigkeit zu dienen".

[9] *Arthur Kaufmann* (1957), S. 5, spricht mit Recht von einer „Renaissance des Naturrechts". Ebenso *W. Maihofer* (1966), S. IX.

dürfen: sie habe ihre geschichtliche Bewährungsprobe nicht bestanden. Gewiß, niemand kann ihm, der Beliebiges zum Rechtsinhalt erhebt, vorwerfen, er habe in der Zeit des Nationalsozialismus oder jemals sonst zur Begründung unrichtigen Rechts getaugt. Doch seine zum Programm erhobene Indifferenz gegenüber aller Richtigkeit oder Unrichtigkeit von Rechtsinhalten hat ihn für diejenigen, die unter der Herrschaft unrichtigen Rechts leben mußten, zur Abwehr unsittlicher Anmaßungen untauglich gemacht. Und das wiegt schwerer als die Irrungen der Naturrechtslehre, die immer unter der Verantwortung stand, das „wahre“ oder „richtige“ Recht aufzufinden, und die an dieser Verantwortung gemessen werden konnte.

Ich lege mir deshalb in dieser Schrift aufs neue die Frage vor, ob es wirklich keinen wissenschaftlichen Standpunkt jenseits des Rechtspositivismus gibt; ob es wirklich unmöglich ist, wissenschaftliche Maßstäbe zu finden, die uns erlauben, gesetzliches Recht vom Nichtrecht oder Unrecht, das im Gewande des Gesetzes daherkommt, zu scheiden; ob wirklich jede naturrechtliche Begründung „richtigen“ Rechts auf die Stützung durch eine Metaphysik angewiesen bleibt, die ihrerseits wissenschaftlichen Maßstäben nicht standhält und deshalb im Streit der Meinungen unterzugehen verurteilt ist? Ich werde versuchen, eine Antwort auf diese Frage aus jenem Menschenbild zu geben, das uns die neueren anthropologischen, biogenetischen, neuro-physiologischen, psychologischen und ethologischen Forderungen nahelegen. Ich werde versuchen, damit Schritt für Schritt mich einem soweit wie möglich naturwissenschaftlich, soweit wie nötig geisteswissenschaftlich begründeten *Naturrecht* zu nähern, das den Rechtspositivismus wissenschaftlich begrenzt und damit die Möglichkeit einer wissenschaftlichen Kritik an den positiven Rechtsinhalten eröffnet.

Um eines freilich von vornherein klarzustellen: Ich erbringe damit keinen Nachweis für ein einzig „richtiges“ Recht, das künftig aller Gesetzgebung zugrunde zu legen wäre. Ich führe lediglich den Nachweis, daß es einen Bereich gibt, worin das Recht „eindeutig unrichtig“ ist oder „vergleichsweise unrichtig“ zu werden beginnt, und daß dieser Bereich wissenschaftlich abgrenzbar ist. Zu mehr indessen wird eine Naturrechtslehre ohnehin niemals fähig sein. Und niemals sollte sie es auch versuchen! Denn ihre Aufgabe liegt nicht darin, dem Gestaltungswillen des Gesetzgebers genaue Inhalte vorzuschreiben und dadurch seine Freiheit zu leugnen. Ihre Aufgabe ist kritisch – und, recht betrachtet, wird sie wohl heute auch allgemein in dieser Weise begriffen[10]. – Aber zu noch einem muß sich die Naturrechtslehre heute verstehen: Nicht mehr in der Aufstellung absolut verpflichtender rechtsethischer Postulate kann ihre Aufgabe liegen, sondern nur noch im Nachweis naturhaft vorgegebener Determinanten, die in

---

[10] Selbst so extreme Formulierungen wie die bei *A. Süsterhenn* (1947), S. 55 ff., lassen kaum einen anderen Schluß zu: „Das Naturrecht bildet die Grundlage, Richtschnur, Garantie und Schranke des positiven Rechts. Positives Recht, das sich im Gegensatz zum Naturrecht befindet, ist kein Recht, sondern Unrecht und besitzt daher keinerlei verpflichtende Kraft.“

den Rechtsraum hineinragen und dort ihre relative Verpflichtungskraft erlangen. Es gibt lediglich ein *relatives Naturrecht,* ein Naturrecht also, dessen Regeln mit anderen, nicht-naturrechtlichen Regeln in Kollision treten und alsdann eingeschränkt oder verdrängt werden können. Für die tragenden Rechtsprinzipien ist ein solcher Relativismus seit längerem anerkannt[11]; für Regeln mit geringerer Dignität kann nichts anderes gelten. Einzelheiten werden dies im folgenden bestätigen.

---

[11] Vgl. die bekannte Formulierung *G. Radbruchs* (1973), S. 345: „Der Konflikt zwischen der Gerechtigkeit und der Rechtssicherheit dürfte dahin zu lösen sein, daß das positive, durch Satzung und Macht gesicherte Recht auch dann den Vorrang hat, wenn es inhaltlich ungerecht und unzweckmäßig ist, es sei denn, daß der Widerspruch des positiven Gesetzes zur Gerechtigkeit ein so unerträgliches Maß erreicht, daß das Gesetz als ‚unrichtiges Recht' der Gerechtigkeit zu weichen hat."

Die Formulierung Radbruchs erfüllt freilich nicht die wissenschaftlichen Erwartungen, die vielerorts mit ihr verbunden worden sind. Denn viel zu vage bleibt in ihr jener Maßstab, der angeblich alles entscheidet: die „Unerträglichkeit" des Widerspruchs zwischen positivem Gesetz und Gerechtigkeit. *Wie* „unerträglich" muß der genannte Widerspruch sein? *Wer* ist aufgerufen, hierüber zu urteilen? Und *welche Instanz* im Menschen entscheidet - das individuelle Gefühl oder das sittlich verantwortliche Gewissen? Eine Teilantwort auf diese Fragen gibt neuerdings Art. 7 II der Europäischen Menschenrechtskonvention, worin die Bestrafung einer Person zugelassen wird, deren Handlung oder Unterlassung im Zeitpunkt ihrer Begehung (zwar nicht nach dem positiven Recht des betreffenden Staates, aber) „nach den von den zivilisierten Völkern allgemein anerkannten Rechtsgrundsätzen strafbar" war. Hier wird durch Rechtsvergleichung unter den zivilisierten Völkern ein sittlicher Mindeststandard ermittelt, der dem positiven Recht des betreffenden Staates vorgeht. Allerdings bleibt auch hier zumindest eine Frage offen: Welches Volk ist *zivilisiert*?

I. Die Bindung des positiven Rechts an die determinierenden Verstandesgesetze („formallogische" Gesetze)

Ich beginne dort, wo die Bindung des Rechts an die menschliche Natur besonders eng ist und somit die Grenzen richtigen Rechts leicht festgestellt werden können: bei den determinierenden Gesetzen des menschlichen Verstandes, den sog. „formallogischen" Regeln. Selbst die Nominalisten nahmen einst an, daß diese Regeln stark genug seien, um die Gesetzgebung zu binden; nicht einmal Gott dürfe den Menschen befehlen, was ihnen nach den Gesetzen ihres Denkens unfaßbar ist[1]. Und in der Tat verlieren *Befehle* dort ihren Sinn, wo sie infolge eines Verstoßes gegen Denkgesetze für Menschen unverständlich bleiben. Wer sich des Sinnes zur Herrschaft bedient, muß sinnvoll herrschen. So wenig wie über den Grammatikern steht Cäsar über den Logikern!

Deshalb gilt:

- Jede Rechtsregel untersteht den formallogischen Gesetzen. Ein Verstoß hiergegen macht sie nichtig. Folge: „Duorum vel plurium in solidum dominium esse non potest" – eine Sache kann nicht im Alleineigentum mehrerer Eigentümer zugleich stehen.
- Widersprechen mehrere Rechtsregeln einander, so hat dies auf ihre Gültigkeit an sich keinen Einfluß. Doch müssen die Widersprüche beseitigt werden, sofern die Regeln ein und derselben Rechtsordnung zugehören[2]; denn andernfalls würde die logische Einheit der Rechtsordnung zerstört[3]. Folge: Von zwei Rechtsregeln, deren eine das Reden und deren andere das Schweigen gebietet, ist innerhalb der logischen Einheit einer Rechtsordnung zumindest eine unanwendbar.

---

[1] Vgl. etwa *W. von Ockham* (1614), S. 630.

[2] *C.-W. Canaris* (1983), S. 66.

[3] Übereinstimmend *K. Engisch* (1935), S. 46 ff.; *ders.* (1983), S. 162 ff.; *H. Kelsen* (1960), S. 209 ff.; *K. Larenz* (1983), S. 255, 299, 321; *R. Schreiber* (1962), S. 60; *I. Tammelo/H. Schreiner* (1977), S. 99 ff.; *O. Weinberger* (1970), S. 214 ff. u.a.

Zweifelhaft ist, ob deshalb „die Gesetze der Logik augenscheinlich Bestandteil des Rechts werden" (so Schreiber, a.a.O., und wohl auch BGHSt 6/70, 72: die „Gesetze des Denkens und der Erfahrung" seien „Normen des ungeschriebenen Rechts"). Nach der hier vertretenen Auffassung stellen sie lediglich Grenzen dar, die der Gesetzgeber nicht überschreiten darf, ohne in eindeutige Unrichtigkeit zu verfallen.

II. Die Bindung des positiven Rechts an die determinierenden Naturgesetze

Nicht nur durch Befehle, auch durch *Zwang* herrscht das positive Recht. Demnach ist es nicht nur an die logischen Regeln des menschlichen Geistes, sondern auch an die physiologischen, chemischen, biologischen und psychologischen Gesetze der menschlichen Natur gebunden, über die einzig und allein sein Zwang wirkt. „Ultra posse nemo obligatur“ - erzwingbares Sollen bedingt menschliches Können. Daran fehlt es, wo die Natur dem Menschen keine Freiheit zur Wahl gelassen, sondern sein Verhalten vollständig determiniert hat. Kein Gesetzgeber der Welt kann deshalb die Zeit der Schwangerschaft verkürzen, die biologischen Unterschiede von Mann und Frau beseitigen[1], die Schrecksekunde im Straßenverkehr ausschalten oder einem psychisch normalen Menschen gebieten, hundert ihm gegenüber wehrlose Menschen zu erwürgen[2]. „Jedes positive Recht hat irgendwo seine letzte Schranke in anderen Mächten, die subjektiv höher sind.“ Der dies sagte, K. Bergbohm[3], war einst ein Wortführer des Rechtspositivismus.

Deshalb gilt:

- Überschreitet der Inhalt einer Rechtsregel die dem Menschen naturhaft gesetzten Grenzen, so ist die Regel unwirksam. Stellt beispielsweise ein Gesetz den (gelungenen) Selbstmord unter Strafe, so bewirkt es nichts, als daß es sich der Lächerlichkeit preisgibt[4].

---

[1] Vgl. *A. V. Dicey* (1968), S. 43: "De Lolme has summed up the matter in a grotesque expression which has become almost proverbial. 'It is a fundamental principle with English lawyers, that Parliament can do everything but make a woman a man, and a man a woman'." Die ärztliche Wissenschaft hat die Pointe dieses Satzes freilich inzwischen abgestumpft.

[2] Zur psychischen Unmöglichkeit eines solchen Verhaltens vgl. *W. Rudolph/P. Tschohl* (1977), S. 219. Weiter heißt es dort: „Zugleich ist hierin ein wichtiger Unterschied zwischen bestimmten psychischen Belastbarkeiten und der körperlichen Belastbarkeit impliziert. Das gleiche Individuum kann u.U. dazu gebracht werden, als Bombenflieger eine weit größere Anzahl von Menschen zu töten. Darin zeigt sich eine Relativität psychischer Belastbarkeit. Sie beruht im angeführten Fall auf einem psychischen Perspektivismus, der dem visuellen Perspektivismus analog ist.“

[3] *K. Bergbohm* (1892), S. 451.

[4] *Platon*, Gesetze V 742 e: Τὰ *μὲν οὖν δυνατὰ βούλοιτ' ἂν ὁ διακοσμῶν, τὰ δὲ μὴ δυνατὰ οὔτ' ἂν βούλοιτο ματαίας βουλήσεις οὔτ' ἂν ἐπιχειροῖ* („das Mögliche wird der Staatslenker erstreben, das Unmögliche wird er dagegen weder in eitlen Wünschen begehren noch zu verwirklichen unternehmen“).

Weiteres bei *K. Engisch* (1971), S. 239 f.

- Werden allerdings die Grenzen des Menschenmöglichen erst durch das Zusammenwirken mehrerer Normen überschritten, so sind lediglich diejenigen Normen unwirksam, die das Zuviel verlangen. Ist es beispielsweise einem Vater unmöglich, all seine Kinder aus den Flammen eines brennenden Hauses zu retten, so handelt er nicht rechtswidrig, wenn er sein Möglichstes tut, um wenigstens eines vor dem Tode zu bewahren.

III. Die Bindung des positiven Rechts an die programmierenden Naturgesetze

Die determinierenden Gesetze der menschlichen Natur kennzeichnen die exakten und unüberschreitbaren Grenzen des positiven Rechts. Aber weil diese Grenzen exakt gezogen sind und ihre Überschreitung von vornherein unwahrscheinlich erscheint, sind sie für den Rechtswissenschaftler wenig interessant, viel weniger jedenfalls als jene minder exakten und in vieler Hinsicht durchlässigen *Programmierungen der menschlichen Natur,* die die Gestaltungsfreiheit des Gesetzgebers nur unvollständig beschränken und denen ausführlicher sich zuzuwenden daher um so mehr lohnt.

Man erforscht die erwähnten Programmierungen erst seit neuerer Zeit. Daraus erklärt sich, daß wesentliche ihrer Komponenten noch ungesichert sind oder bisher nur vage formuliert werden konnten. Vorangetrieben werden die Forschungen vor allem in zwei Richtungen:

- Elaboration der universellen Grundlagen der menschlichen Natur, insbesondere ihrer instinktoiden Mechanismen (*Genotypus*), sowie des hierauf aufbauenden, zusätzlich durch Umwelt und Kultur geprägten Verhaltensrepertoires (*Phänotypus*).
- Aufweis der universellen Grundlagen der menschlichen Gemeinschaft, z.B. von universellen Formen der Konfliktbewältigung oder des Ethnozentrismus (*Soziotypus*), sowie der Spielräume für kulturelle Eigenständigkeit (*Kulturtypus*).

Obwohl beide Forschungsrichtungen für den Juristen gleichermaßen wichtig sind, wird meine Untersuchung nur die erste verfolgen. Der Grund liegt darin, daß die zweite Richtung, also der Aufweis universeller Sozialdeterminanten, in einen Bereich hineinführt, der nur durch ethnographisch „flächendeckende" Referate behandelt werden kann; solche Referate aber würden den Rahmen sprengen, den ich meiner Untersuchung gesteckt habe.

A. Die Struktur des menschlichen Antriebslebens

Die wissenschaftlichen Forderungen des ersten Bereichs gelten den endogenen Grundlagen der menschlichen Natur. Sie haben in neuerer Zeit relativ gut die These abgesichert, daß die menschliche Seele bei der Geburt keine „tabula rasa"

(M. Mead) oder „chameleonlike force" (M. J. Herskovits) ist, die sich von Kultur und Recht beliebig prägen ließe – wie man das noch in der ersten Hälfte unseres Jahrhunderts angenommen hatte. Vielmehr sind in ihr gewisse heriditäre (Vor-) Prägungen vorhanden, die sich in unverkennbaren Verhaltensübereinstimmungen oder -ähnlichkeiten ausdrücken.

Die systematische Erforschung dieser Vorprägungen begann zu Anfang unseres Jahrhunderts mit dem englischen Sozialpsychologen W. McDougall. Dieser begründete eine *Instinktdoktrin*[1], die, obwohl im wesentlichen eine Neuauflage der alten Vermögenspsychologie[2], infolge einiger Besonderheiten schnell Berühmtheit erlangte.

Ihre wichtigste Besonderheit kommt bereits im Namen zum Ausdruck: sie setzte an die Stelle der psychischen „Vermögen" als Ursachen von Verhaltensweisen gewisse „Instinkte" oder „propensities". Bereits damit offenbarte sie allerdings auch ihre Schwäche: in den Instinkten sah sie nämlich eine zwar unbestimmte, aber doch feste Anzahl von innerorganischen Vermögen – wodurch sie gezwungen wurde, alle weiteren (vor allem die soziogenen) Strebungen irgendwie hierauf zurückzuführen. Drastisch hat G. A. Allport[3] das Verfahren kritisiert: „Man erklärte die Liebe des Konzertdirigenten zu seiner Musik als Ausfluß des Selbstbehauptungsinstinkts. ... Der leidenschaftliche Trödelkramsammler erhält seinen Antrieb vom Eltern-Instinkt, ebenso aber auch der gütige alte Menschenfreund und das Hausmütterchen. Daß diese drei Interessen verschieden sind, spielt keine Rolle ..." Viele andere Autoren haben sich dieser Kritik angeschlossen.

Die Kritik an der Instinkttheorie zeigte, daß ihr Ansatz gründlich verfehlt war. Indessen waren die Folgerungen, die man aus der Kritik zog, noch verheerender. Die meisten Psychologen und Anthropologen strichen nämlich die als unwissenschaftliche Erfindungen dekuvrierten Instinkte aus den Ursachen des menschlichen Verhaltens einfach heraus und sahen im Menschen, insbesondere im Inventar seiner Bedürfnisse und seiner Verhaltensweisen, ausschließlich das Produkt von Gesellschaft und Kultur (*„tabula rasa"-Doktrin* oder *Theorie der „Enkulturation"*)[4].

Dieser Standpunkt empfahl sich nebenbei auch deshalb, weil er sowohl den Vertretern des Behaviorismus als auch den Vertretern der Tiefenpsychologie – der führenden For-

---

[1] *W. McDougall* (1908, 1947).

[2] Dazu *G. C. Field* (1921), S. 257 ff.

[3] *G. A. Allport* (1959), S. 192.

[4] Die letztgenannte Theorie geht – zumindest der Bezeichnung nach – auf *M. J. Herskovits* zurück, der 1948 in seinem Buch "Man and his works" den Begriff "enculturation" definierte als "the means whereby an individual, during his entire lifetime, assimilates the traditions of his group and functions in terms of them. ... During early life, a person is conditioned to the basic patterns of the culture in accordance with which he is to live. ... In later years, however, ... the learning process is one wherein choice can operate, wherein what is presented can be accepted or rejected" (1970, S. 491). Siehe ferner *ders.* (1955), S. 326: "The aspects of the learning experience which mark off man from other creatures, and by means of which, initially, and in later life, he achieves competence in his culture, may be called enculturation."

Zu beachten ist, daß andere Autoren dem Begriff eine engere Bedeutung gegeben haben, so z.B. M. Mead, T. R. Williams und B. Whinting (vgl. *N. Shimahara*, 1970).

schungsrichtungen in der ersten Hälfte unseres Jahrhunderts – gestattete, weiterhin ausschließlich nach ihren eigenen Methoden zu forschen und etwa Nachahmung und Lernen oder Trauma als die alles entscheidenden Verhaltensdeterminanten zur Geltung zu bringen. Gleichwohl blieb gelegentlich doch ein Unbehagen zurück. Denn mit der Verwerfung der Instinkte schienen sich die biotischen Unterschiede zwischen den Menschen in den Variationen ihrer physischen Struktur (Konstitution, Hautfarbe u.ä.) zu erschöpfen; eine entsprechend differenzierte psychische Struktur jedenfalls stand der physischen nicht zur Seite. Das hieß: Pygmäen, Hottentotten und Engländer sehen zwar von Geburt an unabänderlich verschieden aus; aber sie haben merkwürdigerweise von der Natur allesamt – ohne jeden rassischen oder individuellen Unterschied – eine kulturell beliebig formbare Einheitsseele mitbekommen.

Auf die Dauer war eine derart drastische Verkürzung der menschlichen Erbanlagen nicht haltbar. Vielmehr öffnete sie das Tor, durch das in der Folgezeit die Forschungsergebnisse der *Genetik* eindrangen. Bereits 1930 erkannte der Genetiker H. S. Jennings[5], daß Temperament, Mentalität und Verhalten der Menschen in mannigfacher Weise von den Genen abhängen; man könne überzeugt sein, schrieb er, daß, wo immer sich ein Unterschied zwischen menschlichen Individuen zeigt, die Gene an seiner Hervorbringung beteiligt seien. Diese Erkenntnisse sind von der humangenetischen Forschung bis heute weitgehend bestätigt worden und haben uns die Sicherheit gebracht, daß – auf der einen Seite – die menschliche Psyche zwar in kaum vorstellbarer Weise formbar ist, weitaus mehr als die aller anderen Lebewesen, daß – auf der anderen Seite – ihre Formbarkeit aber auch genetisch bedingte Grenzen kennt[6].

Die Herausarbeitung dieser Grenzen und damit gleichzeitig der irreversiblen Komponenten unseres Seelenlebens stößt allerdings nach wie vor auf spezifische Schwierigkeiten; denn die weit fortgeschrittene Domestikation des Menschen hat die Selektion und damit die *Spezifität der endogenen Grundlage* vermindert[7]. Ohne erhebliche Lebensnachteile können heute die verschiedensten menschlichen Individuen nebeneinander – und zuweilen sogar auch recht gut miteinander – existieren. Die Homogenität ihrer Gemeinschaft wird also weit stärker durch die gemeinsame Kultur als durch eine gemeinsame biotische Ausrüstung, weit stärker phänotypisch als genotypisch, begründet. Das erklärt ein wenig die Hartnäckigkeit, mit der sich die Theorie der „Enkulturation" sowie, auf ihr aufbauend, Wertrelativismus und Rechtspositivismus gegenüber den neuen wissenschaftlichen Erkenntnissen haben behaupten können.

---

[5] *H. S. Jennings* (1930), S. 36, 154: "Structural characteristics, large and small, physiological and chemical characteristics, reactions or stimuli, behavior – all classes are found to depend experimentally on genes. It can be safely said that there is no type of characteristics in which individuals may differ that has not been found to depend on genes."

[6] Vgl. etwa *Th. Dobzhansky* (1966), S. 50 ff., 65 ff.; *C. Stern* (1968), S. 582 ff., 605 ff.; ferner *J. L. Fuller / W. R. Thompson* (1960).

Allgemein wird angenommen, daß Gene stets eine Mehrzahl von Eigenschaften beeinflussen („Pleiotropismus"), daß allerdings gewisse Eigenschaften gegenüber genetischen Veränderungen resistenter sind als andere (*E. Caspari,* 1969, S. 36 ff., Zusammenfassung S. 61 f.).

[7] Zur stammesgeschichtlichen Instinktreduktion vgl. *A. Gehlen* (1971), S. 25 f. Die Instinktreduktion hat zur Folge, daß selbst die Ergebnisse der Zwillingsforschung uns über die endogene Grundlage des menschlichen Seelenlebens keine eindeutige Aussage geben können. Vgl. etwa *Th. Dobzhansky* (1966), S. 71 ff., 77 ff.

Zu den neuen wissenschaftlichen Erkenntnissen haben auch Untersuchungen im Bereich der *Ethologie,* der Verhaltensforschung, beigetragen. Zunächst zwar imponierte auch dort den Forschern die fluktuierende Variabilität der menschlichen Kommunikations- und Interaktionsmuster[8]. Aber mehr und mehr wurde ihnen daneben klar, daß gewisse durchgängige Schemata das menschliche Verhalten prägen, Schemata, die sich am besten durch eine allen Menschen gemeinsame genetische Grundlage erklären lassen.

So hat etwa I. Eibl-Eibesfeldt[9] bemerkt und photographisch festgehalten, daß auf der ganzen Welt die Menschen ihren Gefühlen mimisch und gestisch ziemlich übereinstimmend Ausdruck geben. Und D. Ploog[10] hat durch Beobachtungen an Geisteskranken gewisse Modelle herausgearbeitet, die vermutlich unser aller Sozialverhalten zugrunde liegen, deren genetische Präformation jedoch nur beim Geisteskranken noch unmittelbar zutage tritt. „Territorium, Besitz, Rangordnung, Individualdistanzen, Aggression, Angst, Flucht" so schreibt er, „sind Situationen und Zuständlichkeiten, die auch im normalen menschlichen Leben eine Rolle spielen. Auch der Gesunde hat es nicht gerne, wenn man ihm ‚zu nahe auf den Pelz rückt', er tritt zurück und sucht zu seinem Gesprächspartner eine gemäße Distanz zu gewinnen." Nur beim Geisteskranken ist nach Ploogs Auffassung auch die Analogie zum tierischen Verhalten[11] noch deutlich zu erkennen; denn – „betrachtet man sich diesen Torso, so zeigt er Grundzüge, die auch das Zusammenleben sozialer Tiere (Säuger, Vögel und mancher anderer Vertebraten) gestalten".

Blicken wir von hier aus zurück auf die alte Instinkttheorie McDougalls, dann erkennt man den *wissenschaftlichen Fortschritt,* den die moderne Lehre gebracht hat: Der Fortschritt liegt *negativ* in der Abkehr von der Vorstellung, daß eine Anzahl treibender Kräfte (als „hormische Energien") „in all unserem Tun zutage treten, von der einfachsten bis zur kompliziertesten Tätigkeit"[12]; „Instinkte"[13] sind, will man das Wort überhaupt gebrauchen[14], keine selbständigen Entitäten, die abzählbar und abgegrenzt in einer aus Elementen zusammengesetzten Seele beieinanderwohnen. Der Fortschritt liegt *positiv* in der Erkenntnis, daß es gleichwohl gewisse ererbte Eigenschaften gibt, die unsere Verhaltensweisen („Instinkthandlungen") steuern und die bewirken, daß wir auf Impulse einesteils aus

---

[8] Vgl. dazu *A. Portmann* (1956), S. 65 ff. (: Der Mensch ist „weltoffen" und „entscheidungsfrei"); *E. von Holst* (1969), S. 277 ff.; *M. J. Waterhouse/H. B. Waterhouse* (1973), S. 669 ff.; *R. F. Ewer* (1976), S. 227 f.

[9] *I. Eibl-Eibesfeldt* (1972), S. 19 ff.; (1973), S. 15 ff.; (1976), S. 260; (1978), S. 562 ff.

[10] *D. Ploog* (1964), S. 358 f.

[11] Dazu auch *K. Lorenz* (1950), S. 150: Die vergleichende Verhaltensforschung komme aufgrund hinreichenden Materials „unweigerlich zu dem Schluß, daß an der Struktur des menschlichen sozialen Verhaltens eine ganze Reihe von Funktionen wesentlich beteiligt sind, die allgemein für Leistungen vernunftgemäß-verantwortlicher Moral gehalten werden, in Wirklichkeit aber ganz sicher in eine Reihe mit den angeborenen, echter Moral nur funktionell analogen sozialen Verhaltensweisen höherer Tiere zu stellen sind".

[12] *W. McDougall* (1947), S. 62.

[13] In der bekannten Definition *N. Tinbergens* (1972), S. 102 ff., 104, ist *„Instinkt"* ein „hierarchisch organisierter nervöser Mechanismus, der auf bestimmte vorwarnende, auslösende und richtende Impulse, sowohl innere wie äußere, anspricht und sie mit wohlkoordinierten, lebens- und arterhaltenden Bewegungen beantwortet".

[14] Dazu *W. Wieser* (1976), S. 33 ff.

unserem Innern („Triebe“ oder „Antriebsenergien“), andernteils aus der Außenwelt („Schlüsselreize“) in grundsätzlich übereinstimmender Weise reagieren – man mag diese Eigenschaft nennen, wie immer man will.

An dieser Stelle seien einige *terminologische Bemerkungen* eingeschoben. Mit den Worten „Instinkthandlung“, „Trieb“ und „Schlüsselreiz“ (oder „Angeborener Auslösender Mechanismus“ - AAM) sind drei jener Aspekte benannt, die nach der Auffassung der Ethologen im Ablauf eines Verhaltens zu unterscheiden sind. Bezieht man noch einen vierten Aspekt mit ein, dann läßt sich „Verhalten“ insgesamt wie folgt beschreiben: (a) Aus den energetischen Impulsen eines Bedürfnisses („Triebenergie“) entwickelt sich (b) ein adaptives zielgerichtetes „Appetenz“verhalten, das nach (c) dem „Schlüsselreiz“ sucht, der (d) die „instiktive“ Vornahme des „triebverzehrenden Endverhaltens“ (consummatory action) auslöst. Zusätzlich eingeführt ist hier der Begriff „Appetenz“. Ergänzt man ihn durch phänomenologische Daten, so läßt er sich auch als „Trieb“ bezeichnen, der aufgrund eines „Auslösemechanismus“ zur trieb„verzehrenden“ Instinkthandlung i.e.S.[15] führt[16].

Über dem Fortschritt, den die moderne Verhaltensforschung gebracht hat, darf man nicht gewisse *wissenschaftliche Gefahren* übersehen, die sowohl in der Weiterverwendung des Instinktbegriffs als auch in der Anwendung des Instinktschemas auf das menschliche Verhalten liegen. Ursprünglich hatten die Humanethologen (K. Lorenz, I. Eibl-Eibesfeldt, P. Leyhausen[17] u.a.) hier sehr unbekümmert operiert; erst eine teilweise scharfe Kritik[18] bewirkte die Umbesinnung, die in neueren Veröffentlichungen zu einer erheblich größeren Zurückhaltung geführt hat[19]. Mit Recht! Mehr und mehr ist nämlich deutlich geworden, daß gewisse Besonderheiten in der neuralen Struktur des Menschen eine grundsätzlich andere begriffliche Bestimmung dessen erfordern, was menschliches „Verhalten“ ist. Quasi „triebhaft“ und „instinktiv“ wie bei den Tieren, also durch Erbkoordinaten und Auslöser bestimmt, verlaufen beim Menschen nur noch wenige, im wesentlichen vitalorganisch bedingte und aus phylogenetisch älteren Hirnteilen gesteuerte Handlungen. Das spezifisch menschliche, kulturgeprägte Verhalten dagegen wird durch höchst differenzierte, bewußt ziel- und umweltorientierte „Intentionen“ bestimmt, deren Bezug zu tierischer „Appetenz“ und „Instinktreaktion“ sich nur noch sehr mittelbar stiften läßt, weil geistige Kapazitäten in der Hirnrinde aktiviert werden, die bei Tieren vergleichbar nicht oder nur rudimentär vorhanden sind[20].

---

[15] Eine solche engere Definition der „Instinkthandlung“ findet sich bei *K. Lorenz* (1937), S. 295. Vgl. auch *E.-J. Lampe* (1966), S. 126 f.

[16] Beispiel: Eine Schlupfwespe läuft unruhig an Baumstämmen auf und ab, sobald sie in Legebereitschaft ist und sucht nach Larven von Borkenkäfern, in die sie ihre Eier legen kann (*Trieb*verhalten). Trifft sie auf solche Larven, so löst deren Geruch (*Schlüsselreiz*) das Durchstechen durch die Baumrinde hindurch und die Eiablage aus (*Instinkt*verhalten).

[17] *I. Eibl-Eibesfeldt* (1972), S. 19 ff.; ders. (1973), S. 64 ff.; *P. Leyhausen* (1968), S. 266; *K. Lorenz* (1950), S. 114 ff.; *ders.* (1973), S. 315 ff.

[18] *A. Kaiser* (1973), S. 49 ff.; *D. S. Lehrmann* (1974), S. 56 ff.; *G. A. Pilz/H. Mösch* (1975), S. 96 ff.; *G. Roth* (1974), S. 156 ff.; *W. Schmidbauer* (1974), S. 17 ff.

[19] Ausdrücklich z.B. *I. Eibl-Eibesfeldt* (1987), S. 653 f.

[20] Vgl. *W. Wieser* (1976), S. 40 ff.

Mit diesen letzten Bemerkungen nehme ich nunmehr Bezug auf gewisse *neurologische Untersuchungen*, die beispielsweise E. Gruenthal[21] und E. W. Count[22] durchgeführt haben. Ihr Ergebnis ist, daß der Mensch zwar, wie jedes andere Lebewesen auch, eine verhaltenssteuernde neurologische Struktur besitzt – Count nennt sie das „Biogramm"; daß beim Menschen aber sich diese Struktur im Laufe der Evolution zu einem Grad an Komplexität und Sensibilität herausgebildet hat, der in der Natur wahrhaft einzigartig dasteht. Geringer durchgegliedert im Verhältnis zu den niederen Säugern, auch noch im Verhältnis zu den normalen Affen, sind beim Menschen zwar die Zentren des Hypothalamus und des limbischen Systems, die das Gefühls- und Triebleben steuern. Das Großhirn dagegen ist gewaltig ausgedehnt. Es gibt einer Unzahl miteinander verbundener Nervenzellen Raum, die einerseits ein gewaltiges System für Informationsaufnahme und -verarbeitung darstellen, andererseits aber auch imstande sind, die Fülle der Informationen auf das für den Organismus Bedeutsame zu reduzieren. Dies alles sind für uns unzweideutige Hinweise, daß die Instinkte im Laufe der Evolution ihre beherrschende Kraft auf den Menschen verloren haben, daß der Mensch sich heute an den Signalen der Außenwelt extrem frei orientieren kann, kurzum daß er, um einen Ausdruck von A. Portmann zu gebrauchen, „weltoffen"[23] geworden ist.

Zu beachten ist allerdings auch, daß die Grundlage, auf der diese cerebrale Entwicklung des Menschen aufbaute, zwar verändert, aber niemals zerstört wurde. Die phylogenetisch älteren Rindenanteile des Großhirns und das Zwischenhirn arbeiten auch heute noch, wenngleich weitgehend unbewußt („unterschwellig"), weiter; sie sind an fast allen unseren kognitiven Leistungen beteiligt, selbst dort, wo wir ihre Beteiligung gar nicht wünschen[24].

---

[21] *E. Gruenthal* (1936), S. 261 ff. Vgl. ferner *K. Primbram* (1958), S. 156 ff.; *G. G. Simpson* (1969), S. 217.

[22] *E. W. Count* (1958), S. 1049 ff.; *ders.* (1970), S. 1 ff., bes. 124 ff.; *ders.* (1973). Count stützt sich seinerseits u.a. auf K. Lorenz und N. Tinbergen. Siehe ferner *E. von Holst* (1969), S. 3 ff.

[23] *A. Portmann* (1956), vgl. oben S. 20 Fn. 8. Ferner *H. Werner* (1970), S. 258 ff. Daß damit die Aufgabe der individuellen Anpassung an die jeweils vorhandene Umwelt drastisch erschwert ist, ist offensichtlich.

Darüber hinaus sei hingewiesen auf die Wechselwirkung, die beim Menschen zwischen der geringen Anpassung an seine spezifische Umwelt und der geringen Entlastung des gesellschaftsspezifischen Binnenraums besteht. Auch intrasozietär sind menschliche Verhaltensweisen also hochgradig „offen" und unberechenbar – mit der wohlbekannten Folge, daß soziokulturelle Normen die Stabilisierung des inneren Sozialgefüges übernehmen müssen.

[24] Im einzelnen hierzu *E. W. Count* (1970), S. 1 ff., zusammenfassend S. 134 f.: „Es gibt ein genetisch fundiertes Wirbeltierbiogramm. Dieses Biogramm ist ein Aspekt der ganzen Wirbeltierkonfiguration; es ist daher unveräußerlich, wenngleich sekundär modifizierbar. Der Mensch unterscheidet sich von den anderen Wirbeltieren ... nicht durch mangelnde Übereinstimmung mit dem Rahmenwerk des Biogramms, sondern durch den *besonders reichen Inhalt*, den er in dieses eingefügt hat. Der Inhalt zeigt die Wirkung der Symbolbildung auf basalere psychoneurale Mechanismen, jedoch ohne daß diese Mechanismen zerstört werden. ‚Instinkte' sind im Menschen so vital und mächtig wie bei irgendeinem anderen Wirbeltier. Aber während seiner Psychogenese wurde etwas hinzugefügt. Diese These ist etwas ganz anderes als die alte Anschauung, daß ‚Intelligenz' und ‚Lernen' den archaischen ‚Instinkt' verdrängt hätten. Sie besagt nicht, daß etwas verlorenging und ersetzt wurde, sondern vielmehr, daß etwas hinzugefügt wurde, ...".

Im einzelnen brauchen wir das hier nicht weiter zu verfolgen; aber wir wollen es wenigstens anhand eines *Anwendungsfalles* in seiner juristischen Bedeutung kurz belegen: nämlich anhand der sozial-hierarischen Strukturen. *Soziale Hierarchien* gibt es – entgegen landläufigen Vorstellungen zwar nicht bei den Insekten, etwa den Bienen[25], wohl aber – bereits bei den niedersten Wirbeltieren. Sie gehören zum ursprünglichen Wirbeltier-„biogramm". Ebenfalls zum ursprünglichen Wirbeltier„biogramm" gehört, daß diese Hierarchien genetisch nicht eindeutig bestimmt sind. Sie sind instabile Strukturen, können also von den Beteiligten ständig infrage gestellt und müssen gegen solche Infragestellungen jedesmal wieder verteidigt werden. Die *Instabilität* des „Biogramms" läßt sich auch an den menschlichen Gesellschaftsformen ablesen, insbesondere an den staatlichen Gemeinschaften. Auch dort zeigen sich allenthalben Rangordnungen – mit dem einzigen Unterschied, daß sie weitaus differenzierter, komplexer und sensibler sind als die der Wirbeltiere und deshalb vielfach als künstlich erlebt werden. Auch dort zeigt sich ferner allenthalben, daß die Rangordnungen genetisch nicht vollständig determiniert und deshalb für Umstrukturierungstendenzen offen sind. Solche Umstrukturierungen finden denn auch von Zeit zu Zeit statt und führen vor allem zur Veränderung der kulturellen Grundlagen des Gemeinschaftslebens: entschied bisher der „Adel des Blutes" über die Rangfolge, so soll künftig hierüber der „Adel des Geistes" entscheiden; oder: war bisher die Macht des Kapitals maßgeblich, so soll es künftig die Macht der Arbeit sein, usf. Eine „Revolution der Werte" findet statt mit dem Ziel, die alte Rangordnung zu stürzen, und ... sie errichtet dafür eine neue.

Verfehlt ist demnach die These, die *Gründe für die Ungleichheit der Menschen* lägen in jenen künstlichen Barrieren, mit denen unsere sozio-kulturellen Normen unsere ursprünglich freie und gleiche Daseinsform durchzogen haben. Ursache und Wirkung werden hier vertauscht. Denn die so abschätzig beurteilten sozio-kulturellen Normen sind keineswegs die Ursache, sondern bereits die Wirkung unserer ursprünglich eben nur freien, nicht aber gleichen Daseinsform. Naturgegeben ist dem Menschen die Ungleichheit seiner physischen Kräfte und seiner neurophysiologischen Energien sowie sein Bewußtsein von dieser Ungleichheit. Und wenn die Natur einen Zweck mit ihrer Gabe verfolgt hat (wir dürfen uns nicht anmaßen, einen solchen zu behaupten; aber in unserer Natur liegt es, nach einem solchen zu suchen), dann besteht dieser Zweck vielleicht darin, daß sie den Menschen anstacheln wollte, sich mit Hilfe seiner ungleichen Kräfte und Energien im gesellschaftlichen Leben den ihm gemäßen Rang zu erkämpfen. Daß dann der Mensch in diesem Kampf, soweit es ihm möglich war, auch kulturelle Normen eingesetzt hat, die ihn unterstützten und andere hinderten, ist nicht zu bestreiten. Aber die Durchsetzung dieser Normen war ebenfalls nur möglich infolge der unterschiedlichen Verteilung der menschlichen Kräfte und Energien[26].

---

[25] Der Bienenstaat kennt keine Hierarchie, sondern nur eine genetisch determinierte Rollenverteilung, der gegenüber das Individuum psychisch indifferent ist. Deshalb kann es z.B. zwischen der „Königin" und den „Arbeiterinnen" niemals irgendwelche Rangstreitigkeiten geben.

[26] Vgl. zur Normierung des menschlichen Gemeinschaftslebens auch *W. Rudolph/P. Tschohl* (1977), S. 200 ff., die grundsätzlich drei Klassen von „Kulturnormen" unterscheiden: *gewohnheitsmäßige Kulturnormen,* welche relativ unproblematische oder selbstverständliche Verhaltensbereiche regeln; *moralische Kulturnormen* hinsichtlich derjenigen Verhaltensbereiche, die den Mitgliedern einer Gemeinschaft möglicherweise problematisch, vielfach jedenfalls nicht einfach selbstverständlich erscheinen; und die *„zwanghaften Kulturnormen"* (= Rechtsnormen), welche Verhaltensbereiche ordnen, „die zugleich potentiell problematisch bzw. konfliktträchtig sind und als (gesamt-)sozietär wichtig erachtet werden".

Ein großer Teil der kulturellen und rechtlichen Normen wird in allen uns bekannten Kulturen sanktioniert, wobei Schuldgefühl und Scham die – offenbar angeborenen – psychologischen Mechanismen sind, welche insbesondere auch Strafen aller Art begründen helfen.

Natürlich ist das nur die eine Seite der Medaille. Auf ihrer anderen Seite läßt sich erkennen, daß gegensteuernde *Tendenzen zur Egalisierung* im menschlichen Genom enthalten sind - man denke an die „Ansteckungskraft der Gefühle", an die Triebfedern der Gesellung, Nachahmung u.ä. Es läßt sich auch nicht bestreiten, daß hierin, in der Egalisierung, die Hauptaufgabe der sozio-kulturellen Normen liegt und daß sie hierin von den Rechtsnormen unterstützt werden sollen. Aber wir wissen alle, daß diese Normierungen nur im Normalfall funktionieren. In den Ausnahmesituationen des Unglücks und der Not dagegen brechen die individuellen Selbstbehauptungstriebfedern sich wieder Bahn und überwinden alle Normgebote zur Egalität. „Not kennt kein Gebot", heißt es dann! Aber heißt es nicht auch: „Unglück macht alle gleich"? Gewiß. Doch jene Gleichheit ist nicht die der sozial-kulturellen und der rechtlichen Normen. Vielmehr ist es die natürliche Gleichheit, die *auch* im Messen der Kräfte besteht, im Kampf aller gegen alle, und die am Ende wiederum die Ungleichheit, die Hierarchie der Stärkeren hervorbringt.

Die letzten Bemerkungen haben die thematischen Grenzen der vorliegenden Untersuchung überschritten. Ich kehre in diese Grenzen nunmehr zurück, um aus den dargestellten, empirisch größtenteils abgesicherten Befunden das Fazit für die Grenzen des positiven Rechts zu ziehen.

Das *Fazit* der vorstehenden Ausführungen lautet:

(1) Der Mensch als soziales Wesen bedarf infolge seiner eigenen unvollständigen biotischen Determination und der unvollständigen Determination seiner sozialen Beziehungen eines stabilisierenden Systems von Kulturnormen sowie, wenn Befehl und Zwang erforderlich werden, von Rechtsnormen. Der Zweck der Rechtsnormen ist daher die Stabilisierung der (indeterminierten) menschlichen Verhaltensintentionen in sozialer Absicht, die *soziale Selbstorganisation.*

(2) Der stabilisierende Einfluß der Rechtsnormen trifft nicht auf eine Psyche, die beliebig (über-)determinierbar wäre. Zwar sind alle historisch verfestigten Kultur- und Rechtsordnungen Beweise dafür, eine wie große Anzahl von Möglichkeiten es gibt, das soziale Leben erfolgreich zu gestalten - erfolgreich insofern, als zumindest das Überleben der Gemeinschaft gesichert und darüber hinaus ein Mindestmaß an Annehmlichkeiten des Daseins hervorgebracht wurde. Doch darf die kulturelle und juristische Mannigfaltigkeit nicht den Blick auf gewisse universelle Konstanten in Kultur und Recht trüben, in denen eine *endogene psychische Präformation* des Menschen ihren Ausdruck und ihre Beachtung gefunden hat.

B. Die Kategorien des menschlichen Antriebslebens

Welches sind nun jene Konstanten der menschlichen Psyche, die genetisch[27] von Generation zu Generation übermittelt werden und die zeit- und raumübergreifend die untereinander so verschiedenen Kultur- und Rechtsordnungen mit-

---

[27] Die Ausdrucksweise mag zunächst ungenau erscheinen, da Gene selbstverständlich keine Seele haben, eine direkte Beziehung zwischen seelischer Struktur und Genom also nicht besteht

einander verbinden? Die Humanwissenschaften haben auf diese Fragen noch keine gesicherte Antwort. Aber sie geben uns wenigstens eine Reihe von Hinweisen, die den Umriß einer späteren Antwort hervortreten lassen. Ich denke dabei vor allem an die Untersuchungsergebnisse der Motivationspsychologie und der Ethologie, an ihre – vorerst freilich noch unscharfe – Nachzeichnung der seelischen und der Verhaltensstrukturen; ich denke aber auch an die Ethnologie (Kulturanthropologie) und die vergleichende Ethnographie, die eine – vorerst freilich noch allzu bunte – Fülle von Sitten und Gebräuchen, Werthaltungen und Wertansichten vor uns ausbreiten, aus der aber einige Zentralthemen des menschlichen Daseins hervortreten.

Über all diese Forschungen einen Bericht zu geben, hieße allerdings, Seiten über Seiten füllen und am Ende die Übersicht verlieren. Denn allzu mannigfaltig sind allein schon die methodischen Ansätze innerhalb der einzelnen Wissenschaften, allzu vielgestaltig deshalb auch ihre Sichtweisen auf den Menschen und auf dessen Gemeinschaften und Kulturen. Ich muß mich beschränken, indem ich meinen Blick auf die grundsätzlichen Fragen und Antworten der Wissenschaft konzentriere und sodann einige der großen Linien zu zeichnen versuche, die, trotz allen Unterschieden, die Wissenschaften miteinander, aber auch mit der Jurisprudenz verbinden. Und ich muß schließlich hoffen, daß einige der von mir gezeichneten Linien zu jenen Antworten hinführen, die der Jurist auf die ihn bedrängenden Fragen sucht. Auf die Darstellung von Details jedenfalls muß ich verzichten und kann es auch deshalb tun, weil Untersuchungen aus neuerer Zeit die Ergebnisse der anthropologischen Einzelwissenschaften referiert und ihre Relevanz für das Recht abgetastet haben. Ich werde, wo irgend möglich, im folgenden auf sie Bezug nehmen.

1. Ergebnisse der psychologischen Motivationsforschung

Über einige wesentliche Konzepte der psychologischen Motivationsforschung habe ich selbst im Jahre 1970 berichtet[28]. Würde ich diesen Bericht heute noch einmal schreiben, so würde ich die Gewichte zwar etwas anders verteilen, das aus der kritischen Diskussion der divergierenden Ansichten gewonnene Ergebnis würde ich jedoch aufrechterhalten. Die Gesamtheit der menschlichen Antriebskräfte (Motive) scheinen mir nach wie vor phänomenologisch auf *siebzehn Grundbedürfnisse* zurückführbar zu sein, nämlich auf

1. Selbsterhaltungsbedürfnis,
2. Tätigkeitsbedürfnis,
3. Bedürfnis nach Erlebnis und Genuß,
4. Sicherheitsbedürfnis,
5. Liebesbedürfnis,
6. familiäres Bedürfnis,

(*I. Schwidetzky*, 1971, S. 35). Gleichwohl prägt, wie Zwillingsforschungen ergeben haben, das genetische Erbe offenbar auch die menschliche Seelenverfassung (vgl. allerdings oben S. 19 Fn. 7).

[28] *E.-J. Lampe* (1970), S. 207–265.

7. Freiheits- und Schaffensbedürfnis,
8. Erwerbs- und Besitzbedürfnis,
9. Geltungs- und Machtbedürfnis,
10. Bedürfnis nach einem angenehmen Milieu,
11. sozietäres Bedürfnis,
12. Bedürfnis nach Gesellung,
13. Bedürfnis nach Pflege von Interessen,
14. Bedürfnis nach Verwirklichung des Eigenwertes,
15. Bedürfnis nach Pflichten,
16. Bedürfnis nach ästhetischen und Wahrheitswerten,
17. metaphysisches und religiöses Bedürfnis.

Anstatt aber das Ergebnis jetzt noch einmal zu begründen, will ich es ergänzen durch eine kurze Zusammenfassung der (1970 in englischer, 1977 in deutscher Sprache erschienenen) „humanistischen" Theorie der Motivation von A. H. Maslow[29]. Ich werde die Theorie anschließend diskutieren und mich dabei mit einigen Bedenken auseinandersetzen, die gegen Maslow vorgebracht wurden, genauso aber gegen mein eigenes Ergebnis gerichtet werden könnten. Die Bedenken gehen – um dies vorwegzunehmen – dahin, daß die von Maslow aufgeführten Bedürfnisse (ebenso wie die von mir genannten) größtenteils nicht operationalisierbar seien und daß überhaupt jegliches Auflisten angeblicher Grundbedürfnisse infolge der Mannigfaltigkeit der Antriebsfaktoren im menschlichen Leben einen „spekulativen", „vorwissenschaftlichen" Charakter besitze, weshalb man, da offenbar die Wissenschaft hier ihren Dienst versage, als Wissenschaftler zu schweigen und alles weitere der poetischen Einzeldarstellung von Menschenschicksalen zu überlassen habe.

Zunächst also zum Inhalt von Maslows *„humanistischer" Motivationstheorie.* Mit ihr wendet sich Maslow, scheinbar ganz i.S. der soeben zitierten Kritik, gegen jene Trieblehren, welche vorgeben, individuelle, gegeneinander abgrenzbare oder einander ausschließende Triebe katalogisieren zu können[30]. Gleichwohl hält er entgegen den meisten seiner Kritiker (und hiermit meint er insbesondere die Behavioristen unter ihnen) daran fest, daß das ursprüngliche Kriterium der Motivation das subjektive sei. Er stellt deshalb den von ihm kritisierten Trieblehren keine auf einem Reiz-Reaktions-Schema beruhende Verhaltenslehre gegenüber, sondern eine Lehre von den „weitgehend unbewußten grundlegenden Zielen oder Bedürfnissen" des Menschen, die zu Keimzellen werden für die Motive[31]. Die so verstandenen *Grundbedürfnisse* sind, wie Maslow versichert, sowohl erkennbar als auch konkret beschreibbar. Man könne beispielsweise von ihnen aussagen, daß sie hierarchisch gegliedert sind, daß sie eine erbliche Basis haben und daß ihre Frustration Pathologie bewirkt, ihre Befriedigung aber

[29] *A. H. Maslow* (1970; dt. 1977). Zitiert wird im folgenden nach der deutschen Ausgabe.

[30] *Maslow* (1977), S. 62 ff.

[31] *Maslow* (1977), S. 65.

Gesundheit[32]. Vor allem aber lasse sich von ihnen feststellen, daß sie *instinktoid*, d.h. überall gegenwärtig sind, selbst wenn ihre Aktualisierung einzelne zusätzliche Bedingungen voraussetzen mag[33]. Ausdrücklich betont Maslow, daß seine Charakterisierung auf alle Grundbedürfnisse zutrifft, nicht also nur auf die physiologisch bedingten wie Hunger und Durst[34], sondern ebenso auf die Grundbedürfnisse nach Liebe, nach Achtung, nach Geborgenheit usw., deren physiologische Grundlage ungewiß ist oder fehlt. Und sie gelte auch für jene Bedürfnisse, die nur der Mensch empfindet, nicht dagegen das Tier – auf Bedürfnisse also, bei denen es, soweit wir heute sehen, am Merkmal der phylogenetischen Kontinuität fehlt[35]. Aus der Zahl dieser „höheren" Bedürfnisse hebt Maslow das nach Selbstverwirklichung besonders hervor[36].

Weiterhin begründen nach Maslows Ansicht alle Grundbedürfnisse zusammen ein *System von Werten*. Werte seien im Wesen der menschlichen Natur begründet und bestätigten sich daher von selbst[37], was sie zusätzlich in unmittelbaren Kontakt zur Rechtsordnung bringe. Wörtlich schreibt er:

> „Ich möchte erwähnen, ... daß es legitim und fruchtbar ist, die instinktoiden grundlegenden Bedürfnisse und die Metabedürfnisse als *Rechte* sowohl wie als Pflichten zu betrachten. Das folgt unmittelbar aus der Annahme, daß Menschen ein Recht darauf haben, menschlich zu sein ... Um voll menschlich zu sein, sind diese Befriedigungen von Bedürfnissen und Metabedürfnissen notwendig, und man kann sie deshalb als ein natürliches Recht betrachten."[38]

Gegliedert ist das System der Werte nach Maslows Auffassung ebenso hierarchisch wie das System der Grundbedürfnisse, auf dem es beruht[39]: die höheren Bedürfnisse werden also höher, die niedrigeren niedriger bewertet. Falls diese Bewertung einer Begründung bedürfe, so liegt sie nach Maslow darin, daß die höheren Bedürfnisse dem Menschen viel mehr und weit nachhaltiger Befriedigung gewähren als die niedrigeren – und das, obgleich (oder weil?) sie sowohl phylogenetisch als auch ontogenetisch die jüngeren sind[40]. Essen könne man nur solange, bis man satt ist; aber Lob könne man fast unbeschränkt vertragen.

---

[32] *Maslow* (1977), S. 135, 142, 131, 147 f.

[33] *Maslow* (1977), S. 142 ff.

[34] *Maslow* (1977), S. 143.

[35] *Maslow* (1977), S. 146.

[36] *Maslow* (1977), S. 88 f., 154 f.

[37] *Maslow* (1977), S. 12, 153 ff.

[38] *Maslow* (1977), S. 12 (Hervorhebung dort).

[39] *Maslow* (1977), S. 153 ff.

[40] *Jünger* sind die höheren Bedürfnisse nach Maslows Auffassung, weil sie für das Überleben weniger zwingend sind als die niedrigeren Bedürfnisse; deshalb hätten sie auch deren Befriedigung zur Vorbedingung.

Die Thesen Maslows wurden inzwischen von *C. P. Alderfer* (1972) weiterentwickelt. Alderfer unterscheidet, anders als Maslow, nur drei Bedürfniskategorien ("Existence": materielle und physiologische Bedürfnisse; "Relatedness": Bedürfnisse nach Beziehungen zu anderen Menschen, z.B. Kontakt, Prestige; "Growth": Bedürfnisse nach kreativer und produktiver

Soweit das Referat über Maslows Motivationstheorie. Zieht man aus ihm die *juristischen Konsequenzen*, so hat jede Rechtsordnung, die den Anspruch erhebt, dem Menschen gerecht zu werden (und welche Rechtsordnung erhöbe diesen Anspruch nicht?), ihm erstens das kompossible Maximum an Bedürfnisbefriedigung zu gewährleisten und zweitens seinen höheren Bedürfnissen mehr Recht auf Befriedigung einzuräumen als seinen niedrigeren[41]. Ein aristokratischer Hedonismus als oberste Maxime des Rechts erscheint deshalb bei Maslow greifbar nahe, ja er wird von ihm sogar thematisiert durch die Behauptung, daß „höhere Bedürfnisbefriedigungen ... zu tieferem Glück, Gelassenheit und Reichtum des inneren Lebens" führen als niedrigere[42].

Maslow ist – trotz aller Berühmtheit – unter den zeitgenössischen Psychologen ein Außenseiter geblieben. Die Gründe liegen vor allem wohl darin, daß seine „humanistische" Psychologie bzw. Lebensphilosophie[43] im Gegensatz steht zu den auch heute noch faszinierenden und mächtigen Forschungsrichtungen des Behaviorismus und der Tiefenpsychologie und daß sie darüber hinaus den Bestrebungen der meisten modernen Forscher um exakte, im Laboratorium gewonnene Meßergebnisse vollständig zuwiderläuft – oder wenigstens zuwiderzulaufen scheint. Zwar haben einige Versuche, die Thesen Maslows empirisch zu bestätigen, inzwischen einen Teilerfolg erbracht[44]; ja, von kompetenter Seite ist sogar behauptet worden, Maslows Thesen besäßen insgesamt ein besonders hohes Maß an Bestätigungsfähigkeit[45]. Nichtsdestoweniger ist die Tendenz der

---

Selbstentfaltung und Weltgestaltung – "E. R. G. theory") und stellt die Beziehungen zwischen diesen drei Kategorien wie folgt dar (S. 149):

1. Je weniger die Existenzbedürfnisse befriedigt sind, desto stärker werden sie.
2. Sind sowohl die Existenz- als auch die Beziehungsbedürfnisse relativ unbefriedigt, dann werden die Existenzbedürfnisse desto stärker, je weniger die Beziehungsbedürfnisse befriedigt sind.
3. Sind die Beziehungsbedürfnisse relativ unbefriedigt, dann werden sie desto stärker, je weniger sie befriedigt sind; sind die Beziehungsbedürfnisse relativ befriedigt, dann werden sie desto stärker, je mehr sie befriedigt sind.
4. Sind sowohl Beziehungs- als auch Entfaltungsbedürfnisse relativ befriedigt, dann werden die Entfaltungsbedürfnisse desto stärker, je mehr die Beziehungsbedürfnisse befriedigt sind.
5. Sind die Entfaltungsbedürfnisse relativ unbefriedigt, dann werden sie desto stärker, je weniger sie befriedigt sind; sind die Entfaltungsbedürfnisse relativ befriedigt, dann werden sie desto stärker, je mehr sie befriedigt sind.

[41] Von den Bedürfnissen, die *Maslow* im einzelnen aufführt (1977, S. 74 ff.), sind zur Ausgestaltung als Rechte allerdings nur die wenigsten geeignet – am ehesten noch das Bedürfnis nach Selbstverwirklichung (self-actualization), das wir denn auch in Art. 2 I GG als „Recht auf die freie Entfaltung der Persönlichkeit" wiederfinden und das Maslow ganz ähnlich definiert, wie es dort geschehen ist: es beziehe sich „auf das menschliche Verlangen nach Selbsterfüllung, also auf die Tendenz, das zu aktualisieren, was man an Möglichkeiten besitzt" (S. 89).

[42] *Maslow* (1977), S. 155.

[43] *Maslow* (1977), S. 7 u.ö. In den Worten *E. Fromms* (1947, S. 44 f.) ist das Credo dieser psychologischen Schule, "that there is no meaning to life except the meaning man gives his life by unfolding of his powers, by living productively".

[44] Vgl. *M. Bear* (1966); *G. Huizinga* (1970). Zusammenfassend (mit weiteren Literaturangaben) *M. A. Wahba/L. G. Bridwell* (1973).

wissenschaftlichen Kritik negativ geblieben - und zwar so sehr, daß man den Eindruck erhält, die „neue" Psychologie Maslows führe die Forschung geradewegs in die alte Sackgasse der Triebtheorien hinein[46].

Auf Einzelheiten der psychologischen Diskussion einzugehen, die herüber und hinüber ausgetauschten Argumente abzuwägen, Ergebnisse der empirischen Forschung beizubringen und ihren Ertrag für die Diskussion zu bewerten, schließlich gar eine Gesamtwürdigung zu wagen - all das wäre gewiß reizvoll. Im vorliegenden Zusammenhang kann es indessen nicht meine Aufgabe sein - von meiner fraglichen Kompetenz auf psychologischem Felde ganz zu schweigen. Ich habe mich vielmehr auf die beiden für das Grundanliegen meiner Untersuchung wichtigen Problemkreise zu beschränken: auf die phänomenologisch-deskriptive Darstellung des menschlichen Antriebsbereichs und auf Maslows Versuch, sie zur Grundlage einer auch für das Recht maßgeblichen hierarchischen Ordnung zu machen. Hierzu folgendes:

Die *Anwendung der phänomenologischen* (und gleichzeitig idiographischen) *Methode in der Psychologie* halte ich für zumindest derzeit unabdingbar, da ich für einige ihrer Teilbereiche keine methodische Alternative zu erkennen vermag. Die empiristische Forderung nach vollständiger Operationalisierbarkeit der Begriffe und Meßbarkeit (Testbarkeit) der ihnen zugrunde liegenden Bedürfnisse kann, wie mir scheint, nur für die Erforschung von Quantitäten, etwa von Eigenschaften psychophysiologischer Prozesse oder psychophysischer Gesetzmäßigkeiten, gelten. Die Qualitäten des menschlichen Denkens, Fühlens und Handelns dagegen, jene Eigenschaften und Relationen also, welche die natürliche Sprache hauptsächlich zum Ausdruck bringt, sind der empirischen Wahrnehmung und damit der Messung entzogen. Für sie bedeutet das Postulat, alle nicht beobachtbaren und meßbaren Erkenntnisse - als wissenschaftlichen Anforderungen nicht entsprechend - zu ignorieren, den radikalen Ausschluß des ganzheitlichen „Begreifens" aus dem wissenschaftlichen Gespräch und damit das Versiegen jenes „Quells der Weisheit", den die Sprache, dieses doch wohl immer noch feinste Instrument zur Darstellung seelischer Regungen, für denjenigen bereithält, der aus ihm zu schöpfen weiß. Einen solchen Verzicht aber kann sich die Psychologie zumindest als anthropologische Grunddisziplin nicht leisten.

Sie *müßte* die empiristische Begrenzung freilich hinnehmen, wenn die qualitative Seite der Psyche, wie die Empiristen behaupten, nur „vorwissenschaftlich-spekulativ" zu

---

[45] So *K. B. Madsen* (1974), S. 289 ff., 312 f.

[46] In dieser Richtung liegt das Urteil von *J. A. Keller* (1981), S. 324 (unter Hinweis auf weitere kritische Stellungnahmen).

Ganz anders freilich *Madsen* (1974), S. 313: "In spite of our reservations concerning the formal properties of Maslow's theory, we must conclude with an evaluation of the theory as one of the most original and broadest of those appearing after the second world war. In both its originality and its informal development this theory reminds us of Freud's. It will be for future historians of psychology to judge if Maslow's theory will have the same wide and profound influence on psychology as that of Freud".

erkennen wäre. Das aber ist nicht der Fall. Vielmehr besitzt die Psychologie in der phänomenologischen Methode – die man, wie ich meine, besser als „Identifikationsmethode des sprachlichen Bewußtseins“ begreifen sollte, weil sie nicht nur von den Phänomenen, sondern auch von der Sprache her gesteuert wird – kurzum sie besitzt in dieser Methode ein mit großer Genauigkeit arbeitendes Hilfsmittel, mit dem sie die in den (geschichtlichen) Begriffen der Sprache verfestigten Formen menschlichen Fühlens, Denkens und Handelns zur Welt als dem in menschlicher Weise Gedeuteten, Bezeichneten und Behandelten in Beziehung setzen und diese Beziehung dann soweit wie überhaupt möglich eindeutig, logisch und dynamisch bestimmen kann. Sie bedient sich dabei u.a. der beobachtenden (aber nicht messenden) Einfühlung in die Gesamtheit der Seele und der gedanklichen Konkretion von gestalthaften seelischen Strukturen (bzw. „collection of symptoms“), d.h. von eben jenen psychischen Qualitäten, zu denen die Grundbedürfnisse als wichtigste Beispiele gehören.

Gleichwohl *könnte* die Psychologie die empiristische Begrenzung ihres Forschungsbereichs hinnehmen, wenn sie die psychischen Qualitäten durch die Angabe derjenigen beobachtbaren und meßbaren Zustände oder Ereignisse zu ersetzen vermöchte, welche die Qualitäten zur Entstehung oder Erscheinung bringen. Aber auch das ist nicht der Fall. Welche Lücken der Empirismus hinterläßt, zeigt sich nicht zuletzt an der heutigen Situation der Motivationspsychologie, wo die „exakte“ Forschung ihr Interesse – erzwungenermaßen – auf relativ wenige, fast ausschließlich physiologisch fundierte Bedürfnisse beschränkt und alle anderen Motivationsbereiche, z.B. die „Selbstaktualisierung“ (i.S. Maslows) oder (allgemeiner gefaßt) die „metaphysische Entfaltung und existentielle Integration“[47], aus ihrem Blickfeld ausgeschlossen hat. Die Fülle des Menschenbildes kommt dadurch nicht mehr zur Sprache. Sie wird ersetzt durch ein wissenschaftlich reduziertes und damit verzerrtes Abbild, dessen hervorstechendes Merkmal das menschliche Leistungsbedürfnis ist – oder zu sein scheint, weil es in der heutigen Literatur in einem exzessiven Ausmaß abgehandelt wird[48].

Aber nicht nur vom internen Standpunkt der Psychologie, sondern auch vom externen Standpunkt der anderen, vor allem der ebenfalls nicht oder nicht ausschließlich empirisch orientierten Wissenschaften aus, also auch von dem der Rechtswissenschaft, ist die Anwendung der phänomenologischen Methode auf das menschliche Seelenleben unabweislich. All diese Wissenschaften erwarten von vornherein keine Operationalisierbarkeit der von ihnen verwendeten psychologischen Begriffe; sie stellen aber an die Geltungsstrenge der Begriffe höhere Anforderungen, als der allgemeine Sprachgebrauch sie befriedigt. Weisen nun die Psychologen solche Anforderungen zurück, weil sie nach ihrem Wissenschaftsideal unerfüllbar sind, so bleibt den Wissenschaftlern der anderen Disziplinen nur die Wahl, sich entweder mit der Alltagsbedeutung der Begriffe zufriedenzugeben oder aber – ohne methodische Schulung, allein aufgrund ihrer Intuition – den Begriffen eine wenigstens für ihr Fach gültige exaktere Bedeutung zu verleihen. Beides indessen ist wissenschaftspragmatisch gewiß kein erfreulicher Zustand.

Insgesamt ist und bleibt deshalb eine phänomenologische Aufgliederung des Bereichs der Grundbedürfnisse, wie Maslow und andere Forscher, in Deutschland vor allem Ph. Lersch[49], sie vorgelegt haben, trotz allen Unsicherheitsfak-

---

[47] So *mein* terminologischer Vorschlag (1970), S. 262, im Anschluß an J. Nuttin.

[48] Ausführlich und mit weiteren Literaturnachweisen *H. Heckhausen* (1980), S. 385 ff., wo über hundert empirische Untersuchungen der letzten 50 Jahre integriert wurden, um die Entwicklung des Leistungsmotivs darzustellen, und danach bemerkt wird: „Ein solcher Versuch zur Integration muß natürlich beim jetzigen Kenntnisstand spekulativ bleiben“ (S. 677).

[49] *Ph. Lersch* (1962), S. 134 ff.

toren ein wissenschaftlich notwendiges Unterfangen. Der Jurist zumal hat bei der Feststellung von universellen und damit mutmaßlich endogenen Konstanten in der menschlichen Psyche zunächst von diesen phänomenologischen Forschungsarbeiten auszugehen und ihnen damit für seine Wissenschaft Gewicht zu verleihen. Soweit die empirische psychologische Forschung hierzu weitere, seien es ergänzende, präzisierende oder berichtigende Ergebnisse vorlegen kann, hat der Jurist selbstverständlich auch diese zu berücksichtigen. Verwehrt ist ihm dagegen, die biologische Determination der menschlichen Psyche aufgrund ihres vielfach nur undeutlichen Durchscheinens durch die Variationen des menschlichen Erlebens und Verhaltens einfach unbeachtet zu lassen und, derart von humaner Rücksichtnahme befreit, Rechtsetzung nach eigenem Belieben zu betreiben. Andernfalls gäbe er seine Rechtsnormen der Gefahr der Unwirksamkeit preis und handelte sich selbst den Vorwurf der Inhumanität ein - nicht ohne Grund!

Zur Anwendung der phänomenologischen Methode in der Psychologie erschien mir eine eindeutige Stellungnahme erforderlich. Hinsichtlich des zweiten Problemkreises von Maslows „humanistischer" Psychologie, der *hierarchischen Ordnung der Grundbedürfnisse,* möchte ich mich stärker zurückhalten. Maslow vermutet erstens, daß folgende hierarchische Ordnung besteht:

(I) Bedürfnisse nach Selbstaktualisierung,

(II) Wertschätzungsbedürfnisse, unterteilt in (A) die (aktiven) Bedürfnisse der Selbstachtung und (B) die (passiven) Bedürfnisse nach Achtung seitens anderer,

(III) soziale Bedürfnisse, unterteilt in (A) die (aktiven) Bedürfnisse des Liebens anderer und (B) die (passiven) Bedürfnisse des Geliebtwerdens von anderen,

(IV) Sicherheitsbedürfnisse,

(V) physiologische Bedürfnisse[50].

Maslow vermutet zweitens, daß wir berechtigt sind, von höheren und niedrigeren Bedürfnissen auch i.S. von Wertigkeiten zu sprechen. Beide Vermutungen haben bisher allenfalls teilweise ihre empirische Bestätigung gefunden; teilweise scheinen sie berichtigt worden zu sein. G. Huizinga[51] ist beispielsweise aufgrund von eingehenden Studien innerhalb des Managements von Wirtschaftsbetrieben zum Ergebnis gekommen, daß

- die Grundbedürfnisse um so stärker sind, je niedriger die Stellung des einzelnen in der Beschäftigungshierarchie ist;
- diese Differenz um so größer ist, je niedriger ein Grundbedürfnis in der Maslowschen Bedürfnishierarchie steht;

---

[50] Vgl. *G. Huizinga* (1970), S. 28 ff.

[51] *G. Huizinga* (1970), bes. S. 170. Vgl. ferner *E. E. Lawler* III / *J. L. Suttle* (1972), die aufgrund ihrer Untersuchungen nur eine zweigliedrige Hierarchie von biologischen und sonstigen Bedürfnissen gelten lassen wollen.

- ein Grundbedürfnis um so stärker ist, je höher es in der Bedürfnishierarchie steht;
- diese Differenz um so größer ist, je höher die Stellung des einzelnen in der Beschäftigungshierarchie ist.

Ob allerdings diese Ergebnisse Huizingas sich auf Beschäftigte *unterhalb* des Managements übertragen lassen, ob sie auch *außerhalb* der betrieblichen Sphäre gelten, ob ferner innerhalb der Grundbedürfnisse noch *andere oder weitere Abstufungen* möglich (oder gar notwendig) sind – all das muß abgewartet werden. Der Jurist jedenfalls wird mit einer Bedürfnishierarchie zu rechnen und deshalb zu untersuchen haben, welche Konsequenzen sich hieraus für die von ihm – bisher eher intuitiv festgelegte – Rechtsgüterrangordnung ergeben.

An dieser Stelle ist für eine weitere Untersuchung kein Raum; ich muß mich auf die grundsätzlichen Fragen beschränken. Deshalb wende ich mich nunmehr den Ergebnissen der humanethologischen und der ethnologischen (kulturanthropologischen) Forschungen zu, um auch sie auf die thematische Natur unserer biogenen Mitgift hin zu befragen.

2. Ergebnisse der humanethologischen Forschung

Die humanethologische Forschung erscheint zunächst vom Ansatz her prädestiniert, ein bisher noch nicht erörtertes Bedenken auszuschalten, das gegen die Motivationspsychologie, verstärkt natürlich gegen eine phänomenologisch-idiographisch verfahrende, vorgebracht wird: daß sie die Situation als Auslöserin eines Verhaltens nicht berücksichtige und deshalb das trügerische Bild eines rein von innen her, gleichsam „blind" steuernden Antriebssystems liefere. Dieser Einwand braucht die Motivationstheorie zwar unmittelbar nicht zu stören, da sie ja keine Theorie des Verhaltens, sondern die seiner Motive sein will. Gleichwohl wird sie wenigstens mittelbar von ihm betroffen; denn sie muß zugestehen, daß sie die verhaltensbegründenden Motive, die sie erforscht, von den *verhaltensauslösenden Anreizen der Umwelt* nicht exakt zu isolieren vermag. Entstehen doch zumindest in concreto alle menschlichen Bewegungen (und auch Motive sind ja nichts als innere Bewegungen) erst aus einer Verbindung von innerem Antrieb und äußerem Erlebnis[52]. Jede Motivationspsychologie, die hiervon abstrahiert, bleibt notwendig „unscharf". Und zumindest solche Unschärfe, scheint es, kann die Ethologie mit ihrem schon oben geschilderten

[52] Beispielsweise steht nach *R. Bilz* (1967, S. 162 f.) die Wahrnehmung bestimmter Objekte jeweils in Verbindung mit dem Drang zum unmittelbaren Ergreifen. Sogar für die sog. „Übersprunghandlungen" dürfte eine Verbindung von innerem Antrieb und äußerem Erlebnis maßgeblich sein. Denn diese Verhaltensweisen, die für ein aktuell ablaufendes Instinktgeschehen an sich irrelevant sind (Balzbewegungen im Verlauf eines Kampfes u.ä.), lassen sich, entgegen der kausal-mechanistischen Auffassung von K. Lorenz, einleuchtend durch die vermeintliche Wahrnehmung erwarteter „Schlüssel"- oder „Signalreize" für das Konsumtionsverhalten erklären. Vgl. in diesem Sinne *M. Bastock / D. Morris / M. Moynihan* (1954), S. 66 ff.; *W. Wieser* (1976), S. 55 ff.

(Such-)Reiz-Reaktions-Schema beseitigen. Freilich kann sie es wiederum nur dann, wenn es ihr gelingt, nun umgekehrt die „Schlüssel-" oder „Signalreize" für Verhaltensreaktion auf bestimmte, bisher „unscharf" gebliebene Motive hin zu interpretieren. Ist ihr das aber möglich? Von vornherein erscheint Skepsis angebracht; denn weder die „Schlüsselreize" noch die Verhaltensreaktionen, die sie auslösen, tragen ablesbar die Namen der von ihnen befriedigten Bedürfnisse vor sich her. Deshalb werden wir mit einer Rückverweisung auf die Motivationspsychologie zu rechnen haben, sobald die Humanethologie die von ihr methodisch exakt gewonnenen Ergebnisse thematisch zu interpretieren unternimmt. ... Und so kommt es dann auch.

Warum es so kommt, zeigt neuestens die klare und sorgfältige *Untersuchung von F. H. Schmidt*[53], worin nicht nur die juristisch wichtigen Ergebnisse der ethologischen Forschung referiert, sondern auch die Schwierigkeiten beschrieben werden, Erkenntnisse über tierisches Verhalten auf den Menschen zu übertragen. Schon allein die experimentellen Bedingungen sind, wie Schmidt mit Recht bemerkt, hierfür zu unterschiedlich: Tiere kann man beispielsweise jahrelang in einer „Kaspar-Hauser-Situation" halten und dabei ihr endogenes Verhaltensrepertoire analysieren; beim Menschen dagegen sind solche Studien aus ethischen Gründen unzulässig[54]. Angesichts dieser Schwierigkeiten erscheinen sichere Aussagen über das endogene Verhaltensprogramm des Menschen weder heute noch – aller Voraussicht nach – in absehbarer Zukunft möglich[55]. Aber Schmidt begnügt sich nicht mit diesem negativen Ergebnis. In positiver Hinsicht, so meint er, hätten die humanethologischen Forschungen mit Sicherheit doch wenigstens eines gezeigt: daß sich die menschlichen Verhaltensnormen „nicht losgelöst von den natürlichen Anlagen und Bedürfnissen des Menschen erklären" lassen und daß es deshalb notwendig sei, alle Normen als „funktional auf menschliche Grundbedürfnisse bezogen und durch diese bestimmt" zu erklären[56]. Wenn das aber richtig ist, woran ich nicht zweifele, dann werden wir, wie angekündigt, von der Ethologie im entscheidenden Punkt *auf die Ergebnisse der Motivationspsychologie zurückverwiesen.* Und da deren Ergebnisse, wie gezeigt, nur phänomenologisch und somit nicht experimentell-exakt gewonnen sind, hilft uns letztlich auch die größere Exaktheit der ethologischen Forschungsmethoden nicht erheblich weiter.

---

[53] *F. H. Schmidt* (1982). Hierzu meine Besprechung (1983), S. 281 ff. Siehe ferner die (m.E. reichlich optimistischen) Ausführungen von *H. Hof* (1983), S. 349 ff.

[54] *Schmidt* (1982), S. 54. Allerdings würde ein solches Studium unserer Erkenntnis auch kaum weiterhelfen. Denn wo bisher die Natur von sich aus eine „Kaspar-Hauser-Situation" hergestellt hatte, ergeben die einschlägigen Berichte, daß schwere Anomalien die Folgen waren. Die bekannten „Wolfskinder" beispielsweise, die in Indien aufgefunden wurden, haben das Normalniveau eines Menschen niemals erreicht; eines von ihnen lernte noch nicht einmal sprechen.

[55] *Schmidt* (1982), S. 67. Übereinstimmend z.B. auch *C. Lévy-Strauss* (1981), S. 45 ff.

[56] *Schmidt* (1982), S. 175 f. Vgl. auch *H. Hof* (1983), S. 352.

Wertlos freilich sind die humanethologischen Forschungen auch im juristischen Zusammenhang keineswegs. Aber ihre Bedeutung liegt eher im Detail, vor allem dem der *wechselseitigen Präzisierung von motivischer Thematik und zuzuordnendem Verhalten.* Da ich mich auf solche Detailfragen im vorliegenden Zusammenhang nicht einlassen kann, erscheint es mir gerechtfertigt, wenn ich auf ein weiteres Referat verzichte.

Wesentlich erscheint mir, noch eine grundsätzliche Frage zu bedenken, die sich in bezug auf die Übertragung ethologischer Forschungsergebnisse auf juristische Zusammenhänge erhebt: *Lassen sich Rechtsbeziehungen überhaupt auf eine allein bioökologische Grundlage hin sinnvoll interpretieren?* Gleicht wirklich das Verhalten des Menschen im Rechtsverkehr dem Verhalten der Primaten – und zwar auch nur dem der höchstentwickelten, etwa dem der Schimpansen – insoweit, daß wenigstens eine Vergleichsbasis vorhanden ist? M.E. bestehen gegen eine Bejahung dieser Frage Bedenken. Denn nicht soziale, sondern viel spezifischere sozial-kulturelle Determinanten geben dem menschlichen Verhalten das Gepräge. Solche sozial-kulturellen Determinanten aber können nur aus einem sozial-kulturellen Umfeld kommen[57], und das hat die Ethologie, und zwar auch die Humanethologie, bisher nicht oder allenfalls ganz am Rande zu ihrem Untersuchungsgegenstand gemacht. – Doch damit nicht genug: Menschliches Verhalten ist auch ein „Sich"-Verhalten, d.h. ein Verhalten, welches einem „Ego", einem Ich-Zentrum im Menschen zurechenbar ist. Dieses Ich-Zentrum wird gebildet vom Bewußtsein der persönlichen existentiellen Freiheit und der damit korrespondierenden essentiellen Verantwortung. Genetisch ist es ein Ergebnis erst der neueren Entwicklung; im tierischen Verhalten besitzt es daher keine Parallele, ja selbst beim Menschen ist es noch der ständigen Gefahr des Rezidivs ausgesetzt. Daß die (human)ethologische Forschung es nicht oder nur beiläufig berücksichtigt, gibt ihrem Bild vom Menschen ein falsches Aussehen: das Bild nämlich eines Wesens, das allein biotisch determiniert und demgemäß mit Bedürfnissen ausgestattet ist, die denen der Primaten qualitativ vergleichbar sind. Doch die gleiche Benennung von tierischen und menschlichen Verhaltensweisen, z.B. als „familiäres Verhalten", „Aggression", „Altruismus", meint – trotz Zeichengleichheit – jeweils eine grundsätzlich andere endogene Basis[58]; und deshalb können uns alle Analogien zwischen Tier und Mensch niemals das Wesen des Menschen erschließen.

---

[57] Das Fehlen soziokultureller Einflüsse während der Ontogenese führt zu irreparablen Schädigungen, i.d.R. zu psychopathologischen Erscheinungen. Vgl. *E. Staub* (1975); *ders.* (1982), S. 103 ff. Zu entsprechenden Erscheinungen bei Tieren vgl. *H. F. Harlow* (1958); *W. A. Mason* (1968); *B. Hassenstein* (1980), S. 225 f.

[58] *S. B. Livingstone* (1978) hält die Redeweise von einer einfachen genetischen Programmierung des menschlichen Verhaltens angesichts der klaren Dominanz des Großhirns für die Verhaltenssteuerung ohnehin für eine grobe Übervereinfachung.

3. Ergebnisse der kulturanthropologischen (ethnologischen) Forschung

Die Kulturbezogenheit des menschlichen Verhaltens, soeben als die entscheidende Differenz zum Primatenverhalten erkannt, läßt den Blick weitergehen auf die kulturanthropologischen Forschungen, insbesondere US-amerikanischer Wissenschaftler: ob er vielleicht hier weitere Auskunft über die *spezifische Kulturhaltigkeit menschlicher Bedürfnisse* erlangt, auf die gestützt sich dann die Thematik des menschlichen Antriebslebens genauer herausarbeiten läßt.

Wiederum begegnet er hier zunächst einer Gefahr. Der *Cultural Anthropology* liegt, aufgrund des im anglo-amerikanischen Wissenschaftsbetrieb vorherrschenden Empirismus[59], ein relativ enger, von unserer deutschen Tradition (J. G. Herder u.a.[60]) abweichender Kulturbegriff zugrunde. Kultur ist dort die Summe sozialer Erscheinungen und Vorgänge, welche für eine spezifische Gestaltung des menschlichen Daseins in einer historisch gewordenen Einheit charakteristisch sind. In der klassischen Definition des Engländers E. B. Tylor z.B. ist Kultur "that complex whole which includes knowledge, belief, art, morals, law, custom, and any other capabilities and habits acquired by man as a member of society"[61]. Der Kulturbegriff der Cultural Anthropology ist ethnologisch, also empirisch-relativistisch bestimmt[62]; er begreift nicht die „kulturelle Natur" des Menschen, sondern er kontrastiert Kultur und Natur, indem er der Kultur alles gelernte (= biologisch indeterminierte) Verhalten zurechnet, während er der Natur nur die Summe des ungelernten (= biologisch determinierten, instinktiven) Verhaltens beläßt[63].

Die Gefahr eines solchen Kulturbegriffs liegt auf der Hand. Die *Einheit der menschlichen Kultur in der Vielheit der menschlichen Kulturen*[64] bleibt eine vage Idee, sofern sie nicht gar als eine metaphysische Spekulation aus dem wissenschaftlichen Raum vollends verbannt wird. Geistige Strömungen und Entwicklungstendenzen von universeller und somit (i.S. der Cultural Anthropology) *über*kultureller Bedeutung werden nicht oder nur am Rande registriert. Der Blick bleibt auf die Entdeckung biotisch indeterminierter, gelernter Eigentümlichkeiten fixiert und erkennt so nur die nationalen Eigentümlichkeiten und

[59] Der Begründer der Cultural Anthropology, Franz Boas, war ausgebildeter Physiker.

[60] Ausführlich dazu *W. E. Mühlmann* (1968), S. 52 ff.

[61] *E. B. Tylor* (1871), S. 1.

[62] Ausführlich zur Geschichte der Cultural Anthropology die Artikel von *F. W. Voget* (1973), S. 1–88; *C. Tullio-Altan* (1971), S. 11-198.

[63] Dieser Gegensatz zwischen Kultur und Natur entspricht den griechischen Begriffen der *τέχνη* und der *φύσις*, jedoch mit einem gewichtigen Unterschied: die modernen Begriffe sind auf den Gegensatz von Objektivität (= Natur) und Subjektivität (= Leistung = Kultur) bezogen, wohingegen die griechischen Begriffe sich aus der Einheit des Menschen ergaben und vom *λόγος* her bestimmt wurden.

[64] Dazu *W. E. Mühlmann* (1966), S. 15 ff. Bez. der Einheit der Rechtskultur in der Vielheit der Rechtskulturen vgl. den gleichnamigen Aufsatz von *R. Schott* (1985).

Unterschiede in den Werthaltungen. Abweichungen zwischen den Kulturnormen werden zum Kriterium, ob ein Volk kulturelle Eigenständigkeit erlangt hat oder nicht[65]. Diese Einstellung verbündet sich überdies mit einer scharfen Ablehnung sowohl des Ethnozentrismus[66] als auch jeden Versuchs einer überkulturellen Wertung; sie führt konsequent zum ethischen Relativismus[67] und – zum Rechtspositivismus, der als rechtliche Ordnung all das anerkennt, was von einer höchsten Ordnungsmacht mit Erfolg durchgesetzt wurde[68].

Freilich schließt solche wissenschaftliche Grundhaltung die Entdeckung *universeller Züge im menschlichen Seelenleben* nicht vollständig aus. Aber sie akzeptiert derartige Züge nur dann, wenn sie auch kulturell einheitlich zum Ausdruck kommen; denn nur dann können sie ja induktiv durch einen Vergleich der einzelnen Kulturen herausgearbeitet und methodisch „vor die Klammer" gezogen werden. In dieser Hinsicht läßt sich jedoch, wie uns die Ethnologen, die selber Feldforschungen betrieben haben, versichern, so gut wie nichts entdecken. Überall in den Lebensformen der Völker herrsche eine ganz erstaunliche Vielfalt[69] – insbesondere, wenn man die urtümlich gewachsenen Kulturen und nicht die „westlichen", hochgradig technisierten Zivilisationen betrachtet, die freilich,

[65] Besondere Probleme, die freilich erst relativ spät erkannt wurden, bereiteten die „Subkulturen" einer Gesellschaft, deren eigenes Wertsystem dem der herrschenden Kulturklasse oft so gar nicht entspricht (etwa die Kultur der Armut, die Kultur ethnischer Minderheiten, Hippie-Kultur, Sekten-Kultur u.a.). Hierzu *J. M. Yinger* (1960), S. 625 ff.

[66] Wesentlich vor allem die Arbeiten von *M. Mead* (1928); (1930); (1935).

Der Ethnozentrismus ist ein universelles Phänomen: Schon die alten Ägypter hielten sich für die einzigen wahren Menschen; den alten Griechen galten alle nicht griechisch sprechenden Fremden als *βάρβαροι* (= Stammler); ebenso urteilten früher die Chinesen. Heute noch nennen die Eskimos nur sich inuit (= Menschen), und die Navajo sprechen nur von sich selbst als diné (= Leute).

[67] Durchgeführt wird der ethische Relativismus am schärfsten bei *F. Boas* (1911); (1940); sowie bei seinen Schülerinnen R. Benedict und M. Mead.

[68] Die Einschränkungen, die das "Statement on Human Rights, submitted to the Commission on Human Rights, United Nations" enthält und die vom Executive Board der American Anthropological Association (offenbar unter der Federführung von M. J. Herskovits) formuliert wurden (abgedruckt in: American Anthropologist 49, 1947, S. 539 ff.), betreffen hauptsächlich die Forderung nach Toleranz gegenüber kulturellen Verschiedenheiten (dazu schon oben S. 10 Fn. 6):

1. The individual realizes his personality through his culture, hence respect for individual differences entails a respect for cultural differences.
2. Respect for differences between cultures is validated by the scientific fact that no technique of qualitatively evaluating cultures has been discovered.
3. Standards and values are relative to the culture from which they derive so that any attempt to formulate postulates that grow out of the beliefs or moral codes of one culture must to that extent detract from the applicability of any Declaration of Human Rights to mankind as a whole.

[69] Beispielhaft dazu: *M. Mead* (1935), S. 280: "We are forced to conclude that human nature is almost unbelievable malleable, responding accuratly and contrastingly to constrasting cultural conditions." *A. Gehlen* (1971), S. 330: „Erst aus dieser inneren Plastizität der Antriebsstruktur heraus entsteht die Notwendigkeit, der jede Kultur auf ihre Weise folgt, eine bestimmte Hierarchie und Verteilungsregel der geforderten, tolerierten und verpönten Handlungen und eben damit auch der Bedürfnisse auszubilden und sie den jungen Menschen zu oktroyieren."

wie anerkannt wird, sich weitgehend assimiliert haben oder deren Assimilation, funktional bedingt, in vollem Gange ist. Auf abseits der Weltgeschichte gebliebene Urkulturen ist der Blick der amerikanischen Cultural Anthropologists denn auch vorzugsweise gerichtet, etwa auf die Eingeborenenstämme Afrikas oder Australiens, die Indianerstämme Nordamerikas oder die Inselbewohner des Pazifik[70]. Sofern er überhaupt einmal Europa erreicht, sind es die alten Völker oder Volksteile, auf denen er verweilt, etwa die Etrusker oder die Tiroler Hirten und Bauern. Die kulturelle Einheit der modernen, zivilisationsbestimmten, komplexen, auf kulturellen Austausch eingestellten Hochkulturen sinkt da herab zu einer quantité négligeable[71]. Und nur gelegentlich wird, noch dazu von philosophischer Seite, bemerkt und gar betont, daß diese Einheit der modernen Kultur - oder zumindest die Möglichkeit dieser Einheit - nicht in der erworbenen Vielfalt, sondern in einer ursprünglichen, induktiv gar nicht zu entschlüsselnden Einheit des Kulturellen seinen Grund haben muß. D. Bidney hat dies einmal klar ausgesprochen: "I suspect that, on the whole, there are more concrete similarities and identities in the cultural values of different societies than the cultural relativist has so far explicitly recognized. Otherwise, even the degree of co-operation in the world affairs which mankind has so far attained would not have been possible"[72].

Doch wenn dem so ist, welche Universalien lassen sich nennen? Die Cultural Anthropologists geben hierauf, wie kaum anders zu erwarten, keine Antwort.

---

[70] *J. J. Honigmann* (1973) hat eine Liste derjenigen „primitiven“ Kulturen veröffentlicht, die bisher erforscht wurden, und dabei das geographische Interesse der Anthropologen deutlich gemacht, die sich an dieser Erforschung beteiligten (die meisten von ihnen waren Amerikaner). Von den fünfzig aufgelisteten Kulturen waren ungefähr die Hälfte in Nordamerika und mehr als ein Viertel auf den pazifischen Inseln; lediglich das restliche Viertel verteilte sich auf die übrige Welt: Afrika, Südamerika, Asien, Europa (Hirten und Kleinbauern). Miteinander sind diese Feldforschungen kaum vergleichbar; denn sie fallen ganz verschieden aus entsprechend der wissenschaftlichen Voreinstellung und dem wissenschaftlichen Interesse, mit dem die Anthropologen ans Werk gingen. So finden sich Psychoanalytiker und Psychiater neben Ethnologen; und demnach finden sich psychoanalytische Konversation und therapeutische Studien neben Beobachtung und Interview.

[71] Arbeiten finden sich erst in der Zeit nach dem 2. Weltkrieg: *R. Benedict*, The chrysanthemum and the sword, 1946, über Japan; *B. H. Schaffner*, Fatherland. A study of authoritarianism in the German family, 1948; *G. Gorer/J. Rickman*, The people of Great Russia, 1950; *M. Mead*, Soviet attitudes toward authority, 1951; *R. H. Lowie*, Toward understanding Germany, 1954; *G. Gorer*, The American people: A study in national character, 2nd. ed. 1964; *W. A. Lederer*, The ugly American, 1958. Diese und andere Arbeiten haben, obgleich z.Z. ihres Erscheinens lebhaft diskutiert, im Rahmen der ethnologischen Forschung insgesamt nur eine periphere Bedeutung erlangt. Kritisch z.B. *W. Rudolph* (1968), S. 92 Fn. 3. Ob es allerdings wirklich stimmt, daß wir heute Eskimos, Feuerländer oder afrikanische Stämme besser kennen als uns selbst (so *Mühlmann*, 1964, S. 36), möchte ich dahingestellt lassen.

[72] *B. Bidney* (1953), S. 694; ferner *ders.* (1968), S. 543 ff. Übereinstimmend auch *M. E. Spiro* (1978), S. 355: "However much societies may differ, they all must cope with man's common biological features, especially his prolonged infantile dependency; the adaptively viable means for coping with the latter condition exhibit common social and cultural features across a narrow range of social and cultural variability; these common biological, social, and cultural features are a set of constants which, in their interaction, produce a universal human nature." Vgl. ferner *L. White* (1949).

Soweit sie überhaupt die Möglichkeit kultureller Universalien zugestehen, verweisen sie deren Erforschung in den Aufgabenbereich von Psychologie und Humanbiologie. Ihre (wenigen) eigenen Beiträge schließen sich zumeist an psychoanalytische Thesen an und untersuchen etwa, ob der Ödipus-Komplex ein universelles Phänomen sei oder ob der Pubertät überall eine Latenzperiode vorangehe. Unabhängig davon, welches Ergebnis diese Forschungen bringen – sie helfen bei der Suche nach den kulturellen Grundzügen des menschlichen Bedürfnisinventars nicht weiter und können daher hier vernachlässigt werden. –

Ich beschließe mein Referat über die Forschungsergebnisse moderner anthropologischer Einzelwissenschaften mit einem Hinweis auf die neue Richtung der *Soziobiologie,* die in rascher Entwicklung begriffen ist und über deren auch für die Jurisprudenz relevanten Ergebnisse wahrscheinlich demnächst einmal mehr zu berichten sein wird[73]. Abschließend versuche ich, ein Resümee zu ziehen.

---

[73]Vgl. insbesondere *E. O. Wilson* (1975); *ders.* (1980). Eingehender dazu *P. Meyer* (1982); *E. Bodenheimer* (1985). Ferner *G. E. Pugh* (1977); *G. S. Stent* (1978); *J. P. Grey* (1985); *R. D. Alexander* (1987).

Nach *Wilson* (1980) S. 22, ist die Soziobiologie „eine ausgesprochene Mischdisziplin, die Erkenntnisse aus der Ethologie (der naturwissenschaftlichen Erforschung ganzer Verhaltensmuster), der Ökologie (der Erforschung der Beziehungen zwischen Organismen und ihrer Umwelt) und der Genetik zusammenträgt, um so zu allgemeinen Aussagen über die biologischen Eigentümlichkeiten ganzer Sozietäten zu gelangen". Ihr Ziel ist, durch Zusammenstellung ethologischer und ökologischer Fakten zu zeigen, wie sich soziale Gruppen evolutiv (i.S. Darwins) mit der Tendenz zu maximaler genetischer Selbstreplikation an die begrenzten Ressourcen ihrer Umwelt angepaßt haben. Sie nimmt darüber hinaus an, daß es bald möglich sein werde, viele derjenigen Gene zu identifizieren, die unser Verhalten steuern (S. 50). Allerdings sei, so schränkt sie ein, „nicht damit zu rechnen, daß diese Gene bestimmte Verhaltensmuster festlegen ... Die Verhaltensgene beeinflussen eher den Spielraum von Form und Intensität emotionaler Reaktionen, die Erregungsschwellen, die Bereitschaft, eher auf diese als auf andere Stimuli zu reagieren" usf. (S. 51).

Inwieweit das Programm der Soziobiologie wissenschaftlich sinnvoll ist und es insbesondere rechtfertigt, Korallen, Wespen, Fische und Menschen hinsichtlich ihrer sozialen Organisation gemeinsam zu untersuchen, muß hier dahingestellt bleiben. Bedenken ergeben sich aus der monokausalen Erklärung von Verhaltensweisen aus dem genetischen Ziel maximaler bzw. optimaler Replikation, die wichtige Bereiche, insbesondere den der kulturellen Betätigung, ohne Erklärung läßt (vgl. etwa *H. Hendrichs,* 1983), wie überhaupt aus dem biologischen Reduktionismus soziologischer Tatbestände, der zumindest für menschliche Sozietäten als nicht adäquat erscheint (Geburtenkontrolle!). Bedenklich ist auch die bei Soziobiologen (aber nicht nur bei ihnen) häufig anzutreffende Gleichsetzung von (ausschließlich menschlicher) Moral und (auch bei Tieren anzutreffendem) Altruismus. Hiergegen hat sich schon *F. Brentano* gewandt mit dem Hinweis, daß es allein richtig ist, „zu lieben und zu bevorzugen nach dem Maße des wahren Wertes, dem größeren Gute also den Vorzug vor dem kleineren zu geben, auch wenn es sich zeigen sollte, daß wir dann selbst leer ausgehen, aber auch wenn es sich zeigen sollte, daß das größere Gut das unsere ist" (1952, S. 216).

4. Resümee

Ich habe gezeigt, daß die empirische Forschung sich zwar von vielerlei Ausgangspunkten aus auf den Weg gemacht hat, um die Natur der menschlichen Psyche zu erkunden, daß sie jedoch auf keinem dieser Wege weit genug vorgedrungen ist, um zu gesicherten Ergebnissen zu gelangen. Der Mensch als solcher steht, trotz einer Fülle, ja Überfülle empirischer Einzelerkenntnisse, noch immer als *„großer Unbekannter"* vor uns da – so wie ihn A. Carrel[74] bereits vor fünfunddreißig Jahren beschrieb: „Die Menschheit hat sich gewaltige Mühe gegeben, sich kennenzulernen. Aber obwohl wir den ganzen Beobachtungsschatz besitzen, den die Naturwissenschaftler, die Philosophen, die Dichter und die großen Mystiker aller Zeiten angehäuft haben, sind wir doch nur zu einigen wenigen Ansichten von uns selbst gekommen. Wir erfassen den Menschen nicht als Ganzes."

Was ist zu tun? Die phänomenologisch arbeitende Psychologie besitzt, wie mir scheint, den derzeit besten Zugang zu einem relativ unverfälschten Abbild des Menschen, wie wir es für das Recht voraussetzen müssen[75]. Sie hat uns darüber hinaus bereits mit guten Arbeitshypothesen versehen, um die angeborene Mannigfaltigkeit des menschlichen Seelenlebens und damit die programmierenden Determinanten des Naturrechts herauszuarbeiten. Wahrscheinlich hat sie uns sogar bereits einige endgültige Lösungen geliefert. Forschungsaufgabe wird es nun sein, die Arbeitshypothesen der phänomenologischen Psychologie Schritt für Schritt durch interkulturelle Vergleiche zu überprüfen und *erstens* die scheinbar unendliche Mannigfaltigkeit der menschlichen Verhaltensweisen von ihren kulturellen Besonderheiten zu abstrahieren, so daß ihre einheitliche und daher mutmaßlich endogene Grundlage hervortritt sowie *zweitens* die mutmaßlich ursprüngliche Einheit der menschlichen Seele in die Vielheit ihrer originären Möglichkeiten auszudifferenzieren, so daß die heutigen Kulturen als verwirklichte Chancen geistig-seelischer Konkretion erscheinen.

Der erste der beiden Wege geht, mit Hilfe der *Methode der Abstraktion*, von der Vielheit der kulturellen Erscheinungen aus; er entfernt sich soweit wie möglich von den extern-ökologischen Determinanten und gelangt dadurch zu relativ allgemeinen und deshalb mutmaßlich intern-anthropologischen Strukturen. Der auf diesem Wege erreichte Erfolg ist freilich – wie schon der Zusatz „mutmaßlich" ausweist – begrenzt. Und er muß es sein. Denn der Ausgangspunkt des Weges, die Vielheit der kulturellen Erscheinungen, liegt außerhalb des Menschen. Deshalb könnte man von ihm aus nur dann ins Innere des Menschen hineingelangen, wenn eine vollständige Determination der Außenwelt durch die Innenwelt den logischen Schluß von jener auf diese ermöglichte. An einer solchen vollständigen Determination aber fehlt es. Wir können vielmehr nach-

---

[74] *A. Carrel* (1955), S. 15. Ebenso *E. Fromm* (1980), S. 39; *K. Jaspers* (1953), S. 62. Vgl. ferner *J. J. M. van der Ven* (1984), S. 15 ff.

[75] Dazu *E.-J. Lampe* (1985 a), S. 9 ff.; *E. Benda* (1985), S. 23 ff.

weisen, daß der Mensch gegenüber seiner Umwelt weitgehend offen („weltoffen") und jede seiner Verhaltensweisen infolgedessen innovativ ist. Die menschliche Seele erschafft alle kulturellen Erscheinungen spontan, ohne strenge Gesetzmäßigkeit[76].

Am Beispiel des Ruhebedürfnisses veranschaulicht: Das Ruhebedürfnis ist an sich universell; es tritt aber kulturell unterschiedlich im Sitzen, Liegen, Kauern oder Knien in Erscheinung, ohne daß ökologische Determinanten hierfür die vollständige Erklärung lieferten. Dasselbe gilt für den Zusammenschluß der Menschen in Gemeinschaften, der sicher von einem spezifischen Gemeinschaftsbedürfnis getragen wird, aber in der spezifischen Art seines Zustandekommens weder allein hierdurch noch in Verbindung mit ökologischen Determinanten erklärt werden kann.

Die *Ergebnisse* des abstrahierenden Verfahrens sind also zum einen nur Wahrscheinlichkeitsaussagen – was die Determinationskraft gerade dieser menschlichen Motive für diese kulturellen Erscheinungen anbelangt; und sie sind zum anderen nur Aussagen über Wahrscheinlichkeiten – über bestimmte kulturelle Erscheinungen nämlich als Erscheinungen ebenso bestimmter menschlicher Bedürfnisse. Der Weg, den die abstrahierende Methode uns weist, bedarf daher einer Ergänzung.

Diese Ergänzung gibt uns die *Methode der Konkretion.* Sie markiert den zweiten der oben genannten Wege, führt also von der Einheit der menschlichen Psyche[77] aus und geleitet uns, deren Gesamtgestalt mehr und mehr in Teilgestalten zergliedernd[78], bis zu jener Fülle von kulturspezifischen Motiven und Triebfedern, die wir bei den Völkern der Erde heute bewundern. Die Wanderung von der Intensität der Einheit zur Extensität der Mannigfaltigkeit vollzieht sich längs der menschlichen *Entwicklung von Komplexität zur Differentialität;* nur deshalb endet sie nicht in Beliebigkeit oder vollständiger Offenheit. Aber auch an ihrem Ende steht nicht die restlose Klarheit über die seelischen Determinanten eines Naturrechts, sondern wiederum ein neues Problem. Jede Ausdifferenzierung der menschlichen Seele führt nämlich nicht nur weg von ihrem einheitlichen Zentrum in ihre immer differenzierteren Randbereiche, sondern auch hin zu immer neuen ökologischen Umwelten mit immer neuen Notwendigkeiten der Anpassung. Je weiter deshalb die Differenzierung fortschreitet, um so mehr ten-

---

[76] Vgl. *W. Mischel* (1973), S. 256 f.

[77] Vgl. dazu besonders *W. Dilthey* (1894/1968), S. 211: „Der psychische Lebensprozeß ist ursprünglich und überall von seinen elementarsten bis zu seinen höchsten Formen eine Einheit. Das Seelenleben wächst nicht aus Teilen zusammen; es bildet sich nicht aus Elementen; es ist nicht ein Kompositum, nicht ein Ergebnis zusammenwirkender Empfindungsatome oder Gefühlsatome: es ist ursprünglich und immer eine übergreifende Einheit. Aus dieser Einheit haben sich seelische Funktionen differenziert, verbleiben aber dabei an ihren Zusammenhang gebunden. Diese Tatsache, deren Ausdruck auf der höchsten Stufe die Einheit des Bewußtseins und die Einheit der Person ist, unterscheidet das Seelenleben total von der ganzen körperlichen Welt."

[78] Vgl. abermals dazu *W. Dilthey* (1894/1968), S. 173 f.: „In der Psychologie ist der Zusammenhang der Funktionen im Ergebnis von innen gegeben. Eine psychologische Einzelerkenntnis ist nur Zergliederung dieses Zusammenhangs."

diert sie dazu, einerseits innere Leere zu erzeugen und andererseits sich auf die Determinanten der Umwelt einzustellen. Dabei kann deren Determination schließlich so stark werden, daß die Verbindung zum psychischen Zentrum, zum Proprium der eigentlichen Persönlichkeit[79], außer Sicht gerät. Das ist eine Gefahr, der in der Vergangenheit viele Psychologen erlegen sind. Sie haben die Literatur mit endlos langen „Trieblisten" versorgt – jenen Trieblisten, die uns heute als warnende Beispiele für psychologische Aporien entgegengehalten werden –, ohne zu bemerken, daß sie dadurch die *Hierarchie der menschlichen Antriebsstruktur* (zumindest) verdunkelten, obgleich diese der Vielfalt kulturell bedingter Antriebe erst ihre spezifisch menschliche Eigenart verleiht. Denn, um den Entwicklungspsychologen H. Werner[80] zu zitieren, die bloße „allmähliche Differenzierung würde zur Ausbildung von immer absonderlicher werdenden bizarren Gestalten führen, wie wir sie hin und wieder in der Tier- und Pflanzenwelt als Endprodukte einer Stammbaumreihe kennen, wenn dieser Differenzierung nicht eine Vereinheitlichung durch Subordination der Teile gegenüberstände. ... Es wird als Forschungsregel das Entwicklungsgesetz wohl angenommen werden können, daß das Wesen der seelischen Genese in der fortschreitenden Differenzierung, Verfeinerung der psychischen Erscheinungen und Funktionen *und* in einer sich ausbauenden Zentralisation besteht." Die Methode der Konkretion darf deshalb nicht allein Differenzierungen ausarbeiten, sondern sie muß stets auch auf die Subordination der ausdifferenzierten Teile unter das Ganze achten[81]. Erst so ist sie die vollständige Umkehrung der zuerst geschilderten Methode der Abstraktion, welche nicht nur in der Entdifferenzierung und damit Vereinheitlichung besteht, sondern auch in der Superordination des einheitlichen Ganzen über die Teile.

Soviel zum Programm der Forschung. Was die *heutige wissenschaftliche Situation* anbelangt, so läßt sich m.E. jene Auflistung von siebzehn Grundbedürfnissen, die ich gegeben habe, zwar nicht als einzig richtige, wohl aber als wissenschaftlich sinn-, weil maßvolle Ausdifferenzierung des menschlichen Seelenlebens, rechtfertigen. Die Einheit der menschlichen Seele geht in ihr nicht verloren, sondern bleibt – genetisch sinnvoll abgestuft in vital-individuale, personal-soziale und metaphysisch-integrative Bedürfnisse – erkennbar. Die Hierarchie der Grundbedürfnisse freilich wird künftig noch überzeugender herauszuarbeiten und empirisch zu belegen sein.

---

[79] Vgl. *G. W. Allport* (1959), S. 248 ff.

[80] *H. Werner* (1970), S. 29 ff. Vgl. ferner *W. Stern* (1923), S. 239: „Jede seelische Entwicklung – mag sie im einzelnen Kind oder in der Menschheit ablaufen – folgt gewissen Sukzessionsgesetzen, nach denen primitive und grobzügige Lebensformen den komplizierteren und differenzierteren vorangehen."

[81] Vgl. zum zitierten Text auch schon *J. W. von Goethe* (1817), S. 56: „Je vollkommener das Geschöpf wird, desto unähnlicher werden die Teile einander. In jenem Falle ist das Ganze den Teilen mehr oder weniger gleich, in diesem das Ganze den Teilen unähnlich. Je ähnlicher die Teile einander sind, desto weniger sind sie einander subordiniert. Die Subordination der Teile deutet auf ein vollkommeneres Geschöpf."

Darüber hinaus erscheint mir die oben gegebene Auflistung auch wissenschaftspragmatisch begründet. Denn sie ermöglicht es der Rechtswissenschaft, der bescheidenen Zahl von siebzehn Grundbedürfnissen eine ebenso bescheidene Zahl von Grundrechten an die Seite zu stellen, damit aber den Inhalt des Rechts programmatisch auf die wesentlichen Themen des Menschenlebens hinzuordnen. An sich ließe sich nämlich auch die Zahl der Grundrechte beliebig vermehren – solange, bis Hunderte von Namen in den Grundrechtskatalogen der einzelnen Staatsverfassungen prangen. Sie könnten ein Grundrecht, zornig zu sein, ebenso selbstverständlich enthalten wie ein Grundrecht auf einen gesunden Schlaf. Aber ganz sicher würde ein solches Zuviel an Differenzierung die Aufstellung von Grundrechtskatalogen überhaupt ad absurdum führen. Denn was für die Grundbedürfnisse gilt, gilt auch für die Grundrechte: sie müssen auf einer festen und einfach gegliederten Basis aufbauen und ihre hierarchische Gliederung erkennen lassen, wenn es der Rechtsordnung nicht ingesamt an Geschlossenheit mangeln soll. Der moderne Gesetzgeber verfährt deshalb durchaus weise, wenn er nicht zu viele, d.h. nicht mehr als fünfzehn bis zwanzig Grundrechte verfassungsmäßig verbürgt – und es dann der Rechtsprechung überläßt, alle weiteren, differenzierteren Rechte, welche nur ganz allmählich ihre Dignität als Grundrechte verlieren, aus dieser überschaubaren Zahl abzuleiten.

C. Die Bindung des Rechts an die Struktur und an die Grundkategorien des menschlichen Antriebslebens

Die letzten Bemerkungen über den Zusammenhang zwischen Grundbedürfnissen und Grundrechten führen uns zurück auf unsere Ausgangsfrage: *Inwieweit wird die Wirksamkeit des positiven Rechts von Naturgesetzen begrenzt, welche die menschliche Psyche programmieren?* Zwei Antworten lassen sich geben: eine formale, welche die Struktur der menschlichen Psyche berücksichtigt, und eine materiale, welche auf der Erforschung ihrer Grundkategorien beruht.

Die formale Antwort lautet: *Endogene psychische Programmierungen im Menschen begrenzen die Wirksamkeit von Rechtsnormen proportional zu ihrer eigenen Wirkungsgröße.*

Die Antwort bedürfte der *Präzisierung.* Hierfür indessen fehlen bislang empirische Vorarbeiten; ob sie überhaupt durchführbar sind, erscheint angesichts verschiedener Schwierigkeiten zweifelhaft. Ein Beispiel mag einen Teil der Schwierigkeiten verdeutlichen: Es werde gefragt, welche Kraft eine bestimmte Motivation M_a im Kraftfeld von psychischer Programmierung und Normgeltung besitzt. Die Wirksamkeit der auf M_a bezogenen psychischen Programmierung P sei mit W_p, die der ihr widerstreitenden Rechtsnorm N mit W_n benannt. Die psychische Motivation M_a setzt sich dann (so wird man annehmen können) zusammen aus der unmittelbar endogen erzeugten Motivation M_p $(= W_p)$ und der Hemmungswirkung der Motivationsgröße von W_n auf W_p $(W_{p,n})$, die wiederum von der Motivationsstärke von W_n abhängt. Wie aber berechnet man diese? M.E. ist die Differenz $W_n - W^o_{p,n}$ zu bestimmen, d.h. es ist von W_n der Schwellenindex $W^o_{p,n}$ (er entspricht in etwa dem uns bekannten Unrechts„bewußtsein“) für den Einfluß von W_n auf W_p zu substrahieren. Ist dieser Ansatz richtig, dann folgt als Antwort auf die oben gestellte Frage: $M_a = W_p - K_{p,n} (W_n - W^o_{p,n})$. In dieser Antwort taucht eine weitere unbekannte Größe auf: der Proportionalitätsfaktor *K*, der für den individuellen Grad der normativen Motivationshemmung steht (er entspricht in etwa der uns bekannten „Handlungsfähigkeit“ aufgrund von Unrechts„einsicht“).

Viel gewonnen ist mit dieser Antwort indessen noch nicht. Denn nunmehr stellt sich das Problem, sie mit Leben zu erfüllen. Hierzu müßte man für alle Variablen Verfahren angeben, welche die Einsetzung von festen Größen gestatten. An solchen Verfahren aber fehlt es bislang. Deshalb bleibt keine andere Wahl, als die Wirkungsgrenzen positiver Rechtsnormen in jenem – zugegebenermaßen vagen – komparativen Satz nachzuzeichnen, der oben aufgestellt wurde.

Aufgrund unserer bisherigen Untersuchungsergebnisse können wir diesen Satz allerdings noch wie folgt erweitern: Die rechtsbegrenzende Kraft der endogen-psychischen Determination ist um so stärker, je mehr ein Verhalten von älteren Hirnteilen aus gesteuert, m.a.W. je „elementarer“ es ist (man denke an Augenblicke existentieller Bedrohung oder an Zustände von Panik). Die rechtsbegrenzende Kraft der endogen-psychischen Determinanten ist dagegen um so schwächer, je mehr der neokortikale und somit der exogen-kulturelle Anteil innerhalb der Motivation zunimmt und das Verhalten lenkt. Nimmt man nun noch hinzu, daß die Tendenz der menschlichen Entwicklung zentrifugal ist, d.h. stetig wegführt von der kortikalen „Basis“, welcher bereits heute im System des menschlichen Verhaltens fast nur noch Organisations- und Koordinationsfunktionen verblieben sind, und daß sie hinführt zu „peripheren“ Systemen, zur Verhaltenssteuerung durch ein sich immer mehr auf Einzelleistungen spezialisierendes Nervensystem von höchster Adaptionsbereitschaft und -fähigkeit, dann wird deutlich, daß sich die Einwirkung der psychischen Determinanten auf das Recht *immer mehr abschwächt*, bis der Mensch beliebig durch Normen manipulierbar ist[82].

Indessen – die Entwicklung von der angestammten Natur zur erworbenen Kultur, „from nature to nurture“ (wie die Amerikaner sagen), hat die Verbindung der kulturellen Außenbezirke des Menschen zu seinen naturhaften Innenbezirken *noch nicht zerstört;* diese sind vielmehr nach wie vor jene Zentren, wo der Mensch „zu sich selber“ findet und von wo aus er – durch die Fülle seiner zivilisatorischen Möglichkeiten hindurch – „sich“ verwirklicht. Es besteht noch, so widersprüchlich es klingen mag und zum Teil auch ist, eine naturhafte Subordination der phylogenetisch neueren Fähigkeiten unter die älteren, obwohl jene kulturell höher stehen als diese und uns daher als die wichtigeren imponieren.[83] Und für das Recht als kulturelles Phänomen ergibt sich hieraus die ent-

[82] Die „Umkehr“ des menschlichen Weltbildes charakterisieren *A. L. Kroeber/C. Kluckhuhn* (1952), S. 170: "No socialized human being views his experience freshly. His very perceptions are screened and distorted by what he has consciously and unconsciously absorbed from his culture."

sagungsvolle Aufgabe, statt die Verbindung des Menschen zu seinen naturhaften Zentren um der Höherentwicklung willen vollends zu zerstören, sie im Gegenteil zu stärken, sich also auf das endogene Programm des Menschen einzulassen und seiner Wirkungsweise nur insoweit gegenzusteuern, wie es seine ordnende und, sofern es sich eine solche anmaßt, seine sittliche Funktion verlangt.

Suchen wir im positiven Recht nach einer *Bestätigung* dieser Grundsätze, so finden wir sie, beispielhaft für unsere deutschen Verhältnisse, *in der verfassungsrechtlichen Rechtsprechung,* vor allem in der Rechtsprechung *zur Bindung der einfachen Gesetze an die Grundrechte.* Im Anschluß an Art. 19 II GG verstärkt unsere Rechtsprechung die von der „Basis" der Grundbedürfnisse ausgehenden psychischen Determinanten, welche die Normwirksamkeit begrenzen, durch werthafte Determinanten aus dem „Basis-" oder „Wesens"gehalt der Grundrechte, welche die Normgeltung einschränken. Insgesamt ergibt sich daraus ein hierarchischer Aufbau der Rechtsordnung, der dem hierarchischen Aufbau der menschlichen Psyche entspricht: Über der „Basis" der Grundrechte erhebt sich der „Überbau" der allgemeinen Gesetze (vgl. Art. 5 II GG) – deren Geltung allerdings, insofern kehrt sich das Bild um, „unter" der der Grundrechte steht[84]. Die Verbindung zwischen „Basis" und „Überbau" wird so hergestellt, daß einerseits die Grundrechte in den Geltungsbereich der allgemeinen Gesetze „ausstrahlen" und somit die Grenzen der gesetzgeberischen Gestaltungsfreiheit markieren, daß andererseits aber auch die allgemeinen Gesetze den Grundrechten „Grenzen" setzen, d.h. ihnen einen kulturell geprägten Inhalt geben, ohne sie indessen dadurch außer Kraft zu setzen[85]. All das haben wir auch im Verhältnis

---

[83] Dazu *R. B. Zajonc* (1980), S. 169 ff.

[84] Dazu Art. 19 I und II sowie Art. 20 III GG: „Die Gesetzgebung ist an die verfassungsmäßige Ordnung ... gebunden." Die Begrenzung der gesetzgeberischen Gestaltungsmacht wird institutionell abgesichert durch Art. 93 I Nr. 2, 4 a und Art. 100 I GG.

[85] So die „Wechselwirkungslehre" des BVerfG seit E 7, 198 ff., bes. 207 ff. Danach darf selbst ein beim Grundrecht angebrachter Gesetzesvorbehalt nicht als einseitige Beschränkung des Grundrechts aufgefaßt werden (wie es noch in der Zeit der Weimarer Reichsverfassung der Fall war). Vielmehr besteht zwischen Grundrecht und Vorbehalt eine Wechselwirkung derart, daß einesteils der Vorbehalt dem Grundrecht Schranken setzt, daß andernteils aber das den Vorbehalt ausfüllende Gesetz wiederum im Lichte des Grundrechts interpretiert und demgemäß beschränkt werden muß. Dazu *B. Schmidt-Bleibtreu/F. Klein* (1983), Art. 5 Rdnr. 12: „Durch die Verweisung auf die Schranken der ‚allgemeinen Gesetze' hat die Verfassung den Gestaltungsanspruch der in Art. 5 I GG enthaltenen Freiheitsrechte nicht von vornherein auf den Bereich beschränkt, den ihnen die Gerichte durch die Auslegung dieser Gesetze noch belassen. Die ‚allgemeinen Gesetze' müssen vielmehr ihrerseits im Lichte und in der Bedeutung der Grundrechte gesehen und so interpretiert werden, daß der besondere Wertgehalt dieser Rechte auf jeden Fall gewahrt bleibt. Die gegenseitige Beziehung zwischen Grundrecht und ‚allgemeinem Gesetz' ist also nicht als einseitige Beschränkung der Geltungskraft der Grundrechte durch die ‚allgemeinen Gesetze' aufzufassen; es findet vielmehr eine Wechselwirkung in dem Sinne statt, daß die ‚allgemeinen Gesetze' zwar dem Wortlaut nach dem Grundrecht Schranken setzen, ihrerseits aber aus der Erkenntnis der wertsetzenden Bedeutung der Grundrechte im freiheitlich-demokratischen Staat ausgelegt und so in ihrer die Grundrechte begrenzenden Wirkung selbst wieder eingeschränkt werden müssen (BVerfGE 7, 207 f.; 12, 124 f.; 20, 176 f.; 21, 281)."

von endogen-psychischer „Basis" und exogen-kulturellem „Überbau" kennengelernt. Die Übereinstimmung geht aber noch weiter: Wie die Determinationskraft der Grundbedürfnisse auf das menschliche Denken, so ist auch die „Ausstrahlung" der Grundrechte auf die allgemeinen Gesetze um so stärker, je mehr diese sich dem „Basis"gehalt der Grundrechte annähern, oder, anders ausgedrückt, je nachhaltiger sie in deren Bedeutungssphäre eingreifen[86]; und sie ist umgekehrt um so schwächer, je weiter sie sich vom „Basis"gehalt der Grundrechte entfernen. Faktische Wirksamkeit und normative Geltungshöhe des deutschen Rechts stimmen also, Inhaltsgleichheit von Grundbedürfnissen und Grundrechten vorausgesetzt, überein und legen somit die Vermutung nahe, daß eine Kausalbeziehung zwischen Grundbedürfnissen und Grundrechten besteht.

Diese Vermutung einer *Kausalbeziehung zwischen Grundbedürfnissen und Grundrechten* wird durch die Beobachtung verstärkt, daß die soeben dargelegten Grundsätze nicht etwa eine nationale Eigentümlichkeit des deutschen Verfassungsrechts sind, sondern Ausfluß eines allgemein geltenden Prinzips. Wo immer ein Volk seine Rechtsordnung auf dem Fundament materieller Grundrechte errichtet, wirken diese hierarchisch auf die allgemeinen Gesetze ein und prägen damit den Gesamtcharakter der Rechtsordnung[87]. Ist beispielsweise der Schutz der Individualperson und ihrer Entfaltungsfreiheit der höchste Wert einer Rechtsordnung, so erhält diese insgesamt einen individualistischen Charakter; wird dagegen die Zusammengehörigkeit in einer sozialen Gemeinschaft als oberster Wert grundrechtlich anerkannt, so ist eine insgesamt kollektivistische Rechtsordnung die Folge. In den modernen Rechtsordnungen sind solche Kausalbeziehungen freilich schwer festzustellen; denn die meisten von ihnen sind pluralistisch aufgebaut, vereinigen also mehrere Grundwerte, ohne unter ihnen eine feste Rangordnung aufzurichten. Sie sind „offene" bzw. „bewegliche Systeme", die es dem Rechtsanwender überlassen, ihre Elemente hierarchisch zu gliedern und diese Gliederung dann wiederum von Fall zu Fall nach wechselnden Bedürfnissen zu modifizieren.

Doch nicht nur die Rechsordnungen, auch die *Rechsnormen* sind hierarchisch aufgebaut. Sie besitzen einen Kerngehalt, der ihr „Wesen" ausmacht, und eine Reihe von Ringbereichen, worin sie sich mehr und mehr der kulturellen Beeinflussung bzw. der Berücksichtigung individueller Bedürfnisse und Interessen öffnen.

Insgesamt ist somit jede Rechtsordnung bis in ihre feinsten Verästelungen hinein hierarchisch gegliedert. Der Bezug zu den leitenden Werten mag in den Verästelungen bis auf das Ebenmerkliche absinken; ganz verloren geht er niemals. Im Gegenteil, damit der innerrechtliche Zusammenhalt, die „Einheit der Rechtsordnung"[88], in ihren Veräste-

---

[86] Vgl. BVerfGE 7, 377, 410: „Wenn es sich um ein Grundrecht handelt, das in sich Bereiche schwächeren und stärkeren Freiheitsschutzes enthält, dann muß jedenfalls verfassungsgerichtlich nachprüfbar sein, ob die Voraussetzungen für eine Regelung auf der Stufe vorliegen, wo die Freiheit am stärksten geschützt ist; mit anderen Worten, es muß geprüft werden können, ob gesetzliche Maßnahmen auf den vorausliegenden Stufen nicht ausgereicht hätten, ob also der tatsächliche Eingriff ‚zwingend geboten war'."

[87] Vgl. dazu etwa *H. Krüger* (1966), S. 539 ff.; *R. Zippelius* (1985 a), S. 318 ff.

lungen nicht verloren geht, wird der Bezug zum Stamm der leitenden Werte argumentativ ständig wiederhergestellt. Homolog dem Menschen, der sie schafft, ist die Rechtsordnung ein „Organismus“: sie lebt von der Subordination ihrer Teile (Normen) unter ein einheitliches Zentrum (Grundwerte). Strukturell sind Mensch und Recht identisch. –

Die bisherigen Erörterungen haben vorausgesetzt, daß die Grundrechte den menschlichen Grundbedürfnissen inhaltlich entsprechen und daß infolgedessen ihre Hierarchie von der Präponderanz der elementareren Rechte vor den weniger elementaren, wenngleich kulturell höheren, geprägt ist. Der Diskussion dieser *materialen Voraussetzung* wende ich mich nunmehr zu. Sie führt als erstes auf ein Problem, das Philosophie, Psychologie und Naturrechtslehre im Laufe ihrer Geschichte immer wieder ebenso ausführlich wie ergebnislos abgehandelt haben: ob nämlich der Mensch „von Natur aus gut“ sei oder nicht und ob infolgedessen die positive oder negative Hinwendung zur menschlichen Natur „richtiges Recht“ hervorbringe[89].

Gegen die erste Alternative: der Mensch sei von Natur aus gut[90], spricht offensichtlich, daß der gute Mensch keiner Rechtsordnung bedarf, weil er von Natur aus schon ist, was er durch die Rechtsordnung an sich erst werden soll. Nicht minder dubios ist indessen die zweite Alternative: die menschliche Natur sei böse, „korrupt“[91], sie bedürfe infolgedessen

---

[88] Vgl. *K. Engisch* (1935); (1983), S. 160 ff.

[89] Daß wir uns überhaupt der menschlichen Natur zuwenden und an ihr die Normanwendung orientieren müssen, entspricht alter, wenngleich stets umstrittener Tradition. Vgl. dazu *E.-J. Lampe* (1970), S. 17 ff., 209 ff. (m.w.N.); *ders.* (1985 a), S. 9 ff.; neuestens *K. Fezer* (1986), S. 9 ff. u.ö.

[90] Daß der Mensch „von Natur aus gut“ sei, war in Europa die Auffassung insbesondere der mittelalterlichen christlichen Theologie (für die Zeit vor dem Sündenfall), später diejenige J. J. Rousseaus (dazu *E. Reiche*, 1935) und des jungen Marx (vgl. *K. Marx*, 1953, S. 235; dazu *E. Thier*, 1957). Außerhalb Europas entspricht sie z.B. dem Konfuzianismus, der den Menschen dem „Li“, d.h. den der Menschlichkeit entsprechenden Lebensregeln, unterwerfen will: Das Volk solle durch natürliche Tugend und Sittlichkeit geführt werden, darum bleibe seine Gesellschaftsordnung harmonisch und gerecht; nur auf die Menschen, die sich nicht dem „Li“ einordnen, sondern sich außerhalb der sittlichen Ordnung stellen, solle das „Fa“, das geschriebene Gesetz, Anwendung finden. Dieses geschriebene Gesetz ist daher im wesentlichen Strafrecht; es zielt auf die „Abschreckung“ und „Ausmerzung“ all jener ab, die sich dem „Li“ nicht fügen.

Zur Kritik dieser Auffassung vgl. *J. Thyssen* (1957), S. 346: „Wenn die Naturanlage des Menschen zum sozialen Leben ausreichen würde und alle Zwangs- und Anordnungsgewalt überflüssig wäre, weil der Mensch sozusagen von selbst gut ist, so bedürfte es auch keines Natur*rechts.* Von ‚Recht‘ zu sprechen hat nur Sinn, wenn man damit die Sicherung eines geordneten Zusammenlebens von solchen Wesen meint, die keine Engel sind ...“

[91] Die Lehre von der „natura corrupta“ des Menschen (nach dem Sündenfall) wird seit *M. Luther* (WA XL 2, 32, 4, 8: „... naturalia erga deum plane corrupta“) vor allem in der reformatorischen Theologie vertreten, die daher jede Art von Naturrecht ablehnt (vgl. etwa *K. Dombois*, 1952, S. 62). Hingewiesen sei ferner auf die Lehren von *Th. Hobbes* (1651), 1. Teil, 13. Kap. („homo homini lupus“) sowie die der chinesischen „Legisten“: Diese hielten die Natur des Menschen für böse – selbstsüchtig, darauf ausgerichtet, auf Kosten anderer zu leben. Tugend und Sittlichkeit könnten, so meinten sie, die bösen Elemente des Menschen allein nicht in Schach halten; hierzu bedürfe es gesetzlicher Sanktionen, vor denen der Mensch sich fürchtet. Welches Verhalten danach gefordert sei, müßten die Gesetze klar und bestimmt zum Ausdruck bringen.

In neuester Zeit sah *S. Freud* im Menschen einen kaum zu zähmenden Triebverbrecher (z.B. 1961; 1972).

der Zucht durch eine Rechtsordnung, um ein gesellschaftliches Dasein führen zu können. Wie soll aber der von Natur aus böse Mensch imstande sein, ein solches ihn zähmendes Recht hervorzubringen? Kann das Produkt seiner Natur jemals anders sein als wiederum böse? Unausweislich geraten wir also bei jeder der Alternativen in Aporien hinein. Suchen wir aber nach einem Mittelweg und erachten wir den Menschen für teils gut, teils böse, oder, noch näherliegend, für fähig sowohl zum Guten (aber auch zu allem Guten?) als auch zum Bösen (aber auch zu allem Bösen?), dann ergibt sich die Notwendigkeit eines Maßstabes, was in der menschlichen Natur gut und was in ihr böse ist, damit anschließend hiernach die juristische Legitimation für die Förderung des einen und die Bekämpfung des anderen gewonnen werden kann. Dann geraten wir in den alten *Zirkelschluß der Naturrechtslsehre* hinein, der (nach Welzel[92]) lautet: „Was die Naturrechtler an Wertvorstellungen in die Dinge hineingelegt haben, das holen sie hinterher als das ‚Natürliche' oder das ‚Unnatürliche' aus ihnen wieder heraus." Gibt es also kein Entrinnen aus den erwähnten Aporien?

Folgendes ist zu bedenken. Für jedes menschliche Bewußtsein ist der Gedanke unerträglich, daß die eigene Natur unabänderlich verderbt sei. In allen menschlichen Religionen, in allen Glaubenssystemen und in allen Mythen ist darum der Gedanke lebendig, daß es zumindest eine Erlösung gibt, die den Menschen mit dem Guten vereint[93]. Weder als Individuum noch als Volk kann offenbar der Mensch auf Dauer existieren, ohne an einen Rest von wesenhafter Güte in sich zu glauben – qualiscumque est! Die Ablehnung der eigenen Natur, ihre Bekämpfung in ethischen oder rechtlichen Normen führt unvermeidlich zu pathologischen Erscheinungen und letzthin zur existentiellen Selbstgefährdung oder -vernichtung. Somit ist es ein *anthropologisches Postulat, daß der Mensch „gut" ist, soweit seine Natur ihn determiniert.* Dieses Postulat ist eine der Grundlagen des Rechts – und insbesondere die Grundlage jenes Naturrechts, das ich hier herauszuarbeiten versuche. Darüber hinaus wird es als eine Grundlage des Rechts aber auch überall akzeptiert. Denn nicht nur im abendländischen Kulturkreis, sondern universell herrscht die Ansicht vor, daß es das Recht eines jeden Menschen sei, in Übereinstimmung („Harmonie") mit seiner Natur zu leben – und darüber hinaus mit der Natur schlechthin[94]. Daraus aber folgt auch, daß das

[92] *H. Welzel* (1962), S. 241: „Diesen Zirkel hat noch keine Naturrechtslehre durchbrechen können." – Zur Vieldeutigkeit des „Natur"begriffs vgl. im übrigen *E. Wolf* (1959), S. 21 ff.

[93] *Erlösungsmythen* finden wir in allen Religionen. Nach Auffassung z.B. der Orphiker sind die Menschen teils titanisch-böse, teils göttlich-gut; denn sie entstanden aus der Asche der Böses sinnenden Titanen und des Götterknaben Zagreus, den diese verschlungen hatten. Zagreus wurde in Dioneysos wiedergeboren. Aufgabe des Menschen sei es, sich von allem Titanischen zu befreien und das Dionysisch-Göttliche in sich zur Entfaltung zu bringen. Hierzu weisen die Orphischen Mysterien den Weg. – Nach der Erlösungsmystik der Upaniṣaden führt der Weg des Menschen zur permanenten Ekstase des Inneren, das durch gute Taten aus seiner Leibeshülle endgültig befreit wird. – Die israelitisch-christliche Heilslehre verkündet die Lebens- und Liebesgemeinschaft mit Gott mit der Vergebung aller Sünden und dem endlichen Kommen des Gottesreiches auf Erden.

[94] So besteht z.B. das Hauptanliegen der indianischen Stammesmythen im südamerikanischen Urwald darin, jene harmonischen Beziehungen darzustellen, die alle existierenden Kräfte verbinden müssen, um das Überleben der menschlichen Gemeinschaft zu ermöglichen. Auch dem Nirwana der buddhistischen Religion ist die vollständige Harmonie und Ordnung eigen. Dasselbe gilt für das Weltbild des Konfuzianismus u.a.

Bemerkenswert erscheinen mir in diesem Zusammenhang noch zwei Äußerungen *R. Stammlers*, die als eine moderne Wiederholung dieser mythischen Gedanken gelten können: „Ein

Recht diejenigen Inhalte der menschlichen Natur als „gut" vorauszusetzen hat, die ihm als *programmatische* Determinanten vorgegeben sind.

Nicht hingegen folgt daraus, daß die Rechtsordnung darauf zu verzichten hätte, den Menschen dort zum Guten zu bilden, wo der Mensch von der Natur programmatisch offen gelassen, insbesondere mit der Freiheit ausgestattet wurde, sich zu verhalten *wie er will.* Die Richtwerte für diese Bildung kann freilich die Rechtsordnung nur zum Teil der menschlichen Natur entnehmen, etwa ihrer Bezogenheit auf Wahrheit und auf Richtigkeit. Im übrigen muß sie sich an den historisch gewordenen Kulturnormen orientieren. Insofern relativiert sich dann ihre „Richtigkeit" auf die harmonische Übereinstimmung mit den Grundwerten und Grundnormen der jeweiligen Kultur. – Ich gehe diesen Fragen hier nicht weiter nach.

Hat jede Rechtsordnung die endogen programmierte Natur des Menschen als gut vorauszusetzen, so erscheint *die Verrechtlichung der menschlichen Grundbedürfnisse zu Grundrechten legitim.* In Anlehnung an meinen oben B 1 entworfenen Katalog von Grundbedürfnissen lassen daher folgende *Grundrechte* formulieren[95]:

1. das Recht auf Selbsterhaltung,
2. das Recht auf Freiheit von Zwang,
3. das Recht auf ärztliche, soziale und rechtliche Fürsorge,
4. das Recht auf Liebesbeziehungen,
5. das Recht auf Ehe und Familie,
6. das Recht auf Freiheit und Schaffen,
7. das Recht auf Erwerb und Besitz,
8. das Recht auf eine Individualsphäre,
9. das Recht auf eine gesunde und kultivierte Umgebung,
10. das Recht auf Teilnahme am Sozialleben,
11. das Versammlungs- und Vereinigungsrecht,
12. das Recht auf berufliche und außerberufliche Betätigung,
13. das Recht auf Verwirklichung des Eigenwertes,
14. das Recht auf künstlerische und wissenschaftliche Freiheit,
15. das Recht auf metaphysische und religiöse Glaubensfreiheit.

Dieser Katalog von Grundrechten ist verbesserungsfähig, schon weil er auf dem nur fragmentarischen Charakter sowohl unserer wissenschaftlichen Erkenntnisse über den Menschen und sein Recht als auch meiner eigenen Kenntnisse von diesen Erkenntnissen beruht. Das bedarf kaum einer Erwähnung.

---

richtiges Recht ist ein geschichtlich bedingtes Recht. Es ist ... ein unvollkommenes Recht, veränderlich, wechselnd und wandelnd, überall nur relativ gültig. Allein es ist ... objektiv (wenngleich nicht absolut) richtig, weil es die bedingten Einzelheiten seines Inhalts nach der Idee des Rechts maßgebend richtet und als obersten Gesichtspunkt seines Strebens den Leitstern unbedingter Harmonie der besonderen Erlebnisse nimmt" (1928, S. 72). „Wenn ... ein richtiges Recht beobachtet werden soll, so heißt das: Wählet dasjenige positiv-rechtliche Wollen aus, bei dem man die grundsätzliche Richtung im Sinne der Idee vollkommener Harmonie wiedererkennt" (ibidem, S. 75).

[95] Eine genauere Formulierung dieser Grundrechte habe *ich* in meiner Rechtsanthropologie (1970) gegeben (vgl. dort S. 265 ff., bes. S. 287 f.).

Dagegen muß erwähnt werden, daß in den von mir aufgestellten Katalog von Grundrechten kulturelle Vorstellungen eingeflossen sind, Vorstellungen also, die im Gegensatz zu den Grundrechten gerade nicht universell sind, sondern geprägt durch mein eigenes nationales Rechtsdenken. Eine Ausscheidung dieses eigenen Denkens ist nicht möglich, ebensowenig wie ein Verzicht auf die eigene Sprache, um es auszudrücken. Ein letzter Rest an *kultureller Relativität* bleibt deshalb allen Grundrechtskatalogen kat'exochen bewahrt - selbst dort, wo sie nur auf einfachste Weise Ausdruck gefunden haben.

Sehr viel stärker noch tritt die kulturelle Relativität hervor, sobald Grundrechtskataloge subtil ausgearbeitet sind, vor allem also in den Grundrechtsabschnitten der nationalen Staatsverfassungen. Dort entsteht der Anschein, als habe die Inkorporation der Grundrechte in die jeweilige nationale Rechtsordnung die vollständige Relativierung der Grundrechte zur Folge. Dieser Eindruck täuscht indessen. Denn ebenso wie die menschlichen Grundbedürfnisse um so stärker kulturell geprägt sind, je mehr sie sich verfeinern, so ergeht es auch den Grundrechten: In ihrem Kern, ihrem „Wesens"gehalt, bleiben sie absolute Menschenrechte; in ihrer normativen Ausgestaltung dagegen werden sie zu Kulturprodukten. - Diese Janusköpfigkeit der „nationalen Menschenrechte" erscheint mir noch nicht einmal als Mangel. Die Grundrechte sollen das nationale Rechtsdenken bestimmen und die nationale Gesetzgebung und Rechtsprechung beeinflussen. Das aber gelingt ihnen um so besser, je mehr sie sich mit jenen kulturellen Vorstellungen verbinden, die in einer Gesellschaft „von Haus aus" vorherrschen.

Besondere Brisanz erlangt die kulturelle Relativität der Grundrechte in Verbindung mit der Frage nach ihrer *hierarchischen Ordnung*. Daß es eine solche Ordnung gibt, läßt sich aufgrund der Ausführungen zur Hierarchie der Grundbedürfnisse und zur Bindung der Grundrechte an sie vermuten. Wie diese Ordnung aussieht und durch welche Argumente sie gestützt wird, darüber gibt es indessen derzeit allenfalls Vermutungen. Die Ungewißheit bleibt auch bestehen, wenn man die Grundrechtskataloge der europäischen und außereuropäischen Staatsverfassungen betrachtet: inhaltlich sind sie bemerkenswert gleich, über ihre hierarchische Gliederung jedoch findet sich nirgends ein Hinweis. Das ist erstaunlich - und erklärlich zugleich. Erstaunlich ist es, weil das Spannungsverhältnis zwischen den Grundrechten an sich überall bekannt und die Notwendigkeit, aus dem Gefüge der Grundrechte ein hierarchisches Grundrechtsgefüge zu schaffen, überall anerkannt ist[96]. Doch mit der Erkenntnis der Aufgabe ist offenbar überall die Kraft zu ihrer Lösung verbraucht. Die Staatsrechtstheorie wagt nicht, sich ernstlich damit zu befassen. Und die Praxis verdrängt das grundsätzliche Problem hinter einer Fülle von Einzelentscheidungen, die kaum für sich in Anspruch nehmen können, tiefergehende „Erkenntnisse" zu bergen. Was wird nicht alles gegeneinander abgewogen: Leib und Leben gegen die Informationsfreiheit des Einzelnen (Absperren einer Unglücksstelle, um Rettungsarbeiten

[96] Daß die Grundrechte ein geschlossenes System bilden, ist ständige Rechtsprechung des Bundesverfassungsgerichts (BVerfGE 7, 198, 205; 37, 57, 65 u.ö. - im Anschluß an *G. Dürig*, 1985, Art. 1 I Rdnr. 5 ff.). Anderer Meinung vor allem *H. Bethge* (1977), S. 328; *K. Hesse* (1985), Rdnr. 300 f.; *D. Merten* (1976), S. 347; *W. Schmidt* (1981), S. 506 ff.; *R. Scholz* (1975), S. 113 f.

nicht zu behindern); das Informationsinteresse eines Massenblattes gegen die Ehre des Einzelnen; das Interesse zur Benutzung einer heimlichen Tonbandaufnahme gegen das Persönlichkeitsrecht am eigenen Wort; die Gewissensfreiheit gegen die Pflicht zur Landesverteidigung usf. Die Frage jedoch, nach welchen Kriterien die Wertabwägung vorzunehmen ist, wird kaum je gestellt und nirgends beantwortet. Solches Unterlassen ist allerdings erklärlich. Denn die Abwägungskriterien lassen sich jedenfalls den Verfassungen nicht entnehmen; diese sind lediglich Ort der Abwägungsfrage, nicht aber ihrer Lösung[97]. Die entscheidenden Richter – in Deutschland sind es hauptsächlich die des Bundesverfassungsgerichts – müssen die Abwägungskriterien selber stiften. Wie das aber geschehen soll, bleibt solange zweifelhaft, als ein Fundus verbindlicher Wertüberzeugungen nicht zur Verfügung steht und überdies die Komplexität der meisten Einzelfälle zur Konkurrenz von ganz verschiedenen Wertüberzeugungen führt, zwischen denen eine Vermittlung nahezu ausgeschlossen erscheint. Allgemein akzeptierte Lösungen zeichnen sich da nicht ab.

Die Lösungen, die gleichwohl gefunden wurden und, wegen des non-liquet-Verbots, gefunden werden mußten, kaschieren nur die Ungelöstheit des grundsätzlichen Problems. Die entscheidenden Richter stellten auf die „Umstände des besonderen Falles" ab: Sie legten nicht die allgemeine Kunstfreiheit und das allgemeine Persönlichkeitsrecht auf die Waagschalen, sondern die spezielle Kunstfreiheit des Autors X und das spezielle Persönlichkeitsrecht des Herrn Y und noch dazu die besondere Situation, in der sie aneinandergeraten waren, diese naturgemäß gesehen vor dem besonderen geschichtlichen Hintergrund usf. Damit erhöhten sie die Komplexität der Abwägungsprobleme praktisch ins Unermeßliche. Doch aus dieser Not machten sie dann eine Tugend. Mit der Steigerung der Aufgabenkomplexität erzwangen sie die Senkung des Lösungsniveaus, d.h. die Minderung der Ansprüche an die Rationalität der Entscheidung. Folglich konnte ihnen nunmehr die Intuition als Waage der Erkenntnis dienen. Und das erschien tragbar. Denn mit der Maximierung der Entscheidungsvoraussetzungen minimierten sich ja die Folgen der Entscheidung; sie beschränkten sich auf den jeweiligen Fall, ohne für andere Fälle präjudizielle Geltung zu beanspruchen. Die künftige Rechtsprechung blieb daher offen, vom kulturellen Zufall ebenso abhängig wie die bisherige es war – und somit ebenso „unabhängig".

So stehen heute statt einer hierarchischen Ordnung der Grundrechte *Wertpluralismus und Wertrelativismus* an den Schaltstellen unseres Rechtssystems. Sie verhindern, daß die Untergerichte Wertentscheidungen und Wertabwägungen rational zu begründen vermögen. Sie verhindern damit Rechtssicherheit, ohne als Ausgleich Rechtsrichtigkeit zu gewährleisten. Den Ersatz, den sie für die *Hier*archie der Grundrechte bieten, besteht in der *An*archie. –

Ich schließe meine Untersuchung über die Bindung des positiven Rechts an die programmierenden Naturgesetze ab mit einem Hinweis auf die *Folgen, welche die Mißachtung dieses „negativen Naturrechts" nach sich zieht.* Wiederum gerate ich hier allerdings in eine Fülle von Ungewißheiten hinein. Sicher ist lediglich, daß bei einer Mißachtung der programmierenden Naturgesetze bei weitem nicht

---

[97] *K. Hesse* (1985), Rdnr. 20; *F. Müller* (1976), S. 52 ff. Vgl. ferner *E. G. Mahrenholz / E. W. Böckenförde* (1985), S. 1529.

so scharfe Folgen eintreten wie bei der Mißachtung von determinierenden Naturgesetzen. Die Folgen sind hier vielmehr abgestuft je nach der Kraft der mißachteten Determinante. Im oberen Extrem stehen sie jener vollständigen Unwirksamkeit nahe, die sich aus der Mißachtung absolut determinierender Naturgesetze ergibt (oben II). Im unteren Extrem dagegen wird die Wirksamkeit der gesetzlichen Normen kaum vermindert. Und in den Zwischenbereichen schließlich besteht jenes Komparativverhältnis, das wir in komplementärer Form bereits von der Bindung des Rechts an die programmierenden Naturgesetze kennen: je stärker die vom Recht mißachtete Determinante wirkt, desto schwächer wirkt die konkurrierende rechtliche Determinante – und umgekehrt.

Wie aber äußert sich eine solche Verminderung der rechtlichen Wirksamkeit? Die Frage erfordert eine Diskussion auf *drei Ebenen*: auf der kulturellen, auf der psychischen und auf der sozialethischen Ebene.

Auf der kulturellen Ebene hat der Gesetzgeber damit zu rechnen, daß er sich infolge der Mißachtung eines programmierenden Naturgesetzes Normen entgegenstellt, die auf diesem Naturgesetz beruhen, daß er also ein sozial als üblich und kulturell als legitim empfundenes Verhalten verbietet und somit einen *Gegensatz zwischen rechtlichen Erwartungen und soziokultureller Wirklichkeit* schafft.

Als *Beispiel* diene der Fall, daß eine Rechtsnorm jegliche Gefährdung im Straßenverkehr bei Strafe verbietet. Hierdurch entsteht ein Gegensatz zur sozial geübten und kulturell anerkannten Praxis, wonach das menschliche Bedürfnis nach freier Fortbewegung unter Nutzung der dafür einsatzfähigen technischen Mittel den Vorrang hat vor gewissen Gefährdungen, die seine Befriedigung mit sich bringt.

Auf der psychischen Ebene hat der Gesetzgeber damit zu rechnen, daß er sich einem allgemein gefühlten und deshalb als legitim empfundenen Bedürfnis entgegenstellt, daß er also einen *Gegensatz zwischen Rechtsnormen und natürlichem Bedarf* schafft. Hieraus resultieren dann Frustrationen, die wiederum zu Aggressionen führen – zwar nicht notwendig, weil daneben auch Regressionen, Fixationen und Sublimationen möglich sind[98], aber doch mit einer gewissen Wahrscheinlichkeit. Die Gefahr von Aggressionen macht dann die Bereitstellung staatlicher Zwangsmittel notwendig, um sie zu bändigen.

Aggressionen[99] sind der Rechtsgeltung eindeutig abträglich, weil sie entweder zur Durchbrechung derjenigen Norm führen, deren Verbot die Frustration erzeugt, oder aber

[98] *H. J. Kornadt* (1981), S. 35 ff. (m.N.).

[99] Unter Aggressionen verstehe ich Verhaltensweisen, die sich entweder gegen andere Personen richten, um sie körperlich oder verbal zu verletzen, oder gegen Sachen, um ihre Substanz oder ihre Brauchbarkeit zu schädigen. Eine Zusammenstellung von Aggressions-Definitionen findet man z.B. bei *G. A. Pilz/H. Moesch* (1975), S. 53–61. Wörtlich sei die der hier verwendeten Definition nahekommende von *R. A. Baron* (1977), S. 7 zitiert: "Aggression is any form of behaviour directed toward the goal of harming or injuring another living being who is motivated to avoid such treatment."

Als Ergänzung wichtig ist die über den empirischen Bereich hinausweisende Erkenntnis *W. Wicklers* (1975), S. 95, daß man von „Aggression" eigentlich nur dann sprechen kann, wenn bei einer Reaktion das sozial-adäquate Maß an Selbstbehauptung überschritten wird.

zu stark emotionalen Ersatzhandlungen, die ebenfalls vor Normverletzungen nicht zurückschrecken. Allerdings ist weder generell noch speziell im juristisch-normativen Bereich wissenschaftlich geklärt, wann Frustrationen Aggressionen auslösen. An die Stelle der alten Frustrations-Aggressions-These[100] ist heute die These getreten, daß frustrierende Ereignisse lediglich zu einem allgemeinen (unspezifischen) Aktivierungs- und Erregungszustand beim Frustrierten führten[101]. Lediglich die Bereitschaft zu aggressivem Verhalten werde gesteigert[102]. Doch selbst wenn diese These zutrifft, wenn die Folgen von Frustrationen also schwächer sind als bisher angenommen, sind die Gefahren einer bedarfswidrigen Gesetzgebung nicht beseitigt.

Denn nunmehr ergibt sich gemäß der neuen Theorie: Rechtsnormen, die den natürlichen menschlichen Bedürfnissen entgegengesetzt sind, schaffen einen Zustand allgemeiner Aktivierung und Erregung und erhöhen dadurch die *Aggressionsbereitschaft* der Normadressaten sowie ihre Neigung, sich normwidrig zu verhalten[103]. Um diese Gefahr zu bannen, sieht sich der Gesetzgeber genötigt, staatliche Machtmittel zum Schutz der naturrechtswidrigen Normen einzusetzen bzw. alternative Befriedigungsmöglichkeiten zur Verfügung zu stellen in der Hoffnung, daß diese sich als attraktiv genug erweisen, um an die Stelle der normwidrigen Bedürfnisbefriedigung zu treten.

Die Gefahr aggressiver Reaktion auf naturrechtswidrige Normen sowie die staatliche Notwendigkeit, der Gefahr durch den Einsatz von Zwangsgewalt zu begegnen, fordert zu einer weiteren Diskussion *auf der sozialethischen Ebene* heraus. Auf der psychischen Ebene scheint sich das Problem naturrechtswidriger Normsetzung noch auf eine Machtprobe zu reduzieren: Je mehr Macht ein Staat hat, desto unbedenklicher *kann* er sich über die natürlichen Bedürfnisse seiner Bürger hinwegsetzen; je weniger Macht er dagegen einzusetzen vermag, desto mehr muß er darauf achten, daß er bedarfsgerecht normiert und dadurch Frustrationen und Aggressionen vermeidet. Auf der sozialethischen Ebene verändert sich jedoch die Sichtweise. Hier steht die Frage im Mittelpunkt: Wieviel Macht *darf* ein Staat einsetzen, um seiner einzelnen Bedürfnisse zuwiderlaufenden und dadurch Frustrationen und Aggressionen erzeugenden Gesetzgebung Gehorsam zu verschaffen? Die Praxis zitiert in diesem Zusammenhang den Verhältnismäßigkeitsgrundsatz: Je mehr ein gesetzlicher Eingriff „elementare Äußerungen der menschlichen Handlungsfreiheit" berühre, um so sorgfältiger müßten „die zu seiner Rechtfertigung vorgebrachten Gründe gegen den

---

[100] Nach der grundlegenden These von *Dollard et al.* (1939), S. 1, soll „Aggression immer die Folge einer Frustration" sein; genauer: das Auftreten von aggressivem Verhalten soll „immer die Existenz einer Frustration" voraussetzen, und umgekehrt soll „die Existenz einer Frustration immer zu irgendeiner Form von Aggression" führen. Diese Frustrations-Aggressions-Theorie ist aufgegeben worden, seit *Miller et al.* (1941) nachwiesen, daß Frustrationen auch andere Reaktionsformen außer Aggressionen zur Folge haben können. Vgl. dazu auch *R. A. Baron* (1977), S. 87 ff.

[101] Vgl. *A. Mummendey* (1983), S. 340.

[102] Vgl. *A. Mummendey* (1983), S. 339 (unter Hinweis auf Berkowitz).

[103] *C. F. Graumann* (1985), S. 324: „Die Lehren, die man aus der modernen Motivationspsychologie, speziell der Frustrationstheorie ziehen kann, sprechen dafür, daß die aus zielblockiertem Handeln stammenden Reaktionen in der Regel weniger sozial angepaßt sind als entsprechendes nicht frustriertes Handeln. Eine, hier besonders wichtige, Bedeutung von minderer sozialer Anpassung ist, daß im eigenen Verhalten weniger Rücksicht auf das Verhalten anderer genommen, also auch eher Unrecht getan wird."

grundsätzlichen Freiheitsanspruch des Bürgers abgewogen werden"[104]. Das ist zwar salomonisch, aber nicht eben sehr hilfreich, weil als „Gründe" für die Beschränkung „elementarer Äußerungen der menschlichen Handlungsfreiheit" im wesentlichen die Gefährdung fremder Rechte und gemeinschaftlicher Belange genannt werden[105] und deren Abwägung gegenüber dem Freiheitsanspruch des Einzelnen gerade das Problem darstellt. Der Hinweis auf den Verhältnismäßigkeitsgrundsatz ist daher eine Verweisung ins Leere; die Legitimation des staatlichen Machteinsatzes zugunsten naturrechtswidriger Normen bleibt danach genauso offen wie zuvor.

Noch ein anderer Gesichtspunkt erschwert die Lösung des Legitimationsproblems. In jedem Gemeinschaftswesen sorgen neben der staatlichen Rechtsmacht noch weitere kulturelle Organisationssysteme für die Begrenzung bzw. den Ausgleich widerstreitender menschlicher Bedürfnisse. Das sozialethische Problem des Machteinsatzes zugunsten naturrechtswidriger Normen verändert sich daher je nachdem, ob diese Organisationssysteme dieselbe inhaltliche Tendenz haben wie das Rechtssystem oder nicht. Wieder komparativ ausgedrückt: Je besser die gesetzlichen Normen mit den kulturellen Auffassungen eines Volkes harmonieren, desto geringerer staatlicher Macht bedarf es, um sie durchzusetzen, und desto eher darf diese Macht eingesetzt werden. Als Beispiel diene die Ausgestaltung des Sexualstrafrechts. In Kulturen, in denen eine strenge Sexualmoral gilt, werden Gesetze, die das natürliche menschliche Bedürfnis nach sexueller Betätigung unterdrücken oder kanalisieren, leichter durchsetzbar sein als in Kulturen mit liberaler Sexualmoral, und die Legitimation der Gesetze wird dort auf weniger Einwände treffen.

Letzthin ist daher die Lösung des Legitimationsproblems *vom Gesellschafts- und Staatsbild abhängig,* welches einer Rechtsordnung zugrunde liegt. Drei Typen[106] lassen sich insoweit unterscheiden: liberale, soziale und autoritäre Staatsbilder. Rechtsordnungen, denen ein *liberales* Staatsbild zugrunde liegt, vertrauen entwender auf die Lebendigkeit und Kraft der sozialen Neigungen im Menschen, denen der soziale Frieden auch ohne staatliches Zutun anvertraut werden könne, oder auf das Wirken eines sozialpsychologischen Mechanismus, kraft dessen sich die natürlich-egoistischen Bestrebungen der Menschen durch ihre Gegnerschaft von selbst regulieren. Sie geben daher dem „laisser-faire", dem „freien Spiel der Kräfte", den Vorzug vor staatlicher Bevormundung. Soweit Normen überhaupt erforderlich sind, sollen sie sich den vorherrschenden sozialen Tendenzen anpassen, die vorhandenen sozialen Ausgleichskräfte respektieren und von sich aus so wenig Frustration wie irgend möglich erzeugen. Rechtsordnungen mit *sozialem* Staatsbild dagegen halten sich an die Maxime „Vertrauen ist gut, Kontrolle ist besser". Sie rechnen damit, daß das natürliche

---

[104] BVerfGE 17, 306, 314; 20, 150, 159.

[105] BVerfGE 35, 202, 222.

[106] Die hier vorgeschlagene Typisierung ist nicht staatspolitisch, sondern anthropologisch begründet. Daher wird nicht von Staats*typen,* sondern von Staats*bildern* gesprochen. Diese Staatsbilder beruhen auf bestimmten Grundannahmen vom Menschen, aus denen sie dann die Staatsaufgaben, insbesondere die Aufgaben einer staatlichen Rechtsordnung, folgern. Der Begriff „Autorität" wird in diesem Zusammenhang nicht auf die staatliche Willensbildung, sondern auf die rationale Begründung des staatlichen Handelns aus (über jeder willentlichen Beeinflußbarkeit stehenden) Werten angewandt.

Gleichgewicht von egoistischen und sozialen Motiven im Menschen bereits nachhaltig gestört ist, und setzen deshalb an die Stelle des sich ebenfalls als unzuverlässig erweisenden intrasozietären Ausgleichsmechanismus einen zuverlässigen Zwangsmechanismus, der insbesondere auf den Schutz der sich vital oder sozial schwächer artikulierenden Bedürfnisse Bedacht nimmt. Charakteristisch für sie ist die starke Betonung der sozialen Gleichheit bei gleichzeitigem Wertpluralismus. Frustration erzeugende Normen erscheinen ihnen daher legitim, wenn sie zur Herstellung von Gleichheit in den persönlichen Daseins- und Entfaltungsbedingungen führen. Rechtsordnungen mit *autoritärem* Staatsbild schließlich sehen zusätzlich die natürliche Wertordnung der menschlichen Gesellschaft als grundlegend gestört an. Sie ersetzen sie daher durch eine staatlich autorisierte Wertordnung, wonach einzelne Werte vor anderen als verbindlich ausgezeichnet und zu juristisch gültigen Leitbildern erhoben werden. Frustration erzeugende Normen erscheinen ihnen dann legitim, wenn sie den juristischen Leitbildern entsprechen und diese gegen Infragestellungen verteidigen.

In der neutzeitlichen Realität läßt keine Rechtsordnung sich auf eines der drei Staatsbilder vollständig festlegen. Für ein rein liberales Staatsbild ist die tatsächliche Ungleichheit unter den Menschen zu groß, für ein rein soziales Staatsbild ist die Hierarchie der Werte zu diffus, und für ein rein autoritäres Staatsbild ist der Pluralismus der Meinungen und die Individualität der Lebensstile zu mächtig. Deshalb wird eine *Mischung der drei Staatstypen* den bestehenden Verhältnissen im allgemeinen am besten gerecht werden. Diese Mischung herzustellen oder die zu ihrer Herstellung erforderlichen Bedingungen zu schaffen, ist also die Aufgabe der Rechtsordnung und der Zweck ihrer Normen. Welche Mischung allerdings „richtig" und welche Rechtsordnung infolgedessen sozialethisch am besten begründet ist, das wechselt nach Zeit und Ort. Die Entscheidung hierüber muß jedes Volk eigenverantwortlich treffen - mit dem Ziel, nicht nur seine gegenwärtige Existenz, sondern auch seinen Weg in die Zukunft bestmöglich zu sichern.

Am Ende bleibt daher unser Problem, inwieweit die Rechtsordnung eines Staates die programmierenden Kausalgesetze der menschlichen Natur mißachten und durch den Einsatz von Zwang eine „abweichende", „bessere" soziale Ordnung durchsetzen *darf,* ungelöst und, wie sich herausstellt, nicht einmal auf Dauer lösbar. Wie ein Staat seine Rechtsordnung gestaltet und welche Einschränkungen er seinen Bürgern um der Gemeinschaft und ihres Fortschritts zur Sittlichkeit willen zumutet, all das hat bisher in der *Geschichte* gewechselt und wird auch künftig wieder und wieder wechseln. Der Mensch im Recht ist ein Wesen, das, weil es mehr sein *kann,* als es ist, deshalb auch stets mehr sein *will,* als es ist, und das darum ständig versucht, seine naturhaften Fesseln abzustreifen. Doch die Natur verweist es ständig darauf zurück, daß sie es aus ihren Fesseln niemals völlig entläßt. Diese Einsicht verlangt sie von ihm, und diese Einsicht muß auch seine Rechtsordnung teilen. Sie muß zwar versuchen, ihn zum

Besseren hinzuführen; aber sie muß dabei seine naturhafte Gebundenheit respektieren - jedenfalls solange sie eine menschliche, „humane“ Ordnung sein will[107].

[107] Vgl. dazu *E.-J. Lampe* (1987 a).

IV. Die Bindung des Rechts an die programmierenden Verstandesgesetze[1]

So gebunden sich der Mensch im Reich der Natur weiß, so frei wähnt er sich in einem Reich, das unter allen Geschöpfen nur ihm gehört: im *Reich der Gedanken.* „Es bleibt dabei: die Gedanken sind frei" – heißt es in einem vertrauten Lied. Doch wie weit ist es mit der Gedankenfreiheit wirklich her?

Bereits beim Nachdenken über diese Frage bemerken wir, daß wir uns nicht allein im Reich der Gedanken bewegen, sondern gleichzeitig auch im *Reich der Sprache.* Denken ist offenbar sprachliches Denken. Und folglich ist es insofern *nicht* frei, als es an die Sprache und ihre Gesetzmäßigkeiten gebunden ist. Diese Gesetzmäßigkeiten der Sprache sind niemals – auch nicht bei größter sprachlicher Freiheit – die des Sprechenden, seines subjektiven Geistes; sie sind die der Sprachgemeinschaft, aufgerichtet in jahrhundertelanger Praxis und nunmehr verpflichtend, ja suggestiv für jeden, der in dieser Sprache denkt. Sie sind *Gesetze des objektiven Geistes.*

In der Regel denkt der Mensch in seiner *Muttersprache,* die er als Kind, vornehmlich im Kontakt mit seiner Mutter, gelernt hat[2]. Er denkt in ihr nicht das, was er wahrnimmt oder empfindet, sondern das, was die Sprache ihm wahrzunehmen oder zu empfinden vorschreibt. Er denkt die Welt als ein „legomenon". Eine wahrhaft natürliche Welterkenntnis gibt es daher für ihn nicht; sobald er der Sprache mächtig ist, ist ebenso die Sprache über ihn mächtig. Die Sprache formt seine Welterkenntnis und zeigt ihm die Welt aus ihrer eigenen, kulturspezifischen Perspektive[3].

---

[1] Die hier anzusprechenden Bindungen sind bisher noch kaum erkannt, geschweige denn erforscht. Die folgenden Ausführungen können daher kaum mehr als einen ersten Problemaufriß bieten.

[2] Dazu *J. S. Bruner* (1981).

[3] Vgl. *F. Tschirch* (1954), S. 67 f.

Ferner *G. Frey* (1965), S. 61: „In der berühmten Chronik des Mönches Salimbene wird von dem Versuch am Hofe Kaiser Friedrichs II. berichtet: Um festzustellen, welches die Ursprache des Menschen sei, die Adam und Eva im Paradiese sprachen, ließ der Kaiser einige Kinder von Geburt an ohne jede menschliche Ansprache aufziehen. Er wollte sehen, welcher Sprache sie sich von selbst bedienen würden. Salimbene berichtet nur, daß alle Kinder starben, der Versuch also mißglückte.

Moderne Untersuchungen scheinen zu bestätigen, daß ohne Ansprache eine Entwicklung des Kleinkindes fast unmöglich ist. Da so extreme Versuche mit Menschen heute kaum gemacht werden können, bleiben nur Untersuchungen unter extrem ungünstigen Verhältnissen übrig. R. Spitz hat in Amerika Untersuchungen unter sehr ungünstigen Verhältnissen eines einer Strafanstalt angeschlossenen Kinder- und Waisenhauses angestellt. Diese Kinder hatten

Der Zwang zur kulturellen Spezifität, den die Sprache auf das Denken ausübt, darf allerdings nicht *nur* als Einengung der Gedankenfreiheit verstanden werden. Er eröffnet auch die Tür in eine neue Welt der Freiheit - in die Freiheit der Kommunikation, der geistigen Begegnung mit anderen Angehörigen der Sprachgemeinschaft. Je besser der Mensch eine Sprache beherrscht, desto freier lebt er in der Gemeinschaft, worin sie gesprochen wird. Denn was er nur denkend niemals vermocht hätte, das vermag er nun sprechend: seine Gedanken auszudrücken, sie anderen mitzuteilen und ihr Verhalten zu beeinflussen.

Doch nicht nur zur Kommunikation mit anderen öffnet ihm die Sprache die Tür. Sie ist auch der Schlüssel ins Reich der Kultur. Menschliche Kultur ist im weitesten Sinne sprachlich; sie ist eine Gedankensprache, ist eine Sprache der Musik, ist eine Sprache der Bilder. Und sie ist natürlich auch eine *Sprache des Rechts*! Gesetz und Richterspruch verlangen sprachliche Fassung, Gewohnheitsrecht und Vertragsrecht gewinnen durch sprachliche Fassung an Klarheit[4]. Die Kraft der Sprache ist eine Kraft des Rechts. Und die Grenze der Sprache ist eine Grenze des Rechts. Wo die Sprache nichts mehr gilt, wo sie nicht mehr imstande ist, einen Gedanken auszudrücken, ihn anderen mitzuteilen und deren Verhalten zu beeinflussen - wo sie, wissenschaftlich ausgedrückt, ihre „lokutionäre", „illokutionäre" und „perlokutionäre" Funktion[5] einbüßt -, da verliert auch das Recht seine Geltung.

In seiner Gebundenheit an Sprache ist das *Recht* ein Stück der sprachlichen menschlichen *Natur,* ein Teil des homo loquens - „Naturrecht" in jenem immer wieder gemeinten negativen Sinne der begrenzenden Macht der Natur über das Recht.

---

ein Minimum an menschlicher Ansprache. Nach vierjähriger Beobachtung konnten von den Säuglingen nur etwa 5 % ganze Sätze sprechen. Ebenfalls 5 % hatten ein Vokabular von 12 Wörtern. Etwa 40 % hatten ein Vokabular von 3 bis 5 Wörtern, 25 % eines von 2 Wörtern, und 30 % konnten überhaupt noch nicht sprechen. Dieser Sachverhalt zeigt, daß die sprachliche Beschäftigung mit den Kindern minimal gewesen sein muß. 25 % konnten noch nicht gehen, 60 % nicht alleine mit dem Löffel essen, 95 % sich nicht alleine ankleiden. Das Durchschnittsgewicht der Kinder im Alter von 2,5 Jahren entsprach dem Durchschnittsgewicht normal aufgezogener Kinder mit 10 Monaten. Die Anfälligkeit für alle Infektionen war wesentlich erhöht, so daß in 2 Jahren 37,7 % starben. All das, obwohl Ernährung und ärztliche Versorgung gut waren."

[4] Dazu *H. Henkel* (1977), S. 195 f.; zum Teil einschränkend *B. Großfeld* (1984), S. 3.

[5] *J. L. Austin* (1972). Nicht immer genau unterschieden wird innerhalb der Sprechakttheorie zwischen dem Akt und seinem Effekt. Das gilt insbesondere für die „Perlokution", für die nur die Wirkungsabsicht, anderes Verhalten zu beeinflussen, wesentlich ist, nicht der tatsächlich erzielte Effekt der Beeinflussung.

A. Das Sprachprogramm des Menschen

1. Erwerb und Struktur des Sprachprogramms

Daß ein Mensch, der über eine normale Intelligenz verfügt, jede lebendige oder tote Sprache erlernen kann – vom einsilbigen Chinesisch bis zu den endlos langen Einwortsätzen des Nootka –, ist eine allgemein anerkannte und empirisch gut abgesicherte Erfahrungstatsache. Wissenschaftlich erklärt wird sie durch die Annahme, daß alle menschlichen Sprachen eine einheitliche Struktur besitzen und daß diese Struktur einem genetisch überlieferten[6] Sprachpotential des Menschen entstammt („linguistische Universalien")[7]. Dieses Sprachpotential wird allerdings niemals in reiner Form aktualisiert. Genau wie die Grundbedürfnisse des Menschen niemals rein erscheinen, sondern überformt und verändert werden von Umwelt und Kultur, so geschieht es auch mit der Sprache des Menschen. Das Ergebnis dieser kulturellen Formung scheint dann bisweilen, zumal außerhalb der großen „Sprachfamilien", völlig eigenständig zu sein. Doch der Schein trügt. Die Fähigkeit des Menschen, Sprachen zu bilden und zu lernen, ist in ihren Grundzügen endogen programmiert; und so gestattet sie lediglich Variationen, worin die thematische Vorgabe erkennbar bleibt. Es gibt eine *Einheit der Sprache in der Vielheit der Sprachen* – eine Einheit im Symbolcharakter ihrer Zeichen und in der normativen Regelung ihrer Kombination, in Semantik und Syntax.

Nahezu von Anbeginn läßt die Natur den Menschen sich als *sprechendes Wesen*[8] entwickeln[9]. Mit den Umweltinformationen nimmt der Mensch auch

---

[6] Dazu *E. H. Lenneberg* (1972 a), S. 278 ff.

[7] *N. Chomsky* (1973); *J. H. Greenberg* (1963); *L. Hjelmslev* (1974); *D. M. Rasmussen* (1974), S. 38 ff.; u.a.

Vgl. hierzu und zum folgenden auch schon *L. Weisgerber* (1931/32), S. 250: „Die Kernfrage ist ..., wie man feststellen kann, nach welchen Gesetzen der menschliche Geist arbeiten würde, wenn er nicht bei jedem einzelnen Menschen von Kindheit auf in die Denkform der Muttersprache hineingezwungen würde. Die Richtung, in der die Lösung liegt, kann hier nur angedeutet werden: es ist die grundlegende Erkenntnis W. v. Humboldts, daß der einzige Weg, auf dem allgemeingültige Gesetze des menschlichen Denkens erfaßt und die ‚dem' Menschen erkennbare Wirklichkeit aufgezeigt werden können, der Weg der Sprachvergleichung ist. Bei jedem Sprachmittel ist also zu prüfen, was an einem sprachlichen Begriff, einer sprachlichen Denkform ‚naturgegeben' ist (im Sinne der Angemessenheit an eine objektive Außenwelt), was daran allgemein-menschlich ist (beruhend auf der leiblich-geistigen Struktur des Menschen) und was daran gesellschaftlich-geschichtlich bedingt ist (erwachsen aus den Erfahrungen und Arbeiten einer Sprachgemeinschaft). Dies ist der einzige Weg, um überhaupt an Fragen wie die hier erörterten heranzukommen; wie mühselig er ist und in welchem Maße er ein Zusammenarbeiten zwischen Sprachwissenschaft und den anderen beteiligten Wissenschaften erfordert, ergibt sich von selbst."

[8] *J. G. Herder* (1964), S. 161 ff. Herders weitere Behauptung, „schon als Tier hat der Mensch Sprache", widerspricht allerdings (zumindest verbal) seinem eigenen anthropologischen Ansatz, Mensch und Tier aufgrund der Sprachfähigkeit voneinander scheiden zu können – im Sinne des bekannten Ausspruchs von *W. v. Humboldt* (1820), S. 14: „Der Mensch ist nur Mensch durch Sprache; um aber die Sprache zu erfinden, mußte er schon Mensch sein." Vgl. im übrigen *B. Liebrucks* (1964), S. 52 ff.

[9] Kommunikationssysteme freilich gibt es auf allen Stufen der phylogenetischen Entwicklung (*D. F. Aberle* et al., 1949/50, S. 100 ff.). Ihr Zweck ist es, die wechselseitige Information der

deren sprachlich-kulturelle Interpretation in sich auf. Am wichtigsten für ihn sind - aus genetisch nicht vollständig aufgeklärten Gründen - die über seinen *Gesichtssinn* empfangenen Informationen[10]. Deutlich wird das in seiner offen„sichtlichen" Neigung, von Anfang an in Bildern zu denken und zu sprechen und einen stark visuell gefärbten Sprachschatz aufzubauen (für den indogermanischen Sprachbereich denke man an die anschauliche Bedeutung der meisten Präpositionen, an die realitätsbezogene Bedeutung der Kopula „ist" u.a.m.)[11]. Daß sich diese Tendenz später bis ins Recht hineinzieht, bezeugt zum einen dessen plastische Formensprache, bezeugen zum andern aber auch die vielen Symbole, welche Rechtsgedanken anschaulich machen und damit dem Auge legitimieren: der Richterstab, der gebrochen wird; der Hut des Herrschers, der den Untertan behütet; der grüne Zweig, der die Eigentumsübergabe von Grund und Boden anzeigt; der Mantel der Frau, der ihren vorehelichen Kindern Rechtsschutz gewährt („Mantelkinder"), usw. Auch die Bezeichnung „Augenscheinsbeweis", welche noch heute in den Prozeßordnungen verwendet wird für den Beweis durch sinnliche Wahrnehmung schlechthin, also auch für den Beweis durch Gehör und Geschmack, zeugt von dem besonderen Wert des Sichtbaren, welches das Recht „an den Tag bringt". -

Um den Spracherwerb darstellen zu können, *unterscheide ich* zwischen (a) dem *Lexikon,* worin die Wörter gespeichert sind, und (b) der sprachlichen *Syntax,* d.h. den Verwendungsregeln für die Wörter.

Diese Unterscheidung ist in der Linguistik üblich. Gleichwohl ist sie nicht unproblematisch, weil sie die Einheit der Sprache gefährdet. Keinesfalls darf sie dazu benutzt werden, um jene Verbindungsfäden zu zerreißen, die sich zwischen den Wörtern und ihren Verwendungsregeln spannen.

(a) Die *Ausbildung des Lexikons,* d.h. der Erwerb des Wortschatzes, geht Hand in Hand mit der allgemeinen psychischen Entwicklung des Menschen, insbesondere mit der seiner kognitiven Strukturen. Irgendeine Priorität, sei es der Sprache vor der kognitiven Entwicklung, sei es der Kognition vor der sprachlichen Entwicklung, läßt sich, obwohl vielfach behauptet, nicht feststellen. Abzulehnen sind daher sowohl die bekannte Sapir-Whorf-Hypothese[12], wonach

Individuen über ihre physiologischen Erregungszustände, die zu erwartenden Verhaltensweisen u.a.m. zu gewährleisten (vgl. dazu auch unten S. 66 Fn. 41). Beim Menschen scheint die biologische Programmierung zum Sprechen ziemlich bestimmt ausgeprägt zu sein. Alle Kinder beginnen zur selben Zeit zu sprechen, nämlich am Ende des ersten oder zu Beginn des zweiten Lebensjahres, sobald die neurologischen Voraussetzungen sich dafür ausgebildet haben. Die Entwicklung von Phonemen verläuft überall in der Reihenfolge, daß Vokale vor Konsonanten gebildet werden und daß der Aussprache von Wörtern ein Stadium des Lallens und Babbelns vorhergeht (vgl. etwa *H. Bee,* 1978, S. 156). Die ersten Wörter werden nur langsam gelernt; dann aber wächst der Vokabelschatz rapide an.

[10] Entwicklungspsychologisch erhellt dies u.a. daraus, daß in der Ausbildung des logischen Denkens taubstumme Kinder geringere Retardierungen aufweisen als blinde Kinder. Eingehend *H. G. Furth* (1964), S. 145 ff.

[11] *C. Brown/S. L. Lahren* (1973), S. 310; *A. R. Luria* (1970), S. 66 ff.

[12] Vgl. dazu *E. Sapir* (1931); *B. L. Whorf* (1963). Zur Widerlegung vgl. vor allem *H. Dürbeck* (1975).

die Sprache vorherbestimmt, wie der Mensch seine Umwelt denkend erfaßt[13], als auch das entgegengesetzte Modell, wonach eine zunächst erworbene kognitive Struktur anschließend in Sprache übersetzt wird[14]. Beide Positionen erheben Erkenntnisse, die für bestimmte Sprachbereiche oder Sprechsituationen richtig sind, in den Status universeller Theorien und überbeanspruchen sie damit. *Kognition und Sprache stehen in wechselseitiger Abhängigkeit zueinander,* weshalb mal diese, mal jene die andere befruchtet und vorantreibt[15].

Regeln über die gegenseitige Beeinflussung aufzustellen, ist nur sehr beschränkt möglich. Am besten gelingt es noch *i.S. eines Mehr oder Weniger*: Der Kognition wird desto mehr die Führungsrolle zufallen, je mehr die Sprache vom sinnlich Angeschauten handelt – daß die Inder mehrere Wörter für Reis, die Eskimos mehrere Wörter für Schnee und fast alle Völker mehrere Wörter für die bei ihnen wichtigen Tiere[16] haben, ist gewiß kein Zufall. Umgekehrt wird die Sprache die Kognition desto mehr prägen, je mehr ihre Begriffsbildungen von sinnlichen Bildern bloß abgeleitet sind – dies ist der Fall bei stark generalisierten Vorstellungen, aber auch bei Komparationen und bei Kontraktionen („Verkehrsunfall").

Am *Recht* verdeutlicht: Die stark generalisierenden normativen Deliktstypen werden hauptsächlich durch die Sprache gebildet – weshalb in der Dogmatik die „Wortlaut"-interpretation an der Spitze der Rechtserkenntnismethoden steht[17]. Die Erscheinungen des Verbrechens dagegen werden eher von der Kognition her typisiert – weshalb die Kriminologie bei der Verbrechensbestimmung „die gesamte Breite der Normwidrigkeit oder des abweichenden Verhaltens in ihr Blickfeld (!) einbeziehen" muß[18].

---

[13] Die These trifft allenfalls auf eine bestimmte Klasse von Wörtern zu, welche die Temperatur, den Geschmack sowie Farben und Töne bezeichnen (Vgl. *E. H. Lenneberg / J. N. Roberts,* 1956) und durch ihre Abgrenzungen das Gedächtnis beeinflussen.

Wesentlich wichtiger scheint die Sprache für unsere Selbsterkenntnis zu sein. Insbesondere erscheint uns unser Gefühlsbereich als „dunkel" und „irrational", weil wir keine Wörter besitzen, um ihn angemessen zu beschreiben. Namenlose Regungen gelten uns als „unbewußt" – allein deshalb, weil es unserem Bewußtsein (das sie durchaus wahrnimmt) aus Mangel an passenden Wortzeichen versagt ist, sie angemessen zu benennen und ihnen dadurch Gestalt zu geben.

[14] Vgl. *I. M. Schlesinger* (1977), bes. S. 80 ff.

[15] Vgl. auch *M. Heidegger* (1963), S. 14 f.: „Die Frage, was das Erste sei und das Maßgebende, der Satzbau oder der Dingbau, ist bis zur Stunde nicht entschieden. Es bleibt sogar zweifelhaft, ob die Frage in dieser Gestalt überhaupt entscheidbar ist. Am Ende gibt weder der Satzbau das Maß für den Entwurf des Dingbaues, noch wird dieser in jenem einfach abgespiegelt. Beide, Satz- und Dingbau, entstammen in ihrer Artung und in ihrem möglichen Wechselbezug einer gemeinsamen ursprünglichen Quelle."

[16] Im Deutschen sind es vor allem Pferd (Hengst, Wallach, Stute, Fohlen, Rappen, Schimmel, Falbe, Brauner, Rotfuchs etc.) und Rindvieh (Kuh, Ochse, Bulle, Stier, Kalb, Färse); bei den Eskimos sind es die Fische, für deren Fang sie sogar eigene Namen haben (während wir neutral vom „Fischen" sprechen); bei vielen afrikanischen Völkern sind es Bäume u.ä. Die Araber sollen gar um die 6000 Möglichkeiten haben, Kamele zu bezeichnen (*W. J. Thomas,* 1937).

[17] *K. Larenz* (1983), S. 305: „Jede Auslegung eines Textes wird mit dem Wortsinn beginnen."

[18] *G. Kaiser* (1985), S. 56. Wissenschaftstheoretisch ist der Standpunkt der Kriminologie zum „materiellen Verbrechensbegriff" bis heute unklar geblieben.

Verwandt mit diesen beiden Regeln sind zwei weitere, ebenfalls komparative: der Wortschatz ist desto stärker logisch gegliedert, auf je „höherer", unanschaulicherer Ebene er steht. Umgekehrt herrschen auf der „unteren", anschaulicheren Ebene eher assoziative Verbindungen vor.

Auch diese Regeln lassen sich aufs *Recht* anwenden: Je höher ein Rechtsbegriff in der Begriffshierarchie steht, desto mehr ist er mit seinen Unterbegriffen sprach-logisch verbunden (Beispiel: Gegenstand - Sache - Grundstück). Je tiefer dagegen ein Begriff in der Hierarchie steht, desto mehr lockern sich die sprachlogischen Strukturen, um nunmehr vorstellungs-logischen, darüber hinaus in Gefühlswerten fundierten Beziehungen Platz zu machen (Beispiel: die im Mordparagraphen zusammengefaßten Fälle der Tötung). Es hat also in den höheren Stockwerken der Hierarchie die „abstrakte" Begriffsjurisprudenz[19], in den unteren Etagen die „anschauliche" Zweck- und Wertungsjurisprudenz ihren Stammplatz.

Über den *Erwerb und Aufbau des Wortschatzes* im einzelnen herrscht, soweit ich sehe, noch erhebliche Ungewißheit[20].

Offenbar wird *universell* der Mensch zunächst von den Objekten seiner engeren Lebensumwelt „beeindruckt" und in seiner Aufmerksamkeit „gefangen"[21]. Worte für dieses „Beeindruckt- und Gefangensein"[22] gehen folglich in den Sprachschatz eines jeden Kleinkindes ein: sie gelten den Tieren seiner Umgebung, seiner Nahrung und seinem Spielzeug. Dingworte (Nomina) stehen dabei überall neben Tätigkeitsworten (Verben) und Gefühlsausdrücken (Adjektiven, Interjektionen), und zumindest anfangs sind sie ihnen gegenüber überall dominant[23].

[19] Vgl. dazu *K. Larenz* (1983), S. 433 ff.

[20] Repräsentativ dafür die Feststellung von *H. Hörmann* (1967), S. 319: „Nicht nur über die Mechanismen des Spracherwerbs ist noch wenig bekannt; selbst die Phänomenologie der zeitlichen Abfolge dieses Erwerbs ist noch nicht differenziert genug." Trotz Weiterführung vielversprechender Forschungen in den letzten 20 Jahren hat diese Feststellung bis heute Gültigkeit behalten.

Eine eindrucksvolle Schilderung der Schwierigkeiten, den Umfang des kindlichen Vokabulars zu erforschen, finden wir bei *J. B. Carroll* (1971), S. 122: "How shall vocabulary words be counted? Since many words have multiple meanings, should these multiple meanings be counted separately, and if so, how? If an individual knows the base form of a word, can it be assumed that he also can recognize the meanings of derived forms (e.g. incorruptible < corrupt)? What does it mean to 'know' a word? Should one be able to define it in isolation, or is it sufficient to recognize its meaning in a given context? Since it is impracticable to test an individual's knowledge of all words in an unabridged dictionary, much less all their separate multiple meanings, how can an adequate sample of words and word meanings be set up for testing purposes?"

[21] Dazu *E. J. Gibson* (1969), S. 341 ff., 369 ff.

[22] Nicht also für die Objekte selbst (vgl. *J. Church*, 1971, S. 5). Für die kindliche Mentalität ist das Objekt noch der aktive Faktor im Erleben; erst beim Erwachsenen übernimmt das Ich als urteilendes Subjekt die aktive Rolle: das beurteilte Objekt wird ihm gegenüber zur bloßen „Substanz" von attribuierten Qualitäten und Relationen. Eine solche (auch phylogenetisch relativ späte) Auffassung widerspricht noch völlig der kindlichen Mentalität.

[23] Dies alles nach *K. Nelson* (1973). Nelson listet sowohl den Objektbereich als auch die Wortkategorien der ersten fünfzig Wörter von Kleinkindern auf. Kategorial geschichtet bezogen sich auf Objekte 65 %, auf Tätigkeiten 13 %, auf Eigenschaften 9 % und auf Gefühls- oder Willensäußerungen 8 % der benützten Wörter. Demgegenüber bezeichnet *G. Révész* (1946), S. 136 ff., die Verben als die ältesten Sprachgebilde.

Die weitere Entwicklung ist dann fast völlig *individuell und kulturspezifisch* geprägt. Ja, ihre Unterschiedlichkeit würde sich noch krasser darstellen, wenn es den Forschern gelänge, neben der intellektuellen auch noch die emotive Wortkomponente in die Entwicklungsanalyse einzubeziehen. Indessen lassen uns die Fachleute hier im Stich. Wir können daher nur vermuten, daß Kinder ebenso wie Erwachsene die einzelnen Wörter nicht identisch gebrauchen, sondern mit jedem ganz verschiedene Vorstellungs- und Gefühlsgehalte verknüpfen, auch wenn es in kindlichen Äußerungen weniger klar zutage tritt und vor allem nicht durch systematische Tests abgefragt werden kann[24].

Beim Begriff „Auto" zum Beispiel stellt das eine Kind sich einen Gegenstand vor, der auf der Straße fährt. Für die Vorstellung des anderen stehen der Kindersitz und die Hupe im Zentrum. Ein drittes Kind verbindet mit dem Wort „Auto" ein Lustgefühl, weil ihm die Fahrt neue Erlebnisse beschert. Ein viertes fühlt sich vom Dröhnen des Motors beängstigt. All diese Vorstellungs- und Gefühlsbestandteile wechseln beim Kind zudem noch schnell und häufig; gleichwohl bleibt der Begriff „Auto", der allein in seinen Sprachschatz eingeht, konstant. Die „Sprachwelt" des Kindes ist daher nur ein unvollkommener Ausdruck seiner „Merkwelt".

Auch im späteren Leben überdauert die Konstanz eines Begriffs die seiner Vorstellungs- und Gefühlsinhalte. Bleiben wir beim Beispiel des Autos. Dem Heranwachsenden erscheint es vielleicht einmal als Freiheitssymbol; für den Erwachsenen mag es später Prestigefunktion besitzen; und für den alten Menschen kann es schließlich hauptsächlich ein Ausdruck für Gefährdungen sein. Es ist dasselbe „Auto" – dem Begriffe nach; aber es ist ein anderes nach den Emotionen, die es weckt.

(b) Noch einige Worte zur *Syntax,* d.h. zu den grammatischen Regeln der Wortverbindungen. Die Diskussion der letzten Jahre hat sich in diesem Zusammenhang vor allem auf eine Grundfrage bezogen: Welches Wissen befähigt uns, grammatisch richtige von grammatisch falschen Sätzen zu unterscheiden? Da die Zahl möglicher Sätze unübersehbar ist, kommt offenbar nur die Kenntnis absoluter Regeln in Betracht, aus denen alle grammatisch richtigen Sätze notwendig „generiert" werden (daher auch die Bezeichnung der Regeln als „generative Grammatik"). Von hier aus teilen sich die Auffassungen. Nach *N. Chomsky*[25] müssen die Grundzüge dieser Regelkenntnisse angeboren, „innate ideas and principals"[26] sein; denn bereits das Kind benötige sie, um eine Sprache zu lernen. Nach *D. I. Slobin* und anderen Autoren treten dagegen an die Stelle der angeborenen Ideen angeborene Strategien des Spracherwerbs („operating principals")[27].

---

[24] Vgl. dazu etwa *W. Labov* (1973), S. 340 ff.

[25] *N. Chomsky* (1971), S. 424 ff.

[26] *N. Chomsky* (1971), S. 429.

[27] *D. I. Slobin* (1971), S. 56: "This is not to say that the grammatical system itself is given as innate knowledge, but that child has innate means of processing information and forming internal structures, and that, when these capacities are applied to the speach he hears, he succeeds in constructing a grammar of his native language." Eingehende Begründung in: *D. I. Slobin* (1979), S. 107 ff. Übereinstimmend *E. H. Lenneberg* (1972 b), S. 74 ff., bes. 75 (m.w.N.); *H. Sinclair de Zwart* (1974), S. 73 ff.

Auch bei diesem Problem ist zu vermuten, daß es sich auf einer allgemeineren Ebene lösen läßt. Wie wir wissen, hat das Kind von der Natur allgemeine Verhaltensprinzipien für den Umfang mit der Außenwelt mitbekommen; hierzu gehören u.a. die *Tendenzen zur Generalisierung von Erfahrungen*[28] *und zur Polarisierung von Empfindungen* in lust- und unlustbetonte[29]. Da die vorgefundene Sprache für das Kind ein integraler Teil der Außenwelt ist, geht es höchstwahrscheinlich von diesen Prinzipien auch beim Spracherwerb aus: Es generalisiert also seine Erfahrungen im Umgang mit grammatischen Strukturen ebenso wie die, die es im Umgang mit der Realität gewonnen hat, und es polarisiert den sprachlichen Ausdruck ebenso wie die Gefühlserlebnisse, die der Umgang mit der Realität in ihm hervorruft. Beides, Generalisation und Polarisation, schreibt es schließlich sprachlich fest, sobald die Identifikation von Erfahrungen und Erlebnissen durch Lautzeichen gelungen ist.

2. Die moralische Sprache insbesondere

Die vorstehenden Ausführungen über Erwerb und Struktur der Sprache waren kursorisch. Die nachfolgenden über Erwerb und Struktur der *moralischen Sprache* müssen etwas ausführlicher sein; denn vor allem von der moralischen Sprache aus ist die *juristische Sprache* zu verstehen, auf die ich im dritten Abschnitt eingehen werde.

Wie die Sprache überhaupt, so wird auch die moralische Sprache vom Kind *parallel zur Entwicklung* erworben.

Diese moralische Entwicklung beginnt eigenständig ab dem 8. Lebensjahr. Bis dahin ist das Kind blindlings der moralischen Autorität der Erwachsenen ausgeliefert. Bis dahin ist Recht, „was den von der Autorität der Erwachsenen auferlegten Weisungen entspricht“[30]. Bis dahin sind Strafen allein deshalb gerecht, weil sie der Autorität der Erwachsenen entspringen. Erst vom 8. Lebensjahr an entwickelt sich im Kind ein eigenes *Gefühl für Gerechtigkeit*. Zunächst ist es zwar noch ziemlich abstrakt: eine Strafe wird schon dann (allerdings auch erst dann!) akzeptiert, wenn sie der Schwere des begangenen Unrechts entspricht. Aber zwischen 11 und 12 Jahren gelingt der Durchbruch zu einer autonomen Moral; es entsteht die Fähigkeit, die abstrakte Gleichgerechtigkeit durch Billigkeitserwägungen zu modifizieren, etwa „mildernde Umstände“ in die Bewertung einzuführen und hieraus dann ein individuelles Strafmaß abzuleiten[31].

---

[28] Vgl. dazu auch *P. Henle* (1975), S. 18: „Die Unterteilungen, die wir hinsichtlich unserer Erfahrung hegen, hängen davon ab, wie wir wahrnehmen, und müßten also demselben sprachlichen Einfluß unterliegen wie die Wahrnehmung.“

[29] Nach *G. Kafka* (1950) besitzen wir vier „Uraffekte“: Gier („her mit dir zu mir“), Liebe („hin mit mir zu dir“), Widerwille („fort mit dir von mir“) und Furcht („fort mit mir von dir“). Diese Affekte werden offenbar vom Kind polar als Lust und Unlust erfaßt.

[30] *J. Piaget* (1973), S. 357.

[31] *J. Piaget* (1973), S. 358 f.

Die meisten Erkenntnisse über die moralische Entwicklung des Kindes verdanken wir dem schweizer Psychologen *J. Piaget*[32]. Neuere wissenschaftliche Veröffentlichungen legen sie, modifiziert zwar in ihren Einzelheiten, unangetastet aber in ihrem Kerngehalt, zugrunde[33]. Der *Kerngehalt* seiner Lehre – daß die moralische Entwicklung des Kindes mit dem 8. Lebensjahr beginnt und dann kontinuierlich bis in die Zeit der Adoleszenz anhält (mit einer bemerkenswerten Verfestigung im 14. Lebensjahr) – bildet auch für unsere Untersuchung die Grundlage. Wir *folgern* aus ihm, daß die moralische Sprache ontogenetisch auf Fundamenten beruhen muß, welche das Kind entweder endogen erworben oder in den ersten sieben Jahren seines Lebens unter kulturellem Einfluß – und deshalb in kulturell differenzierter Form – gelegt hat. Und wir *vermuten* weiterhin – vermuten deshalb, weil wir insofern nur sehr wenige Informationen besitzen –, daß hier die Ontogenese die Phylogenese nachvollzieht[34], daß also die moralische Sprache des Menschen eine Erscheinung ist, die erst auf einer relativ späten Entwicklungsstufe entstehen konnte, weil erst dann jene bio-psychischen Grundlagen vorhanden waren, deren ein moralisches Urteil bedarf.

a) Die Fundamente der moralischen Sprache

Drei Fundamente der moralischen Sprache lassen sich nennen: (1) Fühlen, (2) Denken, (3) Handeln.

(1) Unteres, noch vorsprachliches Fundament der moralischen Sprache ist die *Gefühlsreaktion* auf Vorgänge der Umwelt. Bevor das Neugeborene etwas erwirbt, was verbalen Fähigkeiten entfernt nahekommt, kann es weinen und lächeln[35], Gefühlsausdrücke und Gesten nachahmen[36]. Da sich diese Fähigkeiten entwickeln, ohne daß das Neugeborene jemals sein eigenes Gesicht erblickt hätte, können wir annehmen, daß das erste Fundament eine endogene Mitgift ist. Dafür spricht auch, daß hier die *Ontogenese* die Phylogenese wiederholt. *Phylogenetisch* nämlich eilt die Entwicklung des Gefühls der der Sprache ebenfalls weit voraus: der Hypothalamus und das ihn umgebende limbische

[32] Zu Piaget vgl. insbesondere den Band „Piaget und die Folgen" von *G. Steiner (1978).*

[33] Siehe *vor allem L. Kohlberg* (1964); *M. L. Hoffman* (1970), S. 261 ff.; siehe ferner *L. Eckensberger* (1985).

[34] Dies entsprechend dem *biogenetischen Grundgesetz,* das erstmals *E. Haeckel* klar formuliert hat. Es besteht heute Einigkeit, daß dieses Gesetz nicht unbeschränkt gilt. Die wesentlichen Einschränkungen hat in knapper Form *K. Koffka* (1966), formuliert: 1. Das Kind ist ein unausgebildeter labiler Organismus; dagegen sind die Verhaltensweisen der Naturmenschen für lange Perioden fertig und traditionell erstarrt. 2. Das Kind wächst aus einer ihm entsprechenden kindlichen Welt in die Welt des Erwachsenen hinein; der Naturmensch dagegen lebt dauernd in einer ihm entsprechenden Welt. 3. Das Kind ist anfänglich ein passives, wenig soziales Wesen; der Naturmensch dagegen ist in hohem Maße sozial. Wegen dieser Einschränkungen spricht man heute im allgemeinen von einer *biogenetischen Regel.* Über die Gründe ihrer Geltung herrscht nach wie vor Unklarheit.

[35] *C. I. Izard* (1978).

[36] *A. N. Meltzoff/M. K. Moore* (1977).

System waren ausgebildet (weit besser als heute!), bevor das Sprachzentrum entstand[37]. Darüber hinaus dürfte sich auch eine „Sprache" der Gefühle entwickelt haben, lange bevor die Sprache des Denkens entstand[38]. Freilich war diese „Sprache" nicht begrifflicher, sondern motorischer Art; sie äußerte sich, wie auch heute noch, vor allem in Mimik und Gestik[39].

(2) Die Erwähnung des begrifflichen Denkens führt uns zum zweiten, mittleren Fundament der moralischen Sprache: zum *generalisierenden Begreifen der realen Umwelt* in Allgemeinvorstellungen und Sprachzeichen[40]. Auch dieses Fundament wird *ontogenetisch* vor dem 8. Lebensjahr gelegt, jedoch später als das erste und bereits weitgehend unter kulturellem Einfluß. Die Entwicklung beginnt, wie erwähnt, universell bei denjenigen Dingen und Ereignissen, die im

---

[37] Überzeugend *R. B. Zajonc* (1980), S. 169 f.: "Affect was there before we evolved language and our present form of thinking. The limbic system that controls emotional reactions was there before we evolved language and our present form of thinking. It was there before the neocortex, and it occupies a large proportion of the brain mass in lower animals. Before we evolved language and our cognitive capacities, which are so deeply dependent on language, it was the affective system alone upon which the organism relied for its adaptation. The organism's responses to the stimuli in its environment were selected according to their affective antecedents and according to their affective consequences. Thus, if the most recent version of homo sapiens specifies that affective reactions are mediated by prior cognitive processes - as contemporary cognitive views would have it - then at some point in the course of evolution, affect must have lost its autonomy and acquired an intermediary in the form of cold cognition. This scenario seems most unlikely. When nature has a direct and autonomous mechanism that functions efficiently - and there is no reason to suppose that the affective system was anything else - it does not make it indirect and entirely dependent on a newly evolved function. It is rather more likely that the affective system retained its autonomy, relinquishing its exclusive control over behaviour slowly and grudgingly. At most, the formerly sovereign affective system may have accepted an alliance with the newly evolved system to carry out some adaptive functions jointly. These conjectures make a two-system view more plausible than one that relegates affect to a secondary role mediated and dominated by cognition."

[38] Der Gesichtsausdruck von Menschen, die in einen saueren Apfel beißen, und der Ausdruck von Überraschung, Ärger, Entzücken oder Heiterkeit, ist quer durch alle Kulturen bemerkenswert ähnlich. Vielleicht wurde deshalb keine präzise verbale Darstellung der Gefühle entwickelt. Vgl. im einzelnen *P. Ekman/W. V. Friesen* (1969).

[39] *D. Ulich* (1982), S. 36 f.; *R. B. Zajonc* (1980), S. 170. Neuere elektromyographische Untersuchungen machen es sehr wahrscheinlich, daß mit emotionalen Zuständen Muskelaktivitäten eng verbunden sind (vgl. *P. J. Lang*, 1979, S. 495 ff.). Danach dürften Gefühl und Motorik enger zusammenhängen als Gefühl und Sprache. Phänomenal erkennbar ist dies u.a. daran, daß noch heute die gefühlsmäßig-motorische Reaktion weitaus schneller verläuft als die sprachliche. Man denke an das Jauchzen und Hüpfen vor Freude, das Sich-auf-die-Erde-Werfen vor Zorn, das Senken (Hängenlassen) des Kopfes bei Niedergeschlagenheit und Trauer. Entsprechende Beobachtungen an Kindern kann heute noch jedermann anstellen. Über entsprechende Beobachtungen bei primitiven Völkern gibt die ethnologische Literatur Aufschluß - etwa bei den Weddas auf Ceylon *P.* und *F. Sarasin* (1893); bei den Negritos auf den Philippinen *F. Blumentritt* (1882).

Im übrigen ist auffallend, daß Gefühle nonverbal weitaus exakter und wirkungsvoller mitgeteilt werden können als Gedanken: es gibt eine „Ansteckungskraft" der Gefühle, aber keine (oder nur eine ganz minimale) „Ansteckungskraft" („Übertragung") der Gedanken.

[40] Vgl. dazu *R. M. Hare* (1973), S. 25; *D. I. Slobin* (1978), S. 267: "In order for the child to construct a grammar: (1) he must be able to recognize the physical and social events which are encoded in language, and (2) he must be able to process, organize, and store linguistic information. That is, the cognitive prerequisites for the development of grammar relate to both the meanings and forms of utterances."

kindlichen Leben eine besondere Rolle spielen, bei Gegenständen von hoher Eindruckswirkung also, bei prägnanten Formen der kindlichen Umwelt, bei wichtigen Tagesereignissen wie z.B. dem Essen, aber auch bei der Mutter, die das Essen bringt. Wiederum dürfte die *Phylogenese* ähnlich verlaufen sein: Prägnante Dinge und Situationen von hoher emotionaler Eindruckskraft erhielten vermutlich die ersten, zugleich magisch bedeutsamen Namen[41]; Wünsche oder Anweisungen an die Gruppenmitglieder folgten, z.B. während der Jagd der Männer oder während der Arbeit der Frauen bei der Essenszubereitung[42]. Dann setzte die zunehmende Differenzierung der Hirnstruktur ständig neue, spezifisch „geistige" Prozesse in Gang, die den Menschen schließlich zum fast beliebigen Umgang mit der Außenwelt befähigten und ihn gleichzeitig zwangen, allenthalben die Sprache als reduzierendes und stabilisierendes Mittel der Orientierung und Verständigung einzusetzen[43].

Wichtig ist nun, daß in beidem, sowohl in der Ontogenese als auch in der Phylogenese, die der Sprache zugrunde liegenden *Allgemeinvorstellungen* zunächst nicht nach sinnlichen Qualitäten geordnet, sondern *ganzheitlich* auftraten. Zur analytischen Trennung kam es erst allmählich. Vollständig gelungen ist sie bis heute nicht; der hochzivilisierte Erwachsene ißt heute noch mit den Augen, öffnet beim intensiven Schauen den Mund und empfindet Wohlbehagen, wenn ein Gegenstand kuschelig weich aussieht[44]. Die *Synästhesie,* wie man sie

---

[41] Dazu *E. Cassirer* (1964), S. 22. Im einzelnen können wir, da Sprache keine materiellen Spuren zurückläßt, über Ursprung und Entwicklung der Sprache nur Vermutungen anstellen. Die verschiedenen Theorien sind aufgelistet bei *O. Spann* (1914), S. 146 ff., sowie bei *G. W. Hewes* (1977), S. 3 ff., und umfassend (1975). Vgl. ferner schon die oben S. 64 Fn. 23 erwähnte Studie von *G. Révész* (1946) und die vergleichende Arbeit von *O. Koehler* (1969). Die hohen Leistungen sprachlicher Kommunikation bei den Schimpansen Washoe, Moja, Sarah und Lana fordern nach *D. Ploog* (1972, S. 167, 169) „noch mehr als alle bisherigen Vergleiche mit animalischen Kommunikationssystemen dazu heraus, auch die menschliche Sprache nicht als isolierte Leistung zu behandeln, sondern dieses, allen anderen überlegene, Kommunikationsmittel in seinen psychologischen Zusammenhängen zu untersuchen", weil es immer schwieriger wird, die Grenze zwischen tierischer Verständigung und menschlicher Sprache als einfache Linie zu ziehen, obwohl „angesichts dieser Ergebnisse profunde Unterschiede vorhanden sind".

Nach Ansicht der Primatenforscher *E. S. Savage* und *D. M. Rumbaugh* könnte sich die Entwicklung des Sprechens in sechs Stadien vollzogen haben: 1. physiological attributes – Abgabe von körperlichen Signalen gegenüber dem Sozialpartner über den eigenen körperlichen Zustand, z.B. über die Brünstigkeit; 2. social interchange and parameters of expression – soziale Kommunikation über den eigenen psychischen Zustand; 3. elaborated social patterns – ritualisierte Ausdrucksbewegungen, z.B. Fußaufstampfen als Drohgebärde; 4. incipient acts – Initialbewegungen, etwa das Hochwerfen des Kopfes zum Zeichen des Angriffs; 5. iconic gestures, z.B. das Winken als Aufforderung zum Kommen; 6. arbitrary signs, etwa gesprochene Wörter.

[42] *D. F. Jonas/A. D. Jonas* (1979), vertreten dagegen die Auffassung, daß der Mutter-Kind-Kontakt die Initialzündung für das Sprechen gewesen sei. Über neueste Forschungen berichtet *I. Eibl-Eibesfeldt* (1984), S. 649 ff.

[43] Vgl. etwa *A. Gehlen* (1971), S. 46 ff., der die These *J. G. Herders* (1964), S. 17, „je kleiner die Sphäre der Tiere ist, desto weniger haben sie Sprache nötig", erweitert: je größer und vielfältiger die Umwelt, desto mehr bedarf es der Sprache zu ihrer Bewältigung. Instinktreduktion und Sprachaufbau entsprechen einander.

nennt, ist eine universell programmierte Eigenschaft ursprünglicher Erkenntnis[45]. Sie führt zu Ausdrucksweisen, denen ganzheitliche „Betrachtungen" zugrunde liegen (z.B. „er war sauer") und deren Bedeutung sich auf mehrere Sinnessphären verteilt (z.B. „schneidende Stimme", „heiße Diskussion", „Hafen der Ehe").

Ursprünglich eingebunden in die Ganzheit der Vorstellungen ist auch ihr Subjekt: der Vorstellende. Zusammen mit seinen Vorstellungen bringt daher der Mensch stets *sich selbst* sprachlich zum Ausdruck. Daraus resultiert ein *anthropozentrisches Weltbild,* welches sich insbesondere in zwei weiteren Tendenzen äußert: in der Tendenz zur Substantialität und in der Tendenz zur Bildhaftigkeit.

Ich werde beide Tendenzen später noch ausführlich besprechen. Hier nur soviel:

Auf die *Tendenz zur Substantialität* treffen wir sowohl in der Ontogenese als auch in der Phylogenese von Anfang an. *Be*greifen ist Ersatz von *Er*greifen. Deshalb erscheint dem Kind in den ersten Lebensjahren alles, was es *be*greift, so substantiell wie das, was es *er*greift - Bauklötzchen, Bilder, Gefühle und Träume[46]. Bei den Naturvölkern zweifelt kein vernünftiger Erwachsener daran, daß alle Gegebenheiten seiner Vorstellung Realität besitzen: Verstorbene[47], Bilder, Dämonen, Götter, magische Kräfte u.ä.[48]. Auch in der zivilisierten Welt der europäischen Antike war jede Tugend eine Realität, zumeist sogar eine persönliche Gottheit[49]. Ja, selbst der heutige Europäer liebt es, ethische Werte zu personifizieren, speziell in der gehobenen Rede. Wortrealismus und Wortmagie sind somit lebendige Gegenwart (: „Man soll den Teufel nicht beim Namen nennen, sonst erscheint er!").

Eng verbunden mit dieser Tendenz zur Substantialität ist die *Tendenz zur Bildhaftigkeit,* d.h. die Neigung, sich über alles „ins Bild" zu setzen bzw. sich von allem eine „Vorstellung" zu machen. Sie führt zu jener metaphorischen Ausdrucksweise, die wir in allen Sprachen beobachten können.

Eingebunden in die Ganzheit der Vorstellungen ist schließlich auch die Emotionalität. Etwas erkennen heißt, mit ihm vertraut werden. Und da Vertrautheit mit den Dingen und Personen der Umgebung lebensnotwendig ist, wird sie, besonders vom Kind, aber auch noch vom Erwachsenen, als angenehm erlebt[50] - während Fremdheit eher ängstliche, unangenehme Gefühle hervorruft. Solche

---

[44] Bekannt ist ferner die Entsprechung von Farben und Tönen (z.B. „farbiger Orchesterklang"). *Goethe* (1810) spricht hier von einer „höheren Formel", die beide vereinigt; sie seien „allgemeine elementare Wirkungen nach dem allgemeinen Gesetz des Trennens und Zusammenstrebens, des Auf- und Abschwankens, des Hin- und Widerwägens wirkend, doch nach ganz verschiedenen Seiten, auf verschiedene Weise, auf verschiedene Zwischenelemente, für verschiedene Sinne" (S. 491).

[45] *H. Werner* (1970), S. 61 ff. Ausführlich zu den Synästhesien *G. Anschütz* (1953), S. 218 ff. Speziell zur Metaphysik bei Kindern *S. Wagner/E. Winner* (1979).

[46] Dazu *J. Piaget* (1978), S. 43 ff.; *H. Werner* (1970), S. 271 ff.

[47] Die meisten südaustralischen Stämme glauben, daß die Verstorbenen sie im Traum besuchen (*A. W. Howitt,* 1904, S. 440).

[48] Vgl. *H. Werner* (1970), S. 284 ff.

[49] Man denke an die Chariten oder an Eros in Griechenland, an Salus und Fides in Rom. Vgl. dazu noch *W. F. Otto* (1959), S. 122.

[50] Vgl. *A. A. Harrison* (1977); *M. W. Matlin* (1971).

Tendenz zum Vertrauten entspricht funktional dem tierischen Suchen nach „Schlüsselreizen". Aber es besteht insoweit doch ein wichtiger Unterschied; denn was „Schlüsselreiz" ist, hat die Natur pränatal für jede Tierart festgelegt, der Mensch dagegen muß sich erst selbst gefühlsmäßig festlegen – und dies kann er naturgemäß erst postnatal. Noch ein weiterer Unterschied ist bemerkenswert: Nur der Mensch, nicht dagegen das Tier, ist programmiert, die Verankerung in seiner Umgebung mit der Namensgebung abzuschließen. Es ist dies ein scheinbar rein intellektueller Akt – und doch wiederum auch ein Akt des Vertrauens, da er nur von der Erwartung der Wiederkehr seinen Sinn erhält. Deshalb ist der Akt auch emotional gefärbt: Wir verwenden Kosenamen und Schimpfworte; zusätzlich zu den Gegenständen werden uns ihre Namen lieb und teuer; sogar Übel erscheinen uns manchmal, beim Namen genannt, vertraut und verlieren dann ihre beunruhigende Wirkung.

Die letzten Überlegungen leiten über auf das *Verhältnis* der beiden bisher behandelten Fundamente, *von Gefühl und Denken.* Verbinden sich beide zu einer funktionalen Einheit? Stehen sie einander in – befruchtender, hindernder? – Wechselwirkung gegenüber? Oder ist, wie Klages meinte, der „Geist der Widersacher der Seele" geworden[51]? Sicher ist lediglich, daß ursprünglich einmal eine kaum in Frage gestellte *Einheit* vorhanden war. Wir können sie heute noch bei Kindern sowie bei den Erwachsenen primitiver Völker beobachten: ihre Außenwelterkenntnis ist durch und durch emotional gefärbt, ohne daß der Umstand irgendwie tiefer in ihr Bewußtsein eindränge oder ihnen gar zum Problem würde[52]. Offenbar verblaßt erst ganz allmählich die emotionale Färbung. In zunächst noch wenig, dann stärker kontrollierter Weise, *trennen sich* Denken und Fühlen: phylogenetisch wahrscheinlich zuerst in Griechenland, zwischen Homer und Thales; ontogenetisch heute je nach der Stärke des kulturellen Einflusses vom 7. Lebensjahr an[53]. In Griechenland geschah es auch, daß zuerst

[51] Vgl. den Titel des bekannten Werkes von *L. Klages* „Der Geist als Widersacher der Seele" (1929–33; 4. Aufl. 1960), worin der Geist nicht als die das Leben stützende, sondern es hemmende, weil die ursprüngliche Erlebnisfähigkeit zerstörende Kraft erscheint: Die Seele erkennt die lebendigen Charaktere der Dinge, der Geist nur noch ihre toten Eigenschaften und Relationen.

[52] Der Primitive nimmt die Dinge nicht für das, was sie ihrer sinnlichen Erscheinungsweise nach sind, sondern wie sie auf ihn gefühlsmäßig wirken. Deshalb gehören Dinge, welchen dieselbe Gefühlsqualität anhaftet, für ihn in dieselbe Objektklasse. Berechtigt erscheint ihm diese Auffassung deshalb, weil nach seiner Meinung die Seele nicht – wie die jüdisch-christliche, aber auch islamische Religion annimmt – dem Menschen reserviert ist, sondern den Kosmos durchdringt (Panpsychismus).

[53] Vgl. *J. Piaget* (1981).

Zu beachten ist, daß die erwähnte Trennung zwar im Gebrauch der Sprache angelegt ist – Sprache ist eine weniger gefühls- als intellektbezogene Weise der Welterfassung –, gleichwohl niemals vollständig gelingt. So bemerkt *W. Ehrenstein* (1965), S. 252 f.: „Zustände unseres bewußten Lebens, die jeder Gefühlsbetontheit ermangelten, gibt es nicht. Daher gibt es auch keine rein intellektuellen Erlebnisse, bei denen nur das intellektuelle Ich mit Wahrnehmen und Denken, nicht aber zugleich das emotionale (fühlende) Ich beteiligt wäre. ... Bei allen psychischen Abläufen variiert die Gefühlsfärbung von dem einen Pol nahezu völliger (obwohl niemals absoluter) Intellektualität und Unmerklichkeit des Emotionalanteils bis zu dem

Wissenschaft (Gedanke) und Dichtung (Gefühl) als selbständige Disziplinen hervortraten. Sie entstanden gleichzeitig, eben weil sie Produkte einer Trennung waren; ebenfalls gleichzeitig umgriffen sie, hauptsächlich seit der Renaissance, das gesamte europäische Denken und Fühlen; und schließlich sind sie gleichzeitig, in der Gegenwart, dabei, Schritt für Schritt von der ganzen Welt Besitz zu nehmen.

Diesem Weg der Trennung, den wir, weil er von der antiken europäischen Welt ausging, den abendländischen nennen wollen[54], folgte auch die *moralische Sprache.* Hatte sie zuvor hauptsächlich die Funktion als „naives" (i.S. von „nativus" = angeboren) Verständigungsmittel im Alltag erfüllt (*Alltagssprache*), so wurde sie nunmehr zusätzlich mit einer Doppelfunktion belastet: Als *Wissenschaftssprache* hatte sie gedanklich abstrahierte Gegenstände der Erkenntnis zu benennen und ihnen gesetzmäßig verbundene Eigenschaften zuzuschreiben (z.B. „der Mensch ist sterblich"); denn die richtige sprachliche „Bezeichnung" des Gegenstandes („der Mensch") und die Auffindung der für ihn „bezeichnenden" Eigenschaft („sterblich") galten als das vornehmste Ziel der abendländischen Wissenschaft und waren gleichbedeutend mit der Wahrheitsfindung[55]. Und als *Sprache der Poesie* hatte sie das Wesen konkret erschauter Gegenstände auszudeuten (*ποίησις* heißt nicht nur „Dichtung", sondern auch „Behandlung"!), um dadurch mittelbar – „gleichnishaft" – das Gefühl zum Sprechen zu bringen; denn die richtige sprachliche „Deutung" der Welt in ihrer emotionalen „Bedeutung" für den Menschen war nunmehr die Aufgabe der Poesie geworden[56]. So ergab

anderen Pol nahezu völliger (wiewohl niemals absoluter) Emotionalfärbung und Unmerklichkeit des intellektuellen Anteils."

[54] Dazu *J. Lohmann* (1975), S. 216 ff.: „Das bewegende Motiv der ‚indogermanischen' Sprachgeschichte ist die Entbindung des Begriffes aus der Sprache, und zwar von ihrem Anfange bis zu ihrem Ende. ... Man kann die indogermanische Sprachgeschichte in dem Trend, der sie beherrscht, so beschreiben, daß der ‚Sinn' aus der Sprache selbst entweicht und nur noch durch objektive Erfahrungen des denkenden ‚Subjektives' gegeben ist. ... Ihr Ziel ist die ‚Wortsprache', die der heutige Europäer mit Sprache überhaupt verwechselt, d.h. die Gestalt einer Sprache, in der *terms* (man kann dies charakteristischerweise genau nur auf Englisch sagen) mit Hilfe einer logisch-grammatischen Apparatur auf ‚Objekte' bezogen werden."

[55] Nach *A. Diemer* (1968), S. 24 ff. bestimmen Absolutheit, Wahrheit, Allgemeinheit und Ableitungs-Evidenz das klassische Wissenschaftsideal. Unter ihnen besitzt die Wahrheit den übergeordneten Rang: Wissenschaft ist ein kategorisch-deduktives System von allgemeinen Wahrheiten. Die Neuzeit hat diesen Wissenschaftsbegriff, mit Ausnahme der logisch-deduktiven Systematisierungen, zu destruieren versucht (vgl. *H. Blumenberg,* 1965), ohne indessen ihrerseits ein neues Fundament errichten zu können.

[56] Dazu *W. Schadewaldt* (1960), S. 97 f. Die Dichtung war in ihrer Frühzeit noch eng mit dem Sehertum verknüpft („Mantik"); sie verlor diese Bindung aber mit dem Erstarken wissenschaftlicher Weltbetrachtung. Ihre Aufgaben haben im Laufe der Zeit gewechselt, ebenso ihr Verhältnis zur Wissenschaft, insbesondere zur Philosophie und zur Psychologie. Ausdruckskunst aber, bezogen auf die seelischen Erfahrungen des Menschen in konkreten Situationen, ist sie immer geblieben.

W. A. Koch (1981), führt das Poetische neuerdings auf drei Modalitäten zurück: das Konkret-Ästhetische, das Konkret-Metasprachliche und das Konkret-Metaphysische. Danach wäre „das herausragende Merkmal der Poetizität das Konkrete" (S. 176). Falls diese Auffassung dazu führt, daß bereis das bloße Dasein konkreter Gesten und Objekte schon als Kunst sich innerhalb der Sprache ein äußerst kompliziertes Verhältnis: Als Alltagssprache blieb sie pragmatisches Verständigungsmittel für die *jaktive* Stellung des Menschen in der Welt – um mit M. Heidegger zu sprechen: für sein „Geworfensein in sein Da“[57]; als Wissenschaftssprache paßte sie sich soweit wie möglich den *objektiven* Strukturen der Welt an; und als Sprache der Poesie *subjektivierte* sie die Welt auf den individuellen Menschen hin und auf seine jeweilige Situation. Die Verwendung des indogermanischen *esti* = „ist“ – allgemein als Beschreibung der konkret erlebten Welt[58], speziell einerseits als logische Kopula zwischen dem Gegenstand einer Beschreibung und den ihm zugeschriebenen Eigenschaften, andererseits als Zeichen einer subjektiven Wesensdeutung des Wahrgenommenen[59] – mag uns als Beispiel dienen für die mannigfachen Funktionen, die der Sprache nunmehr zukamen.

Und die *moralische Sprache?* Sie mußte es von vornherein schwer haben, sich innerhalb der auseinanderstrebenden Tendenzen zu behaupten. Vollständig „versagt“ war ihr, sich (1) unmittelbar auf das (sittliche) Gefühl zu gründen; denn das Gefühl blieb nach wie vor unsagbar, weil unbegreiflich, und war in seinem Ausdruck deshalb auf Mimik, Gestik und „Töne der Empfindung“ angewiesen[60]. Noch heute offenbaren ein lauter Aufschrei, eine stumme Gebärde, ein

---

gelten soll (wie *A. Robbe-Grillet*, 1963, S. 23, meint), sind allerdings gravierende Bedenken anzumelden. Über die Durchdringung von Wissenschaft mit Dichtung, von Dichtung mit Wissenschaft sowie von Alltagssprache mit beidem vgl. bei *Koch* bes. S. 170 ff.

[57] *M. Heidegger* (1960), S. 135.

[58] So noch die Bedeutung des εστιν bei Homer: es bezeichnet dort das als konkret-wirklich Festgestellte, während der einfache Nominalsatz (ohne εστιν) auf etwas Allgemeingültiges oder -bekanntes Bezug nimmt. Dazu *E. Beneviste* (1950), S. 19 ff.

[59] Als logisches Kopula bezeichnet „ist“ (= „ε“) die rein gedankliche Verbindung zwischen Objektausdrücken und Eigenschafts- bzw. Klassenausdrücken zu einem Aussagesatz (dazu beispielhaft *W. K. Essler*, 1969, S. 29 ff.).

Insbesondere in der Sprache der Poesie, aber auch in der der Moral (siehe sogleich im Text!), bezeichnet „ist“ dagegen das Wesen eines Gegenstandes, auch seinen Charakter (: „so *ist* er“). Klarer noch kommt die Deutungsfunktion zum Ausdruck im Partizip des Verbs *s.-nt-*, das seit alters her „wahr“ bedeutet und im Lateinischen zu *sons* (Gen. *sontis*) konkretisiert wird: derjenige, der (gerichtlich) schuldig ist. Siehe dazu *J. Lohmann* (1965), S. 71 f.

[60] Einen zwar sprachlichen, aber nicht begrifflichen Ausdruck erlangen die Gefühle in gewissen Präfixen und Suffixen, an denen insbesondere die italienische Sprache reich ist. So haben die Endsilben -accio oder -astro die Bedeutung des Schlechten (medicastro); die Endsilben -ino oder -(c)ello den Nebensinn des Mitleids, der Zuneigung oder der Zärtlichkeit (poverino, birboncello); die Endsilben -ucolo oder -uccio den zusätzlichen Ausdruck einer Geringschätzung oder Verachtung (fratucolo, mercantuccio) usw.

Systematisch gehören diese der Begriffssprache akkumulierten Silben zu jener urtümlichen Gefühlssprache, welche die Natur fast allen Lebewesen mitgegeben hat, damit sie „sympathetische“ Lebewesen in dieselbe Stimmung versetzen können. Vgl. dazu *J. G. Herder* (1964), S. 4: „Es gibt eine Sprache der Empfindung, die unmittelbares Naturgesetz ist. Daß der Mensch sie ursprünglich mit den Tieren gemein habe, bezeugen jetzt freilich mehr gewisse Reste, als volle Ausdrücke; allein auch diese Reste sind unwidersprechlich. Unsere künstliche Sprache mag die Sprache der Natur so verdrängt ... und abgewertet haben als man will; der heftigste Ausdruck der Empfindung ... nimmt noch immer sein Recht wieder ein und tönt in seiner mütterlichen Sprache unmittelbar durch Akzente.“ Vgl. aber *J. L. Weisgerber* (1929), S. 87: „Diente die Sprache in erster Linie dem Gefühlsausdruck, so hätte sie nie solche Gestalt gewonnen, wie sie allen Sprachen der Erde eignet. Und wo im sprachlichen Ausdruck das Gefühl vorherrscht, da beredter Blick mehr von ihm, als Worte zu sagen vermögen. Alles Reden *über* Gefühle ist nicht mit der „Sprache“ *der* Gefühle äquivalent; es ist Sprechen über das „Sprechen“, es ist „metasprachlicher“ Natur[61]. Wollte also die moralische Sprache gleichwohl (2) moralische Grundsätze aufstellen und ihnen eine sprachliche Form geben, etwa indem sie ein Wollen oder ein Handeln als „erlaubt“ oder „verboten“ vorschrieb, dann mußte sie sich entweder (a) der poetischen Sprache bedienen: dann nämlich, wenn sie die moralischen Grundsätze auf Werte gründen wollte, die in den seelischen Empfindungen des Menschen ihren Ursprung haben[62]; oder sie mußte (b) die wissenschaftliche Sprache gebrauchen: dann nämlich, wenn sie ihr Richtmaß in den erkennbaren Strukturen der Welt zu finden behauptete – einer idealen Welt, die ebenso „objektiv“ sein sollte wie die reale[63]. Scheitern mußte sie indessen in beiden Fällen. Denn als poetische Doktrin, die gleichnishaft die „edle Seele“ sprechen ließ, war sie nicht imstande, die Objektivität ihrer Geltung zu erklären, geschweige denn nachzuweisen[64]. Und als Wissenschaft fehlte es ihr an Wahrnehmungskraft für jene idealen Gesetzmäßigkeiten, auf die sie sich berief; denn sittliche Werte sind nicht der kalten Ratio zugänglich, sondern allein dem intuitiven Gefühl[65].

---

geschieht es doch auf halbem Umweg über den Intellekt und vielfach unter Ausnutzung klanglicher Eigenschaften der äußeren Sprachform, die für die eigentliche sprachliche Leistung erst in zweiter Linie in Betracht kommen ... Dem reinen Gefühlsausdruck sind andere Formen viel angemessener.“

[61] Freilich nicht in jenem von der Logik zur Unterscheidung von Sprachebenen und zur Vermeidung von Antinomien gebrauchten Sinne.

[62] So etwa die didaktische Literatur der Aufklärung. Noch *Friedrich Schiller* sah in der Schaubühne eine „moralische Anstalt“: „Die Gerichtsbarkeit der Bühne fängt an, wo das Gebiet der weltlichen Gesetze sich endigt. Wenn die Gerechtigkeit für Gold verblindet und im Solde der Laster schwelgt, wenn die Frevel der Mächtigen ihrer Ohnmacht spotten und Menschenfurcht den Arm der Obrigkeit bindet, übernimmt die Schaubühne Schwert und Waage und reißt die Laster vor einen schrecklichen Richterstuhl. Das ganze Reich der Phantasie und Geschichte, Vergangenheit und Zukunft stehen ihrem Wink zu Gebot. ... So gewiß sichtbare Darstellung mächtiger wirkt als toter Buchstab und kalte Erzählung, so gewiß wirkt die Schaubühne tiefer und dauernder als Moral und Gesetze“ (1975, S. 823).

[63] Auf juristischem Gebiet beispielhaft *H. Hubmann* (1954), S. 303: „... soll das Recht überhaupt Sinn haben und nicht zur Willkür des oder der Machthaber werden, so muß es außerhalb des Subjekts einen im Objekt liegenden, für alle gültigen, also objektiven und absoluten Wertungsmaßstab geben, an dem die subjektiven Interessen zu messen sind.“

[64] Der subjektivistische Standpunkt in der Ethik ist gleichbedeutend mit der Ersetzung des *Gutseins* durch das *Fürguthalten*. Soll er zu diskutablen Ergebnissen führen, müssen an den seelischen Zustand dessen, der etwas für gut hält, bestimmte Anforderungen gestellt werden: entweder daß sein Zustand für gut gehalten wird, und zwar von jemand, dessen Zustand ebenfalls für gut gehalten wird (usf. – unendlicher Regreß); oder daß er seinen Standpunkt auch dann noch aufrecht erhält, wenn er sich in der Rolle des anderen befindet („regula aurea“, „Was du nicht willst, das man's dir tu, das füg auch keinem andern zu!“ bzw., in der Formulierung der Bergpredigt, Matthäus 7, 12, „Alles nun, was ihr wollt, daß euch die Leute tun sollen, das tut ihnen auch! Das ist das Gesetz der Propheten“).

[65] Jede Gleichsetzung von Sachverhaltserkenntnis und Werterkenntis enthält einen unaufgelösten Rest. Gewiß erbringen beide Erkenntnisarten nicht mehr als äußerste subjektive Überzeugung von der Richtigkeit; es gibt weder eine Evidenz der Sinneserlebnisse noch eine der Werterlebnisse. Aber es ist nachweisbar, daß unsere Sinneserlebnisse durch die Beschaffenheit des äußeren Seins viel stärker geprägt werden als unsere Werterlebnisse von der (wie immer gearteten) Beschaffenheit der Werte. Vgl. dazu auch *K. Engisch* (1971), S. 256 ff.

So *scheint* heute, innerhalb der Dichotomie von Wissenschaft und Poesie, die Position der Ethik aussichtslos geworden zu sein. Was gleichwohl, in Erkenntnis dieser Aussichtslosigkeit, als „ethische Wissenschaft“ (= Metaethik) betrieben wird, verdient kaum noch seinen Namen[66]; hat es doch die Beziehung zur Praxis des menschlichen Lebens fast völlig verloren.

Ist aber die Position der Ethik wirklich aussichtslos? Oder erscheint sie nur deshalb so, weil jene Dichotomie, die sich in der fortschreitenden Entwicklung der menschlichen Psyche als eine *Möglichkeit* herausdifferenziert hatte, heute als eine *Notwendigkeit* angenommen und dann für alle ethischen Erörterungen axiomatisch zugrunde gelegt wird? Und wäre folglich ein Rückgang auf die Ursprache des Menschen, auf die Sprache „vor dem Schisma“, jener Weg, der uns aufs Neue zur moralischen Sprache hinzuführen vermöchte? Eine Bejahung liegt nahe. Doch wäre sie ahistorisch. Denn daß es in der Entwicklung der Welt, im großen wie im kleinen, und folglich auch in der Entwicklung des Menschen, im ganzen wie im einzelnen, keinen *regressus ad fontes* – ins Archaische, in den Mythos, in die Magie – gibt noch geben kann; daß alle Entwicklung vielmehr eine Entwicklung nach vorn ist und sein muß, wie wir ja auch richtig allenthalben vom „Fortschritt“ reden, selbst wenn uns dieser nur einem gefürchteten Ende näherbringt[67]; das alles ist nicht erst seit Darwin wissenschaftliches Gemeingut[68]. Deshalb darf der hier in die Diskussion eingeführte Gedanke eines Rück„gangs“ auf die Ursprache nicht als Forderung nach einem Rück„schritt“ verstanden werden. Er soll vielmehr auf zwei noch heute in uns ruhende Möglichkeiten hinweisen: auf die ursprüngliche Einheit des Fühlens, Denkens und Handelns, die in der Alltagssprache fortlebt[69]; und auf eine neue synthetische Einheit des Fühlens, Denkens und Handelns, die dadurch zu gewinnen wäre, daß unser Denken das Fühlen wieder in sich aufnimmt – und unser Fühlen das Denken, wie wir es vom Zustand der „Begeisterung“ her kennen[70]. ... Wir wollen zuerst die zweite der

[66] So das Urteil von *M. Riedel* (1979), S. 13. In neuester Zeit bahnt sich ein Umschwung an, für den die Namen *H. Jonas* und *O. Höffe* stehen können.

[67] Dazu *G. Sorel* (1908); *A. Dempff* (1947). Allgemein zur Fortschrittsauffassung *G. G. Simpson* (1974).

[68] Zur Irreversibilität der Bio-Evolution bzw. zum Dollo'schen „Gesetz der Nichtumkehrbarkeit der Entwicklung“ („qu'un organisme ne peut retourner, même partialement, à un état auterieur, déjà realisé dans la série de ses ancêtres“) vgl. *B. Rensch* (1972), S. 131.

[69] Auch heute noch ist die Alltagssprache unser wichtigstes Mittel zur praktischen Aneignung der Welt und als solche in den Funktionskreis des Handelns integriert. Sie besitzt eine feste Bindung an unser Leben, die sie weitestgehend vor einem beliebigen, bloß instrumentellen Gebrauch bewahrt. Hierzu *A. Leist* (1979), bes. S. 45 ff., 204 ff.

[70] Siehe dazu insbesondere *R. Musil* (1952), S. 1037: „Ein Wesen ist der Mensch, das nicht ohne Begeisterung auskommen kann. Und Begeisterung ist der Zustand, worin all seine Gefühle und Gedanken den gleichen Geist haben. Du meinst, beinahe im Gegenteil, sie sei der Zustand, wenn ein Gefühl übermächtig stark sei, ein einziges, das – Hingerissensein! – die anderen zu sich hinreißt? Nein, du hast darüber gar nichts sagen wollen? Immerhin, es ist so. Es ist auch so. Aber die Stärke einer solchen Begeisterung ist ohne Halt. Dauer gewinnen Gefühle und Gedanken nur aneinander, in ihrem Ganzen, sie müssen irgendwie gleichgerichtet sein und sich gegenseitig mitreißen. Und mit allen Mitteln, mit Rauschmitteln, Einbildungen, Suggestion, Glauben, Überzeugung, oft auch nur mit Hilfe der vereinfachenden Wirkung der

genannten Möglichkeiten ergreifen und den abendländischen Weg zur moralischen Sprache zu Ende gehen.

(3) Dabei müssen wir indessen noch das dritte, obere Fundament der moralischen Sprache in die Betrachtung einbeziehen: die *Handlung*. Handlung ist zuallererst das Sprechen selbst[71]. Immer wenn wir sprechen, handeln wir – in Bezug, aber auch in Distanz zu den Dingen. „Ich spreche nicht mehr mit dir" heißt „ich breche den Kontakt zu dir ab". Sprechen kann andere physische Aktivität ersetzen; es kann ihr (als Kommentar) nachfolgen; und es kann sie vorwegnehmen und dadurch präformieren: „Im Anfang war das Wort"[72]. Vor allem diese letzte Form des Sprachhandelns, die *präformierende,* ist für die Ethik

---

Dummheit, trachtet ja der Mensch, einen Zustand zu schaffen, der dem ähnlich ist." – Vgl. auch *Th. Mann* (1974), S. 492: „Glück des Schriftstellers ist der Gedanke, der ganz Gefühl, ist das Gefühl, das ganz Gedanke zu werden vermag."

Von philosophischer Warte aus liest man Entsprechendes etwa bei *F. W. J. Schelling* (1975), S. 105: „Philosophie hat ihren Namen einerseits von der Liebe, dem allgemein begeisternden Prinzip, andererseits von der ursprünglichen Weisheit, die ihr eigentliches Ziel ist."

[71] Man spricht hier von *Sprachpragmatik.* Zwei Aspekte sind an ihr zu unterscheiden:

a) Zum einen wird Sprache durch Handlung gestaltet, meist im Sinne einer Verstärkung der Worte durch Gebärden. Man „unterstreicht" etwa seine Worte mit einer Geste, hebt sie hervor durch Anheben der Stimme, begleitet seine Rede durch Mienenspiel usf. Im Recht muß die Hand zum Schwur gehoben, ein Versprechen durch Handschlag bekräftigt werden. Feierliche Handlungen wie die Urteilsverkündung werden durch die Bewegung des Aufstehens eingeleitet.

b) Zum anderen wird Handlung durch Sprache gestaltet. Dieser Aspekt ist die Grundlage der „Theorie der Sprechakte". *J. L. Austin,* ihr Begründer, unterteilt die „illokutionären" Akte, d.h. die auf einen kommunikativen Erfolg gerichteten Sprechakte, in fünf verschiedene Klassen, die u.a. auch die moralische Rolle des Sprechens berücksichtigen. So gehört zu den „verdiktiven Äußerungen" das Schuldigsprechen oder Freisprechen, das Verantwortlich-Machen, das Für-recht-Befinden; zu den „exerzitiven Äußerungen" das Erlauben oder Verbieten, Fordern oder Verzichten; zu den „kommissiven Äußerungen" das Versprechen, Einwilligen, Sich-Verbürgen; zu den „konduktiven Äußerungen" („behabitives") das Loben und Tadeln; zu den „expositiven Äußerungen" das Anführen von Gründen u.ä. Zusammenfassend heißt es (1972, S. 179): „Mit der verdiktiven Äußerung macht man Gebrauch von der Urteilskraft; mit der exerzitiven setzt man seinen Einfluß durch oder macht von Autorität Gebrauch; mit der kommissiven übernimmt man eine Verpflichtung oder erklärt man eine Absicht; mit der konduktiven nimmt man eine Haltung ein; mit der expositiven erläutert man Argumente, Begründungen und Mitteilungen."

Weitere Forschungen, die dringend erforderlich sind, werden wahrscheinlich zutage bringen, daß wir mit der Sprache kommunikativ fast alles bewerkstelligen können, so daß jeder Versuch, die Sprachhandlungen auf einige wenige Rollenmuster zu reduzieren, scheitern muß. Daß Austins eigene Einteilung höchst willkürlich ist, zeigt sich z.B. darin, daß er das Billigen unter die „exerzitiven", das Mißbilligen aber unter die „konduktiven" Äußerungen rechnet. Vgl. dazu ferner *F. Kaulbach* (1982), S. 135 ff.

[72] *Johannes* I 1, 1 bis 3: „Im Anfang war das Wort; und das Wort war bei Gott, und Gott war das Wort. Dasselbe war im Anfang bei Gott. Alle Dinge sind durch dasselbe gemacht, und ohne dasselbe ist nichts gemacht, was gemacht ist." In dieser Übersetzung von λόγος als „Wort" folgt *M. Luther* der alt-griechischen Bedeutung des Begriffs. Vom selben Sinn geht auch *J. W. Goethe* aus („Faust" I 1224 ff.).

Zur Bindung der Sprache an die Handlung und zum Hervorgehen des λόγος aus dieser Verbindung in den frühesten Stadien ihrer Entwicklung vgl. *K. Vossler* (1923), S. 214 f. Zum Denken als „Probehandeln" vgl. *S. Freud* (1969), S. 218 f.; (1972), S. 14.

fundamental. Wir finden sie ausgebildet bereits beim Kind im Vorschulalter, welches sich vorsagt, was es tun wird, und das sich dadurch – zumal durch das indikativische „ich tue es" – den Weg zu eben diesem Tun bahnt. Wir finden sie ferner als beherrschende Einstellung beim primitiven Menschen, welcher dem Wort eine das Werk beschwörende Bedeutung beimißt; noch im Alten Testament bringt der Schöpfergott allein durch sein Sprechen die Welt zur Entstehung[73]. Schließlich finden wir sie als eine der möglichen Einstellungen – nämlich als die aktive im Gegensatz zur kontemplativen – beim erwachsenen Kulturmenschen, der sich (meist stumme, oft aber auch laute) Anweisungen gibt für sein Verhalten, so daß sein „Wille" aufzugehen scheint im planenden Vor(her)sagen dessen, was er tun wird[74]. *Was* aus ihm spricht, ist grundverschieden: mal ist es die „Stimme der Vernunft", mal die „Stimme des Blutes", mal die „Stimme des Gewissens", mal sind es auch all diese Stimmen zusammen. Aber immer spricht etwas aus ihm – verhalten, pathetisch, suggestiv. Und es geschieht dann etwas Merkwürdiges: Bereits beim Sprechen werden Maßstäbe aufgerichtet, die nicht diejenigen sind des subjektiven „ich will", sondern die objektiv sind – so objektiv wie die Sprache, die der Handelnde spricht (s.o. IV a.A.). Das Kind, welches zeichnet und dabei „Haus" sagt, der Fußballspieler, welcher schießt und dabei „Tor" schreit, beide bezeugen sie nicht nur ihren Willen zum Erfolg ihres Tuns, sondern sie bekennen sich auch zu einem objektiven Maßstab, an dem dieser Erfolg zu messen ist[75] – weshalb unser Fußballspieler nicht nur dann Mißerfolg hat, wenn sein Ball im Aus landet, sondern z.B. auch dann, wenn der Ball zwar ins Netz geht, aber nicht als „Tor" anerkannt wird, weil der Spieler im Abseits stand oder weil der Schiedsrichter das Spiel bereits abgepfiffen hatte.

Halten wir also fest: Grundlage der moralischen Sprache ist auch die Handlung, verstanden als der Sprechakt, der auf einen außerhalb seiner selbst liegenden Gegenstand hinweist[76], auf den ein Realakt zu beziehen sei. Der moralische

[73] *Mose* I i 3, 6 f., 9, 11: „Und Gott sprach: Es werde Licht! und es ward Licht. Und Gott sprach: Es werde eine Feste zwischen den Wassern, und die sei ein Unterschied zwischen den Wassern. Da machte Gott die Feste und schied das Wasser unter der Feste. Und es geschah also. Und Gott sprach: Es sammle sich das Wasser unter dem Himmel an besondere Örter, daß man das Trockene sehe. Und es geschah also."

Die Schöpferkraft des Wortes ist nicht nur eine Grundidee der jüdisch-christlichen Religion. Sie findet sich auch in den indischen und persischen Religionssystemen wieder: Im Mimama heißt es, daß Brahma der Laut sei und daß Parabrahma durch das gesprochene Wort die Welt erschaffe. Vgl. dazu auch *F. Tönnies* (1906), S. 20 f.

[74] *W. Hellpach* (1946) stellte hierzu ein Ideo-Realgesetz auf, wonach jeder subjektive Erlebnisinhalt seinen Antrieb in sich schließt, das Erlebte zu verwirklichen (zu akturealisieren), sich als wirklich einzubilden (zu sensurealisieren) oder für wahr zu halten (zu valutivrealisieren). Ein Beispiel ist die Wahl des indikativen Futurs („Wirst du das wohl tun!"): indikative Suggestion durch Ideo-Realisierung.

[75] Dazu beispielsweise *A. Gehlen* (1971), S. 264 ff. Vgl. ferner *W. v. Humboldt* (1820), S. 138: „Der Mensch spricht, sogar in Gedanken, nur mit einem anderen, oder mit sich, wie mit einem anderen, und zieht danach die Kreise seiner geistigen Verwandtschaft, sondert die, wie er, Redenden von den anders Redenden ab."

[76] Vgl. *G. Söhngen* (1962), S. 107 ff.

Sprechakt („Maxime“) bereitet den ethischen „Imperativ“ vor. Dieser ist ein generalisierter moralischer Sprechakt, also eine Verweisung auf Gegenstände mit allgemein anerkannter (oder anzuerkennender) Qualität, auf die gewisse abstrakt-tatbestandlich beschriebene Verhaltensweisen zu beziehen seien. Anstelle des egologischen „ich will, was mir wert ist, tun“ im moralischen Sprechakt steht bei den ethischen Imperativen das axiologische „man soll, was ein Wert ist, tun“. *Ethische Imperative verweisen – sprachlich – auf außerhalb ihrer selbst liegende Werte*[77] *und verpflichten – aktiv – zu deren Realisation.*

Ihre *Generalisation* verbindet die moralischen Sprechakte mit der Sprache der (Natur-)Wissenschaft, das obere also mit dem mit dem mittleren Fundament der moralischen Sprache. Gleich der Naturwissenschaft verfügt somit die wissenschaftliche Ethik über Aussagen in genereller Form mit generellem Inhalt. *Kant* hat diese Verbindung von Ethik und Naturwissenschaft in seinem kategorischen Imperativ mit bestechender Klarheit zum Ausdruck gebracht: „Handele so, als ob die Maxime deiner Handlung durch deinen Willen *zum allgemeinen Naturgesetze* werden sollte“[78].

Die Kritik an Kants „Formalismus“ hat allerdings seit längerem erkannt, daß weder die formale noch die inhaltliche Gesetzlichkeit von ethischen Aussagen ihre *Richtigkeit* verbürgt, daß vielmehr mit der Gesetzlichkeit („Universalisierbarkeit“) hierfür nur die notwendige Bedingung, nicht schon die hinreichende gesetzt ist. Über die Richtigkeit sittlicher Aussagen kann nämlich überhaupt nicht die wissenschaftliche Vernunft, sondern nur das *Gefühl* entscheiden[79]. Vor

---

[77] Hierin, in der Berufung auf außerhalb ihrer selbst liegende Werte, besteht der Unterschied der ethischen Imperative zu den bloßen Befehlen: Der Straßenräuber, der dem Passanten befiehlt, ihm sein Geld auszuhändigen („Geld oder Leben!“), verweist nicht auf einen Wert, der seinen Befehl rechtfertigen würde.

[78] *I. Kant* (1786), S. 52.

[79] Dies ist die gemeinsame Basis von Kognitivisten und Nonkognitivisten. Versteht man unter „Kognition“ jede Informationsverarbeitung des menschlichen Organismus einschließlich der dafür eingesetzten Mittel (z.B. Lernen, Erfahrung), gleichgültig ob und inwieweit menschliche Vernunft hieran beteiligt ist (vgl. *E.-J. Lampe,* 1985b, S. 110), so lassen sich folgende Lehrmeinungen unterscheiden:

(a) Die *Nonkognitivisten* sind der Auffassung, daß wir in unseren Werturteilen nichts aussagen, sondern lediglich unseren Gefühlen über einen ausgesagten Sachverhalt Ausdruck geben. Vgl. etwa *A. J. Ayer* (1970), S. 141: „Das Vorhandensein eines ethischen Symbols in einer Proposition fügt ihrem tatsächlichen Inhalt nichts hinzu. Wenn ich daher zu jemand sage ‚Du tatest Unrecht, als du das Geld stahlst‘, dann sage ich nicht mehr aus, als ob ich einfach gesagt hätte ‚Du stahlst das Geld‘. Indem ich hinzufüge, daß diese Handlung unrecht war, mache ich über sie keine weitere Aussage. Ich zeige damit nur meine moralische Mißbilligung dieser Handlung. Es ist so, als ob ich ‚Du stahlst das Geld‘ in einem besonderen Tonfall des Entsetzens gesagt oder unter Hinzufügung einiger besonderer Ausrufezeichen geschrieben hätte. Der Tonfall oder die Ausrufezeichen fügen der Bedeutung des Satzes nichts hinzu. Sie dienen nur dem Hinweis, daß sein Ausdruck von gewissen Gefühlen des Sprechers begleitet wird.“

(b) Für die *Kognitivisten* besitzen dagegen die Gefühle auch eine Erkenntnisfunktion, die sich freilich nicht auf empirische Sachverhalte (so der in sich widersprüchliche „ethische Naturalismus“), sondern auf nichtempirische Wertverhalte bezieht. An diesem Punkt teilen sich dann die Ansichten der Kognitivisten:

Die einen halten Wertverhalte für subjektiv begründet. In diesem Sinne ist wohl *D. Hume* allem *M. Scheler* hat deshalb dem Gefühl, dem „intentionalen Wertfühlen“, gegenüber dem Kantischen „Formalismus“ zu seinem Recht verholfen und damit das obere Fundament der moralischen Sprache mit dem unteren verbunden[80]. Gleichwohl kann auch Schelers Konzeption der Ethik uns nicht befriedigen, weil Scheler nunmehr die Bedeutung des mittleren Fundaments für die moralische Sprache leugnet.

Die Allgemeinheit des Sittengesetzes sei, meint Scheler, keine notwendige Bedingung der sittlichen Erkenntnis. Denn die Form des allgemeinen Gesetzes brauche die Ethik nicht anzunehmen, da ihre Gebote – selbst nach Kants Auffassung – nur alle Vernunftwesen beträfen, es aber keineswegs ausgemacht sei, daß alle Menschen auch tatsächlich Vernunftwesen sind; und ihr Inhalt brauche nicht verallgemeinerungsfähig zu sein, weil es „durchaus möglich“ erscheine, „daß ein Individuum allein volle Evidenz hinsichtlich eines nur auf es selbst hinweisenden und für diesen einzigen ‚Fall‘ gültigen Sollensinhaltes hat, von dessen Inhalt es gleichzeitig völlig klar bewußt ist, daß es zum Prinzip der allgemeinen Gesetzgebung ... nicht tauglich sei“[81]. – Indessen sind beide Gründe zumindest dann nicht stichhaltig, wenn man sich, getreu dem okzidentalen Weg zur moralischen Sprache,

(1929), S. 145 f., zu verstehen: „Die Vernunft nimmt die Dinge ohne Zusatz und Abstrich so wahr, wie sie sich in der Natur tatsächlich verhalten, die Neigung besitzt eine produktive Kraft und schafft eine neue Welt, indem sie alle Objekte der Natur durch die dem inneren Gefühl entnommenen Farben verschönt und verhäßlicht. Die Vernunft, weil kühl und uninteressiert, ist kein Motiv zum Handeln und lenkt nur den durch den Trieb oder die Neigung übermittelten Impuls, indem sie uns das Mittel aufweist, das Glück zu erlangen oder dem Unglück aus dem Wege zu gehen. Die Neigung, die Lust oder Unlust weckt und dadurch Glück oder Unglück wird, wird damit ein Motiv zum Handeln und ist der erste Antrieb oder Impuls zum Streben oder Wollen. Von erkannten und vorausgesetzten Umständen und Verhältnissen aus führt uns die Vernunft zur Ermittlung des Verborgenen und Unbekannten; die Neigung läßt, nachdem uns alle Umstände und Relationen vor Augen gestellt sind, aus dem Gesamteindruck ein neues Gefühl der Billigung oder Mißbilligung in uns aufkeimen.“

Die anderen halten Wertverhalte für objektiv begründet. In diesem Sinne heißt es bei *M. Scheler* (1966), S. 43: „Wertqualitäten sind ‚ideale Objekte‘, wie auch die Farben- und Tonqualitäten solche sind.“ Und bei *N. Hartmann* (1962), S. 151, 156: „Die eigentliche Seinsweise der Werte ist offenkundig die eines idealen Ansichseins. Sie sind ursprünglich Gebilde einer ethisch idealen Sphäre, eines Reiches mit eigenen Strukturen, eigenen Gesetzen, eigener Ordnung. ... Der Satz, daß Werte ein ideales Ansichsein haben, ist von ausschlaggebender Bedeutung für die Ethik. Er besagt mehr als die bloße Apriorität der Wertschau und die Absolutheit der geschauten Werte. Er besagt, daß es ein an sich bestehendes Reich der Werte gibt, einen echten *κόσμος νοητός*, der ebenso jenseits der Wirklichkeit, wie jenseits des Bewußtseins besteht, – eine nicht konstruierte, erdichtete oder erträumte, sondern tatsächlich bestehende und im Phänomen des Wertgefühls greifbar werdende ethisch ideale Sphäre ...“

(c) Aufgrund von empirischen Untersuchungen, die ich 1983 durchgeführt habe, bin ich zu dem Ergebnis gekommen, daß das menschliche Gefühl eine Erkenntnisfunktion besitzt, die alle wesentlichen Eigenschaften mit den sog. Fernsinnen gemeinsam hat (*E.-J. Lampe*, 1985 b, S. 123): „In unseren Sinneskognitionen gehen wir davon aus, daß es erstens Gegenstände mit gewissen Eigenschaften gibt, die auch außerhalb unseres Bewußtseins existieren, und daß zweitens unser Bewußtsein sie adäquat erfassen kann ... Nicht anders vollzieht sich der Prozeß bei unseren Gefühlskognitionen. Auch bei ihnen gehen wir davon aus, daß die im Gefühl erlebten Gegenstände, die ‚Werte‘, erstens Dasein auch außerhalb unseres Bewußtseins besitzen (‚Substantialitätsthese‘) und dort über bestimmte Eigenschaften verfügen – die freilich nicht an ihnen selbst, sondern an den Zuständen oder Ereignissen der Realität haften (‚Attributionsthese‘) –, und daß zweitens unser Bewußtsein sie adäquat erfaßt (‚Adäquitätsthese‘).“

[80] *M. Scheler* (1966), S. 259 ff.

[81] *M. Scheler* (1966), S. 278 f.

um eine wissenschaftliche und nicht nur um eine intuitive Begründung der Ethik bemüht[82]. Jede wissenschaftliche Ethik hat zum Ziel, individuelles Sollen (auch) gedanklich zu begründen; das aber ist nur möglich durch *Deduktion aus allgemeingültigen Sätzen.* Die Sätze einer wissenschaftlichen Ethik müssen deshalb sowohl allgemein sein, d.h. die Form eines Gesetzes haben, als auch gültig, d.h. für ihren Inhalt Anerkennung beanspruchen.

Die moralische Sprache bedarf also nicht nur zweier Fundamente, des oberen in Verbindung mit dem mittleren *oder* dem unteren, sondern sie braucht deren drei: *Handlung, Denken und Gefühl.* Denn erst durch ihrer aller Verbindung entsteht jene ganzheitliche Gestalt, die wir als (positiv oder negativ) vorbildliches[83] Tun bezeichnen und die wir einerseits als generalisierte (verdichtete[84]) Wirklichkeit begreifen und andererseits als individualisierten (offenbarten) Wert erfühlen können. *Vorbildliches Tun ist* also

- kein singuläres Tun, welches unwiederholbar wäre; vielmehr ist es ein Tun, das aus seiner raum-zeitlichen Verankerung gelöst („exzerniert") und dadurch generalisiert wurde. Es ist daher *in allgemeinen Begriffen faßbar.*
- kein absoluter Wert, welcher unverkennbar wäre – nicht nur für das Denken, sondern auch für das Gefühl; vielmehr ist es ein relativer Wertausdruck, der in der Lage ist, unser Gefühl zu beeindrucken. Es ist daher *ein werthaftes Deutungsschema für singuläre Handlungen.*
- insgesamt ein sowohl abstrakt-gedanklich faßbares als auch konkret-gefühlsmäßig erlebbares sittliches Verhalten. Es ist daher fähig, jene „Begeisterung" in uns zu wecken, welche *die Vereinigung von Denken und Gefühl* anzeigt und von der bereits vorhin die Rede war.

Damit ist das *Fundament* zergliedert, auf dem eine gleichzeitig wissenschaftlich-theoretische wie moralisch-praktische Sprache möglich wird. Ich *fasse* noch einmal *zusammen:*

(a) Erste Grundlage ist das *Gefühl.* Es erkennt den ethischen Wert einer Handlung, ist daher moralisch. Aber es ist auch sprachlos, d.h. es kann zwar körpersprachlich (z.B. durch Mimik oder Gestik), nicht aber begriffssprachlich zum Ausdruck gebracht werden. Die moralische Sprache des Menschen bedarf daher weiterer Grundlagen.

---

[82] Anders die *Moralistik,* die lediglich „wissen will, wie die Menschen leben, in der Absicht, sie zu verstehen". „Was von den Moralisten befürwortet wird, ist ein Ethos der Freiheit; es läßt sich aus keiner Prämisse notwendig deduzieren, sondern nur von Menschen im praktischen Vollzug leben" (*H. P. Balmer,* 1981, S. 210).

[83] Zum persönlichen Vorbild vgl. *M. Scheler* (1966), S. 558 ff., 560: „Nichts gibt es auf Erden gleichzeitig, was so ursprünglich und was so unmittelbar und was so notwendig eine Person selbst gut werden läßt wie die einsichtige und adäquate bloße Anschauung einer guten Person in ihrer Güte." Den Unterschied zwischen der von mir vertretenen Auffassung von der Vorbildlichkeit des Aktes (der nicht an eine bestimmte Person gebunden zu sein braucht) und der Schelerschen Auffassung von der Vorbildlichkeit der Person (die sich nicht in Akten zu betätigen braucht), kann ich an dieser Stelle weder im einzelnen diskutieren noch begründen.

[84] Zur Verdichtung der Wirklichkeit vgl. auch *F. Klix* (1980), S. 594, 597 ff.

(b) Zweite Grundlage ist das *Denken.* Es generalisiert die Außenwelterfahrung und kann, im Gegensatz zum Gefühl, begriffssprachlich zum Ausdruck gebracht werden. Moralisch ist es indessen nur, solange es sich nicht vom Gefühl trennt.

Eine im wesentlichen unstrukturierte *Einheit von Denken und Gefühl* war typisch für den Beginn der menschlichen Genese. Im Laufe der Entwicklung zerfiel sie indessen. Der abendländische Mensch lernt heute (etwa vom 7. Lebensjahr an), sich vom Einfluß der gefühlsmäßigen Komponenten seiner Umwelterkenntnis zu befreien und in der *Wissenschaft* die rein intellektuelle Erfahrung, die „Bezeichnung für das Bezeichnende", zu formulieren, während er das gefühlsmäßige Erlebnis, die „Deutung des Bedeutenden", in der *Poesie* zum Ausdruck bringt. Auf einer derart gespaltenen Grundlage kann eine moralische Sprache abermals nicht erwachsen. Denn der Sprache der Wissenschaft fehlt der Zugang zum gefühlsmäßigen Erlebnis, der Sprache der Poesie aber der Zugang zur Allgemeinheit gedanklicher Erkenntnis. Deshalb bedarf die moralische Sprache noch einer dritten Grundlage, welche die gedankliche Allgemeinheit und die gefühlsmäßige Besonderheit in sich vereinigt.

(c) Dritte Grundlage ist das *Handeln.* Es kann sowohl – in seiner allgemeinbegrifflichen Form, z.B. als Zeichnen oder Fußballspielen – Gegenstand des wirklichkeitsorientierten Denkens, als auch – in seinem besonderen Inhalt als dieses Zeichnen oder dieses Fußballspielen – Gegenstand des wertorientierten Gefühls sein. Ein Handeln, welches sowohl vom Denken als allgemein als auch vom Fühlen als richtig erkannt wird, bezeichnen wir als ein positiv-vorbildliches Tun; ein Handeln, welches zwar vom Denken als allgemein, vom Fühlen aber als unrichtig erkannt wird, bezeichnen wir als negativ-vorbildliches Tun.

Somit bildet das positiv- oder negativ-vorbildliche Tun die Grundlage des in der moralischen Sprache ausgedrückten ethischen Urteils, worin das „Tun" als Gegenstand, seine „Richtigkeit" oder „Unrichtigkeit" als Prädikat und seine „Allgemeinheit" als Modalität erscheint.

Der abendländische Weg zur moralischen Sprache ist damit nachgezeichnet: ihn kennzeichnen zum einen die Trennung von Denken und Fühlen, von Wissenschaft und Poesie, zum andern die Notwendigkeit, die getrennten Fundamente durch die Handlung („Praxis") zu vereinen. Wir sagten aber schon, daß dieserWeg nicht der einzige ist, der zur moralischen Sprache hinführt, daß es vielmehr *noch einen weiteren Weg* gibt. Mit diesem weiteren Weg werden wir uns jetzt noch kurz befassen.

Es handelt sich dabei um jenen Weg, den die Chinesen als den *„rechten Weg"* bezeichnen: den Weg der Einheit von Denken, Fühlen und Handeln. Er ist unserem europäischen Denken fremd, weshalb ich versuchen werde, ihn in einigen Zitaten der großen chinesischen Weisen darzustellen. Sein Leitbegriff ist „Dau". Er meint das Bestehen einer harmonischen Ordnung, die das gesamte Weltall, den Makrokosmos, ebenso aber auch den Mikrokosmos der menschlichen Gesellschaft durchdringt und die umfassend gestört ist, sobald sie auch nur an einer Stelle zerbrochen wird. Diese umfassende Ordnung zu erkennen, ist dem Erleuchteten vorbehalten[85]. Hören wir dazu den Dauisten Dschuang Dse (370–280 vor der Zeitenwende):

„In alten Zeiten gab es Menschen, die den Gipfel der Erkenntnis erreicht hatten. Was aber ist der Gipfel der Erkenntnis? Die Welt so zu sehen, wie sie war, ehe es in ihr Dinge gab - das ist der Gipfel, das Höchstmaß der Erkenntnis, das nicht mehr übertroffen werden kann. Die nächsttiefere Stufe ist, die Welt so zu sehen, wie sie war, als es zwar schon Dinge in ihr gab, doch ohne daß sich diese voneinander abgegrenzt hätten. Die nächsttiefere Stufe ist, die Welt so zu sehen, daß die Dinge sich bereits voneinander abgrenzen, doch ohne sich gegenseitig zu bejahen oder zu verneinen. Wo Bejahen und Verneinen offen zutage treten, schwindet das Dau."

Nach Auffassung der Konfuzianer soll das Dau in das menschliche Herz einziehen, damit der Mensch sich eins fühle mit der Harmonie der Welt. Das Dau soll ferner das menschliche Denken beherrschen, damit es nicht in dem Entdecken von Widersprüchen und Gegensätzen sein Ziel erkenne, sondern im Ausgleichen und in der Vereinigung. Und das Dau soll schließlich das menschliche Handeln leiten, damit der Mensch den Einklang der Natur nicht störe. Erst so, in der Übereinstimmung mit dem eigenen Wesen, im Ausgleich von Bejahung und Verneinung, im Gleichgewicht mit der Natur handele, so meinen die Konfuzianer, der Mensch wahrhaft weise. Die *moralische Sprache* sei die des Weisen, dessen Denken vom Gefühl bewegt wird und dessen Handlung beides, Denken und Gefühl, zu ihrem Ziel hinträgt: zur Natur der Dinge und zu deren ordnendem Prinzip. Hören wir hierzu den Konfuzianer Dschu Hsi (1130 bis 1200):

„Der Geist, noch unbewegt, ist das Wesen;
der Geist, bewegt, wird zum Gefühl.
Das ist es, was da heißt:
des Menschen Geist umschließt sein Wesen und auch sein Gefühl."

---

[85] Der Begriff „Dau" machte zwar nicht in seinem Schriftzeichen, wohl aber in seinem Inhalt im Laufe der Geschichte bedeutende Wandlungen durch, über die im einzelnen zu berichten hier zu weitläufig wäre. Geblieben ist ihm die Bedeutung der ewigen Bewegung, des unendlichen Prozesses, des immerwährenden Werdens und Vergehens. Im übrigen aber bestehen Unterschiede:

(a) Die alten chinesischen Denker begriffen das „Dau" nur als Harmonie im kosmischen wie im sozialen Sinne.

(b) Die Dauisten sahen im „Dau" darüber hinaus den Urgrund alles Seins und Nichtseins. Dazu *Dschuang Dse:* „Das Dau durchdringt alles und macht es zu Einem. Sich teilend, vollendet es sich zu Gestaltetem; Gestaltetes führt zu Zerstörung. Allen Dingen aber ist weder Gestaltung noch Zerstörung eigen, denn alldurchdrungen vom Dau werden sie wieder zu Einem. Doch nur der Erleuchtete weiß, daß sie alldurchdrungen Eines sind. Darum nutzt er sie nicht und überläßt sie dem Maß ihres Eigenseins. Im Maß ihres Eigenseins aber liegt ihr Nutzen; ihr Nutzen liegt in ihrer Alldurchdrungenheit; in ihrer Alldurchdrungenheit liegt das wahre Wirken ihres Wesens. Ist aber das wahre Wirken ihres Wesens erfaßt, so ist man dem Dau schon nahe. Nur diesem folgt der Erleuchtete. Hier aufzuhören und nicht weiter zu erfassen suchen, warum die Dinge so sind, nennt man Erfassen des Daus."

(c) Bei den Konfuzianern nimmt das „Dau" dann eine ethische Färbung an; es wird zur Menschenliebe, die den Willen des Menschen lenken soll, so wie die Regeln des Anstands das Handeln des Menschen.

Und:

> „Wissen und Handeln sind aufeinander angewiesen wie das Auge auf den Fuß, ohne den es sein Ziel nicht erreichen, oder der Fuß auf das Auge, ohne das er sein Ziel nicht wahrnehmen kann. Fragt man nach der Reihenfolge ihres Wirkens, so steht Wissen vor dem Handeln; doch nach der Gewichtigkeit ihres Einwirkens steht Handeln vor dem Wissen."

Unterstützt wird diese Auffassung durch die chinesische Schriftsprache. Sie besteht aus Hieroglyphen, die nicht den Lautwert eines Wortes, sondern das Wesen ausdrücken, für das das Wort steht. Die moralische Richtigkeit kann deshalb im Wort ihren Ausdruck finden. Und sie findet ihn – wie der Kernsatz der konfuzianischen Lehre angibt: „Dschün Dschün Tschen Tschen Fu Fu Dse Dse", was übersetzt heißt: „Der Fürst soll sich wie ein Fürst, der Untertan wie ein Untertan, der Vater wie ein Vater, der Sohn wie ein Sohn verhalten." Der Name eines Gegenstandes kennzeichnet also nicht nur den Gegenstand selbst, sondern auch das Gesetz, dem er unterliegt. Ihn aussprechen, heißt daher gleichzeitig, seine Bestimmung in der Ordnung der Welt und damit auch in der moralischen Ordnung des Handelns angeben[86].

So sind auf einem anderen Wege abermals die Grundlagen für die moralische Sprache gelegt. Weitere Wege mögen bestehen, sollen hier aber nicht verfolgt werden, weil auf ihnen keine grundsätzlich neuen Erkenntnisse mehr zu erwarten sind.

Wir wenden uns nunmehr dem moralischen Ich zu, der Persönlichkeit, deren *Sein* sich über den aufgezeigten Grundlagen erhebt und deren *Wesen* sich in der moralischen Sprache unmittelbar ausspricht.

b) Die moralische Sprache als Ausdruck der Persönlichkeit

Die moralische Sprache als Ausdruck der menschlichen Persönlichkeit ist, wie erwähnt, das Ergebnis einer sowohl phylogenetisch langsam verlaufenen als auch ontogenetisch langsam verlaufenden Entwicklung.

Beginnen wir mit der *Ontogenese.* Hier können wir feststellen, daß bis etwa zum 7. Lebensjahr das Kind lediglich „egozentrisch"[87] denkt, d.h. daß es nicht in der Lage ist, die Perspektive seiner Beobachtungen zu wechseln, ohne seinen Standpunkt zu verändern – die Dinge also „mit anderen Augen" zu sehen, etwa wie sie seinen Gesprächspartnern erscheinen. Wir stellen ferner fest, daß das Kind bis zu diesem Alter lediglich „egozentrisch" fühlt, d.h. daß ihm die Fähigkeit abgeht, sich in fremde Seelenzustände einzufühlen, etwa echtes Mitleid zu empfinden. Beide Fähigkeiten erwachen erst vom 7. Lebensjahr an, dann aller-

---

[86] Zum Konfuzianismus vgl. *R. Wilhelm* (1930). Zu Dschu Hsi, dem „zweiten Konfuzius", vgl. *O. Graf* (1953).

[87] Dazu insbesondere *J. Piaget/B. Inhelder* (1969); *E. Staub* (1982), S. 114 ff. m.w.N.

dings bemerkenswerterweise zugleich mit zwei weiteren: erstens mit der Fähigkeit, ein zutreffendes Konzept von „Kausalität“ herauszubilden, d.h. zu lernen, daß nicht alles, was aufeinander folgt, auch auseinander begründbar ist[88]; und zweitens mit der Fähigkeit, ein zutreffendes Konzept von „Zurechnung“ zu entwickeln, d.h. zu lernen, daß nicht alles, was vom Menschen verursacht, von ihm auch verschuldet, bzw. daß nicht alles, was vom Menschen verschuldet, von ihm auch verursacht ist[89]. Diese beiden neuen Fähigkeiten sind es, die dem Kind den Übergang von der individuell-konkreten in eine überindividuell-abstrakte Weltsicht ermöglichen. Deren höchsten Punkt erreicht es, wenn es schließlich, ebenso wie die natürliche Welt, auch die soziale Umwelt von überpositiven (absoluten) Grundsätzen regiert und sich selbst in dieses Regiment integriert erkennt[90]. Wir bezeichnen diese Weltsicht als die des *Gewissens*[91]. Und wir bezeichnen die Sprache, die diese Weltsicht allgemeingültig zum Ausdruck bringt, als die der *Moral*[92].

Die Einheitlichkeit der soeben gewählten Bezeichnungen darf uns allerdings nicht darüber hinwegtäuschen, daß sich Verschiedenes hinter ihnen verbirgt. Wir bemerken das, wenn wir nunmehr auch die *Phylogenese* in die Betrachtung einbeziehen. Diese nimmt, was das Gewissen anbelangt, ihren Ausgang von einer

---

[88] Über primitive Formen der Kausalität äußert sich vor allem *M. Douglas* (1978), Kap. 5.

[89] Dazu *H. Ginsburg/S. Opper* (1978); *J. L. Phillips* (1975).

[90] Teilweise anders *L. Kohlberg* (1976), dessen Theorie an dieser Stelle allerdings nicht diskutiert werden kann. Vgl. dazu aus neuester Zeit u.a. *L. H. Eckensberger* (1985), S. 84 ff.; *W. Schild* (1985).

[91] Der Begriff des Gewissens ist vieldeutig wie kaum ein anderer. Die Klage *H. Eklunds* (1937), S. 197, mag für viele andere stehen: „Es gibt überhaupt keine Einigkeit, was mit dem Wort Gewissen bezeichnet werden soll. Es gibt keine einheitliche Terminologie, und auch sachlich gesehen hat man ganz verschiedene Phänomene im Auge.“ Ebenso *J. Stelzenberger* (1963), S. 191: „Wissenschaftlich ist das Wort nur brauchbar, wenn gleichzeitig jeweils angegeben wird, was damit ausgesagt werden soll.“

Reiches Quellenmaterial zur Genese des Gewissens findet man bei *J. H. Breasted* (1950). Aus juristischer Sicht etwa *E. Mock* (1983).

[92] Moral wird, wie man sagt, „gepredigt“. Darin kommt zum Ausdruck, daß in der Sprache der Moral der Mensch von einem metaphysisch begründeten Standpunkt aus angesprochen wird, und zwar in seiner individuellen Verantwortlichkeit vor dieser metaphysischen Instanz – in seinem Gewissen. „Im Bewußtsein seiner Verantwortung vor Gott und den Menschen ... hat das deutsche Volk ... dieses Grundgesetz beschlossen“, heißt es beispielsweise in der Präambel unseres Grundgesetzes. Der Verfassungsgesetzgeber benutzt hier die Sprache der Moral, um seine Verfassung als Antwort auf den Anspruch von etwas Höherem zu bekräftigen. Das deutsche Volk – so ist der Grundgedanke – gestaltet in seiner Verfassung seine verantwortliche Existenz, das Verhältnis seiner Bürger gegeneinander, die Struktur seines Staates usf. in Antwort auf Gottes Anruf, der ihm die Gestaltung seiner Geschicke und seiner Geschichte in die Hände gelegt und damit gleichzeitig zur Pflicht gemacht hat, über die Art seiner Gestaltung Rechenschaft zu geben.

Der Dialog von Anruf und Antwort wird durchgehalten noch in Art. 1 I GG, wo das Volk auf den Anruf des Menschen antwortet: „Die Würde des Menschen ist unantastbar.“ Er verflacht dann mehr und mehr und wird von juristisch-technischen Details überwuchert. „Am Aufkommen der Einkommensteuer und der Körperschaftssteuer sind Bund und Länder je zur Hälfte beteiligt“ (Art. 106 III 2 GG) – um dies u.ä. mehr zu regeln, hätte es keines besonderen Verantwortungsbewußtseins vor Gott und den Menschen bedurft.

im wesentlichen unreflektierten *Einheit* des Fühlens und Denkens, die nur der primitive Mensch sich bis heute bewahrt hat – trotz allen Differenzierungen im einzelnen[93]. Der Primitive vollzieht den Übergang von der egozentrischen in die absolute Ordnung noch heute dadurch, daß er die Sichtweite des Ich mit der seines Stammes vertauscht, weil er diese von einer gewissen Entwicklungsstufe an als kosmisch und somit höher begründet ansieht als seine eigene[94]. Sein Gewissen schlägt folglich von der Stunde an, wo er um seine Verstrickung in die Stammesnormen weiß[95]. Wir können eine solche Sicht als die des *naiven Gewissens* bezeichnen. – Schärfstens abgehoben hiervon ist die Sicht des *zivilisatorischen Gewissens,* jenes Gewissens also, welches sich der abendländische Mensch im Laufe einer über zweitausendjährigen Entwicklung erworben hat. Es resultiert aus der bereits eingehend behandelten *Trennung* von Denken und Fühlen sowie dem Bewußtsein, daß in der Hierarchie der seelischen Organisation dem Denken die Führungsrolle zufallen müsse – weshalb es Aufgabe sei, den „dumpfen Drang" des Gefühls in die „klare Welt" des Verstandes zu übersetzen. Diese Trennung ermöglicht zwei weitere: zum einen diejenige zwischen dem Subjekt und dem Objekt des Denkens und zum anderen

---

[93] Vgl. *H. Werner* (1970), S. 284 ff. „Primitiv" wird hier und im folgenden i.S. von „undifferenziert" verstanden. Vielfach wird auch die Bezeichnung „schriftlos" gebraucht, die ich nicht für glücklich gewählt halte.

Nach *Lévy-Bruhl* (1926), S. 22, sind die *Wahrnehmungen* von Primitiven „mit anderen Elementen von emotionellem und motorischem Charakter vermischt, gefärbt, durchdrungen" und bringen infolgedessen ein anderes Verhalten hinsichtlich der wahrgenommenen Gegenstände mit sich, als es unseren Vorstellungen entsprechen würde. Während unsere Erkenntnis durch das Interesse bestimmt wird, das wir für die Allgemeinheit der Gegenstände um uns herum aufbringen – sei es ihres Seins, wodurch uns ihr Begreifen, sei es ihrer Prozesse, wodurch uns ihre technische Beherrschung möglich wird –, betrachtet der Primitive die Gegenstände hauptsächlich als Träger *mystischer Eigenschaften.* Am deutlichsten wird das bei den Gegenständen, welche Personen vertreten: plastische Bilder werden für so lebendig gehalten wie das dargestellte Wesen; der Name schafft Verwandtschaft mit dem Vorfahren, dessen Reinkarnation das Individuum ist; der Schatten muß gehütet werden wie das eigene Leben, usf.

Ebenso wie Wahrnehmungen ist auch das *Denken* der Primitiven von anderen Regeln beherrscht, als unsere Logik sie uns aufzwingt. Das Denken der Primitiven ist, wie Lévy-Bruhl sagt, weder antilogisch noch alogisch, sondern „prälogisch". Diese oft mißverstandene Bezeichnung will sagen, daß die geistige Beschaffenheit der Primitiven „sich nicht wie unser Denken verpflichtet, sich des Widerspruchs zu enthalten. Sie gehorcht vorerst dem *Gesetz der Partizipation*" (S. 59). Partizipation ist die mystische Anteilnahme zwischen den Wesen und Gegenständen, die in einer kollektiven Vorstellung verknüpft sind: der Anteil am Totem eines Stammes, der Anteil am Vater, an Tieren, an Seelen und Geistern u.a.m.

[94] Die Ordnung der Primitiven ist auf magische Kulte gegründet. Die Magie der Welt besteht darin, daß ihr Geschehen universell miteinander verknüpft ist und deshalb die Beeinflussung eines Teils des magischen Zusammenhangs Auswirkungen auf das Ganze hat. Legitimiert wird diese magische Welt durch zahlreiche Mythen, die zwar von Stamm zu Stamm wechseln, überall aber die Aufgabe haben, die Einheit der Welt mit der des Stammes zu begründen. Vgl. auch *H. P. Balmer* (1981), S. 19 ff.

[95] Das Übernatürliche und damit auch die Stammesnormen sind für den primitiven Menschen allerdings nicht transzendent, fordern also keine Unterwerfung, vielmehr sind sie magisch-immanent, können also benutzt, beeinflußt und umgeschaffen werden. Dementsprechend gibt es bei den Primitiven andere Vorstellungen von normativer Gerechtigkeit und von der Bedeutung der Normen bei Streitentscheidungen als bei uns (vgl. *U. Wesel* (1985), S. 317 ff. m.w.N.).

diejenige zwischen dem Ich und dem Wir (zwischen Individuum und Gemeinschaft) des Fühlens. (a) Aufgrund der ersten Differenzierung partizipiert der abendländische Mensch nicht mehr an den Objekten, wie es noch der primitive Mensch tut, wenn er – und dies allen Ernstes – behauptet, er sei eine Eidechse oder ein roter Ararà[96] oder es entstünden die Männer aus Pfeilen, die Frauen aus Maisstampfern[97]. Der abendländische Mensch steht den Objekten vielmehr als ein wissend Erkennender gegenüber[98], d.h. als jemand, der jedes Objekt als ein oder gar als sein Phänomen begreift und den die Einsicht in das gesetzmäßige Wesen dieses Phänomens befähigt, es sich sach„gerecht" zunutze zu machen. (b) Aufgrund der zweiten Differenzierung partizipiert der abendländische Mensch auch nicht mehr an der Gemeinschaft, wie es der primitive Mensch tut. Der primitive Mensch ist noch mit der Gemeinschaft völlig verschmolzen und somit unfähig, diese als eine außerhalb seiner selbst stehende Tatsache zu würdigen. Er „ist" die Familie, er „ist" der Klan und er „ist" der Stamm, dem er angehört[99]. Der abendländische Mensch dagegen hat die Einheit von Ich und Wir in die Zweiheit von Persönlichkeit und Gemeinschaft aufgelöst. Er unterscheidet klar zwischen dem Ich seiner selbst, das er im Ich-Gefühl (Selbstbewußtsein) erlebt, und dem Wir seiner Gemeinschaft, dem er sich nurmehr im abgegrenzten Raum der – noch vorhandenen, aber schwächer werdenden – Ansteckungskraft der Gefühle innerlich verbunden weiß[100]. Nach eigenem Leitbild steht er der Gemeinschaft als ein gewissenhaft Urteilender gegenüber, d.h. als jemand, der die Gemeinschaft als einen sozialen Wert begriffen und den die Einsicht in das gesetzgebende Wesen dieses Wertes befähigt hat, über Tatbestände norm„gerecht" zu urteilen.

Dieser Unterschied der Gewissensstandpunkte kommt auch in der *moralischen Sprache* zum Ausdruck. Dem magisch-mythischen Standpunkt des primitiven Menschen entspricht eine ebenso magisch-mythische Sprache der Moral[101]; Verantwortlichkeit wird in ihr zum Ausdruck gebracht durch die Benennung eines Ritus' oder Tabus und durch die Behauptung, daß zwischen dem Verantwortlichen und der Verletzung des Ritus' oder Tabus ein beflecken-

---

[96] Vgl. *H. Werner* (1970), S. 318.

[97] Vgl. *K. v. d. Steinen* (1894), S. 351: Nach Ansicht der brasilianischen Bakairi werden die Männer durch Anblasen von Pfeilen, die Frauen durch Anblasen von Maisstampfern erzeugt. Es werden also Pfeil und Maisstampfer in Mann und Frau verwandelt und bestehen als Pfeil dieses Mannes und als Maisstampfer dieser Frau fort, sind also Teil ihrer Persönlichkeit.

[98] Unbeschadet gelegentlicher emotionaler Betroffenheit bzw. gelegentlichen „self-involvement" hat der abendländische Mensch grundsätzlich die bestimmte instinktive Zugehörigkeit durch die unbestimmte gefühlsmäßige Bindung ersetzt (vgl. *A. Beck*, 1979, S. 49).

[99] *H. Werner* (1970), S. 328 f.

[100] Dazu etwa *W. Ehrenstein* (1965), S. 287 f.

[101] Zum Mythos in der Sprache vgl. *W. F. Otto* (1959), S. 120 f.: „Mythos ist ein griechischer Ausdruck für das Wort und die Rede. ... Mit Mythos ist ursprünglich das wahre Wort, die unbedingt gültige Rede gemeint, die Rede von dem, was *ist*. Daher gilt Mythos hauptsächlich von den göttlichen Dingen, die keines Beweises bedürfen, sondern unmittelbar gegeben und offenbart sind." Ferner *B. Liebrucks* (1964), S. 248 ff., 405 ff.

der Kontakt bestanden habe[102]. Dem rational-wissenschaftlichen Standpunkt des abendländischen Menschen dagegen entspricht eine rational-wissenschaftliche Sprache der Moral, d.h. eine Sprache, die zwischen Denken und Fühlen differenziert und die dem Denken, der Einsicht in die Kausalgesetzlichkeit des individuellen Aktes, eindeutig die Priorität vor dem Fühlen, der Einsicht in die Wertgesetzlichkeit des sittlichen Kontaktes einräumt. Ausdruck dessen ist die Unterscheidung zwischen vorsätzlichem Handeln und (erst darauf aufbauendem) Unwert- bzw. Unrechtsbewußtsein.

Das *Verhältnis der beiden Standpunkte* darf man allerdings wiederum nicht als streng ausschließlich verstehen. Denn weder ist der primitive Mensch in seiner Naivität soweit zurückgeblieben, daß er nicht Ansätze auch zur wissenschaftlichen Erfassung ethischer Grundsätze entwickelt hätte, noch hat sich der zivilisierte Mensch von seinen naiven Grundlagen so weit entfernt, daß er verlernt hätte, die „mythische Qualität" des Wortes zu verstehen, „in dem die Dinge in ihrem höheren Sein gegenwärtig sind"[103]. Es darf uns daher nicht verwundern, wenn wir im Bereich der abendländischen Ethik immer wieder feststellen können, daß wissenschaftliche Sprache in mythische Sprache umschlägt oder daß an die Stelle nüchterner Betrachtung rhetorischer Überschwang tritt[104]. Aber es darf uns auch nicht verwundern, daß die mythische Sprache sich immer wieder mit wissenschaftlichen Elementen vermischt und daß sie dazu vor allem dort neigt, wo ihre Grundlagen bereits brüchig geworden sind.

Genauer ist dies hier nicht auszuführen.

3. Endogene Tendenzen der moralischen Sprache

Im folgenden will ich einige Tendenzen behandeln, die, weil fundamental im menschlichen Sprachprogramm verankert, auch die Sprache der Moral durchziehen, gleichgültig ob in ihrer mythischen oder in ihrer wissenschaftlichen Form. Es handelt sich um die bereits kurz erwähnten Tendenzen zur Substantialität, zur Bildhaftigkeit, zur synästhetischen Einheit, zur Gestalthaftigkeit und zur Bevorzugung des Vertrauten. Ihre Bedeutung für uns liegt darin, daß sie auch die Sprache des Rechts prägen, wenngleich sie heute weitgehend verblaßt sind und daher uns kaum noch zum Bewußtsein kommen.

(a) Der *Tendenz zur Substantialität* (dem „Wortrealismus") nähern wir uns am besten über die Ontogenese. Das Kind erfaßt mit der Sprache die Welt zunächst so, wie es sie erlebt. Zwischen Einzelding und logischem Subjekt macht es keinen Unterschied[105]; auch das den Dingen Gemeinsame, dasjenige also, was ihre

---

[102] Vgl. *M. Fauconnet* (1920), S. 262 f.

[103] *W. F. Otto* (1959), S. 122. Lesenswert immer noch *E. Kahler* (1946).

[104] Dies geschieht selbst bei *I. Kant* (1788), S. 154: „Pflicht! du erhabener großer Name, der du nichts Beliebtes, was Einschmeichelung bei sich führt, in dir fassest ..." usf.

[105] Vgl. dazu *P. F. Strawson* (1972).

Zusammenfassung im Begriff begründet, faßt es als substantiell auf. Entscheidend für die Realität eines Gegenstandes ist ihm nämlich nicht der Gegenstand selbst, sondern das Bild, das er in seinem Bewußtsein erzeugt; und dieses ist bei Vorstellungen so wirklich wie bei Wahrnehmungen, bei Individualvorstellungen nicht minder als bei Allgemeinvorstellungen („Ideorealitäten"). Auch die Gestalt eines Gegenstandes leitet das Kind konsequent nicht von der physikalischen Form ab, sondern vom seelischen Eindrucksgehalt des Gegenstandes. Das Wichtige erscheint ihm demnach als groß, das Unwichtige als klein. Die Kinderzeichnung eines Menschen besteht fast nur aus dem Wichtigen, nämlich aus dem Gesicht; wird ein Vorgang zeichnerisch dargestellt, so erscheint er „naturgemäß" groß, seine Umgebung „naturgemäß" klein. Erst später, zum Teil erst als Heranwachsender, durchschaut der Mensch, daß Individuelles und Allgemeines nur scheinbar gleich substantiell, in Wahrheit aber nur gleich substantivisch sind und daß der subjektive Eindruck von der objektiven Gestalt eines Gegenstandes geschieden werden muß. Doch dann ist es für ihn zu spät, sich von der einmal eingenommenen Sichtweise freizumachen. Stattdessen erstreckt er dann die substantielle Rede auch auf jene Vorstellungsgehalte, die nicht durch Generalisation, sondern durch Komplexion, Kontraktion u.ä. gebildet sind, z.B. auf Akkorde, Melodien, auf Gestalten schlechthin, ferner, wenngleich jetzt schon nicht mehr mit derselben Determinationskraft, auf eine Sonnenfinsternis oder auf eine Spur im Schnee[106]. Was aber besonders wichtig ist: er erstreckt sie auch auf den moralischen Bereich, wo zwar an die Stelle der realen Dinge ideale Eindrucksgehalte, moralische Werte und moralische Charaktere, treten, die er aber nur in anderer Weise, nicht dagegen minder substantiell zum Ausdruck bringt als die realen Dinge - nämlich durch Substantive wie „die Güte", „die Treue", „die Tapferkeit". Dies alles „gibt" es dann ebenso, wie „die Gesundheit" und „die Krankheit" uns „gegeben" sind[107]. Es handelt sich um Realitäten eigener Art, die man zwar nicht sehen, aber doch intuitiv schauen oder erleben kann. Und das genügt.

Noch ein für die moralische Sprache wichtiger Umstand hängt mit der Tendenz zur Substantialisierung eng zusammen: Konzeptionen, die sich bei der Begriffsbildung im Realbereich bewährt haben, werden als Richtigkeitsregeln in den Idealbereich übernommen. Prägnanz und Einfachheit, unzweifelhaft Grundlagen für die begriffliche Auszeichnung einer Wahrnehmungsgestalt, werden dann zu Grundlagen auch für die Auszeichnung einer moralischen Regel, ja bürgen sogar für ihre Richtigkeit. Selbst die ontologischen Strukturen der realen Welt greifen dann auf die moralische Welt über: Es entsteht die Mei-

---

[106] Verneinend zur Sacheigenschaft einer Skilanglaufspur (Loipe) allerdings BayObLG in JZ 1979, 734: Durch das Ziehen einer Loipe werde der Schnee „zwar in gewisser Weise verformt, jedoch nicht derart allseits abgegrenzt, daß die Loipe im Gegensatz zu dem sie umgebenden Schneefeld ein individuelles [!] Dasein aufweisen würde".

[107] So können nach der Rechtsprechung (RG Gruchot Bd. 62, S. 392) mehrere zu einem Begriff zusammengefaßte Einzeltatsachen wie z.B. ein „Liebesverhältnis" Gegenstand des Beweises sein.

nung, unsere moralischen Verhaltensweisen seien entweder richtig oder unrichtig (= falsch) – so wie sie real entweder sind oder nicht sind bzw. wie reale Dinge entweder existieren oder nicht existieren – oder sie seien eindeutig wertdeterminiert – so wie ihr Ablauf naturdeterminiert ist – usf.

(b) Bereits mehrfach wurde erwähnt, daß die visuelle Komponente der Wahrnehmung die für uns wichtigste ist, daß uns alle eine *Tendenz zur Bildhaftigkeit* leitet. Wie selbstverständlich versuchen wir, uns von allem ein Bild zu machen. Wir stellen Ikone, Abbilder und Symbole, her; wir entwickeln Ideale, Vorbilder und Leitbilder, um an ihnen Vorhandenes zu messen. Beim Sprechen über Nichtbildliches benutzen wir eine metaphorische Bildersprache, um das Unanschauliche anschaulich zu machen, das Abstrakte am Vorstellungsmäßigen konkretisieren zu können usf.[108].

Danach erscheint auch im moralischen Bereich die Verwendung einer bildlichen, metaphorischen Ausdrucksweise nahezu unausweichlich[109]. Sie zentriert sich dort um das eben schon erwähnte Vorbild, das alle ethischen Tugenden in sich vereint, und um seinen Gegenpol, das Bild des Lasters, das unsere Sprache zusätzlich personifiziert und synästhetisch mit allen erdenklichen Scheußlichkeiten ausstattet: den Teufel[110]. Nochmals verstärkt sich die Bildhaftigkeit, wenn das konkrete moralische Beispiel die Stelle des abstrakten moralischen Vorbilds vertritt. Die Berechtigung hierfür ist leicht zu finden; denn sowohl das Beispiel, das man vorlebt, als auch das Beispiel, das man vor Augen führt, sind hochwirksame Mittel der Erziehung zur Sittlichkeit[111]. Beliebt ist es ferner, die urtümlichsten Eindruckswesen, die Tiere, mit einzelnen Tugenden und Lastern auszustatten und sie dann diese Tugenden und Laster symbolisieren zu lassen[112], oder in Tierfabeln typische Situationen des menschlichen Lebens moralisierend dar-

[108] Die universale Bedeutung der Metapher erkannte schon *Quintilian* (ca. 35–100), aaO. IV, 3, 1; VIII, 6, 8 f. („Paene iam quidquid loquimur figura est"). Zur Metapher als „Urerscheinung des Sprachlebens, die ihre Wirklichkeit entfaltet, lange bevor an eine künstlerische Verwertung des Sprachmaterials gedacht werden kann", vgl. *F. Kainz* (1927), S. 234 ff.

[109] Sie wird offensichtlich vor allem in der Schelerschen Ethik, wo „viele Ausführungen in bildhaften Beschreibungen stecken bleiben; sie gedeihen nicht zu begrifflicher Klarheit. Zur Stützung der Behauptung des modernen Empirismus, daß der Grundfehler der traditionellen philosophischen Systeme darin bestehe, statt in präzisen Begriffen in Bildern zu denken, würde die Schelersche Philosophie viele Anhaltspunkte liefern" (*W. Stegmüller*, 1986, S. 130).

[110] Vor allem seit dem 10. Jahrhundert wird die Gestalt des Teufels und seines dämonischen Gefolges immer phantastischer und schreckerregender ausgestaltet mit Fratzengesicht, Hörnern, Flammenhaaren, Tierfell, Vogelkrallen, Bocksfüßen oder Schwanz. Als beispielhaft hierfür seien die Gemälde von Hieronymus Bosch erwähnt.

[111] Vgl. *M. L. Hoffman* (1970), S. 286.

[112] Z.B. gilt bei vielen Völkern der Adler als der stärkste Vogel. Er kann am höchsten fliegen und am schärfsten sehen und wird dadurch zum Symbol der Sonne, zum Inbegriff göttlicher und königlicher Macht und zum Boten des Himmels. Zeus/Jupiter bediente sich seiner, er wurde zum Symbol des römischen Gottkaisertums und des Römischen Reiches, und er hat bis heute nichts von seiner Symbolkraft als Wappentier, insbesondere als Zeichen der Souveränität, eingebüßt.

Zum „Symbol" vgl. u.a. *A. Lorenzer* (1972), S. 49: nach ihm sind Symbole nicht Stellvertreter von Gegenständen, sondern Vehikel für deren Vorstellung.

zustellen. Denn all dies bewährt sich - so sehr, daß Mythen wegen ihrer bildhaften Kraft selbst dann noch am Leben bleiben, wenn ihr sinnfälliger Gehalt längst gestorben ist; sie werden moralisch umgedeutet und als Allegorien dargestellt: Kronos, der seine Kinder verschlang, wird dann zur allesverzehrenden Zeit[113]. Sogar vor der Sprache selbst macht diese Tendenz zur Bildhaftigkeit nicht halt: "Language is like one's body: pure, inadequate, allways unable to do what one wants it to do, and yet it is the very possibility for the expression both of the fullness of one's being and whatever reality one chooses to discribe"[114]. Oder: „Die Sprache ist das Haus des Seins"[115]. Den kindlichen Ursprung dieser Tendenz sollten wir, trotz aller philosophischen Überhöhung, nicht vergessen. Will man ihn betonen, dann kann man auch sagen: Die Sprache ist das Bilderbuch des Seins. Sie vereint eine Sammlung von mehr oder minder verblaßten Metaphern zu einem mehr oder minder vergilbten Bild von der Welt[116].

(c) Wie kommt es, daß die Übertragung aus der Welt des Sichtbaren in die Welt des moralischen Gefühls gelingt? Die Antwort folgt aus der bereits beiläufig erwähnten menschlichen *Tendenz zum synästhetischen Erleben.*

Diese Tendenz faßt zunächst Sinneseindrücke ganzheitlich zusammen. Eine visuelle Empfindung beispielsweise löst bei uns auch eine Geschmacksempfindung aus: wir essen mit den Augen; Geruchsempfindungen werden ebenfalls als Geschmacksempfindungen wahrgenommen: eine verstopfte Nase verändert den „Geschmack" einer Speise. Aber die Synästhesie geht über diesen engen Anwendungsbereich des Sensorischen weit hinaus und ergreift auch das Gebiet der *Moral.* Gemeinheit „stinkt", Enttäuschung ist „bitter", schlechtes Benehmen ist „häßlich" - in welch letzter Ausdrucksweise das Wort „häßlich" auf Umwegen zu seiner ursprünglichen Bedeutung als „hassenswert" zurückfindet. Was den Charakter eines Menschen anbelangt, sagen wir, die Not habe ihn „bitter" gemacht, sein Wesen sei „kalt", seine Nähe mache einen „frösteln", sein Temperament sei „schwer", sein Gemüt sei „weich", usf. Auch die Farbensymbolik vieler Völker, insbesondere des Christentums, setzt solches synästhetisches Empfinden voraus[117].

---

[113] Dazu *V. Calin* (1975), S. 41.

[114] *D. M. Rasmussen* (1974), S. 71 ff. Vgl. auch *W. v. Humboldt* (1830/35), S. 164: Die Sprache „ist das Bett, in welchem er [der Geist] seine Wogen im sichren Vertrauen fortbewegen kann, daß die Quellen, welche sie ihm zuführt, niemals versiegen werden."

[115] *M. Heidegger* (1954), S. 53, 111 f., 116.

[116] Noch das Althochdeutsche kannte keine Abstrakta im engeren Sinne. Gedankengänge, die über das anschaulich Gegebene hinausgingen, wurden durch Metaphern wiedergegeben: die Familie als „Kind und Kegel" (Kegel = uneheliches Kind); das ganze Jahr als „Sommer und Winter", die Gesellschaft, in der man lebt, mit „Freund und Feind". Mit Recht betont *H. Messelken* (1968), S. 49, daß es dem Menschen mit Hilfe einer abstrakten Sprache zwar besser gelingt, die Wirklichkeit zu beschreiben, als dies mit irgendeinem anderen Mittel möglich wäre; daß hierin jedoch zugleich die größte Gefährdung liegt, weil die abstrakten Begriffe zu leeren Worthülsen erstarren, sobald sie keine individuell verarbeiteten Eindrücke mehr enthalten.

(d) Eine weitere sprachliche *Tendenz,* diejenige *zur Gestalthaftigkeit,* wurde zuerst im visuellen und auditiven Bereich nachgewiesen. Das Erkennen von gleichartigen Elementen (z.B. von Punkten) als Einheit, die Zusammenfassung von Tönen zu einer Melodie oder zu einem Akkord, das Aufstellen zum Tanz im Kreise sind hierfür Beispiele. Daß darüber hinaus auch die Sprache eine gestaltende Kraft besitzt, zeigt sich vor allem innerhalb der Welt der Gefühle. Dort nämlich ist sie es, die neue Gefühle formt, weil „das Vorhandensein entsprechender Benennungen das differenzierende Erkennen vieler Phänomene gestattet, die dadurch erst Figur werden, Eigenart erhalten und sich als qualitativ selbständige von anderen abheben“[118]. Gefühle sind daher hauptsächlich jene inneren Zuständlichkeiten, die eine sprachlich determinierte „Gestalt“ angenommen haben: Liebe, Haß, Eifersucht (als die mehr gegenständlich ausgerichteten Gefühle); Niedergeschlagenheit, Ängstlichkeit, Heiterkeit, Sorglosigkeit (als die mehr zuständlich gearteten Gefühle oder „Stimmungen“).

Die Kraft unserer Sprache, Gefühle zu gestalten, ist für die *Moral* besonders wichtig. Als oberste „Gestaltqualitäten“[119] entstehen die moralischen Gefühle nämlich vor allem dadurch, daß die Sprache sie von anderen abgrenzt. Besonders die gegenständlich ausgerichteten moralischen Gefühle erhalten von der Sprache ihre Gestalt, und zwar zum einen, indem sie sie uns als seelische Dauerzustände bewußt macht („ich bin verliebt“), zum andern und stärker noch, indem sie sie auf Gegenstände bezieht. So ist es die Sprache, die dem geliebten Gegenstand jene Qualität zuschreibt, die ihn für uns liebenswert macht: er „ist lieb“; und sie ist es auch, die den Bezug unseres Gefühls zu ihm substantialisiert: er ist „unser Geliebter“, d.h. das gestalthafte Objekt unserer Liebe. Abstrakte Gefühle wie etwa die Liebe zum Guten erhalten darüber hinaus kraft der Tendenz zur Bildhaftigkeit schärfere Umrisse, etwa indem wir das Gute mit der menschlichen Gesundheit und das Schlechte mit einer Krankheit gleichsetzen, indem wir es gar äußerlich als Geschwür oder Pestbeule hervortreten lassen, die es dann, so die moralische Mahnung, auszukurieren oder herauszuschneiden gilt.

(e) Die letzte hier zu erwähnende *Tendenz* ist die *zur Bevorzugung des Vertrauten.* Ihre Wirkung beruht darauf, daß das Wiedererkennen von Gegenständen uns die Umweltorientierung erleichtert, ja in vielen Bereichen überhaupt erst ermöglicht und daß deshalb dieses Wiedererkennen Lustgefühle in uns auslöst – außer natürlich, wenn der wiedererkannte Gegenstand allzu unangenehme Erinnerungen in uns weckt.

Erwähnt wird die Tendenz hier, weil sie auch im moralischen Bereich eine Rolle spielt. Was nämlich einer *Sitte* oder einem *Brauch* entspricht und deshalb wiederkehrend geübt wird, das hat den Anschein der moralischen Richtigkeit,

[117] Zu Synästhesien vgl. im einzelnen *G. Anschütz* (1953), S. 218 ff.

[118] *W. Ehrenstein* (1965), S. 23; vgl. dort auch S. 258.

[119] *H. Cornelius* (1897), S. 76, 363; (1900), S. 103, 113.

des ethisch positiv zu Bewertenden für sich. Der Fremde ist schon allein darum schlechter, weil er andere, unbekannte Bräuche übt. Man traut ihm nicht; aber man traut ihm alles zu.

Weil vertraute Sitten und Gebräuche die Vermutung der Richtigkeit für sich haben, dürfen sie nicht geändert werden – es sei denn, daß ein triftiger Grund für die Änderung vorliegt, etwa weil sie sich als zu umständlich, den veränderten Verhältnissen unangepaßt, kurzum als überholt erweisen. Sonst gilt das Alte als das Bewährte, und das Bewährte gilt als Wert. Besonders schwer hat es das Neue, seinen Wert zu beweisen, wenn es gegen sprachlich normierte Werte anzutreten hat, etwa gegen gesetzliche Regeln. Denn die Sprache konserviert das Vertraute auch dann noch, wenn es schon längst der Anschauung entschwunden ist. Wo sprechen wir sonst noch von „Leib oder Leben" außer im gesetzlichen Recht? Die bekannten Zeilen (1972–79) aus Goethes „Faust" geben der konservierenden Tendenz des als „Gesetz und Recht" Vertrauten sarkastisch Ausdruck:

> „Es erben sich Gesetz' und Rechte
> Wie eine ew'ge Krankheit fort,
> Sie schleppen von Geschlecht sich zum Geschlechte
> Und rücken sacht von Ort zu Ort.
> Vernunft wird Unsinn, Wohltat Plage;
> Weh' dir, daß du ein Enkel bist!
> Vom Rechte, das mit uns geboren ist,
> Von dem ist leider! nie die Frage."

B. Die Bindung des Rechts an das menschliche Sprachprogramm

Das Problem, *inwieweit das Recht an die Programmierung des Menschen durch die Sprache und die ihr eigene Weltsicht gebunden ist,* entspricht in der Struktur den bisher behandelten Problemen.

1. Die Bindung des Rechts an das allgemeine menschliche Sprachprogramm

Daß überhaupt eine *Bindung des Rechts an das menschliche Sprachprogramm* besteht, hängt mit der sprachlichen Fassung des Rechts zusammen. Recht ist auch Rede, Rechtlichkeit ist auch Redlichkeit. Begriffe wie „Rechtsspruch", „Einspruch", „Freispruch", „Anspruch", „Abrede", „Einrede" usf. bekunden diese enge Verbindung. Vor allem das alte Recht bedurfte des rechten Wortes, um Geltungswirkungen zu erzeugen. Sowohl im römischen wie im germanischen Recht führte ein Versprecher beim Hersagen der Wortformel zur Verwirkung des darin eingebetteten Rechtsanspruchs[120].

[120] Im einzelnen zu den „certa et solemnia verba" *H. Neumann-Duesberg* (1949), S. 24 m.w.N.

Aus der Bindung des Rechts an die Sprache folgt die *Bindung des Rechts an die sprachliche Weltsicht,* die auch uns, die Sprechenden, einbezieht. Gewisse uns eingeborene Determinanten konturieren die Weltsicht der Sprache und damit auch des Rechts: Entsprechend dem Aufbau unserer Psyche enthält die Sprache kognitive und emotive Komponenten, das Recht also einen teils deskriptiven, teils normativen Bedeutungsgehalt. Unsere Tendenzen zur Substantialität, zur Bildhaftigkeit usf. schlagen sich nicht nur in der Ausdruckswelt der Sprache, sondern auch in der Substantialität, der Bildhaftigkeit usf. unseres Rechts nieder. Unsere Umwelt besteht, wie für die Sprache so auch für das Recht, aus Sachen, Ereignissen und Handlungen - die Einteilung kann differenzierter sein, keinesfalls aber dahinter zurückbleiben. Vor allem aber formt unsere Kultur mittels der Sprache das Recht: Rechtsnormen beruhen nicht nur auf kulturellen Gewohnheiten und Gebräuchen, sondern auch auf den sprachlichen Formen, worin diese Ausdruck gefunden haben; insbesondere das alte germanische Recht kannte eine Fülle von volkstümlichen Rechtssprichwörtern, deren Suggestivkraft das Denken bestimmte.

Wie tief aber reicht diese Bindung des Rechts an die sprachliche Weltsicht? Gibt es nicht ebenso wie eine Bindung auch eine *Freiheit des Rechts vom menschlichen Sprachprogramm*[121] und damit, wenn auch keine eigene juristische Welt, doch wenigstens ein eigenes „Weltbild des Juristen"[122] und eine eigene juristische Sprache, die dieses Weltbild vermittelt? In der Tat hat überall dort, wo das Recht vom Menschen Besitz ergriff, sich über das natürlich-kulturelle Weltbild noch ein juristisches geschoben. Es ist einerseits ebenso unterschiedlich wie das natürlich-kulturelle, über das es sich geschoben hat: das Weltbild des anglo-amerikanischen Juristen also ein anderes als das des kontinental-europäischen, dieses wiederum ein anderes als das des sozialistischen Juristen Osteuropas und erst recht als das des Juristen aus dem vorderen Orient oder aus China. Andererseits enthält es aber auch *juristische Gemeinsamkeiten,* die dem Rechtlichen im Menschen als einem anthropologischen Universale entspringen und daher im angloamerikanischen Bereich sich nicht anders ausnehmen als im kontinental-europäischen, osteuropäischen, orientalischen oder chinesischen.

Lediglich auf eine dieser Gemeinsamkeiten will ich hier eingehen. Wo immer Recht entsteht, sieht es als seine Aufgabe an, die Stellung des Menschen innerhalb der sozialen Gemeinschaft zu festigen. Der Mensch erscheint dem Recht überall als von Natur aus zu „unfestgestellt", zu „offen", um ohne autoritative Normen in Gemeinschaft leben zu können[123]. Das Menschenbild des Juristen ist

---

[121] *G. Dux* (1980), S. 53.

[122] Vgl. *K. Engisch* (1965).

[123] Nach *D. T. Campbell* (1975) hat die Natur zwar den Altruismus beimMenschen selegiert, jedoch nur auf demselben Niveau wie bei sozialen Wirbeltieren. Dieses Niveau aber, behauptet Campbell, lag unterhalb dessen, was für den Bestand der menschlichen Gesellschaft funktional optimal ist. Folglich bildeten sich mit der Zeit soziale Normen, um den Altruismus auf das optimale Niveau anzuheben. Vgl. dazu auch *H. Hendrichs* (1985).

somit überall das eines durch die Natur mehr schlecht und recht auf seine soziale Rolle vorbereiteten, auch durch kulturelle Mechanismen nicht mehr hinreichend sozialisierbaren Wesens, dem der Jurist folglich die Zügel des Rechts anzulegen hat, um ihm ein Maximum an sozialem Wohlverhalten abzutrotzen. Vereinfacht ausgedrückt ist es das Bild eines zwar im „Kern"bereich noch natürlich-kulturellen Wesens, das aber wegen seiner ungenügenden sozialen Angepaßtheit mit einer passenden juristisch-normativen „Schale" umgeben werden muß. Es ist, anders gefaßt, das Bild eines „juristisch zu ummantelnden Wesens".

Gehen wir vom juristischen Menschenbild auf die juristische Sprache zurück. Auch sie besteht zwar in ihrem „Kern" noch aus den Begriffen der natürlich-kulturellen Sprachen, die im Alltag gesprochen werden („ethnische Sprachen"). Jedoch kommt sie nicht umhin, diesen „Kern" zusätzlich mit einer juristischen „Schale" zu umgeben, d.h. ihre Begriffe eigenständig zu definieren und sie dadurch mit der Strenge des Rechts auszustatten[124]. Sie hängt also, um unser zweites Bild zu gebrauchen, den Begriffen der ethnischen Sprachen einen juristisch-normativen „Mantel" um, damit all jene Vagheiten und Mehrdeutigkeiten aus ihnen verschwinden, welche die gleichmäßige Anwendung des Rechts stören. Bei der Wahl des „Mantels" sind die Juristen teilweise frei: es können viele oder wenige Fachbegriffe in ihm verwandt werden, er kann den Alltagssprachen nahekommen oder sich von ihnen entfernen usf. Aber die Freiheit ihrer Wahl kennt Grenzen; der „Mantel" muß passen, d.h. der Sprache angemessen sein, die er umgibt. Einer wenig entwickelten Volkssprache dürfen die Juristen nicht das komplizierte Begriffssystem des römischen Rechts umhängen; eine komplizierte Wirtschaftsfachsprache dagegen braucht mehr als nur einige wenige volkstümliche Rechtssprichwörter, um sich juristisch bedeckt zu halten[125].

Daraus folgt dann im einzelnen:

Das *Lexikon der Rechtssprache* muß von der zum Standard gewordenen Alltags- oder Fachsprache her aufgebaut werden. Die Rechtssprache ist eine „Episprache", d.h. ihre Begriffe sind, soweit sie von der üblichen Sprachbedeutung abweichen oder der Rechtssprache gar vollständig eigentümlich sind, mit Worten zu definieren, die der Alltagssprache angehören. Die Begriffe der Rechtssprache müssen gegenüber den alltagssprachlichen Ausdrücken ein höheres Maß an Prägnanz und Präzision besitzen[126]. Sie müssen ferner „justitiabel" sein,

---

[124] Ausführlich dazu *H. Neumann-Duesberg* (1949), S. 109 ff.

[125] Die Notwendigkeit eines flexiblen juristischen Begriffssystems zeigt sich insbesondere im modernen Welthandel, der immer mehr Staaten dazu zwingt, von einfachen und undifferenzierten Rechtsvorstellungen Abschied zu nehmen und sich mit den modernen Rechtsgebilden des Handelsverkehrs vertraut zu machen. War es doch auch in der Geschichte insbesondere der Handel, der die Ausbildung juristischer Instrumente förderte und sie internationalisierte.

[126] Vgl. dazu die – hauptsächlich für das europäische und das von ihm beeinflußte Recht zutreffenden – Ausführungen von *H. Hatz* (1963), S. 102: „Obwohl die Rechtssprache an Eindeutigkeit hinter der Sprache der Mathematik zurücksteht, erhebt sie doch ihre Prägnanz, das heißt ihre Eignung, bei Kürze und Schärfe des Ausdrucks inhaltsreich zu sein, und damit ihre Sicherheit ganz erheblich über die Umgangssprache. Zweifel an dem Inhalt eines Ausdrucks sind in der Rechtssprache weniger vorhanden als in der Alltagssprache. Die Rechtssprache

d.h. sich durch Merkmale definieren lassen, die mit den im Prozeß zugelassenen Mitteln beweisbar sind.

Da die Rechtssprache – wie die Sprache überhaupt – von Kultur zu Kultur wechselt, lassen sich nur wenige *rechtssprachliche Universalien* nachweisen. Man findet sie zum einen da, wo das Recht zentrale Themen des menschlichen Lebens aufgreift: Geburt, Heirat, Tod, Kindeszugehörigkeit, Erbfolge, Landbesitz; zum andern dort, wo es Grundtatsachen des Gemeinschaftslebens ordnet: Teilung, Vereinigung, Unverletzlichkeit. Für diese Fälle stellt fast jede ethnische Sprache von sich aus Vokabeln bereit, und die Rechtssprache braucht sich ihrer bloß zu bedienen. „Eltern", „Kinder", „Mutter", „Vater", „Sohn", „Tochter" sind solche Vokabeln, mit denen das deutsche Recht die Kinderzugehörigkeit regelt.

Selbst in den genannten Zentralbereichen treten indessen *ethnische Unterschiede* zutage. Die Kinderzugehörigkeit hängt z.B. ab vom Vorherrschen des Vater- oder Mutterrechts, und daraus resultieren dann sofort gewisse Leerstellen im Wortschatz der Völker: die Bantukaffern etwa kennen nur den Begriff der Mutter, nicht auch des Vaters, weil bei ihnen das Mutterrecht gilt; der Begriff „Familie" fehlt bei den ostsibirischen Tschuktschen, die Rentierzüchter, Jäger und Fischer sind[127].

In weitere Einzelbetrachtungen können wir hier nicht eintreten; sie würden eine gesonderte Abhandlung erfordern[128].

Auch die *Syntax der Rechtssprache* folgt zumeist den Regeln der Alltagssprache, schränkt aber gleichzeitig (und wohl universell) einige ihrer Freiheiten ein. Verboten sind z.B. die Ellipse (Ersparung von Redeteilen) und der Anakoluth (Abbruch einer Aussage). Dadurch wirkt die Rechtssprache allenthalben strenger, „gemessener" als die Alltagssprache – auch dort, wo sie, wie im alten deutschen Recht, der Poesie nicht entbehrt. Gerade das alte Recht nämlich ist „formalistisch"[129] – auch in der Art seiner Ausdrucksweise.

---

besitzt durch die unentwegte Mühe der Interpreten und Kommentatoren eine viel durchdringbarere Sinngebung. ... Während es etwa in der Alltagssprache mehr oder weniger gleichgültig ist, was man unter ‚Drohung' verstehen will, kann die Rechtssprache auf einen genauen Sinn nicht verzichten. Fortwährend an seiner Klärung zu arbeiten, ist das dringende Anliegen der Praxis, und die Vorbereitung neuer Inhalte und deren Durchsetzung in die Praxis hinein ist die erste Pflicht und Bewährung der Rechtswissenschaft."

Zu weitgehend ist allerdings die Forderung *Neumann-Duesbergs* (1949), S. 123: die vieldeutigen Wörter der Umgangssprache müßten zu „eindeutigen" der Wissenschaftssprache präzisiert werden. Eine Systematisierung mehrdeutiger Rechtsbegriffe findet man bei *H.-J. Koch* (1977) und bei *W. Hassemer* (1981), § 19.

[127] *R. Thurnwald* (1932), S. 17.

[128] Einige weitere Nachweise bei *H. Neumann-Duesberg* (1949), S. 11 ff. Auf die Bedeutung der sprachlichen Weltsicht für das „Vorverständnis" des Rechts weist eindringlich auch *J. Esser* (1972), S. 10 f. hin: „Die einer Sprache eigentümlichen Modalitäten der Sozialanschauung werden mit jedem Gebrauch der Sprache wieder aktualisiert, ohne daß darüber Rechenschaft gegeben würde. Schon damit wird der Interpretationsvorgang gesteuert, worüber sich jedoch der Interpret keine Rechenschaft gibt. So konstituiert sich mit diesen der Sprache inhärenten Denkschemata ein ‚Traditionszusammenhang', der oft Generationen hindurch wirksam bleibt. ... Über solchen unbewußten Vollzug von Traditionen hat die Jurisprudenz bisher keine Klarheit. All diese Bezugsrahmen müßten jedoch in Rechnung gestellt werden, wenn die Bedingungen unseres Rechtsfindungsprozesses rational sein sollen."

Bemerkenswert ist ferner, daß sich die Rechtssprache überall des *Aussagesatzes* bedient, obwohl die meisten Alltagssprachen mehrere Satzarten (Aussagesatz, Aufforderungssatz, Ausrufesatz und Fragesatz) zur Verfügung stellen. Hieraus läßt sich, wie mir scheint, schließen,

- daß es der Rechtssprache nicht ums Befehlen (im psychologischen Sinne) zu tun ist („*lex non iubet*")[130].

Allerdings ist, wie H. Paul[131] nachgewiesen hat, zwischen der psychologischen Kategorie des Befehls und der grammatischen Kategorie des Befehlssatzes zu unterscheiden, so daß imperativische Intentionen des Rechts auch ohne entsprechende grammatikalische Form in Erscheinung treten können[132]. Doch scheint mir die psychologische Kategorie des Befehls immerhin dazu zu tendieren, daß sie sich in Befehlssätzen Ausdruck verschafft. Wenn sich diese Tendenz im Recht nicht durchsetzt, obwohl die Sprache einen imperativen Modus zur Verfügung stellt, wenn die Rechtssprache vielmehr stets den indikativen Modus wählt, dann läßt sich das m.E. nur so erklären, daß es dem Recht eben primär nicht auf das Befehlen im psychologischen Sinne ankommt, sondern daß es sich mit normativen Anordnungen („Vorschriften") begnügt und ihnen Regelungen anfügt, die für den Fall der Nichtbefolgung gelten.

- daß die Rechtssprache nicht von Emotionen handelt („*lex non studet*").

Emotionen machen sich in Ausrufen Luft. Seinen Gefühlen freien Lauf zu lassen, gilt aber als des Juristen unwürdig; er hat die Aufgabe, inmitten der Parteien Haß und Neid die Vernunft und nichts als die Vernunft zum Sprechen zu bringen. Gesetzgeber und Richter halten sich deshalb von Emotionen fern; sie regeln und richten sine ira et studio. G. Radbruch sieht den Vorzug der Gesetzessprache darin, daß sie sich gefühllos gibt, frei von jeglichem Affekt[133]. Und H. Neumann-Duesberg schreibt gar: „Worte mit Gefühlswerten beeinträchtigen die juristische Erkenntnissprache. Kann zwar auch die

---

[129] *O. v. Zallinger* (1898), S. 5.

[130] Anders die Auffassung der *Imperativentheorie*. Diese hat ihren Grundbegriff „Imperativ" bisher leider kaum deutlich machen können. *K. Engisch* (1983, S. 22; vgl. auch 1971, S. 29 ff.) bestimmt ihn in dem Sinne, „daß die Rechtssätze einen *Willen* der Rechtsgemeinschaft bzw. [!] des Staates bzw. [!] des Gesetzgebers ausdrücken". Dieser „Wille" soll aber nicht unbedingt für die *Auslegung* der Rechtssätze maßgeblich sein, die vielmehr andere, und zwar „objektive" Sinngehalte zumindest mit einbeziehen *kann* (1983, S. 91 ff.). Dadurch verliert indessen der „Befehl" seine Eigenschaft als eine (auch nur abstrakt) psychologische Kategorie; er wird zur Determinante in einem sprachlich-kommunikativen Prozeß, der noch nicht einmal unmittelbar zwischen Normgeber und Normadressat, sondern zwischen Normgeber und Normanwender (z.B. Richter) und erst durch diesen vermittelt zusätzlich mit dem Normadressaten stattfindet.

Angesichts dieser und weiterer Unklarheiten erscheint es angebracht, den Rechtssatz als eine vorschreibende *Anordnung* zu begreifen, die ihre Entsprechung in einer realen „Anordnung" von beschreibbaren Komponenten in der Realität findet und auf eine solche *Realisierung* teils drängt (im Falle der Sollensanordnung), teils sich ihr nur nicht widersetzt (im Falle der Dürfensanordnung). Vgl. dazu auch die Grundbedeutung von „Norm": Winkelmaß, Richtschnur (*H. Lipps*, 1944, S. 201).

[131] *H. Paul* (1920), S. 263.

[132] Ohne entsprechende grammatikalische Form müssen die imperativischen Intentionen des Rechts überall dort in Erscheinung treten, wo der universellen psychologischen Kategorie des Imperativs keine grammatikalische entspricht, wie z.B. in der Taubstummensprache oder in manchen Primitivsprachen.

[133] *G. Radbruch* (1965), S. 86 ff.

Rechtssprache Gefühlswerte nicht ganz ausschalten, so muß sie sich doch bemühen, unnötige Gefühlswörter zu vermeiden"[134].

- daß die Rechtssprache ihre Sätze fraglos stellen will („*lex non disputet*").

Zwar ist immer wieder frag*würdig*, was als Regel oder im Einzelfall Rechtens ist. Doch alle Fragen, welche würdig sind, gestellt zu werden, liegen vor dem Recht: Der Gesetzgeber hat nach den sozialen Sachverhalten zu fragen, bevor er sie autoritativ regelt; der Richter hat die Parteien zu befragen, bevor er zum Urteilsspruch kommt. Auch die Befragung des Gewissens muß dem Rechtsspruch vorangegangen sein; in den Rechtsspruch selbst darf nichts vor dem Gewissen Fragwürdiges mehr eingehen.

Für die *Syntax der juristischen Aussagesätze* gelten im einzelnen die Regeln der ethnischen Sprachen, die sich freilich auf wenige Typen reduzieren lassen.

So ist beispielsweise für das gesamte europäische (und das von Europa aus geprägte) Sprachverständnis die antike griechische Sprache mit ihrer polaren *Unterscheidung von Subjekt und Prädikat* leitend geworden: Etwas - das Prädikat - wird von etwas anderem - dem Subjekt - unterschiedlich formuliert, damit man anschließend die partielle Identität beider feststellen kann. Diese Zweidimensionalität des Satzschemas gründet in einem ständig analysierenden Denken, welches die Welt zunächst in Bestandteile zerlegt, um sie anschließend wieder zusammenfügen zu können, und in einem Weltbild, welches von Substanzen als den Ursachen alles Wirklichen ausgeht, das also alle Zustände und Handlungen materialisiert (und damit individualisiert), um sie anschließend formalisieren (und damit generalisieren) zu können.

Diese *Tendenzen zur Zerlegung und Zusammenfügung, zur Materialisierung und Formalisierung* gestalten auch die europäischen Rechtssprachen und damit die Praxis des geltenden Rechts. Deutlich erkennbar sind sie im gerichtlichen Prozeß, wo zwar „Parteien", also „Teile" („partes") eines Ganzen, auftreten, die aber zunächst als „Gegner" definiert und damit in Subjekte oder Vertreter unterschiedlicher Interessen auseinanderdividiert werden. Ein „Kläger" steht einem „Beklagten", ein „Ankläger" einem „Angeklagten" gegenüber. Erst anschließend besinnt man sich auf die Einheit des Rechts, welche die „Gegnerschaft" wiederaufhebt: „Kläger" und „Beklagter", „Ankläger" und „Angeklagter" dürfen, so fordert man, die prozessualen Rechte, trotz aller Gegnerschaft, nur im Sinne einer übergeordneten Partnerschaft ausüben - sie haben eine prozessuale Förderungspflicht; und sie müssen ihre Gegnerschaft zumindest juristisch überwinden, sich wieder in eine (Rechts-)Gemeinschaft zusammenfügen lassen - sie haben die Pflicht, sich entweder zu vergleichen oder letztendlich dem Richterspruch zu beugen.

Wie innerhalb des Prozesses, so sind auch außerhalb „Rollenattribution" und „Vertragsbeziehung" das für das europäische Recht typische Ordnungsschema. Die Zerlegung z.B. der einheitlichen Substanz eines Rechtsverhältnisses in die Rollen der daran Beteiligten und deren gegenseitige Ansprüche geht ihr voraus; das Rechtsgebot zur Verträg-

---

[134] *H. Neumann-Duesberg* (1949), S. 112.

lichkeit führt anschließend das Getrennte wieder zusammen. Statt wie ursprünglich als Vertrags„gegner" stehen sich die Beteiligten dann als Vertrags„partner" gegenüber, deren gegensätzliche Interessen im Vertrag verbunden sind[135].

2. Die Bindung des Rechts an die Sprache der Moral im besonderen

Noch größeres Interesse als die Bindung des Rechts an die allgemeine Sprache und an ihr allgemeines Weltbild beansprucht die *Bindung des Rechts an die spezielle Sprache der Moral* und an ihr sittliches Weltbild.

Die erste Frage, die sich in diesem Zusammenhang stellt, lautet: *Ist das Recht überhaupt an die Moral gebunden*? In der abendländischen Philosophie ist diese Frage höchst umstritten.

Andere Philosophien dagegen vernachlässigen die Frage. Sie können dies tun, weil der Grund, aus dem sie sich stellt, in einer Besonderheit gerade der abendländischen Weltanschauung liegt: in der nur hier praktizierten *Zerlegung des Ethischen in eine moralische und in eine juristische Komponente.* Angelegt bereits im römischen Recht, wird die Trennung erstmals von Ch. Thomasius theoretisch begründet[136]. In der Sittenlehre I. Kants ist sie im einzelnen konsequent durchgeführt. Heute entspricht sie bei uns bereits der allgemeinen Meinung.

Eine Diskussion der Verbindung oder Trennung von Recht und Moral ist an dieser Stelle nur insoweit notwendig, wie sie sich in der Sprache spiegelt, also eine Verbindung oder Trennung der Rechtssprache von der moralischen Sprache zur Folge hat. Genauer noch lautet deshalb die entscheidende Frage: *Gibt es ein Kriterium, aufgrund dessen es möglich ist zu entscheiden, ob ein Satz der moralischen Sprache oder der Rechtssprache angehört?*

I. Kant, dessen Lehre wir uns in diesem Zusammenhang zuwenden, erleichtert uns die Untersuchung, indem er sowohl die Pflichten der Moral als auch diejenigen des Rechts auf wenige Grundtatsachen gründet. Eine erste moralische Grundtatsache ist für ihn der „gute *Wille*", ohne den „überall nichts in der Welt, ja überhaupt auch außer derselben zu denken möglich [ist], was ohne Einschränkung für gut könnte gehalten werden"[137]. Gesetzgebend für den „guten Willen" darf nach Kant nicht sein, was von empirischen Bedingungen abhängt, sondern allein – und hier stoßen wir auf eine zweite Grundtatsache – die „an sich praktische *Vernunft*"[138]. Deren Pflichtgebot bringt sodann noch eine dritte Grundtatsache ins Spiel. „*Handle* so", fordert die Vernunft, „daß die Maxime [= das sub-

[135] Vgl. *W. Flume* (1975), § 33, 2 (S. 602).

[136] *Ch. Thomasius* (1718), cap. V 25: „Was der Mensch aus einer inneren Pflicht und aus den Regeln der Sittlichkeit ... tut, wird von der Tugend im allgemeinen gelenkt ...; was er aber gemäß den Regeln des Rechts oder aus äußerer Pflicht heraus tut, das wird von der Gerechtigkeit geleitet." Die innere Pflicht sei eine Gewissens-, die äußere eine Zwangs- und damit Rechtspflicht (cap. IV 61).

[137] *I. Kant* (1786), S. 1.

[138] *I. Kant* (1788), S. 55.

jektive Prinzip] deines Willens jederzeit zugleich als Prinzip einer allgemeinen Gesetzgebung [= als objektives Prinzip] gelten könne"[139]. Wille, Handlung(sfähigkeit) und Vernunft sind mithin im Kantischen System der Moral die pflichtbegründenden Grundtatsachen. – Sie sind es indessen nicht nur hier! Auch in Kants Rechtslehre begegnen sie uns wieder. Dort führt Kant aus[140], daß nicht nur zur moralischen, sondern auch zur juristischen Gesetzgebung Wille, Handlung und Vernunft gehören. Es sei, sagt er, die *Vernunft,* welche im Rechtsgesetz einem *Willen* eine *Handlung* zur Pflicht mache – und die juristische Gesetzgebung trete nur dadurch in einen Gegensatz zur moralischen, daß sie die Vorstellung von der Pflicht nicht zugleich zur Triebfeder des Handelns erhebe: „Rechtslehre und Tugendlehre unterscheiden sich nicht sowohl durch ihre verschiedenen Pflichten, als vielmehr durch die Verschiedenheit der Gesetzgebung, welche die eine oder die andere *Triebfeder* mit dem Gesetz verbinden"[141]. Deshalb kann *allenfalls* ein Begriff, der eine Triebfeder bezeichnet, das Kriterium dafür sein, ob ein Satz der Rechtssprache oder der moralischen Sprache zugehört.

Allenfalls! Denn hat wirklich unsere geltende Rechtsordnung die Kantische Unterscheidung zwischen Recht und Moral übernommen? Zunächst freilich scheint es so. Auf der negativen Seite unterscheidet sie zwischen Unrecht einerseits und Schuld andererseits, wobei sie dem Unrecht Wille, Handlung und Vernunft, der Schuld dagegen die Triebfedern des Handelns zurechnet. Aber diese Unterscheidung ist für sie nicht mit der zwischen Recht und Moral identisch, dient ihr insbesondere nicht dazu, die Triebfedern aus dem Rechtsbereich auszuscheiden und sie der moralischen Gesetzgebung zu überlassen. Vielmehr holt sie sie gerade durch die Vermittlung der Schuld in den Rechtsbereich wieder zurück: indem sie die Schuld auf das Unrecht bezieht, verleiht sie den Triebfedern rechtliche Relevanz[142]. Kants Theorie ist also für die Abgrenzung unseres geltenden Rechts von der Moral „unbrauchbar" – und zwar (in den Worten R. von Jherings[143]) „nach beiden Seiten hin. Nach seiten der Moral, indem sie [dort] das Moment des Zwanges übersah ... Nach seiten des Rechts, indem sie [hier] das auch ihm so wesentliche innere Moment der Gesinnung außer acht ließ. Beide Seiten der sittlichen Wertordnung stehen sich unverhältnismäßig viel näher, als sie annahm, das Recht kann ohne die innere Gesinnung ebensowenig seine Mission auf Erden erfüllen, wie die Moral ohne den Zwang."

Nun ist freilich an dieser Stelle nochmals zu erwähnen, daß die Kantische Sittenlehre das *Gefühl* vollständig vernachlässigt hat. Für das Verhältnis von rechtlicher und moralischer Sprache ergibt sich indessen auch daraus kein Unterschied. Denn dieselbe Rolle,

---

[139] *I. Kant* (1788), S. 54.

[140] *I. Kant* (1798), S. 14.

[141] *I. Kant* (1798), S. 17.

[142] Vgl. *H.-H. Jescheck* (1978), S. 340 f.

[143] *R. v. Jhering* (1916), S. 8.

die das moralische Gefühl im sittlichen Bereich spielt, spielt im juristischen Bereich das Rechtsgefühl: es besitzt dieselbe Erkenntnisfunktion, dieselbe Fähigkeit, dem Willen Weisungen zu erteilen, und dieselbe Handlungsleitung. Man mag es im einzelnen nachprüfen; hier ist dazu nicht der Ort[144].

Insgesamt läßt sich feststellen, daß sämtliche Grundtatsachen der Moral im Recht wiederkehren. Mag deshalb der Inhalt moralischer Forderungen von dem rechtlicher Forderungen in einzelnen Kulturen noch so sehr abweichen, die sprachanthropologische Betrachtung wird davon nicht berührt. Für sie ist allein entscheidend, daß es *kein sprachliches Kriterium* gibt, das eine Forderung als entweder der moralischen oder der rechtlichen Sprache zugehörig erweist[145]. *Das Recht ist daher an die Sprache der Moral gebunden.*

Das bisher gewonnene Ergebnis wird dadurch kompliziert, daß uns in bezug auf die moralische Sprache gewisse *Prägungsdifferenzen* bekannt geworden sind, insbesondere zwischen okzidentaler und chinesischer Kultur. Es steht daher zu erwarten, daß diese Differenzen auch auf die Rechtssprache Einfluß gewinnen. Deshalb will ich im folgenden, entsprechend der für die moralische Sprache getroffenen Unterscheidung, zwischen einer abendländischen (wissenschaftlich-differenzierenden) und einer fernöstlichen (holistisch-globalisierenden) Rechtssprache unterscheiden.

Zunächst zur *wissenschaftlich-differenzierenden Rechtssprache.* Kennzeichnend für sie müßte sein, daß sie sich auf eine gedanklich abstrahierte, wertfreie Wirklichkeit bezieht, der sie ein aus dem Gefühl gewonnenes Rechtsprädikat zuspricht und die sie sodann mit einem Handlungsgebot oder -verbot belegt. Beispiel: „Die Tötung eines anderen Menschen ist ein strafwürdiges Unrecht; eine hierauf abzielende Handlung wird verboten." Trifft diese Kennzeichnung auf unsere Rechtssprache zu?

In der Tat wird heute von den Tatbeständen der Rechtsgesetze zumeist die *wertfreie Beschreibung einer gedanklich abstrahierten Wirklichkeit* verlangt. Im Strafrecht beispielsweise fordert man, die gesetzlichen Normen sollten so „bestimmt" wie irgend möglich sein (vgl. Art. 103 II GG), und ist sich darüber einig, daß „Bestimmtheit" am besten durch Wertfreiheit, durch Deskriptivität erzielt werden kann[146]. Zweifel an diesem wissenschaftlichen Programm bleiben freilich

---

[144] Siehe dazu *G. Bohne* (1948), S. 58 ff.; *E.-J. Lampe* (1985 b); *R. Weimar* (1985); *Ch. Meier* (1986), S. 112 ff.

[145] *I. Kant* hat deshalb zusätzlich den physischen Zwang als dem Recht wesentlich erklärt (1798, S. 35, § D), und viele neuere Autoren sind ihm darin gefolgt. Unter den Ethnologen war es *E. A. Hoebel,* der noch 1954 behauptete: "The really fundamental sine qua non of law in any society - primitive or civilized - is the legitimate use of physical coercion by a socially authorized agent" (1954, S. 26). Aber mit einem so engen Rechtbegriff gerät man zumindest bei akephalen Gesellschaften in Schwierigkeiten. Zur Diskussion vgl. neuestens *U. Wesel* (1985), S. 52 ff., 334 ff.

[146] Allgemein in *Neumann-Duesberg* (1949), S. 76: „Wie kaum ein anderer, muß der Jurist es als einen Nachteil bemängeln, wie gefühlsgeladen manche Worte sind. Das ist (neben der Mehrdeutigkeit) einer der Gründe für die Notwendigkeit einer wissenschaftlichen Fach-

bestehen. Können rechtliche Tatbestände wahrhaft wertfrei sein, obwohl doch ihre Aufgabe darin liegt, rechtliche Sanktionen vorzubereiten? Und enthalten nicht gerade die Tatbestände der strafrechtlichen Normen typische Unrechtsbeschreibungen, Kennzeichnungen mithin für die Nichteinhaltung eines „sozialethischen Minimums"?

Nur eine alte positivistische Strafrechtstheorie sah in den gesetzlichen Tatbeständen noch *wertfreie* Ausschnitte aus dem sozialen Leben[147]. Deshalb verlangte sie, daß dem Urteil über die wertneutrale „Tatbestandsmäßigkeit" einer Handlung ein Urteil über die werthafte „Rechtswidrigkeit" nachgeschoben werde[148], der Feststellung einer „formellen" Normverletzung also in einem zweiten Prüfungsabschnitt die Feststellung einer „materiellen" Rechtsverletzung folge[149]. Die neuere strafrechtliche Auffassung betont dagegen zumeist, daß schon die strafrechtlichen Tatbestände *werthaltig* seien, daß ihre Begriffe außer deskriptiven daher auch normative – oder, wie sich psychologisierend sagen läßt, auch emotive – Komponenten enthielten[150]. „Mord" z.B. sei nicht der naturwissenschaftlich faßbare Vorgang der Tötung eines anderen Menschen, sondern jene Tötungsart, die wir als besonders wertwidrig empfinden[151]. Die Deskription des Unrechts in den strafrechtlichen Tatbeständen besitze im wesentlichen eine der Rechtssicherheit dienende Limitationsfunktion[152]; im übrigen aber seien die Tatbestände als materielles Unrecht zu begreifen und demgemäß auf eine als gerecht empfundene Wertung hin zu interpretieren.

---

sprache, die im Interesse der Präzisität keinen Dunstkreis duldet." Ferner S. 119 ff. m.w.N. Speziell hinsichtlich der Strafgesetze vgl. *H.-J. Rudolphi* (1984), § 1 StGB, Rdnr. 13: „Dem Bestimmtheitsideal würde am besten die Beschränkung auf rein beschreibende (deskriptive) Merkmale gerecht."

[147] Zum folgenden *H. Welzel* (1935), S. 22 ff.; *H. Schweikert* (1957); *F. Wieacker* (1967), S. 440 ff.

[148] Dies sollte – positivistisch – durch die Feststellung geschehen, daß das tatbestandsmäßige bzw. normwidrige Verhalten nicht durch einen gesetzlich anerkannten Rechtfertigungsgrund ausnahmsweise erlaubt sei.

[149] Repräsentativ für diese Auffassung *E. Beling* (1906), S. 147: „Ganz unrichtig ist die Vorstellung, als ob demjenigen, der eine typische Handlung begangen hat, damit eine ‚an sich rechtswidrige', eine ‚eigentlich rechtswidrige' Handlung zur Last liege, also etwa dem Soldaten, der im Kriege eine Tötung begangen hat. Die Feststellung, daß jemand einen Tatbestand erfüllt habe, belastet für sich niemanden. Im Tatbestand liegt kein Werturteil. ... Die Rechtswidrigkeit bildet ein eigenes Problem. Die Untersuchungen über die Tatbestandlichkeit halten sich auf streng neutralem Boden." Ferner S. 32 f.: Es könne keine Rede davon sein, daß das Verbrechen „sozialschädliche oder -gefährliche Handlung" sei; „wer die Sozialgefährlichkeit in die konstitutiven Merkmale des Verbrechens aufnimmt, verwechselt handgreiflich das Ideal der Gesetzgebung mit dem Wesen der gesetzgeberischen Produkte. Das Produkt ist nun einmal da, und niemand hat danach zu fragen, ob es dem Ideal entspricht, ob das Ideal bei seiner Schaffung überhaupt ins Auge gefaßt worden ist." Der Verbrechensbegriff dürfe nicht den Unsicherheiten der Beurteilung ausgesetzt werden, ob etwas sozialschädlich, kulturwidrig oder gar unmoralisch ist. „Das Recht als heteronome Lebensmacht ist subjektivistischen Auffassungen entzogen und darum verläßlicher Boden – und soll es sein!" (S. 34).

[150] Dazu insbesondere *L. Zimmerl* (1928); *E. Heinitz* (1926); *K.-H. Kunert* (1958).

[151] Anders freilich noch heute die Rechtsprechung, die beim Vorliegen der gesetzlichen Merkmale ohne tatbestandliche Gesamtwürdigung die besondere Wertwidrigkeit bejaht (vgl. BGHSt 3, 186; 9, 389; 11, 143 u.ö.).

[152] Zur Garantiefunktion des Strafgesetzes vgl. z.B. *H.-H. Jescheck* (1978), § 15, S. 99 ff.; *H. Tröndle* (1985), Rz. 30 zu § 1 StGB.

Die weitere Frage, auf welche Weise den Tatbeständen der Rechtsgesetze *ein Wertprädikat zuzusprechen* ist, wird heute völlig unterschiedlich beantwortet. Die von einer (angenommenen) Wertfreiheit der juristischen Tatbestände aus konsequente Meinung, daß für die Prädizierung ausschließlich das Rechtsgefühl zuständig sei, wird kaum jemals vertreten. Häufiger dagegen wird die Frage als rechtswissenschaftlich unbeantwortbar hingestellt und aus der Rechtswissenschaft entweder in die Politik oder in die Sozialwissenschaften verwiesen.

Die heute herrschende Auffassung sieht zwar rein rationale Gründe als unzureichend für die Prädizierung eines Sachverhalts als „Recht" oder „Unrecht" an. Die Jurisprudenz sei, so argumentiert sie, eine *Wertungswissenschaft* [153], deren Erkenntnisse *auch* durch das Rechtsgefühl gewonnen würden[154]. Gelegentlich wird dem Rechtsgefühl sogar eine „Schlüsselfunktion" [155] im Rahmen der Rechtserkenntnis zugewiesen. Doch lehnt man es allgemein ab, die Bewertung juristischer Tatbestände *allein* dem Rechtsgefühl anheimzugeben. Für den Richter stünden gesetzliche Normen als auch rational faßbare Bewertungsgrundsätze zur Verfügung. Und für den Gesetzgeber müsse man sich bemühen, eine möglichst rationale, sozialwissenschaftlich kontrollierte Gesetzgebungslehre auszuarbeiten[156].

Diesen unterschiedlichen, insgesamt aber noch der Wertungsjurisprudenz zuzurechnenden Ansichten stehen zwei streng *positivistische Positionen* gegenüber. Die erste nimmt an, daß die Rechtsordnung insgesamt eine reine Sollensordnung sei, deren Normen Werte zwar begründen, selbst aber nicht durch Werte oder durch eine wie immer geartete Wertschau begründet werden können („Rechtspositivismus" [157]). Die zweite erkennt dagegen in der Rechtsordnung eine soziale Seinsordnung, die wissenschaftlich in den Zusammenhang mit anderen sozialen Seinsordnungen, etwa des Lebens (Soziobiologie), der Gesellschaft (Soziologie) oder der Individuen (Sozialpsychologie) hineinzustellen und sodann in ihrer gesetzmäßigen Verknüpfung mit diesen Ordnungen zu untersuchen sei („Rechtsnaturalismus" [158]). Dementsprechend stellt sich die juristische Prädizierung eines Sachverhalts für diese Auffassungen dar entweder als ein Akt der Gesetzespolitik bzw. der gesetzesgegründeten Zurechnung[159] oder aber als Beschreibung eines quasi naturhaft

---

[153] Vgl. etwa *H. Henkel* (1977), S. 350 ff.

[154] *H. Hubmann* (1954); *E. Riezler* (1946); *E.-J. Lampe* (1985 b).

[155] *F. Venzlaff* (1973).

[156] z.B. *P. Noll* (1973), S. 63 ff. (dort S. 125 die Behauptung: „empirische Forschung kann Wertungen weitgehend ersetzen"); *H. R. Klecatsky/N. Wimmer* (1980); *J. Rödig* (1976). Aus der älteren Literatur vgl. *E. Zitelmann* (1904); *J. W. Hedemann* (1911).

[157] Dazu vor allem *H. Kelsen* (1960), S. 16 ff.

[158] In diesem Sinne verkündete schon *J. H. v. Kirchmann* (1896), S. 52, daß „die wahre Wissenschaft nur die Aufgabe hat, das seiende oder bestehende Recht zu erkennen, ebenso wie die Naturwissenschaft nur die bestehende Natur zu erkennen sucht, aber die einzelnen Bäume und Tiere nicht nach einer Art von idealem Maßstabe kritisiert und vervollständigt. Selbst die Philosophie des Rechts macht hiervon keine Ausnahme."

Der Rechtsnaturalismus wird in mehreren Formen vertreten je nach der Naturwissenschaft, der er sich anschließt. Hervorstechend sind die Formen des Rechtspsychologismus und des Rechtssoziologismus, jener vertreten hauptsächlich von Bentham, Windscheid, Zitelmann, Oertmann, Bierling, Lundstedt, dieser von Spencer, Durckheim, Duguit, Ehrlich, Th. Geiger, Hägerström, Olivecrona, Ross sowie den Vertretern des Rechtspragmatismus in Nordamerika (Pound, Holmes, Bingham, Cardozo). Übersichten bei *D. v. Stephanitz* (1970), S. 173 ff.; *W. Ott* (1976), S. 56 ff., 74 ff.

[159] Zum Zurechnungsbegriff vgl. vom Standpunkt des Rechtspositivismus aus *H. Kelsen*

determinierten Vorgangs[160] – auf keinen Fall aber als frei-verantwortlicher Akt richterlicher Bewertung. Zwar wird nicht geleugnet, daß sowohl der Gesetzgeber als auch der rechtsanwendende Jurist immer wieder Wertentscheidungen fällen. Doch werden diese Wertentscheidungen als Rechtsneuschöpfungen ausgegeben, die wissenschaftlich lediglich hinsichtlich ihres (normativen oder faktischen) Entstehungstatbestandes überprüfbar seien. Hinweise des Gesetzes selbst auf außerrechtliche oder zwar rechtliche, aber übergesetzliche Normenordnungen werden, wenn nicht als Fremdkörper im Rechtssystem, dann als Legitimationen zur Rechtssetzung in Anlehnung an diese Ordnungen angesehen. Insgesamt bleibt man dabei, daß das, was Recht ist, gesetzmäßig feststehe und daß somit die Frage, ob das, was als Recht *gilt,* auch Recht *sei,* so töricht erscheine wie diejenige, ob das, was Wärme *ist,* auch wirklich Wärme *sei*[161].

Von einer wissenschaftlich reinen Unterscheidung zwischen wertfreier Wirklichkeitserkenntnis mit Hilfe der menschlichen Ratio und ihrer Sprache auf der einen und Wirklichkeitsbewertung mit Hilfe des sprachlosen menschlichen Gefühls auf der anderen Seite kann also derzeit keine Rede sein. Die reine Deskription im Tatbestandsbereich ist allenfalls ein Desiderat; die rein gefühlsmäßige Wertung im Rechtswidrigkeitsbereich dagegen ist noch nicht einmal das. Im Gegenteil versucht man, eigenverantwortliche Wertungen möglichst zu umgehen, indem man sie entweder (bei der Rechtsanwendung) aus wertenden Vorentscheidungen des Gesetzgebers deduziert oder zu deduzieren sucht[162] oder (bei der Gesetzgebung) sie in Akte politischer Willensbildung ummünzt, bei denen der politischen „Machbarkeit" die entscheidende Wegweisung zukomme. Lediglich bei einigen existentiellen Problemen – wie gegenwärtig z.B. beim Verbot humangenetischer Manipulation – tritt die Bedeutung ethischer, dem politischen Tageskampf entzogener Argumentationen unabweisbar in den Vordergrund. Man trägt ihr dann durch Einsetzung von Kommissionen Rechnung, von deren Tätigkeit man sich ethische Aufklärung und rationale Argumente für das erforderliche Gesetzeswerk erhofft, oder man flüchtet in politische Ver-

---

(1960), S. 79 f.: „In der Beschreibung einer normativen Ordnung des gegenseitigen Verhaltens von Menschen kommt jenes andere, von der Kausalität verschiedene Ordnungsprinzip zur Anwendung, das als Zurechnung bezeichnet werden kann ... Im Rechtssatz wird nicht, wie im Naturgesetz, ausgesagt, daß, wenn A ist, B ist, sondern, daß, wenn A ist, B sein soll, auch wenn B vielleicht tatsächlich nicht ist. Daß die Bedeutung der Verknüpfung der Elemente im Rechtssatz verschieden ist von der der Verknüpfung der Elemente im Naturgesetz, geht darauf zurück, daß die Verknüpfung im Rechtssatz durch eine von der Rechtsautorität, also durch einen Willensakt gesetzte Norm hergestellt ist, während die Verknüpfung von Ursache und Wirkung, die im Naturgesetz ausgesagt wird, unabhängig von jedem solchen Eingriff ist."

160 Vgl. *B. N. Cardozo* (1949), S. 25: „Ist hinreichende Wahrscheinlichkeit dafür vorhanden, daß eine Norm ggf. in einem Urteil praktisch anerkannt wird und gerichtliche Sanktion findet, dann können wir von dieser Norm als von einem Bestandteil des Rechts sprechen ... Ich finde es interessant, daß diese Definition die Ähnlichkeit verstärkt zwischen dem Begriff der höheren Gesetzmäßigkeit im Bereich der Jurisprudenz und jenen Ordnungsprinzipien, die als Natur- oder Moralgesetze Gegenstände der Naturwissenschaft oder der Morallehre sind." Siehe ferner *R. v. Jhering* (1916), S. XII.

161 *K. Bergbohm* (1892), S. 146.

162 Hierzu dient insbesondere auch die allgegenwärtige Berufung auf „Wertentscheidungen des Grundgesetzes", die an die Stelle verantwortlicher Eigenwertungen treten. Ausführlich zur Verwendung des Wertbegriffes durch das BVerfG *H. Goerlich* (1973), zusammenfassend S. 131 ff.

legenheitsentscheidungen, deren Mangel an Rationalität man durch beschwörende Appelle zu kaschieren sucht. Die Wissenschaft steht entweder abseits oder müht sich, durch möglichst umfängliche Rationalisierungen und Zergliederungen des Entscheidungsproblems den ethischen Faktor zu minimalisieren und unscheinbar erscheinen zu lassen.

Während sich somit das Verhältnis von Denken und Gefühl im heutigen abendländischen Recht als unklar und verschwommen erweist, besteht hinsichtlich des *Handlungs- und Vorbildcharakters* des Rechts weitgehend Einigkeit. Zur Begründung beruft man sich auf ein allgemeines Vorverständnis vom Wesen des Rechts, wonach dieses „mit der Regelung menschlichen Verhaltens um der Ordnung menschlicher Verhältnisse auf dem zweifachen Wege ihrer Bewertung als recht oder unrecht und der Bestimmung zu einem dem Recht entsprechenden und dem Unrecht widersprechenden Verhalten des Menschen in den Verhältnissen dieser Welt zu tun“ hat[163].

Im Strafrecht hat deshalb die neuere Doktrin mit Recht die menschliche Handlung bzw. den handelnden Täter in den Mittelpunkt ihres Systems gerückt. „Eine *Handlung* wird zum Verbrechen, wenn sie in einer von gesetzlichen Tatbeständen normierten Weise die Gemeinschaftsordnung verletzt und dem *Täter* zur Schuld vorgeworfen werden kann. ... Der personale Handlungsunwert ist der generelle Unwert aller strafrechtlichen Delikte“ – so äußert sich, repräsentativ für viele, H. Welzel[164].

Auch insoweit bleiben freilich Probleme offen. Sie betreffen insbesondere die Frage, wie ein in weitestgehend rationalisierten Tatbeständen vertyptes Recht die *Aufgabe der menschlichen Verhaltenssteuerung* wahrnehmen kann.

Auch dies läßt sich am Strafrecht exemplifizieren. Seine Normen sollen zwar an den Menschen *„appellieren“*[165]; doch bedienen sie sich hierfür einer im wesentlichen deskriptiven Abgrenzung der Unrechtsmaterie. Sie wenden sich demgemäß vor allem an die „kalte“ Ratio des Menschen, die aber kaum die richtige Instanz für den Normappell ist. Denn rationale Überlegungen spielen bei der Motivation für oder wider eine Straftat nur eine verhältnismäßig bescheidene Rolle; sie dienen eher der Rechtfertigung einer bereits getroffenen Entscheidung als der Entscheidungsfindung selbst. Im allgemeinen weiß zunächst das Gefühl des Täters, was er will. Und an dieses Gefühl müßte sich folglich der Normappell richten.

Damit zeigt sich wiederum die *Abhängigkeit* des Rechts von der Sprache. Der rechtliche Appell an den Menschen, bestimmte Handlungen vorzunehmen oder zu unterlassen, kann nicht von einer „kalten“ Sprache ausgehen; zur Wirkung verhilft ihm nur eine Sprache, die auch emotional besetzt ist. Nicht die Wegnahme fremder, beweglicher Sachen in Zueignungsabsicht wird von uns als verwerflich erlebt, sondern das Stehlen, der Diebstahl; nicht die Nötigung durch Drohung mit einem empfindlichen Übel zu einer vermögensschädigenden Handlung erscheint uns als verdammenswert, sondern die Erpressung. Es sind

---

[163] *W. Maihofer* (1973), S. XXVI f.

[164] *H. Welzel* (1969), S. 8, 62.

[165] Dazu *Y. Naka* (1961), S. 210 f.; *H.-H. Jescheck* (1978), S. 259.

die „warmen" Worte einer sowohl vom Gefühl her gesteuerten als auch auf das Gefühl hin ausgerichteten Sprache, die uns veranlassen, niemanden zu bestehlen oder zu erpressen[166].

Wie stark die Wirkung solcher emotiv besetzter Worte ist, erkennt man an dem Erschrecken, das sie auslösen: es ist viel stärker als über die „nackte" Tat. Zur Tat kommt der Täter meist auf ganz natürliche Weise und, wenn er zurückdenkt, erklärt sie sich ihm auch noch im nachhinein ganz natürlich. Erst das „häßliche" Wort, mit dem jemand, z.B. der Staatsanwalt oder der Richter, seine Tat bezeichnet, wird für ihn zum erschreckenden Erlebnis: daß es ein „Diebstahl" sein soll, wenn er eben mal was hat „mitgehen lassen", oder „Urkundenfälschung", wenn er an einem Schriftstück bloß mal „herumradiert" hat usf. Es ist das Wort, das seine Tat gegenüber ihren Entstehungsgründen isoliert und folglich auch gegenüber ihm selbst und das seine Tat erst objektiv böse macht.

Deshalb schwächt eine Rechtssprache, die sich lediglich auf der Grundlage einer Sprache der Erkenntnis etabliert, die ihre Präskriptionen auf Deskriptionen („Tatbestandsbeschreibungen") gründet und ihre Deskriptionen wiederum durch ein quasi-naturwissenschaftliches Abstraktionsverfahren gewinnt, ihre Wirkung auf die Adressaten ab. Gewiß – eine solche Rechtssprache hat auch *Vorteile*. Sie liegen in ihrer rationalen Klarheit und in der hierdurch erreichten Vorausberechenbarkeit und Rechtssicherheit vor Gericht, kurzum in ihrer hohen technischen Leistungsfähigkeit. Aber ihre *Nachteile* überwiegen – zumindest dort, wo es dem Recht nicht nur auf eine Bewertung, sondern auch auf eine Bestimmung ankommen muß. Denn:

- Zum einen isoliert ihre kühle Rationalität das Rechtssystem gegenüber anderen Regel- und Sanktionssystemen, z.B. Sitte, Herkommen, Brauch, moralische Gesetze, die an sich ebenfalls sozial-ethische Ziele verfolgen.

  Ihr Verzicht auf Begriffe mit „moralisierender Tendenz" vermittelt z.B. den Eindruck, Recht und Moral seien zwei nebeneinanderstehende Regelsysteme ohne innere Verbindung miteinander.

- Zum anderen erweckt ihr stereotyper Gebrauch von Sätzen mit „wenn ..., dann ..."-Struktur den Eindruck, daß vom Gesetz eine Regelmechanik initiiert und in Gang gehalten wird, welche allein deshalb abläuft, weil der Gesetzgeber sie gewollt hat[167].

  Mißt man sie an ihrer Sprache, dann scheinen die Juristen die Gesellschaft durch ihre Gesetz*gebung* ebenso beherrschen zu wollen wie die Naturwissenschaftler die Natur durch ihre Gesetzes*kenntnis*[168]. Das Recht scheint sich auf die „Struktur eines Sozialsystems" zu reduzieren, es scheint auf „kongruenter Generalisierung normativer Verhaltenserwartungen" zu beruhen[169]. Gesetze scheinen Verhaltensverordnungen für

---

[166] Phylogenetisch begründet: Während beim Tier noch die Dinge selbst eine Appellfunktion ausüben, denen der tierische Instinkt antwortet, müssen bei den weitgehend instinktentbundenen Menschen die Normen den Appell der Dinge auf einer kulturellen Ebene wiederholen, um das kulturell sensibilisierte menschliche Gefühl zu erreichen. Vgl. dazu auch *A. Gehlen* (1971), S. 39.

[167] Zum „Konditionalprogramm" der Rechtsordnung vgl. *N. Luhmann* (1983), S. 227 ff.

[168] Vgl. *H. Kelsen* (1960), S. 79 ff.

[169] *N. Luhmann* (1983), S. 105.

Verhaltensschwache zu sein, vergleichbar einer für Kranke verordneten Medizin. Unsere sittliche Haltung dagegen scheint dem Recht gleichgültig zu bleiben, einem „Freiheitsraum" zu unterfallen, solange wir uns nur im sozialen Umgang bestimmter Techniken befleißigen[170].

Selbstverständlich scheint das alles nur so. Aber der Schein ist heute bereits so stark, daß er für die Wirklichkeit genommen wird und dadurch sogar Wirklichkeit zu werden droht. Will man dieser Entwicklung entgegentreten, dann wird man künftig stärker das wertende Gefühl in das Recht einbeziehen und es mit einer emotiv besetzten Sprache ansprechen müssen. Kurz gesagt: *Sofern die Sprache des Rechts das menschliche Verhalten nicht nur normativ bewerten, sondern auch bestimmen will, darf sie nicht nur auf dem Fundament der Vernunft aufbauen, sondern muß sie das Gefühl mit einbeziehen. Allein dadurch wird sie zur Sprache des (rechtlichen) Gewissens*[171].

Als Sprache des Gewissens kann sie beispielsweise in einer privatrechtsgeschäftlichen Erklärung zum Ausdruck kommen - verantwortliches Verhalten versprechen. Sie kann sich im Gesetz ausprägen - verantwortliches Verhalten fordern. Und sie kann schließlich im Richterspruch paradigmatisch die Frage nach der Verantwortung einer in conreto frei wollenden und trotzdem in abstracto unfreien, weil durch das Sollen der Rechtsnorm gebundenen, menschlichen Person beantworten: Wozu hatte diese menschliche Freiheit im konkreten Einzelfall ihre normative Bestimmung?

Insgesamt gesehen ist demnach m.E. die Rechtssprache des abendländischen Kulturkreises heute zwar eine Sprache des Gewissens, gegründet auf die gedanlich abstrahierte Beschreibung von Verhaltensweisen, deren konkrete Vornahme oder Nichtvornahme das Rechtsgefühl zur Stellungnahme auffordert. Es läßt sich aber nicht übersehen, daß die rationalen Elemente in der Rechtssprache mehr und mehr die Oberhand gewinnen und daß dadurch der Eindruck entsteht, das Recht sei ein sozialtechnisches Regelsystem, dessen Güte sich nur noch am Erfolg, nicht aber mehr am Grade seiner Sittlichkeit messen lasse. -

In einem erheblichen Gegensatz zur wissenschaftlich-analytischen steht die *holistisch-globalisierende Rechtssprache,* d.h. die Sprache derjenigen Rechtssysteme, deren Ziel nicht die Isolierung des Rechts gegenüber seinen kulturellen Grundlagen und gegenüber anderen Normenordnungen ist, sondern umgekehrt die Integration des Rechts in die Gesamtheit seiner soziokulturellen Bezüge.

Innerhalb der moralischen Denkweise hatten wir eine solche Integrationstendenz besonders deutlich bei den Chinesen entdeckt. Wir können deshalb annehmen, daß auch das *chinesische Rechtsdenken* sich dieser Tendenz anschließen wird - daß es also nicht von der Tatbestandsbildung und der Erwartung beherrscht wird, es würden soziale Tatbestände, sobald sie in Normen formuliert und in Gesetzen gesammelt seien, einen Appell

---

170 Typisch für diese Richtung ist die soziologische Jurisprudenz R. Pounds. Das Recht ist nach ihm soziale Ingenieurwissenschaft, „social engineering". Welche Interessen es schützt, ist solange gleichgültig, wie es der Gesellschaft gelingt, mit seiner Hilfe eine „reibungslose" Befriedigung dieser Interessen zu erreichen. Vgl. etwa *R. Pound* (1913) und dazu *H. Coing* (1949/50), S. 544 f.

171 Vgl. *H. R. Lückert* (1957), S. 360; *R. Weimar* (1969), S. 110 f.

an das Rechtsgefühl ausüben, sondern daß ihm das Erfassen des „rechten Weges" wesentlich ist, d.h. der Entwurf einer maßvollen, von Harmonie getragenen und Harmonie erzeugenden Lebensführung. In der Tat ist im chinesischen Rechtsdenken die Abneigung gegen eine abstrahierende Tatbestandstechnik seit alters her unverkennbar[172]. Sie hat in vielen Bereichen die Herausgabe von Gesetzbüchern lange Zeit vollständig verhindert[173], und sie bestimmt auch heute noch das chinesische Alltagsleben, sobald es gilt, individuelle „Rechts"verhältnisse zu entscheiden. Gewiß hat das moderne China, ebenso wie die westlichen Staaten oder Japan, eine Fülle von Gesetzen, welche klar umrissene Rechte und Pflichten statuieren[174]. Aber diese Gesetze dienen auch heute noch hauptsächlich der Bewältigung moderner Kultureinflüsse, insbesondere im Bereich der Technik und des Handels, und werden hauptsächlich in den Großstädten praktiziert.

Daß die holistisch-globalisierende Rechtssprache *auch für den abendländischen Bereich eine Alternative* darstellt, zeigt unser eigenes Recht, welches sich nicht scheut, sie wenigstens gelegentlich zu verwenden. Es kann dies tun, weil beide Wege zum Recht, der wissenschaftlich-differenzierende und der holistisch-globalisierende für alle Menschen gangbar sind und sie deshalb sowohl dem abendländischen als auch dem fernöstlichen Kulturkreis zu Gebote stehen.

Allerdings ist der Vorzug, den wir dem einen oder anderen Weg geben, letzthin eine Frage des Denk- und Lebens*stils*, so daß wir nicht vom einen Weg zum anderen beliebig hinüberwechseln können. Welchen Weg wir gehen, muß sich – *ontogenetisch* – bereits am Anfang unseres Lebens entscheiden, bevor wir in eine Kultur hineinwachsen, welche die Entscheidung vorweggenommen und in einer Lebensordnung verfestigt hat. *Phylogenetisch* ist die Entscheidung für die wissenschaftlich-differenzierende Rechtskultur des Abendlandes bereits bei den Römern gefallen. Die griechische *δική* umgriff – ebenso wie das hebräische Mischpat[175] – noch die ganze Ordnung des Lebens: Sitte, Sittlichkeit, Reli-

---

[172] Eine holistische Rechtsauffassung hatte in Europa noch *Heraklit* (bis ca. 480 v. Chr.) vertreten: „Alle menschlichen Gesetze ziehen ihre Nahrung aus dem einen göttlichen. Denn das herrscht, soweit es nur will; es genügt allem und ist stärker als alles" (Fragmente, 114). Die nachfolgende anthropologische Periode der griechischen Philosophen brach mit dieser Auffassung. In China dagegen war sie zweitausend Jahre lang ein Teil der Ethik. „Der Urgrund des ‚Rechten Weges' (*Dau*) kommt vom Himmel. Der Himmel ändert sich nicht; also ändert sich auch nicht der ‚Rechte Weg'", schrieb *Dung Dschung-Schu* (ca. 170 bis 90 v. Chr.). Und im *Buch der Riten* heißt es: „Was vom Himmel bestimmt ist, nennt man Natur. Der natürlichen Bestimmung folgen, nennt man den ‚Rechten Weg'. Den ‚Rechten Weg' pflegen, nennt man Erziehung."

[173] China war nicht – wie zuweilen behauptet wird – ein Reich ohne Recht; es gab vielmehr umfangreiche Gesetzessammlungen der verschiedenen Dynastien, die freilich hauptsächlich Strafvorschriften enthielten. Gleichwohl waren im alten China die ethischen Regeln, die das Zusammenleben der Bevölkerung bestimmten (Riten), stets wichtiger als das staatliche Gesetzesrecht. Unterhalb der Zentralregierung und der örtlichen Administration verwaltete sich – von Besteuerung, Arbeitsdienst und Militärwesen abgesehen – die bäuerliche Gesellschaft durch die Institutionen Familie, Familienverband und Dorfgemeinschaft nach altüberlieferten Gewohnheiten selbst. Vgl. etwa *F. Michael* (1962); *F. Münzel* (1974), S. 1086 ff.

[174] Bis 1927 war der vom Konfuzianismus geprägten Gesellschaft Chinas die Vorstellung von subjektiven Rechten des Einzelnen nahezu fremd. Mit dem Streben nach sozialer Harmonie war es nicht zu vereinbaren, Streitigkeiten vor Gericht auszutragen. Auseinandersetzungen wurden gewöhnlich durch Schlichtung beigelegt, die in Dorftempeln, Versammlungsräumen der Gilden oder auf öffentlichen Plätzen unter Beteiligung aller Betroffenen durchgeführt wurden. Lediglich die Bestrafung von Verbrechen gehörte zu den Aufgaben der Verwaltung. Vgl. etwa *J. B. Grosier* (1972), S. 11 ff.

[175] Dazu etwa *B. S. Jackson* (1975), S. 1 ff., und die Besprechung von *E. Klingenberg* (1978),

gion und Recht[176]. Doch „in Rom bei dem Volke des Rechts reißt sich das Recht von Sitte und Moral los, und innerhalb des Rechts selber vollzieht sich eine Scheidung, die zwar den Griechen theoretisch bereits bekannt, von ihnen aber nicht praktisch durchgeführt war: die zwischen dem göttlichen und dem menschlichen Recht (fas und jus)“[177]. Nachdem diese Trennung einmal vollzogen war, war eine Rückkehr zur holistisch-synthetischen Rechtskultur nicht mehr beliebig möglich. Würden heute holistisch-synthetische Rechtsgedanken in nennenswertem Umfang in ein Rechtssystem westlicher Prägung eingefügt, so würden sie dort als Fremdkörper wirken und alsbald wieder ausgeschieden werden.

In bescheidenem Umfang kann sich indessen holistisch-globalisierendes Rechtsdenken mit wissenschaftlich-differenzierender Rechtskultur auch *vermischen.* Wie Normen eines holistisch-globalisierenden Rechts innerhalb eines westlichen Rechtssystems aussehen müßten, sei deshalb an zwei Vorschriften des deutschen Rechts dargestellt: an § 276 BGB und § 347 HGB. In den hier interessierenden Teilen lauten sie:

§ 276 BGB: „Fahrlässig handelt, wer die im Verkehr erforderliche Sorgfalt außer acht läßt.“

§ 347 HGB: „Wer aus einem Geschäfte, das auf seiner Seite ein Handelsgeschäft ist, einem anderen zur Sorgfalt verpflichtet ist, hat für die Sorgfalt eines ordentlichen Kaufmanns einzustehen.“

Daß diese Vorschriften eine holistisch globalisierende Rechtskultur zum Ausdruck bringen, zeigt sich, sobald man sie sprachlich umformt:

„Der Verkehrsteilnehmer soll sich wie ein sorgfältiger Verkehrsteilnehmer verhalten!“

„Der Kaufmann soll sich wie ein ordentlicher Kaufmann verhalten!“

So gefaßt, tritt deutlich die geistige Verbindung zu jener konfuzianischen Regel zutage, die oben zitiert wurde:

„Dschün Dschün Tschen Tschen Fu Fu Dse Dse!“ (: „Der Fürst soll sich wie ein Fürst, der Untertan wie ein Untertan, der Vater wie ein Vater, der Sohn wie ein Sohn verhalten!“)

So gefaßt, sind es Normen, die in wenigen Worten aussagen, was das Recht von gewissen Personen, „Rollenträgern“, erwartet, und dies in einer nicht nur abstrakten, sondern zugleich konkreten, der unendlichen Vielzahl möglicher Situationen Rechnung tragenden Form, „vorbildlich“ also. Jeder gesetzliche Tatbestand erscheint danach fast überflüssig, bestenfalls als eine Spezifizierung der holistischen Gebote, wahrscheinlicher aber als deren Verhärtung, die Unge-

---

S. 334 f. – Hinweise auf die sich hier bereits anbahnende Entwicklung zur modernen abendländischen Rechtssatzstruktur finden sich bei *V. Wagner* (1972), S. 60: „Was im Alten Orient mit Sicherheit in ein Rechtsbuch aufgenommen worden wäre, ... das sind Normen, die die Beziehungen zwischen Menschen untereinander oder zu Gemeinschaften und Institutionen bzw. unter Gemeinschaften und Institutionen regeln und einen Anspruch begründen, der im Nichterfüllungsfalle durchgesetzt werden kann.“ S. 66: „Es gibt [in der altorientalischen Rechtsliteratur] lediglich eine einzige Gattung Rechtssatz, die dadurch charakterisiert ist, daß sie formal einen Fall mit einer Folge verknüpft und inhaltlich juristische Stoffe behandelt.“

[176] *A. Verdross* (1958), S. 1; *G. del Vecchio* (1951), S. 375.

[177] *R. v. Jhering* (1916), S. 41.

rechtigkeiten heraufbeschwört und nach der Korrektur durch ein vages Billigkeitsdenken verlangt.

Gewiß, auch der holistisch-globalisierende Weg zum Recht ist *nicht problemlos gangbar.* Die Rechtsordnung, die er erreicht, ist geistig weniger klar, weniger vorausberechenbar und insgesamt weniger sicher. Vor allem aber verlangt er nach dem wahrhaft weisen Richter als Weggefährten, der das jeweils Angemessene aus eigener Kraft, wenn auch mit Rücksicht auf „Sitte" und „Brauchtum", zu finden vermag[178]. All das hatte, am Anfang des Weges, schon Platon erkannt, als er die „Gesetze" (*νόμοι*) als Ordnungskräfte des Rechts zunächst verwarf und anschließend wiederentdeckte[179]. Doch kommt es uns hier nicht darauf an zu entscheiden, welcher der Wege zum Recht, der wissenschaftlich-differenzierende oder der holistisch-globalisierende, der bessere ist, sondern lediglich auf die Erkenntnis, daß beide Wege den Menschen – allen Menschen! – auch heute noch zur Verfügung ... und daß sie darauf achten müssen, auf welchem Wege sie ein besseres Recht erreichen.

3. Die Bindung des Rechts an die endogenen Tendenzen der moralischen Sprache

Wir verlassen den Problembereich der juristischen Sprachstruktur, wo wir uns zuletzt überaus grundsätzlichen Fragen gegenübersahen, und treten in den Bereich der juristischen *Sprachtendenzen* ein. Hier dürfen wir von vornherein vermuten, den meisten derjenigen Tendenzen wiederzubegegnen, die auch die moralische Sprache prägen. Lediglich wo Gefahren für die Klarheit oder Eindeutigkeit der Rechtssprache entstehen, werden sie zurückgedrängt werden. Deshalb werden sie die originären Rechtsbegriffe wahrscheinlich weniger prägen als die ins Recht übergegangenen Alltagsbegriffe der Sprache. Doch schauen wir näher zu.

Der Jurist, der über die Welt sprechen will, wie sie ist, muß hierfür die *Alltagssprache* benutzen, die Sprache „in ihrer natürlichen Bedeutung". Umfaßt diese Sprache mehrere Fach- und Sondersprachen, die auf Familie, Beruf und damit verwandte soziale Felder festgelegt sind, so muß er die Sprache desjenigen Feldes benutzen, auf dem er die Menschen anzusprechen beabsichtigt[180]. Er wird also das dort benutzte *Vokabular* übernehmen und selbst dann noch daran festhalten, wenn es Ereignisse oder Handlungen beschreibt, die juristisch aus dem Alltagsbereich herausgehoben und mit eigener, normativer Dignität ausgestattet sind.

---

[178] Vgl. dazu auch *L. Pospíšil* (1982), S. 302 f. Zur „Sitte" ausführlich *R. v. Jhering* (1916), S. 190 ff.

[179] Vgl. *Platon,* Politikos 294 ff.; Nomoi 713 f.

[180] Allgemein *W. Porzig* (1971), S. 213 ff.; speziell *E. Oksaar* (1967), S. 95 f. Das Problem des Normadressaten wird später erörtert. Hier genügt es anzumerken, daß stets *auch* der Rechtsapparat zu den Normadressaten gehört. Dies und die Würde des Rechts zwingen den Gesetzgeber, sich jeder vulgären Ausdrucksweise zu enthalten.

„Wer einen anderen verletzt, muß zur Strafe ...", so sagt die Sprache des Alltags. Die Rechtssprache spricht es ihr nach, obwohl aus der „Strafe" des Alltags längst eine staatliche Strafe geworden ist mit völlig anderer Bedeutung als der, die ihr der Alltag zumißt.

Ein *Unterschied* allerdings ist wesentlich: Der alltägliche Sprachgebrauch ist empraktisch, situationsbezogen; das mit der Sprache Gemeinte springt daher als das Bedeutungshaltige der Situation unmittelbar ins Auge. Der juristische Sprachgebrauch dagegen ist abstrakt, situationsenthoben; das jeweils Gemeinte muß daher in besonderer Weise verdeutlicht werden. Hierzu reichen die im Alltagsgebrauch geschulten Wörter oft nicht aus. Der Jurist muß sie entweder durch neue ersetzen oder die alten soweit präzisieren, daß sie das Gemeinte auch ohne synsemantisches Umfeld zum Ausdruck bringen.

Vor allem weil ihr das synsemantische Umfeld fehlt, neigt die Rechtssprache dazu, über der konkreten Realität des Lebens eine neue abstrakte Realität zu errichten: das „selbständige Daseyn des Rechts" – wie es F. C. v. Savigny[181] einmal genannt hat. Dabei kommt ihr die *Tendenz zur Substantialisierung* entgegen, die wir bereits als Bildnerin der werthaften Welt kennengelernt haben: Die Rechtssprache bildet das, worüber sie spricht, zu juristischen Substanzen („Wesenheiten")[182] aus. Sie substantialisiert beispielsweise das Wesen der Strafe: *Strafe* „ist" mehr als bloßer Freiheitsentzug oder als bloße Geldzahlung; sie „ist" auch mehr als der Zweck, dem sie dient, selbst mehr als die Summe aller Zwecke; sie hat, kurzum, ihre eigene rechtliche Existenz. Jeder Versuch, sie nominalistisch auf ein bloßes Etikett von staatlichen Zwangsmaßnahmen zu reduzieren, die gegenüber Regelabweichungen verhängt werden[183], ist gegenüber der sprachlichen Substantialisierungstendenz vergeblich. Die Sprache hat die Kraft, dem, was sie benennt, und somit auch der Rechtsstrafe, eine substantielle Wirklichkeit zu geben – und sie macht hiervon universell Gebrauch, nicht also nur im „naiven" Bewußtsein der Laien, sondern auch im „geläuterten" Bewußtsein der Juristen.

Wie sehr die Rechtssprache von der Substantialisierungstendenz geprägt wird, erweist auch der Rechtsbegriff selbst. *Recht* ist mehr als etwa „die Summe aller durch staatliche Autorität geregelten Sozialbeziehungen"; Recht ist, kraft sprachlicher Macht, eine Substanz. Nähme man ihm diese Substanz, so verlöre

---

[181] *F. C. v. Savigny* (1849), § 398, S. 514 ff. Siehe hierzu auch *H. Kiefner* (1969), S. 24.

[182] Anders wohl *R. Wank* (1985), S. 143 ff., der aber (S. 146) anerkennt, daß „das Denken in räumlichen Modellen der entwicklungsgeschichtlichen Herkunft des Menschen entspricht, so daß auch das räumliche Modelldenken der Juristen legitim ist".

[183] So die „Etikettierungsansätze" in der modernen Kriminologie. Nach ihnen wird „abweichendes Verhalten" dadurch geschaffen, daß „gesellschaftliche Gruppen Regeln aufstellen, deren Verletzung abweichendes Verhalten konstituiert, und daß sie diese Regeln auf bestimmte Menschen anwenden, die sie zu Außenseitern abstempeln", weshalb abweichendes Verhalten „eine Konsequenz der Anwendung von Regeln durch andere" sei (*H. Becker*, 1973, S. 8). Da diese Definition des „abweichenden Verhaltens" auch sozial negativ bewertete Verhaltensweisen erfaßt, die nicht als Straftaten „etikettiert" sind, gehört zur „Kriminalisierung" von Verhaltensweisen die Anwendung einer staatlichen Zwangsmaßnahme, welche durch ihre Etikettierung als „Strafe" dann den „Kriminalisierungsprozeß" vollendet.

das Recht sein begriffliches Wesen, jenes Wesen also, das uns berechtigt, soziale Verhältnisse als „rechtlich" geordnet vor anderen auszuzeichnen. Gewiß, über die Art und Weise, wie Recht substantiell existiert, wird von der Sprache nicht mitentschieden. Niemals kann Recht in der Weise existent sein wie das Buch, worin es aufgezeichnet steht; seine Materie, die des „materiellen" Rechts, kann niemals dieselbe sein wie die der Physik, seine Form, die des „formellen" Rechts, niemals dieselbe wie die der Morphologie. Kraft Sprachgewalt können sie nur zur sprachlichen Existenz gelangen. Aber die ist so substantiell, wie die juristisch-moralische Sprachentwicklung des Menschen sie erfordert oder erlaubt – für die Jugend mehr als für das Alter, das eher zum Nominalismus neigt, für primitive Völker mehr als für zivilisierte.

Doch nicht nur das Recht als solches ist so substantiell, wie es die juristische Sprache verlangt, auch *die besonderen Rechte* sind es, sobald wir sie in sprachliche Begriffe kleiden: der Kauf eines Grundstücks ebenso wie das Grundstück selbst; die Verwandtschft nicht weniger als die einzelnen Verwandten; die anfallende Erbschaft in gleicher Weise wie die Gegenstände, die „zu ihr gehören"; die Erbengemeinschaft der Verwandten neben den Personen, aus denen sie besteht, und zwar zuerst als Gesamthandsgemeinschaft und später als Bruchteilsgemeinschaft – woraus wiederum erhellt, daß es auch jene Teile gibt, in die die Erbschaft als Ganze zerbrochen ist, usf.

Selbst damit aber nicht genug. Es gibt neben dem Recht und den einzelnen Rechten in ebenfalls substantieller Weise auch deren *Verletzung*. Der Strafjurist etwa spricht nicht nur von Rechts„gütern", sondern auch von Rechts„gutsverletzungen", z.B. von Körperverletzungen als Unrechtstatbeständen (§§ 223 ff. StGB). Damit beginnt dann freilich ein Verwirrspiel, das die hohe Gefährlichkeit der substantialisierenden Sprachtendenz offenbart und die Besorgnisse ihrer nominalistischen Kritiker, wenigstens teilweise, rechtfertigt. Infolge der Vielzahl von Substanzen teils juristischer, teils physikalischer Art, beginnen sich nämlich deren kategoriale Grenzen zu verwischen. Dem Strafjuristen erscheint plötzlich der menschliche Körper als jenes „Gut", dessen Verletzung das Gesetz mit Strafe bedroht[184] – Körperverletzung und Rechtsverletzung fließen ineinander. Und doch ist es nicht der menschliche Körper, der durch eine Tat in strafbarer Weise „verletzt" wird; denn ein Täter, der nur ihn und nicht auch das Recht, das ihn schützt, antastete, etwa in Notwehr, entginge der Bestrafung. Das Gesetz schützt nur das Recht, das Recht also auf körperliche Unversehrtheit. Nur wer dieses Recht „verletzt", muß Strafe erleiden – und dies selbst dann, wenn er den Körper unangetastet gelassen hat, wie z.B. bei versuchter Tat[185].

---

[184] Vgl. dazu beispielhaft *E. Horn* (1985) Rdnr. 2/3 zu § 223 StGB: „Angriffsobjekt der Körperverletzungsdelikte ist der Körper eines anderen Menschen. ... Das durch die §§ 223 ff. geschützte Rechtsgut ist die körperliche Unversehrtheit."

[185] Zum Strafgrund des Versuchs vgl. etwa *H.-H. Jescheck* (1978), § 49 II, S. 414 ff.

Noch einmal also und genauer: Die Substantialisierungstendenz ist der menschlichen Rechtssprache vorgegeben und somit legitim. Nicht mehr legitim ist es dagegen, wenn die sprachlich intendierte Substanz als real bestehend hypostasiert und dadurch die *Grenze zwischen Recht und Realität* mißachtet wird.

Besonders verlockend ist die Grenzüberschreitung dort, wo sich zur Substantialisierungstendenz noch die *Tendenz zur Bildhaftigkeit* hinzugesellt. Dies geschieht häufig. Denn die vorrangig optische Einstellung des Menschen teilt sich auch seiner juristischen „Sichtweise" mit. Sie führt oder verführt den Juristen zu „Weltbildern", „Weltanschauungen" oder „Weltsichten". Vor allem das ältere deutsche Recht spiegelt in naiver Weise die Freude an kräftigen Bildern. Nach friesischem Landrecht war beispielsweise die Mutter zu Notverfügungen über das Gut ihrer Kinder berechtigt, „wann der heiße Hunger über das Land fährt" und „wann die nebeldüstere Nacht und der notkalte Winter über die Zäune steigt"[186]. Die hilfsweise eintretende Erbfolge der weiblichen Verwandtschaft beim Fehlen männlicher Erben veranlaßte zu dem Rechtssprichwort: „Wo kein Hahn ist, kräht die Henne"[187]. Entfernungen bestimmte das ältere Recht danach, wie weit der Hahn fliegt oder die Katze springt[188]. Von all dem ist im modernen Recht wenig geblieben. Seine Rede besteht aus blassen Metaphern, deren bildlicher Ursprung dem Angeredeten kaum noch bewußt wird. So sprechen die modernen Gesetze zwar von der „Entstehung" und vom „Untergang" rechtlicher Ansprüche; vom „Begründen" und vom „Erlöschen" subjektiver Rechte; vom „Errichten" einer Verfügung, z.B. eines Testaments; vom „Erwerb" und „Verlust" des Eigentums; von der „Eingehung" einer Ehe und von ihrer „Scheidung"; von der „Führung" eines Amtes, der „Eröffnung" eines Konkurses, der „Haftung" eines Schuldners u.a.m. Doch kaum einem Juristen stehen diese Vorgänge noch bildhaft vor Augen. Selbst wenn er den modernen Gesetzgeber wieder und wieder auffordert, er solle sich allenthalben um die „Anschaulichkeit" seiner Regelungen bemühen[189], oder den Richter, er solle in

---

186 *U. v. Richthofen* (1840), S. 44 ff.

187 *E. Graf/M. Dietherr* (1869), S. 189 Nr. 38.

188 *J. Grimm* (1972), S. 58.

189 Dazu etwa *P. Noll* (1973), S. 191. Ferner *R. v. Jhering* (1869), S. 406: „Die Sinnlichkeit ist die Vorstufe der Geistigkeit. Alles ursprüngliche Denken der Individuen und Völker ist ein sinnliches, der Geist wird nur dadurch frei von der äußeren Erscheinung, daß er eine Zeitlang an ihr gehaftet, an ihr die Vorschule des abstrakten Denkens durchgemacht hat. Diesem Naturgesetz, das sich auf allen Gebieten des menschlichen Denkens und Wissens bewährt, unterliegt selbstverständlich auch das Recht." Zusammenfassend *K. Engisch* (1968), S. 83: „Im Ganzen dürfen wir heute sagen: wenn uns auch anschauliche Rechtsbegriffe und Rechtsinstitute lieber sind als unanschauliche, wenn wir auch im Interesse der Volkstümlichkeit des Rechts dieses im Bereich des Anschaulichen festzuhalten bestrebt sind, wenngleich wir schließlich im Rechtsunterricht das ‚Abstrakte' durch anschauliche Beispiele begreiflich zu machen und zu beleben bemüht sind, so ist uns doch die Anschaulichkeit, die ‚Sinnlichkeit' des Rechts kein zentrales Anliegen mehr. Das Ringen um ein den ‚konkreten Ordnungen', das will sagen: den spezifischen Daseinsgestaltungen adäquates Recht wird immer auch ein Ringen um ein anschauliches Recht bedeuten. Aber die Anschaulichkeit erscheint dabei mehr als eine erfreu-

seinen Urteilsgründen eine klare und „anschauliche" Sprache verwenden usw., meint er nicht die naive Bildersprache des älteren Rechts, oder Allegorien oder Metaphern. Sein *Streben* geht *nach einer abgeschwächten Bildhaftigkeit,* geht nach einer Sprache, die ergraut ist zur farblosen, wenngleich noch immer plastischen „Deutlichkeit". Und er sieht sein Streben schon dann als erfolgreich an, wenn Nichtseiendes substantialisiert und somit einer analogen Vorstellung zugänglich gemacht wird.

Verfolgen wir die letztgenannte abgeschwächte Tendenz zur Bildhaftigkeit an einigen *Beispielen aus dem Strafrecht.* Dort stehen als Bestrafungsgrundlagen zur Verfügung auf der objektiven Tatseite sowohl das Handeln (Tun) als auch das Unterlassen (Nichttun), auf der subjektiven Tatseite sowohl der Vorsatz als auch die Unvorsätzlichkeit. Gleichwohl ist es das vorsätzliche Handlungsdelikt, das wirklichste also von allen, welches die Grundform des strafrechtlichen Delikts bildet[190]. Die Möglichkeit eines „Begehens durch Unterlassen" wird nur ausnahmsweise anerkannt, wenn den Unterlassenden eine besondere Garantenpflicht traf (§ 13 StGB) – die dann allerdings sofort wieder aus wirklichen Umständen, etwa aus einer (bestehenden!) familiären Beziehung oder aus der (tatsächlichen!) Übernahme einer Schutzverpflichtung hergeleitet wird[191]. Ebenfalls wird die Möglichkeit „unvorsätzlicher" Tatbegehung grundsätzlich geleugnet, es sei denn, daß sie sich in das Gewand der Fahrlässigkeit (vgl. § 15 StGB) kleidet – mithin wiederum als eine Wirklichkeit, als (positive!) Ausführung oder Übernahme einer Tätigkeit, auftritt, für die der Täter das genügende Rüstzeug nicht mitbringt oder nicht einsetzt[192].

Durch Tun oder Unterlassen, Vorsatz oder Fahrlässigkeit „verwirklicht", so heißt es weiter, der „Täter" einen Straf„tatbestand". Den Juristen stört an dieser Ausdrucksweise nicht, daß es eine „Tatbestandsverwirklichung", streng genommen, gar nicht geben kann, weil der zu „verwirklichende" Gesetzestatbestand *normative* Wirklichkeit bereits besitzt, *reale* Wirklichkeit aber niemals, auch nicht durch Tatbegehung, erlangt. Der Jurist stellt sich vielmehr vor, daß, parallel zur realen Wirklichkeit des Handelns, eine juristische „Wirklichkeit" besteht, worin alles normativ Bedeutsame, also auch das Unterlassen, zur juristischen Existenz gelangt und sich dort, am normativen Ort, „anschauen" läßt. Und er findet (oder *er*findet), nachdem er über eine „Tatbestandsverwirklichung durch Unterlassen" im Rechtsbereich verfügt, dann auch denjenigen, der diese „Wirklichkeit" hervorbringt – den Unterlassungs-„Täter", worin er eine Person erkennt, die auch noch unterlassend etwas tut. Für diese gleichsam „juristisch handelnde" Person wird normiert: „Als Täter wird bestraft, wer die Straftat selbst oder durch einen anderen begeht" (§ 25 I StGB) und damit gegen jeden Zweifel festgesetzt, daß Täterschaft, juristisch gesehen, stets etwas Positives ist, das nur negativ bewertet wird: daß sie „Begehung" einer Tat bzw. „Herrschaft" über eine Tat ist, lediglich mit dem Makel unausgenutzter besserer Möglichkeiten behaftet[193]. Teilweise genügt dem Juristen hier die Verweisung auf die positiven Elemente

---

liche Begleiterscheinung denn als eigentliches Ziel. ... Anschaulichkeit kann also nur ein zusätzlicher, kein zentraler Wert des modernen Rechts sein."

[190] Vgl. *R. Maurach/H. Zipf* (1983), S. 266: „Das vorsätzliche Verbrechen als Grundform der Straftat"; *H.-H. Jescheck* (1978), S. 184: „Das vorsätzliche Begehungsverbrechen als Modellfall der strafbaren Handlung." Die Bevorzugung des Wirklichen vor dem Unwirklichen ist wahrscheinlich durch den in der Denkpsychologie nachgewiesenen Zustand begründet, daß positive Zusammenhänge leichter erfaßt werden als negative (vgl. *H. H. Clark,* 1969).

[191] Dazu im einzelnen *H.-H. Jescheck* (1978), S. 505 ff.

[192] Vgl. etwa *G. Stratenwerth* (1981), S. 294 f., 272 (Rdnr. 1097, 1098, 1005).

[193] Dazu *P. Cramer* (1985), Rdnr. 88 vor §§ 25 ff.: „Die Differenzierung zwischen Täterschaft und Teilnahme ist auf positive Handlungen zugeschnitten und findet bei Unterlassungen keine

der Garantenpflicht, um seine Position zu rechtfertigen; teilweise, wenn er nichts Positives findet, konstruiert er ein „Pflichtdelikt“[194] – worin ihn dann freilich seine Tendenz, der Vorstellung dienlich zu sein, schließlich ins Unvorstellbare hineinführt.

Weiteren Tendenzen der Rechtssprache will ich nur noch kurz nachgehen.

Universell verbreitet und in ihrer Geltung ungebrochen ist die *Tendenz zur Gestalthaftigkeit.* Als Straftat beispielsweise wird die Summe derjenigen Merkmale angesehen, die dem natürlichen oder rechtlichen Blick als eine gestalthafte Einheit erscheinen[195]; zum Tatbestand eines Rechtsgeschäfts wird gerechnet, was natürliche oder rechtliche Auffassung in ihm als essentialia, naturalia und accidentalia vereint, usf. Auch das Recht selbst tendiert dazu, sich eine klare und übersichtliche Gestalt zu geben. Einzelne Rechtssätze z.B. werden zur periodischen Gesamtheit eines Paragraphen verbunden; mehrere Paragraphen werden zu einem einheitlichen Rechtsinstitut zusammengefügt; mehrere Rechtsinstitute vereinigen sich zu einem Gesetz; die Gesamtheit der Gesetze wird als „Einheit der Rechtsordnung“ von anderen Kulturordnungen abgehoben und auf „Einheitlichkeit“ im Sinne von Folgerichtigkeit abgeklopft. Zeigen sich dabei „Brüche“ in der Rechtsordnung, so werden sie nach Möglichkeit beseitigt; bei dieser Beseitigung bildet die gestalthafte Harmonie, die „Ausgewogenheit“ aller Teile der Rechtsordnung, das Leitbild.

Damit zeigt sich bereits, daß rechtliche Gestalten nicht etwa willkürlich entstehen, sondern *ihre Form aus der Regelungsmaterie erhalten.* Nicht die Gesetzesform heiligt den Inhalt, sondern der Inhalt stiftet den Grund für die gesetzliche Form. Freilich besitzt auch die Form ihre eigenen Gesetzmäßigkeiten. Formbedürftige Geschäfte etwa verlangen die strikte Einhaltung von Formalien, zum Teil sogar den Gebrauch bestimmter Wörter: man schwört nur, wenn man das Wort „schwören“ gebraucht (§ 481 ZPO, § 66 c StPO), man wird Beamter nur ausdrücklich „unter Übernahme in das Beamtenverhältnis“ (§ 6 II BBG), usf.

Dabei kann es zur Konkurrenz zwischen den Gesetzmäßigkeiten der Form und denen des Inhalts kommen. Wer etwa aus Glaubens- oder Gewissensgründen nicht „schwören“ will, braucht nach § 66 d StPO keinen Eid zu leisten. Aber er muß dann seine Aussage wenigstens in derselben Weise bekräftigen wie ein Schwörender, den Inhalt eines Schwures also ohne dessen Form erbringen. Da aber ohne den Gebrauch des Wortes „schwören“ der Form nicht Genüge getan werden kann, verzichtet das Gesetz auf die Form, um den Inhalt zu retten.

In anderen Fällen zerbricht die Form den Inhalt, der nun aus mehreren versprengten Stücken erst mühsam zusammengesetzt werden muß. So ist beispielsweise das Rechts-

---

Parallele. ... Die Unterlassung, gegen deliktische Angriffe einzuschreiten, ist daher ebenso wie die Unterlassung, Gefahren anderer Art von dem bedrohten Rechtsgut abzuwenden, eine eigenständige Form strafrechtlich relevanten Verhaltens. ... Da jedoch das StGB keine Regeln für eine solche Form strafrechtlicher Verantwortlichkeit enthält, bleibt keine andere Lösung, als sie dennoch einer der beiden Kategorien Täterschaft oder Teilnahme zuzuordnen und in Kauf zu nehmen, daß aufgrund der strukturellen Unterschiedlichkeit nur eine sinngemäße Übertragung in Frage kommen kann.“

[194] Vgl. *C. Roxin* (1984), S. 384 ff.

[195] Dazu *E.-J. Lampe* (1984).

institut des Eigentums nicht nur im Sachenrecht des Bürgerlichen Gesetzbuches, sondern auch im Familien- und Erbrecht, ferner im Grundgesetz, im Wohnungseigentumsgesetz und im Strafgesetzbuch geregelt. Erst die Zusammensetzung all dieser stückhaften Regelungen zu einer gestalthaften Einheit bietet dann das Bild dessen, was in unserer Rechtsordnung als „Eigentum" gilt.

Geringere Bedeutung als die bisher genannten Tendenzen hat heute die des *synästhetischen Erlebens.* Fast nur noch im Alltagssprachgebrauch wird bei uns das Rechtmäßige als das Helle, Weiße, Reine („fairness"), das Rechtswidrige aber als das Dunkle, Schwarze, Unreine bezeichnet. So kennt nur der Volksmund noch das „Schwarzfahren", während das Gesetz vom „Erschleichen der Beförderung" (§ 265 b StGB) spricht. Lediglich die „Schwarzarbeit" ist bis in die Rechtssprache hinein vorgedrungen und hat dort sogar einem Gesetz den Namen gegeben[196]. Naivere Formen synästhetischer Ausdrucksweise sind dagegen aus unserer heutigen Rechtssprache verschwunden und nur noch in alten Gesetzbüchern anzutreffen. Darf z.B. ein Mann gegen eine Frau Notwehr üben? Die Erforderlichkeit wird hierzu nach der Lebenserfahrung zumeist fehlen. Aber, meint die Constitutio Criminalis Carolina (1532), die sich in Art. 144 dieses Problems annimmt, es ist „doch möglich, daß eyn grausam weib eynen weychen (!) man zu eyner notweer tringen mocht" – dann beispielsweise, wenn sie besser bewaffnet ist als er.

Noch eine letzte Tendenz der Rechtssprache ist zu erwähnen: die *Tendenz zur Bevorzugung des Vertrauten.* Sie äußert sich vor allem darin, daß das Recht seine Tatbestände auf typischen Erscheinungen des sozialen Lebens aufbaut, daß es Verkehrsgebräuche und Verkehrssitten in seine Normierungen einbezieht und daß es seine Sprachzeichen und seine Sprachformen nach einem wiederkehrenden Muster verwendet. Auch hierzu einige *Beispiele:*

In jeder Sozialität gibt es wiederkehrende Erscheinungen, die sich als sozial typisch und damit als für eine auf dem sozial Vertrauten aufbauende gesetzliche Regelung geeignet erweisen. Man denke an die Vertragstypen des Bürgerlichen Gesetzbuchs, an Kauf, Miete, Pacht, Dienstvertrag, Werkvertrag usf., an die Deliktstypen des Strafgesetzbuchs, an Tötung, Körperverletzung, Diebstahl, Raub, Betrug, Urkundenfälschung usf. Keiner dieser Typen ist vom Gesetzgeber originär geschaffen worden; alle waren vielmehr als Sozialformen vorhanden, bevor sie vom Gesetzgeber aufgenommen und tatbestandlich überformt wurden. Einige von ihnen scheinen in der menschlichen Natur oder in der Eigenart der sozialen Verhältnisse besonders fest verankert zu sein. Sie haben den Lauf der Zeit fast unverändert überdauert und sind allenthalben zum Bestandteil der Rechtsgesetze geworden. Bei anderen hingegen machen sich – neben ihrer Dauer – auch Veränderungen bemerkbar. Neue Typen sozialen Verhaltens sind aus ihnen entstanden; sie haben das Bedürfnis nach neuen Typisierungen auch des Rechts geweckt. Relativ selten kommt es dabei zu Umtypisierungen; häufiger sind Untertypisierungen – als Ausdruck eines Dranges zur ständigen Differenzierung, der alles vertraut Gewordene ergreift. Denn Vertrautheit führt zur Unterscheidungsfähigkeit, führt dazu, daß man die „Merk"male nicht nur der alten, sondern auch der sich herausbildenden neuen Strukturen erkennt und so in der Lage ist, sie in neue Formen zu fassen, die der neuen Eigenart „gerecht" werden.

---

[196] Gesetz zur Bekämpfung der Schwarzarbeit (BGBl. I 1252) vom 31.5.1974.

Man denke im privatrechtlichen Bereich an die Herausbildung des Arbeitsvertrags als Spezialtypus des Dienstvertrags oder an die Herausbildung des Kaufs auf Abzahlung als Spezialtypus des Kaufvertrags, im strafrechtlichen Bereich an die Herausbildung des Einbruchdiebstahls, des Bandendiebstahls und des Ladendiebstahls als Spezialtypen des Diebstahls.

Doch nicht nur Veränderungen im typischen Sozialverhalten, auch Veränderungen im dispositiven Bereich des gesetzlichen Rechts können Gesetzesänderungen zur Folge haben. Typische Vereinbarungen etwa, die in Musterverträgen enthalten sind (Beispiel: Formularverträge für den Unternehmenskauf), Vereinbarungen mit überindividuellem Zuschnitt (Beispiel: Allgemeine Geschäftsbedingungen) u.ä. übernehmen die Vorreiterrolle für die Veränderung des gesetzlichen Rechts. Die Bereitschaft des Gesetzgebers, solche privatvertraglichen Regelungen zur Grundlage seiner Normen zu nehmen, rührt zum einen daraus, daß sich die Regelungen bis zu einem gewissen Grade bereits bewährt haben, zum andern aber auch – und in unserem Zusammenhang besonders bedeutsam – aus der Erwartung, daß gesetzliche Rechtsnormen um so eher die Chance haben, sich im sozialen Leben durchzusetzen, je enger sie an bereits vertraute Regelungen anknüpfen.

Rechtsnormen, die an vertraute soziale Sachverhalte und an deren vertraute privatrechtliche Regelungen anknüpfen, können dies kaum sinnvoller tun als in Worten, die ihren Adressaten vertraut klingen. Dadurch setzen sie psychische Mechanismen in Gang, deren Wirksamkeit seit alters her bekannt ist und die deshalb auch schon und gerade das alte Recht benutzte. Erinnert sei hier an die vielen Rechtsformeln, deren magischer Zauber früher die menschliche Psyche in Zucht nahm und deren mythischer Charakter jede Frage nach der Legitimation des Rechts sinnlos erscheinen ließ. „Ich schwöre zu hehlen die heilige Vehme vor Weib und Kind, vor Vater und Mutter, vor Schwester und Bruder, vor Feuer und Wind, vor allem was die Sonne bescheint und der Regen benetzet, vor allem was schwebet zwischen Himmel und Erde“, so lautete beispielsweise ein alter Schöffeneid[197]. Heute, in unserer rationalen Zeit, sind derartige Formeln selten geworden. Der Drang, sie zu gebrauchen, tritt – abgeschwächt – allenfalls bei besonders wichtigen Rechtshandlungen hervor, bei denen der metaphysische Hintergrund des Rechts sichtbarer wird als sonst. Beispiele sind der Erlaß eines grundlegenden Gesetzes (das Grundgesetz der Bundesrepublik Deutschland beginnt mit den Worten „Im Bewußtsein seiner Verantwortung vor Gott und den Menschen, von dem Willen beseelt, seine nationale und staatliche Einheit zu wahren und als gleichberechtigtes Glied in einem vereinten Europa dem Frieden der Welt zu dienen“), der Erlaß eines Urteils („Im Namen des Volkes“), die Schaffung einer Urteilsgrundlage (Schwur „So wahr mir Gott helfe“) u.ä. Im übrigen ist an die Stelle der alten, das Gewissen des Menschen ansprechenden moralischen Rechtssprache jene rationale Rechtssprache getreten, die sich hauptsächlich an die Vernunft wendet, emotional wenig besetzt[198] und somit insgesamt Ausdruck ist einer sozialen Technologie, deren Problematik bereits oben geschildert wurde. Gefördert wird dadurch die Übernahme international gebräuchlicher Begriffe ins Recht („Leasing“, „Franchising“) sowie sich hierauf beziehender Regelsysteme, die sich mit den hergebrachten nationalen Normen nicht immer klar zum Ausdruck bringen lassen und deshalb oft zu komplizierten vertraglichen Mischtypen führen. Verhindert wird dadurch nicht nur die fortschreitende Ausprägung eines nationalen Rechtsbewußtseins, sondern ganz allgemein der Zugang des Volkes zum Recht ohne vermittelnde Instanzen.

---

[197] *Th. Berck* (1815), S. 286; *J. Grimm* (1816), S. 32.

[198] Soweit Rechtsbegriffe heute noch die Gemüter erhitzen, sind hauptsächlich praktische Gründe hierfür auslösend. „Arbeit“, „Eigentum“, „Meinungsfreiheit“ u.a. sind heute Schlagworte im politischen Tageskampf und verlieren ihre politische Bedeutung auch dann nicht, wenn sie im Zusammenhang einer Gesetzesbestimmung stehen und dort eine eher technische Funktion zu erfüllen haben.

Alles in allem hat sich der moderne Gesetzgeber von der Bevorzugung des Vertrauten weitgehend abgewandt. Er benutzt insbesondere bewußt nicht mehr die Sprache, die sonst der „vertrauten" Kommunikation dient: in der die Situation mit „spricht" und in die „Töne" und „Nuancen" eindringen, die dem Wort eine besondere, „unaussprechliche" Bedeutung verleihen. Allzu geübt in der Abstraktion schwebt daher heute die Gesetzessprache über den Häuptern derer, auf deren Denken, Fühlen und Handeln sie doch Einfluß nehmen soll. Wenn auch die Situation, die sie bezeichnet, noch vertraut, die Regelung, die sie vorschreibt, noch populär ist - sie selbst ist unvertraut geworden und erregt Unverständnis auch dort, wo man dem Recht, das sie verkörpert, noch immer Verständnis entgegenbringt.

Insgesamt hat sich somit gezeigt, daß unsere moderne Rechtssprache sich von vielen der sie naturhaft programmierenden Tendenzen gelöst hat, um einer spezifisch eigenen Tendenz zu folgen - der *Tendenz zur sozialen Technologie.* Die Mißachtung der programmierenden Tendenzen hat zur Folge, daß sowohl die Verständlichkeit als auch und vor allem der Gewissensanruf der Rechtssprache schwindet. Hierauf ist daher abschließend noch einzugehen.

4. Die Folgen der Mißachtung von programmierenden Sprachgesetzen durch das Recht

Die Mißachtung der programmierenden Sprachgesetze im Recht hat *im Extremfall* absolute Unverständlichkeit und damit *Ungültigkeit* zur Folge.

Dieser Extremfall ist indessen extrem selten und interessiert uns deshalb hier viel weniger als jene Vielzahl von Fällen, wo das Recht zwar an sich verständlich geblieben ist, sein Verständnis sich aber mehr oder weniger auf „Rechtskundige", d.h. mit der Sprache des Rechts Vertraute, beschränkt. Uns geht es hier also um die viel beklagte Unverständlichkeit bzw. Schwerverständlichkeit[199] des Rechts für das Volk und um die *Einschränkungen seiner Gültigkeit,* die sich daraus ergeben.

Die *Unverständlichkeit der Rechtssprache* ist ein Problem, das in der Rechtswissenschaft zwar viel diskutiert wurde, einer Lösung aber derzeit noch fernsteht. Das Bewußtsein solcher Lösungsferne hat manche Autoren dazu verführt, es hinwegzudiskutieren oder es als Scheinproblem zu entlarven. Ein Mittel dazu ist, es mit einem anderen Problem zu verquicken: dem Problem, wer eigentlich der *Adressat des Rechtsgesetzes* sei und daher von der Unverständlichkeit der Rechtssprache betroffen werde, bzw., noch radikaler, ob das Rechtsgesetz überhaupt einen Adressaten habe.

Der angewandte „Trick" ist leicht zu durchschauen: Hat das Rechtsgesetz keinen Adressaten, besteht es also aus „adresselosen Normen", dann braucht es von niemand verstanden zu werden, schon gar nicht vom Volk, das sich hierfür sowieso in der Regel als

[199] Wo im folgenden von „Unverständlichkeit" die Rede ist, soll stets auch die „Schwerverständlichkeit" mitgemeint sein.

untauglich erweist. Die „Unverständlichkeit der Rechtssprache" ist dann ein Scheinproblem. Aber selbst wenn die Rechtsnormen einen Adressaten haben, dann führt doch die Leugnung dieser einfachen Wahrheit dazu, daß die Aufmerksamkeit vom Verständnisproblem ab- und auf das Adressatenproblem hingelenkt wird. Dadurch rückt das Verständnisproblem in den zweiten Rang, wo es den vom Streit um den ersten Rang ermatteten Kämpfern sogleich weniger bedeutsam erscheint.

Die Meinung, daß das Rechtsgesetz ganz *ohne Adresse* ausgefertigt werde, finden wir in der Literatur wiederholt vertreten. Sie erscheint ihren Vertretern als so frappant, daß diese sogar die Logik zu ihrer Begründung bemühen. Zitiert sei die Äußerung E. Mezgers[200], wonach „die ‚Norm' in begrifflicher Klarheit nur denkbar ist als unpersönliches Soll, dem der Adressat kein wesentliches Erfordernis ist. Die Normen des Rechts sind Bewertungsnormen, gerichtet auf einen bestimmten objektiven sozialen Zustand, bevor sie in einem weiteren logischen Verfahren den Charakter von Bestimmungsnormen erhalten"[201]. Als *Bewertungsnormen* sind die Rechtsnormen allerdings ohne Adresse und somit auf Verständlichkeit nicht angewiesen. Doch sind sie dann auch ohne Wirkung!

Sind aber die Rechtsnormen zur Wirkungslosigkeit vorherbestimmt? Liegt nicht in ihrem Wesen, daß sie gerade umgekehrt stets jemand ansprechen sollen, um bei ihm Wirkung zu erzeugen[202], die Wirkung nämlich des Rechtsgehorsams? Ist dieser Zweck dem Recht nicht sogar wesentlich[203], weshalb, wer immer in der Rechtsordnung mehr als eine schöngeistige Betrachtung, wer in ihr auch das gemeinsame Organisationsmittel der menschlichen Gemeinschaft sieht zur Sicherung des Zusammenlebens und zur Erfüllung sozialer Aufgaben, allemal nicht um die *Bestimmungsfunktion* der Rechtsnormen herukommt – wie ja auch Mezger schließlich „in einem weiteren logischen Verfahren" den Rechtsnormen den Charakter von Bestimmungsnormen zubilligen will?

---

[200] *E. Mezger* (1924), S. 245.

[201] Verständlich ist Mezgers Behauptung nur vor dem Hintergrund des jahrzehntelangen ergebnislosen Streits um den Adressaten der rechtlichen „Imperative" („Imperativentheorie", vgl. o. S. 93 Fn. 130). Dieser Streit sollte offenbar durch die neu aufgestellte Behauptung als sinnlos entlarvt und damit abgebrochen werden.

[202] So *H. Dölle* (1949), S. 20. Anders dagegen *E. E. Hirsch* (1983), S. 285, 287: „Noch immer stellt man sich den Zusammenhang so vor, daß der Gesetzgeber Gesetze erläßt, damit die Bevölkerung sich danach richtet und sie befolgt, wobei niemals gefragt wird, wie denn das möglich sein soll, daß Menschen in ihrem Verhalten durch Regeln motiviert werden, die sie nicht zur Kenntnis genommen haben und nehmen können. Klammert man die Juristen vom Fach und die Angehörigen anderer Berufe, die Rechtsunterricht genossen haben sowie alle diejenigen aus, die zwecks Umgehung bestimmter Rechtsnormen sich auf Teilgebieten Rechtskenntnisse aneignen ..., so kommt man zu dem Ergebnis, daß – von der Gesamtheit der Rechtsregeln einmal ganz abgesehen – noch nicht einmal Teilbereiche wie die Normen des bürgerlichen Rechts, des Handelsrechts, des Verwaltungsrechts, ja selbst des Strafrechts grosso modo, geschweige denn in ihren Einzelheiten der großen Maße der Bevölkerung bekannt sind. ... Von Ausnahmen abgesehen, handeln die Menschen nicht nach Maßgabe der Normen, die ihnen unbekannt sind, sondern werden in ihrem Verhalten mit Hilfe von Normen beurteilt und behandelt. Rechtsnormen sind in rechtliche Anordnungen gekleidete *Verhaltenserwartungen*, die der Gesetzgeber hegt und erfüllt sehen möchte. ..."

[203] So *E. Bucher* (1965), S. 46.

Doch warum „in einem weiteren logischen Verfahren"? Vollzieht sich die Metamorphose der Bewertungsnormen zu Bestimmungsnormen wirklich in den Bahnen der Logik? Man ist jedenfalls gespannt, welches logische Verfahren Mezger hierfür in Erwägung zieht. Aber er löst die Spannung nicht und noch viel weniger das Problem der Metamorphose – er äußert sich nicht. In der philosophischen Literatur aber liest man nur Gegenteiliges: daß nämlich von einem Seinsollen niemals auf ein Geschehensollen geschlossen werden kann, allenfalls umgekehrt[204]. Nur wenn der Logos sich selbst verwirklichte, wie es wohl einmal Hegels Auffassung war[205], dann wäre sein Gesetz dem menschlichen Handeln immanent. Doch der Mensch, wie er ist, läßt sich nur durch seine Motive bewegen, und die benötigen eine emotionale Schubkraft. Die Rechtsnormen könnten ihnen diese Schubkraft geben, wenn sie sie ansprechen würden. Eine solche Ansprache indessen setzte voraus, daß der Mensch, wenigstens summarisch, den *Sinn* der Rechtsnormen *versteht.*

Aber *wen spricht der Gesetzgeber an?* J. W. Hedemann[206], der diese Frage stellte, gab selbst die Antwort: „Der Idee nach müßte auch das Volk der Angesprochene sein. Realiter spricht jedoch der Gesetzgeber, zumal bei der Gesetzeszersplitterung, zu den einzelnen Teilen des Volkes und auch über diese hinweg zu Richtern, Beamten, Fachmännern und Fachvertretern." Theorie und Realität laufen aneinander vorbei.

Noch einmal müssen wir freilich hier innehalten, um eine weitere Theorie, die das Auseinanderfallen von Theorie und Praxis nicht gelten lassen will, zu erwähnen. Es geht um die berühmte *Kulturnormentheorie,* die von M. E. Mayer begründet und von J. Binder in einer auch historisch außerordentlich gründlichen Studie sowohl verändert als auch ausgebaut wurde[207]. Nach ihr sind in Wahrheit *nur* die Beamten des Rechtsstabes die Angesprochenen. Nur an sie hat der Gesetzgeber seine Normen zu richten und nur auf ihren Verständnishorizont hat er bei der sprachlichen Fassung seiner Normen Rücksicht zu nehmen[208]. ... Hierauf allein? Die allgemeine Meinung hat auch diesen neuerlichen Versuch, das Recht vom Volk als seinem Adressaten fernzuhalten und damit sich von der Forderung nach Verständlichkeit zu befreien, nicht akzeptiert. Sie hat auf den unmißverständlichen Wortlaut der meisten Gesetze hingewiesen, wonach die Gesamtheit der Menschen – „wer" (auch immer) – vom Gesetz angesprochen und verpflichtet wird. Daß

---

204 *N. Hartmann* (1962), S. 171: „Das Tunsollen ist immer bedingt durch ein Seinsollen, aber nicht an jedem Seinsollen haftet ein Tunsollen. Ich würde das Seinsollen tun sollen, sofern es nicht schon ‚wäre', und sofern es in meiner Macht stünde. Dieses doppelte ‚Sofern' trennt die beiden Arten des Sollens. Zwischen Güterwerten und sittlichen Werten ist in dieser Hinsicht kein Unterschied. Das ideale Seinsollen haftet immer notwendig an ihnen, das Tunsollen aber nicht."

205 Vgl. *G. W. F. Hegel* (1821), §§ 341 ff.

206 *J. W. Hedemann* (1957), S. 32.

207 *M. E. Mayer* (1903); *J. Binder* (1927).

208 *L. Günther* (1891) berichtet hierzu folgende Äußerung B. Windscheids: „Gesetzbücher werden nicht für den Laien gemacht, sondern für den Richter. Der Wert eines Gesetzbuchs liegt darin, daß es für den Richter verständlich ist. Der Laie braucht es nicht zu verstehen." In diesem Sinne auch *Arthur Kaufmann* (1983), S. 16: „Im übrigen kann bei vorurteilsloser Betrachtung nicht davon gesprochen werden, daß das Gesetz an die Adresse des Bürgers gerichtet sei; wäre es das, so müßte es ganz anders gefaßt sein, viel konkreter und vor allem volkstümlicher, es müßte sich der umgangssprachlichen Rede befleißigen, es dürfte nicht nur in knapper Ausdrucksweise anordnen, sondern müßte auch erläutern und belehren. Die Verkündung im Gesetzblatt dient ja auch nicht der Bekanntmachung des Gesetzes, sondern der Festlegung seines authentischen Wortlauts."

überdies die Organe des Rechtsstabes, die staatlichen Behörden und Gerichte, zu den Angesprochenen gehören, sei zwar, heißt es, nicht zu bestreiten. Aber ihr Eingreifen stehe doch erst an zweiter Stelle; es werde erst dann erforderlich, wenn der primäre Befehl des Rechts keinen Gehorsam gefunden habe[209]. „Ein so krasser Bruch im Sprachgebrauch und Allgemeinempfinden, wie er in der Binderschen Theorie vorliegt, richtet sich schließlich selbst", lautet deshalb ganz kategorisch das Urteil von E. R. Bierling[210] - das alle weiteren Gründe zur Widerlegung der Theorie überflüssig macht. Doch gerade dann wird das Problem der Verständlichkeit wieder relevant:

Wie soll der Gesetzgeber die *Gesamtheit seiner Normadressaten* erreichen, wenn doch die Sprache seiner Normen nur einem kleinen Teil von ihnen, den Rechtskundigen, vertraut ist, der größere Teil, die Masse des Volkes, sie aber nicht versteht?

Man wird, entsprechend der graduellen Verständlichkeit oder Unverständlichkeit der Gesetzessprache, *das Problem nur graduell lösen* können. Forderungen an den Gesetzgeber nach allgemeiner Verständlichkeit, wie sie zu Anfang des vorigen Jahrhunderts noch J. Bentham erhob[211], sind für die modernen Kulturstaaten schlechterdings unerfüllbar[212]. Weitaus leichter erreicht das Gesetz das andere Extrem allgemeiner Unverständlichkeit, z.B. in § 2013 BGB, zu dem C. Seibert in einer früheren Auflage des „Palandt" noch sarkastisch bemerkte: er sei „so unklar und verkünstelt, daß er auch dem Eingeweihten nur in besonders glücklicher Stunde verständlich wird"[213]. Im allgemeinen meidet der Gesetzgeber diese Extreme absoluter Verständlichkeit bzw. Unverständlichkeit und tummelt sich auf dem breiten Mittelfeld mittlerer

---

[209] Vgl. neuestens auch *F. Bydlinski* (1982), S. 633: „Gesetze sind zunächst dazu da, den Rechtsgenossen zu sagen, wie sie sich verhalten sollen oder wie sie sich, um bestimmte von ihnen gewünschte Ziele zu erreichen, verhalten müssen. Was Behörden dabei zu tun haben, ist zwar ebenfalls gewiß wichtig, aber nicht Gegenstand des primären Informationsbedürfnisses des Rechtsadressaten."

[210] *E. R. Bierling* (1917), S. 149.

[211] *J. Bentham* (1830), S. 221: Der Stil einer Gesetzessprache müsse, wenn er „von dem anderer Bücher sich unterschiede, dies durch größere Klarheit, durch eine größere Bestimmtheit, durch größere Popularität" tun, weil das Gesetz „für die Fassungskraft Aller und ins Besondere für die am wenigsten gebildete Klasse bestimmt ist". Ähnlich R. v. Jhering (zit. bei *F. Schönherr*, 1982, S. 246): „Der Gesetzgeber soll denken wie ein Philosoph, aber reden wie ein Bauer."

Vorsichtiger dagegen E. Huber (zit. bei *F. Schönherr*, 1982, S. 246): „Die Gebote des Gesetzgebers müssen ..., soweit dies mit dem speziellen Stoff verträglich ist, für jedermann oder doch für die Personen, die in den gesetzlich geordneten Beziehungen in einem Beruf tätig sind, verstanden werden können. Ihre Sätze müssen auch für die nicht fachmännisch ausgebildeten Personen einen Sinn haben, wenngleich der Fachmann jederzeit mehr wird daraus entnehmen können als die anderen." Ferner *P. Noll* (1973), S. 191: „Die Gesetze sollen so verständlich sein, wie es die Regelungsmaterie gestattet. Zwischen Anschaulichkeit und Einfachheit durch abstrahierende Rationalisierung, zwischen Verständlichkeit und Präzision bestehen vielfach Antinomien, von denen der Gesetzgeber im Sinne einer Güterabwägung den optimalen Kompromiß suchen muß."

[212] *R. v. Jhering* (1869), S. 332 Anm. 482: „Das Verlangen, daß die Jurisprudenz sich möglichst der Ausdrücke des gewöhnlichen Lebens bedienen soll, um dem Laien das Verständnis des Rechts zu erleichtern, beruht auf einem frommen Wahn."

[213] *C. Seibert* (1952), § 2013 BGB Anm. 1.

Unverständlichkeit. Er erreicht dadurch, daß immerhin ein Teil derjenigen, die er zu normgemäßem Verhalten motivieren will, seine Sprache versteht. Einen anderen Teil erreicht er nicht. An sich war das schon immer so. Nur, daß dieser andere Teil in neuerer Zeit größer und größer wird, ist das beunruhigende Phänomen, welches die Lösung des Problems zwar theoretisch nicht erschwert, aber praktisch immer dringlicher werden läßt[214].

Die Lösung des Problems kann *nicht allein von den Normen* herkommen. Gewiß erscheint es auch künftig wünschenswert, daß, ungeachtet einer immer komplexer und undurchsichtiger werdenden Sozialstruktur, die gesetzlichen Regelungen einfach und durchsichtig gestaltet werden[215]. Aber die Möglichkeit hierfür schwindet mehr und mehr, so daß für die Zukunft zu befürchten steht, daß der Gesetzgeber dieses Ziel, weil es ihm immer seltener erreichbar wird, schließlich ganz aus den Augen verliert. Natürlich gilt es, dem vorzubeugen; denn mit dem Maße seiner Unverständlichkeit vermindert sich die Wirksamkeit des Rechts. Aber die Mittel, ein weitgehend unverständliches Recht zur Wirkung zu bringen, sind begrenzt.

Einzusetzen sind die Mittel *vor allem auf seiten der Normadressaten.* Ihr Einsatz wird hier auch schon seit längerem als notwendig erkannt. Bis zu einem gewissen Grade lag nämlich hier das Verständnisproblem von Anfang an. Gab es doch stets eine Bevölkerungsgruppe, die als Normadressat untauglich war: sie bestand aus den Kindern, den Irren, den Schlafenden, Trunkenen oder sonst ihrer Sinne nicht Mächtigen. Die Stellung des Rechts zu ihnen war stets unterschiedlich. Teilweise trug es ihrer Unansprechbarkeit dadurch Rechnung, daß es ihnen Vertreter (Eltern, Vormünder, Pfleger u.a.) beiordnete, welche das erforderliche Verständnis durchschnittlich besaßen – dies geschah insbesondere, wenn die Unansprechbarkeit von Dauer war. Teilweise dagegen verzichtete das Recht auf ihre Ansprechbarkeit bzw. behandelte es sie so, *als ob* sie ansprechbar wären – das geschah insbesondere, wenn sie nur vorübergehend unfähig waren, den Inhalt der Rechtsnormen zu begreifen und danach ihr Verhalten auszurichten. Das Recht statuierte Pflichten, denen die Adressaten auch dann unterlagen, wenn sie vorübergehend unansprechbar waren, etwa weil sie sich schlafen gelegt hatten oder im trunkenen Zustand befanden. Beide Lösungen werden auch heute noch akzeptiert; denn sie entsprechen unserer üblichen Auffassung, daß Eigenschaften im allgemeinen und somit auch die Eigenschaft,

[214] Vgl. *R. Herzog* (1984), S. 131: „Eine rechtspolitische Aufgabe ersten Ranges."

[215] Noch das Preußische Allgemeine Landrecht nahm von sich selbst an, daß es auf die „einfachen Grundsätze der Vernunft und natürlichen Billigkeit" zurückzuführen und derart allgemeinverständlich gefaßt sei, „daß jeder Einwohner des Staates, dessen natürliche Fähigkeiten durch Erziehung nur einigermaßen ausgebildet sind, die Gesetze, nach welchen er seine Handlungen einrichten und beurteilen lassen soll, selbst lesen, verstehen und in vorkommenden Fällen sich nach den Vorschriften desselben gehörig achten könne." Dazu *H. Thieme* (1937), S. 375. Diese Ansicht wird für die heute verfaßten Gesetze nicht mehr vertreten. Man beginnt einzusehen, daß die Unverständlichkeit des Rechts nicht so sehr auf seiner sprachlichen Form als vielmehr auf seinem hohen Differenzierungsgrad beruht. Hiervon aber gibt es kein Zurück mehr.

Pflichtsubjekt zu sein, konstant sind[216]. Die *normale Bestimmbarkeit durch Normen* ist für uns die normative: Rechtlich erforderlich und genügend ist, daß der Normadressat *generell* von den normativen Anforderungen Kenntnis nehmen und sich gemäß dieser Kenntnis verhalten kann.

Was in concreto für einzelne Normadressaten gilt, muß nun m.E. in abstracto auch für die Gesamtheit aller Normadressaten gelten: Es ist erforderlich sowie genügend, daß sie *generell* in der Lage sind zu verstehen, welche Anforderungen die Rechtsnormen an sie stellen. Weder müssen sie alle Normen in ihr Bewußtsein aufnehmen, noch muß jeder einzelne dies tun; es genügt die *generelle Erkennbarkeit der wesentlichen Norminhalte in der Laiensphäre*[217].

Um eine solche Normerkenntnis zu sichern, bedarf es allerdings unter den heutigen Umständen einer intensiven Pflege jener *Kanäle, welche die Normen mit ihren Adressaten verbinden.* Zwei Fragen stellen sich: Welche Kanäle bestehen zwischen den Normen und ihren Adressaten? Und: Wie läßt sich die Leistungsfähigkeit dieser Kanäle für die Umsetzung von Gesetzessprache in Laienverständnis gewährleisten?

Ich wende mich zunächst der ersten Frage zu, der Frage nach den *Kommunikationskanälen,* die zwischen den Normen und ihren Adressaten bestehen. Amtliche, nichtamtliche und halbamtliche („offiziöse") Kanäle sind hier zu unterscheiden.

Amtliche Kanäle sind vor allem die Publikationsorgane für Gesetze, die „Gesetzblätter". Ihr Transformationsbeitrag ist zwar wichtig, aber eng begrenzt. Wichtig ist er, weil er den offiziellen Text der Gesetze der Öffentlichkeit mitteilt. Begrenzt ist er, weil seine faktische Wirkung im allgemeinen an den Grenzen des Staatsapparates endet, bei den eigentlichen Adressaten dagegen nicht ankommt.

Daran ändert auch wenig, daß einige Personengruppen außerhalb des Staatsapparates rechtlich verpflichtet sind, sich über die bestehende Gesetzeslage zu informieren, so etwa die Rechtsanwälte und Steuerberater[218]. Denn allzu oft werden diese Rechtskundigen erst

---

[216] Dazu *E.-J. Lampe* (1985 b), S. 117.

[217] Daß hier der entscheidende Punkt liegt, ist im Strafrecht schon seit längerem anerkannt: Für den Vorsatz des Täters, einen Straftatbestand zu verwirklichen, ist erforderlich und genügend, daß der Täter sich nach dem Grade seiner Bildung und seiner Sachkenntnis ein Vorstellungsbild vom Inhalt der Verbotsnorm, ihrer einzelnen begrifflichen Merkmale und der Art ihrer sozialen Bewertung gemacht hat (sog. Parallelwertung in der Laiensphäre, vgl. BGHSt 8, 321, 323; 15, 332, 338; 15, 352, 356).

[218] Vgl. z.B. BGH NJW 52, 425; 74, 1866, 1868; 79, 877; LG Braunschweig NJW 85, 1171, 1172.

Zur Bedeutung der Rechtsanwälte bei der Vermittlung von Rechtskenntnissen an die davon Betroffenen meint *L. M. Friedman* (1972), S. 218: „Anwälte treten als Vermittler von Information auf, als Händler und Interpreten von Kommunikation. Der Steueranwalt macht z.B. die doppelte Funktion des Anwalts deutlich. Das amerikanische Steuerrecht ist übertrieben kompliziert. Der Anwalt versteht diese Gesetze jedoch und kann sie für seine Klienten auslegen. Steueranwälte halten die Gesetzbücher und Sammlungen der Bestimmungen auf dem neuesten Stand. Sie lesen Durchführungsverordnungen, sobald sie erscheinen. ... Es versteht sich von selbst, daß die Stellung des Anwalts ein gewisses Maß an Macht mit sich bringt. Er kann die Botschaft des Gesetzes wissentlich oder unwissentlich beugen." Friedman fügt allerdann tätig, wenn der Gesetzesbefehl seine Wirkung verfehlt hat und es zum (wirklichen oder vermeintlichen) Gesetzesverstoß durch den Normadressaten gekommen ist.

Weitaus wichtiger für die allgemeine Verbreitung gesetzlicher Normen sind daher die *nichtamtlichen Kanäle,* in erster Linie die Massenkommunikationsmittel.

Der Inhalt wichtiger Gesetze wird in den Massenkommunikationsmitteln (Zeitungen, Rundfunk und Fernsehen) der Öffentlichkeit mitgeteilt. Die Art der Mitteilung steht im Ermessen der Redakteure: Was ihnen in einem Gesetz wichtig und wesentlich erscheint, heben sie hervor, was sie als gesetzgeberisches Beiwerk ansehen, lassen sie unerwähnt. Diese Art der Berichterstattung kann durchaus der Klarheit dienen; sie kann aber auch eine Verzerrung der gesetzgeberischen Intentionen zur Folge haben. Das erste ist der Fall, wenn die Berichterstattung die Grundgedanken des Gesetzgebers trifft und sie in angemessener Form heraushebt; die zweite Folge tritt ein, wenn statt der Grundgedanken die peripheren Streitfragen und deren gesetzgeberische Lösung in den Mittelpunkt der Berichterstattung gestellt werden – insbesondere bei politisch umstrittenen Gesetzen kann das leicht geschehen. Um allzu großer Willkür vorzubeugen, geben die Ministerien im allgemeinen Mitteilungen an die Presse heraus, die von den Pressediensten und Redaktionen dann übernommen oder wenigstens zur Grundlage ihrer Berichterstattung gemacht werden[219].

Zuverlässiger in der Vermittlung gesetzlicher Anordnungen sind die *offiziösen Kanäle,* d.s. die Mitteilungs-, Informations- und Auskunftsblätter, die – im Rahmen ihrer Öffentlichkeitsarbeit – von denjenigen Behörden herausgegeben werden, die mit der Durchführung der staatlichen Gesetzesbefehle betraut sind[220].

Besonders intensiv tätig sind in dieser Hinsicht die Finanzämter – sie verfolgen allerdings auch besonders wichtige staatlich-fiskalische Interessen. Beispielsweise wird jeder Aufforderung zur Abgabe einer Steuererklärung heute ein Merkblatt beigelegt, worin der Adressat über die wichtigsten von ihm verlangten Angaben aufgeklärt und der Umfang der Auskünfte, wie er sich aus dem Gesetz und den hierzu ergangenen Durchführungsverordnungen ergibt, nochmals erläutert wird. Die intellektuellen Anforderungen, die diese Mitteilungen stellen, sind freilich immer noch recht hoch, so daß nur ein Teil ihrer Adressaten ihren Inhalt versteht.

Die Aufklärungsarbeit der Massenkommunikationsorgane und Behörden reicht nur dort aus, wo der Gesetzgeber von der Fähigkeit der Normadressaten ausgehen kann, entweder die gesetzliche Regelung selbst oder doch wenigstens die tatsächlichen Grundlagen, auf denen sie aufbaut, mit Hilfe der beigegebenen Erläuterungen zu begreifen. Gelegentlich indessen ist eine Regelungsmaterie so

dings auch hinzu: „Die Vermittlerrolle des Anwalts ist noch nicht ausführlich untersucht oder auch nur diskutiert worden."

[219] Auch dann freilich liegt die Art der Darstellung und damit die Einflußnahme auf die öffentliche Meinung bei den Redakteuren. Daß infolgedessen eine böswillige Presse den Staat vom Bürger trennen kann, hat schon *Scheuner* auf der Staatsrechtslehrertagung 1963 ausgeführt (vgl. *O. Kimminich,* 1963, S. 770).

[220] Daß der Staat zur Legitimation seiner Gesetzesvorhaben auf den direkten Kontakt zum Bürger angewiesen ist, betont mit Recht *D. Czajka* (1968), S. 165. In beschränktem Rahmen hält er sogar Staatszeitungen für zulässig. – Kritisch zur Öffentlichkeitsarbeit der Verwaltung, insbesondere in den Bundesländern, *H. Hämmerlein* (1963), S. 368 f.

kompliziert, daß ihre Beherrschung spezielle juristische Fähigkeiten voraussetzt. In diesem Fall wird die Gesetzgebung i.d.R. für eine individuelle juristische Betreuung der Normadressaten Sorge tragen. Der Bürger wird dann für unfähig erklärt, bestimmte Rechtshandlungen vorzunehmen; er muß sich des *Beistands rechtskundiger Personen* bedienen.

Die Parallele zur partiellen Entmündigung liegt nahe. In der Tat handelt es sich der Sache nach um eine auf bestimmte Rechtsbereiche beschränkte „Vormundschaft" oder „Pflegschaft", die hier vom Staat verfügt wird, um eine ordnungsgemäße Verwirklichung seiner gesetzlichen Intentionen zu gewährleisten. Wenn sie als solche nicht empfunden wird, dann liegt das daran, daß zumeist nur das Wie der Vornahme eines Rechtsgeschäfts juristischer Aufsicht untersteht, nicht dagegen das Ob. Beispielsweise kann man seinen Grundbesitz jederzeit zu unvernünftigen Zwecken und weit unter Preis verschleudern; aber man muß sich dabei eines Notars bedienen, der das Wie des Geschäfts, seine Formalitäten kennt und beachtet.

Daneben wird neuerdings auch verlangt, daß gewisse besonders schutzbedürftige Personen anläßlich der Vornahme eines Rechtsgeschäfts darüber *belehrt* werden, welche Möglichkeiten ihnen die Rechtsordnung zur Abänderung ihrer Rechtslage zur Verfügung stellt.

Beispiele für solche Belehrungen sind im öffentlichen Recht die Rechtsmittelbelehrungen nach den Prozeßgesetzen, etwa nach § 35 a StPO, zu dessen Einführung es in der amtlichen Begründung[221] heißt: „Es ist ein rechtsstaatliches Erfordernis, daß der Betroffene bei der Bekanntmachung ... aller gerichtlichen Entscheidungen, die durch ein befristetes Rechtsmittel angefochten werden können, entsprechend belehrt wird." Beispiele für Belehrungen im Privatrecht sind die – allerdings nur als „Obliegenheiten" ausgestalteten – Hinweispflichten des Vermieters auf die Widerspruchsmöglichkeit des Mieters gem. §§ 564 a II, 556 a BGB und des Abzahlungsverkäufers auf die Widerrufsmöglichkeit des Abzahlungskäufers nach § 1 b AbzG. Das letztgenannte Widerrufsrecht ist auch noch deshalb bemerkenswert, weil die Frist für seine Ausübung erst beginnt, wenn der Käufer im Besitz einer von ihm unterzeichneten Urkunde ist, aus der die Grundlagen der finanziellen Abwicklung des Abzahlungskaufes hervorgehen, so daß er zumindest die Möglichkeit besitzt, sich über die wirtschaftliche Bedeutung des Geschäfts Klarheit zu verschaffen und sein Verhalten – ohne irgendeinen psychischen Druck durch den Verkäufer – danach einzurichten (vgl. § 1 a AbzG).

Für den Gesetzgeber eröffnet sich hier freilich eine gefährliche Möglichkeit: daß er nämlich die Beratung des Bürgers den – mutmaßlich mächtigeren oder besser aufgeklärten – Vertragspartnern aufbürdet und damit jene Fürsorge, die er selbst bei der Unterrichtung seiner Bürger über deren Rechte und Pflichten vernachlässigt hat, auf andere abwälzt. Noch sind zwar die Belehrungen, die die Vertragspartner einander geben müssen, überschaubar und die Anlässe streng begrenzt; aber ein weiteres Vordringen dieser Belehrungspflichten in private Bereiche der Vertragsgestaltung ist nicht auszuschließen. Deshalb wird man künftig sehr darauf achten müssen, ob der Gesetzgeber das seinerseits Mögliche und Erforderliche getan hat, bevor er die Bürger für die Aufklärungsarbeit in Pflicht nimmt.

Mit beidem nun, mit der Wahl einer Sprache, die wenigstens einem Teil der Normadressaten verständlich ist, darüber hinaus mit der Ausnutzung jeder sich bietenden Möglichkeit, die Normadressaten über offizielle, offiziöse und andere

---

[221] BT-Drs. 3713 (1952), S. 46.

Kanäle in ihrer Alltagssprache über ihre Rechte und Pflichten aufzuklären, hat der Gesetzgeber alles, was in seinen Kräften steht, getan, um seinen Anordnungen Gehör und Befolgung zu sichern. Es sieht nach viel aus, ist es aber nicht. Die große Masse des Volkes bleibt in der Unkenntnis der Gesetze und ist zum Teil nicht einmal in der Lage oder Willens, sich aus dieser Unkenntnis zu befreien. Das Recht des Volkes wird daher zwar in seinem Namen, doch ohne sein Zutun, ja ohne seine Kenntnis gestaltet - in einer Sprache, die ihm weitgehend fremd ist und deren Inhalt es auch nach Belehrung allenfalls bruchstückhaft versteht. *Lebt aber das Recht nicht mehr im Volk, dann lebt bald auch das Volk nicht mehr im Recht.* Es wird dann dirigiert durch ihm wesensfremde Normen, deren Wirkung es nur noch an den Folgen erlebt, welche die unwissentliche Übertretung auslöst.

Mit Recht schreibt daher Th. Mayer-Maly[222]: „Es wäre sehr gefährlich, sich darüber Illusionen zu machen, was das Recht heute für die meisten Bürger bedeutet: Es erscheint ihnen als ein unberechenbares Risiko. Hat der Bürger keine reelle Chance, sich Klarheit darüber zu verschaffen, was er soll und was er nicht darf, so verhält er sich nicht nach den Anforderungen des Rechts, sondern nach wirtschaftlichen und anderen Interessen - als ob es das Recht nicht gäbe. Geht alles glatt, fragt er weder nach seinem Recht noch nach dem eines anderen. Kollidiert er aber mit dem Recht, so disponiert er um - so oft und so lange, bis endlich alles glatt geht. Die Rechtsordnung wird hingenommen, nicht aber mit Bedacht gelebt. Eine Rechtsgesinnung, die sich bei einer Bedrohung der das Recht tragenden Werte bewähren könnte, kann auf diese Weise nicht entstehen. Im Grunde kann ein Recht, das Bestand haben will, aber nicht ohne solche es tragende Rechtsbesinnung auskommen."

Damit führt uns die Betrachtung der Sprachabhängigkeit des Rechts schließlich zu denselben Problemen, zu denen uns schon die Abhängigkeit des Rechts von den menschlichen Bedürfnissen geführt hatte: In dem Maße, in dem das Recht sich von der Sprache des Volkes löst, muß der Staat, anstelle durch Ansprache, durch Zwang seine Autorität sichern. Damit verdrängt er das Rechtsbewußtsein des Volkes und setzt an seine Stelle ein Zwangsbewußtsein. Damit widerstreitet er der natürlichen Kraft des Volkes, sich durch sein Recht selbst zu organisieren. Damit entfremdet er das Volk von seiner rechtlichen Natur. Hier liegen für Staat und Recht Gefahren, die nicht hoch genug veranschlagt werden können.

C. Das menschliche Denkprogramm

Gegenstand der vorangegangenen Erörterungen war die sprachliche Form einzelner Gedanken. Von vornherein war klar, daß dadurch der *Prozeß des menschlichen Denkens* nicht in den Blick kommen werde. Denn dieser Prozeß

---

[222] *Th. Mayer-Maly* (1969), S. 79.

findet im sprachlichen Text zwar seinen Niederschlag und ist auf weite Strecken sogar mit ihm identisch; daneben führt er jedoch ein sprach*loses* Eigenleben und erweist so seine Abgehobenheit von der Sprache[1]. Beispielsweise erleben wir immer wieder, daß wir unsere Gedanken anderen verbal nicht adäquat mitteilen können; oder daß uns der sprachliche Ausdruck mißlingt, daß wir nicht gesagt haben, was wir eigentlich sagen wollten; oder daß unsere Rede nur einen Teil dessen enthalten hat, was Gegenstand unseres Denkens oder Bedenkens war. Gedankliche „Selbst"verständlichkeiten sind es vor allem, die vom Verschweigen betroffen sind: das gedankliche Umfeld unseres Gesprächs, der Verständigungshorizont unserer Partner, kurz alles, was der Verdeutlichung nicht bedurfte. Es war nur als *Mitgedachtes*[2] vorhanden, nicht auch als *Mitgesprochenes*[3]. Vielleicht wäre es sogar unschicklich gewesen, das Mitgedachte mitzusprechen.

Zum zwar Mitgedachten, nicht aber Mitgesprochenen gehören regelmäßig die *Gedankenverbindungen.* Sie stehen zwischen den Zeilen oder nisten in den Pausen zwischen den Sätzen und werden nur manchmal durch Interpunktionszeichen oder durch Betonungen, Unterstreichungen u.a.m. kenntlich gemacht. Meist sind sie aus dem Text zu erschließen: Wer eine Geschichte erzählt, gibt im Text seiner Darstellung zu verstehen, daß ein historisches Band seine Sätze verknüpft; wer argumentiert, verdeutlicht durch die Art seiner Satzverbindungen, daß er den Weg vom Problem zur Lösung nachzeichnet. Ist es ausnahmsweise einmal nötig, den gedanklichen Zusammenhang selbst zur Sprache zu bringen, dann verliert der sprachliche Text den Charakter der Schilderung oder Nachzeichnung. Auf einer Metaebene besinnt er sich auf sich selbst.

Zwei Beispiele mögen dies erläutern: (1) Wer einen juristischen Sachverhalt schildert, etwa als Richter im „Tatbestand" eines Urteils, wählt als Ordnungsschema i.d.R. den zeitlichen Zusammenhang. Wohlgemerkt: Er tut dies – aber er stellt es nicht dar. Er schildert die Ereignisse – nicht aber ihren zeitlichen Zusammenhang (oder allenfalls die Ereignisse *in* ihrem zeitlichen Zusammenhang). Den Zusammenhang selbst bringt er lediglich durch Konjunktionen zum Ausdruck, etwa durch die Worte „zunächst", „daraufhin", „bald danach", „anderntags" u.ä. – (2) Vom „Tatbestand" des gerichtlichen Urteils abgehoben

[1] Es gibt eine Reihe von Hinweisen, daß es sich bei Denken und Sprechen um ursprünglich getrennte Funktionsbereiche des menschlichen Organismus handelt. So können z.B. bei Debilen Sprachbeherrschung und Eloquenz beträchtlich sein, obwohl ihre Intelligenz und Denkfähigkeit stark zurückgeblieben ist. Umgekehrt besitzen aphasisch gestörte Personen die volle Denkfähigkeit und Intelligenz, obwohl ihnen selbst einfachste Benennungen unmöglich sind (vgl. *B. Scholich,* 1975, S. 266 f.).

[2] Man kann dies gestaltpsychologisch so erklären, daß das „Sprach"denken aus dem allgemeineren „Sach"denken lediglich das erfaßt, was sich als „Figur" vom Hintergrund des gedanklich Erfaßten abhebt. Vgl. dazu etwa *B. v. Freytag-Löringhoff* (1955), S. 549 ff. Experimentelle Untersuchungen u.a. von *H. B. Ranken* (1963).

[3] Dazu *E. Schmidhäuser* (1965), S. 326: „Sachdenken nennen wir den sprachfreien meinenden Umgang mit den Dingen selbst. Es vollzieht sich in unmittelbarer Erfahrung mit den Dingen auf dem Grund einer sozusagen bildhaften Erinnerung ... Sprachdenken ist dagegen das Denken, das sich vollzieht, indem der Denkende spricht ..." In konkreten Sprechsituationen beziehen sich die Gesprächspartner oft auf unmittelbar wahrnehmbare Gegebenheiten, z.B. durch Gesten oder andere deiktische Zeichen. Dadurch werden die situativen Gegebenheiten in den Kontext der Rede einbezogen, sie „sprechen mit".

sind, auch äußerlich, die „Entscheidungsgründe". Ihre Darstellung beginnt der Richter mit der Benennung der gesetzlichen Normen, aus denen er die Berechtigung oder Nichtberechtigung des klägerischen Begehrens herleitet; von hier aus führt er die Argumentation möglichst folgerichtig bis zur Entscheidung. Wiederum: Er legt die Folge seiner Argumente dar - aber er gibt nicht das Schema an, das der Folge seiner Argumente zugrunde liegt. Er begründet die Entscheidung - nicht aber den logischen Zusammenhang, dem sie entstammt (oder allenfalls die Entscheidung *als Resultat des* logischen Zusammenhangs, der „Deduktion aus dem Gesetz"). Den logischen Zusammenhang selbst bringt er wiederum lediglich durch Konjunktionen zum Ausdruck, etwa durch die Worte „weil ..., deshalb", „daraus folgt", „dagegen läßt sich einwenden", „insgesamt ergibt sich" u.a.m.

Somit läßt sich sagen: Seine methodischen Mittel, sein „geistiges Handwerkszeug", setzt der Jurist, wie jeder andere geistige Arbeiter, ein, ohne den Einsatz zu verbergen. Aber nur selten zeigt er seine Arbeitsmittel ausdrücklich vor oder stellt sie gar auf einer Metaebene dar. Er läßt sie im Hintergrund - ebenso wie die Gefühle, die ihn bewegen.

Im folgenden werden wir indessen gerade diese *Metaebene der Formbesinnung* betreten, zum Gegenstand unserer Untersuchung also genau das machen, was den Zusammenhang einer Darstellung, nicht diese selbst, prägt: die Abläufe der dargestellten oder begründeten Gedanken sowie die Gesetzmäßigkeiten, die sie programmieren. Unsere Fragen lauten: Bestimmt ein arttypisches geistiges Potential den Menschen dazu, Sachverhalte generell so und nicht anders zu erfassen, Urteile so und nicht anders zu begründen, Rechtsfragen so und nicht anders zu entscheiden? Und: Wie stark ist die Determinationskraft dieses Potentials bzw. wie weit kann der Mensch mit diesem Potential frei umgehen?

Terminologisch werden wir die Verbindung zwischen zwei oder mehreren Gedanken als „Assoziation" und die Determination einer solchen Verbindung als „Direktive" bezeichnen. Das Ergebnis einer determinierten Gedankenassoziation schließlich nennen wir „Konklusion".

1. Assoziationen und Direktiven im menschlichen Denken

Der Begriff „Assoziation" weist auf eine geschichtsträchtige Richtung der Psychologie hin: auf die - vor allem das 18. und 19. Jahrhundert beherrschende, im übrigen aber schon weit ältere - *Assoziationspsychologie*. Sie ging davon aus, daß sich in jedem Zustand des Bewußtseins einzelne invariante Elemente zusammenfinden, und sie behauptete, daß diese Elemente durch „Assoziation" verknüpft würden[4]. Mit dem Vordringen der *Ganzheitspsychologie* - zu Beginn unseres Jahrhunderts, insbesondere in der Zeit nach dem 1. Weltkrieg - geriet die Assoziationspsychologie ins Zwielicht. Ihre Grundannahme, daß sämtliche Unterschiede unseres Bewußtseins durch die jeweils neuartige Zusammenfügung

---

[4] Vertreter waren u.a. Demokrit (etwa 460-370), J. Locke (1632-1704), D. Hume (1711-1776), D. Hartley (1705-1757), J. F. Herbart (1776-1841), J. St. Mill (1806-1873), H. Ebbinghaus (1850-1909), Th. Ziehen (1862-1950).

invarianter Elemente unseres Seelenlebens begründet seien, ließ sich aufgrund genauerer Beobachtungen nicht mehr halten[5]. Man bemerkte u.a., daß ein musikalisches Hörerlebnis den optischen Eindruck zu verändern vermochte, und man schloß daraus, daß der Zahl der auf einen Organismus einwirkenden Reize nicht notwendig dieselbe Zahl von Elementarempfindungen entsprach. Der Sieg der neuen psychologischen Richtung schien daher das Ende der alten Assoziationspsychologie zu bedeuten.

Doch es schien nur so. Denn die siegreichen Ganzheitspsychologen konnten auf die Dauer nicht leugnen, daß, gemäß der Grundthese der Assoziationspsychologie, zwischen mehreren unzusammenhängenden Eindrücken sich willkürlich „assoziative" Beziehungen herstellen ließen. Schon die Germanen hatten von diesem Mechanismus des Denkens gewußt und z.B. bei der Festsetzung einer Flurgrenze einen Buben mit aufs Feld genommen, um ihm dort eine kräftige Ohrfeige zu geben – „darum, daß er sich merke, wo der Grenzpfahl steckt". Zeitliche Koinzidenz stiftet, dies war offenbar schon damals bekannt, „assoziativ" eine Verbindung zwischen mehreren Erlebnissen. Was deshalb Assoziationspsychologie und Ganzheitspsychologie trennt, ist nicht die Anerkennung von assoziativen Gesetzmäßigkeiten, sondern die Behauptung, daß die gesetzmäßig verbundenen Eindrücke elementar seien. Der ganze Streit betraf daher in Wahrheit den Gegensatz zwischen Ganzheitspsychologie und *Elementenpsychologie.*

Demnach können wir, unberührt von den Einwendungen der Ganzheitspsychologen, auch heute noch mit dem Bestehen von Gedankenassoziationen rechnen – und zwar sowohl im Sinne von Sukzessiv-Assoziationen als auch von Simultan-Assoziationen. Beschäftigen werden uns im folgenden allerdings lediglich die Sukzessiv-Assoziationen und auf sie bezogen vor allem jenes Problem, mit dem sich die Assoziationspsychologie seit jeher herumgeschlagen hatte: Gibt es Assoziations*gesetze,* d.h. Regeln, welche die Folgen von Assoziationen im menschlichen Denken dirigieren?

Zwei solcher Gesetze hatte die alte Assoziationspsychologie angenommen: das *Gesetz der Berührung* (der Gleichzeitigkeit bzw. der zeitlichen Nachbarschaft) und das *Gesetz der Ähnlichkeit*[6]. Beide Gesetze waren von den Ganzheitspsychologen lange Zeit abgelehnt worden, da sie zum Ganzheitsprinzip im Gegensatz zu stehen schienen. Erst seit neuester Zeit bahnt sich ein Wandel an. Da nämlich die Ganzheitspsychologen anerkennen, daß ihre „Ganzheiten" zumeist durch raum-zeitliche Berührung oder durch Ähnlichkeit begründet werden, können sie nicht im gleichen Atem die gesetzmäßige Wirkung von Berührung und Ähnlichkeit auf unser Seelenleben verleugnen. Hören wir den Ganzheitspsychologen W. Ehrenstein[7]:

---

[5] Dasselbe galt weiterhin für ihr sensualistisches Verständnis der Denkvorgänge, welches – im Anschluß an Descartes – zwischen anschaulichen und unanschaulichen psychischen Vorgängen nicht unterschied. Hiergegen vor allem die sog. Würzburger Schule mit O. Külpe (1862–1915), K. Bühler (1879–1963), O. Selz (1881–1944) u.a.

[6] Vgl. zuletzt *Th. Ziehen* (1924), S. 90 f.

[7] *W. Ehrenstein* (1965), S. 90 f.

„Weit davon entfernt, den Prinzipien der Ganzheitspsychologie zu widersprechen, ist das Ähnlichkeitsbewußtsein vielmehr überhaupt erst als Ganzheitsprozeß verständlich. Optische Täuschungen, schön gestaltete Gegenstände der bildenden Kunst, Melodien und manche anderen speziellen Gestalteffekte, die als Beispiele psychologischer Ganzheit vorzugsweise angeführt zu werden pflegen, sind, an ihrer Bedeutung gemessen, relativ belanglose Sonderfälle neben dem ganz gewöhnlichen, uns im Leben auf Schritt und Tritt begleitenden und für unser gesamtes intellektuelles Seelenleben grundlegenden Geschehen, das im Ganzheitsprozeß ‚Ähnlichkeit' vorliegt. ... So unüberbrückbar und unaufhebbar der Gegensatz zwischen der Ganzheitspsychologie und jeder Art von Assoziationspsychologie, die sich das Seelenleben als Aggregat aus invarianten Elementarbestandteilen vorstellt, so wenig besteht ein prinzipieller Gegensatz zwischen Ganzheitspsychologie und einer (wie auch immer zu benennenden) Psychologie, welche Zusammenhangsbildungen durch räumlich-zeitliche Berührung und Ähnlichkeit voll anerkennt, diese Prozesse aber auffaßt als ganzbestimmte, innerhalb umfassenderer Ganzheiten ablaufende Vorgänge."

Ungeklärt ist allerdings bis heute, ob Berührung und Ähnlichkeit die einzigen Direktiven sind, die den Zusammenhang unseres Denkens bestimmen, oder ob weitere psychische Gesetzmäßigkeiten wie z.B. Kontrast und Wiederholung zusätzlich genannt werden müssen. Doch dies ist kein Problem, das Assoziations- und Ganzheitspsychologie unterschiedlich lösen müßten oder auch nur könnten; hier befindet sich vielmehr die psychologische Forschung insgesamt noch auf der Suche.

Wir wollen die Psychologen bei ihrer Suche nach Gesetzmäßigkeiten der Assoziation noch ein Stück begleiten. Dabei beschränken wir uns auf die Problematik jener Denkprozesse, deren *Aufgabe* es ist, *Problemsituationen in Lösungssituationen zu transformieren*[8]. Wir nennen sie gedankliche *Suchprozesse*[9]. Den „Raum", den sie vom Ausgangs- bis zum Zielzustand zurückzulegen haben, bezeichnen wir als *Problemraum.* Durchschreitet ein Denken den Problemraum gemäß einer vorher selegierten Lösungshypothese, so nennen wir es *final;* sucht es noch nach Lösungshypothesen, so heißt es *tentativ.* Unsere Überlegungen werden sich hauptsächlich auf die Frage konzentrieren: Gibt es Gesetzmäßig-

---

[8] Diese Denkprozesse laufen offenbar bei allen Menschen im wesentlichen übereinstimmend ab. Vgl. *R. Linton* (1945), S. 84 f.: „Soweit das feststellbar ist, sind die intellektuellen Prozesse selber bei allen Menschen stets und überall die gleichen. Zumindest scheinen Individuen, die von den gleichen Prämissen ausgehen, stets zu den gleichen Folgerungen zu gelangen. Alle Anthropologen machen die Erfahrung, daß sie nur lange genug in einer ‚primitiven' Gesellschaft gelebt zu haben brauchen, um deren Prämissen zu kennen, damit sie ohne Schwierigkeit ‚wie Eingeborene denken' können. Die scheinbar unlogischen Folgerungen, zu denen Angehörige nichteuropäischer Gruppen gelangen, waren Anlaß zu zahlreichen Abhandlungen über die Besonderheiten des ‚primitiven' Geistes; es ist jedoch bezeichnend, daß keine dieser Arbeiten von Personen verfaßt wurde, die über eine genaue, aus erster Hand gewonnene Kenntnis von ‚Primitiven' verfügten. Derartige Schlußfolgerungen zeigen Unterschiede des faktischen Wissens an, mit dem Angehörige verschiedener Gesellschaften operieren, nicht Unterschiede ihrer geistigen Prozesse."

[9] Ausgeprägte Suchprozesse sind an sich ziemlich selten. Zum einen sind im täglichen Leben Problemerkenntnis, Überlegungen und Beachtung der Konsequenzen einer Handlung eher die Ausnahme (vgl. *G. Katona,* 1964, S. 54). Zum andern werden auch im Rahmen echter Problemlösungsverfahren viele Teilprozesse routinemäßig erledigt (*W. Kirsch,* 1977, S. I/66). Da im folgenden hauptsächlich gerichtliche Rechtsfindungsprozesse untersucht werden, die im allgemeinen eine hohe strukturelle Komplexität aufweisen, rechtfertigt es sich, die Suchprozesse gleichwohl in den Mittelpunkt der Ausführungen zu rücken.

keiten, die den gedanklichen Prozeß der Problemlösung dirigieren, und unter welchen Bedingungen werden sie wirksam?

a) Gestalt und Gestaltung von Problemsituationen

Ausgangsbedingung für den Prozeß der Lösungssuche ist die Gestalt oder Gestaltung einer Problemsituation. Hiermit wollen wir daher beginnen. Als *Problem* erachten wir die Abweichung eines Ist-Zustandes von einem Soll-Zustand, die nur durch den schöpferischen Einsatz geistigen Potentials korrigiert werden kann. Die *Gestalt* eines Problems ist sein jeweiliger Zustand; die *Gestaltung* ist seine Veränderung zu dem Zwecke, die Lösungsbedingungen zu optimieren, insbesondere die Prämissen der Lösung vollständig abzuklären.

Die *Ausgangssituation für eine Problemgestaltung* ist demnach: ein Problem tritt nicht klar genug zutage. Es wird erahnt, aber nicht oder nur unvollständig erkannt. Wann der Fall eintritt, hängt vom Maßstab ab, den man anlegt. Nach objektivem Maßstab wird ein Problem nicht oder nur unvollständig erkannt, wenn seine wesentlichen Merkmale – insbesondere also die Abweichung des Ist- vom Soll-Zustand – noch nicht oder nicht optimal definiert werden können, wenn es also noch an *semantischer Problemklarheit* fehlt. Nach subjektivem Maßstab dagegen wird ein Problem nicht oder nur unvollständig erkannt, wenn derjenige, der mit ihm konfrontiert ist, seine wesentlichen Merkmale noch nicht oder nicht optimal verstanden hat, wenn es ihm also an *pragmatischer Problemklarheit* mangelt.

Treten semantische und pragmatische Problemklarheit zusammen, bedarf es keiner weiteren Problemgestaltung. Denn dann sind die Startbedingungen zur Lösung des Problems so gut, daß das Denken das Problem voraussichtlich produktiv bewältigen wird. Fehlt es dagegen an semantischer oder pragmatischer Problemklarheit, dann wird das Denken mit großer Sicherheit die Lösungssituation überhaupt nicht oder wenigstens nicht auf adäquatem Wege erreichen. Die Denkbemühungen bleiben dann entweder unproduktiv oder zumindest unökonomisch.

Diejenige Denkphase, in der die wesentlichen Merkmale eines noch unklaren Problems herausgearbeitet werden, heißt *Phase der Problemgestaltung*. *Wie* diese Phase abläuft, ist bis heute weitestgehend unbekannt[10]. *Wann* sie endet, wann also die Gestaltung einer Problemsituation abgeschlossen ist, läßt sich – zumindest bei Entscheidungsprozessen, wie sie in der Jurisprudenz eine Rolle spielen – nicht definitiv sagen, da bis zur endgültigen Problemlösung die Generierung neuer Lösungshypothesen möglich bleibt und jede neue Lösungshypothese auf die Definition der Problemsituation zurückwirken kann. Lediglich komparativ wird man sagen können, daß die relevanten Merkmale eines Problems desto

[10] Lediglich angemerkt sei, daß das Erkennen von Problemen ein gewisses „Gespür" für das Ungewöhnliche einer Situation erfordert, welches durch allzu „glatte" Routine im Umgang mit der Umwelt zunichte gemacht, durch „Sensibilisierung" aber erhöht werden kann. Vgl. etwa *B. Abel* (1977), S. 100 ff.

klarer herausgearbeitet sind, je eindeutiger sich darin (objektiv-semantisch und subjektiv-pragmatisch) bereits die Strukturen der Problemlösung abzeichnen. Welche Bedingungen allerdings hierfür erfüllt sein müssen, ist wiederum weitgehend ungewiß. Einige der Bedingungen seien immerhin – auf der Grundlage neuerer denkpsychologischer Forschungsergebnisse[11] – kurz skizziert:

- Unvorteilhaft für die Erkenntnis der Lösungsstruktur wirken: die hochgradig redundante Formulierung eines Problems; die Einbindung von Problemmerkmalen in lösungsirrelevante Zusammenhänge; die Ablenkung der Aufmerksamkeit auf „neben der Sache" liegende Umstände.

  Beispiel: Auf der Eisenbahnlinie Köln–Frankfurt fährt morgens um 9.00 Uhr ein Schnellzug von Köln nach Frankfurt und um 8.00 Uhr ein Personenzug von Frankfurt nach Köln. Die durchschnittliche Reisegeschwindigkeit des Schnellzugs beträgt 85 km/h, die des Personenzuges 60 km/h. Welcher der beiden Züge ist, wenn sie sich unterwegs treffen, näher bei Köln?

- *Vorteilhaft* für die Erkenntnis der Lösungsstruktur wirken dagegen: die Isolation der lösungsrelevanten Merkmale; die Zentrierung der Aufmerksamkeit auf sie.

  Beispiel: Es sei die Aufgabe gegeben, durch Umstellung je eines Buchstabens aus dem Ausgangswort ROST ein anderes Wort zu formen. Die Lösung dieser Aufgabe wird erleichtert, wenn die Reihenfolge der zu verändernden Buchstaben (4, 1, 2, 3) angegeben ist.

Ein heuristisches Prinzip, um eine Problemsituation zu klären, ist die Ersetzung der realen Situation durch ein vereinfachtes Abbild (*Modell*), das u.U. im Laufe des Problemlösungsprozesses allmählich korrigiert wird. Um eine solche Modellsituation zu gewinnen, läßt sich das Denken von sog. „Schlüsselinformationen" leiten, d.h. von Informationen, deren Abweichung vom Sollzustand hochgradig signifikant ist (oder zu sein scheint)[12]. Da ferner jeder nur diejenige Lösung sucht, die ihn selbst befriedigt – obschon er sich dabei auch nach vorgesetzten Normen und vorgegebenen Standards richten wird –, wechselt das *Anspruchsniveau* hinsichtlich der Modellsituation je nach der subjektiven Schwierigkeit eines Problems[13], um ein vollständiges Versagen während des Suchprozesses zu vermeiden[14].

Hingewiesen sei noch auf zwei für das juristische Denken wichtige *Besonderheiten.* Zunächst gibt es Problemsituationen, deren Lösung einen *Vergleich zwischen mehreren Zuständen* erfordert. Sie sind wegen ihrer generell hohen Komplexität besonders schwierig zu gestalten. Die Aufgabe besteht darin, die inhaltlich oder strukturell vergleichbaren Merkmale oder Merkmalskomplexe aus der Ausgangssituation zu isolieren und diese zueinander in Bezug zu setzen.

---

[11] Z.B. *R. Simon* (1970); *B. Jülisch/W. Krause* (1976).

[12] Dazu *W. Kirsch* (1977), I/89, II/199 f.; *J. Hauschild* (1977), S. 87; *R. Vogt* (1981), S. 203 f. Vgl. auch *H. A. Simon* (1957), S. 156 ff.; *P. U. Kupsch* (1973), S. 246 ff.

[13] Dazu *H. Sauermann/R. Selten* (1962), S. 577 ff.; *G. Reber* (1973), S. 104 ff.

[14] Vgl. *T. L. Child/J. W. M. Whiting* (1954), S. 495 ff.

Beispiele: 1. Bilde gleiche Zeichenfolgen wie A b ? D e oder f G ! i K ! – 2. Die Zeichenfolge A b ? D e verhält sich zur Zeichenfolge f G ! i K wie L m ; O p zu ...?

Ferner kann die Ausgangssituation eines Problems *uneindeutig* sein (bzw. „Lücken“ aufweisen) und deshalb eine *Mehrzahl von Lösungssituationen* zulassen; insoweit bestehen zumeist Abgrenzungsschwierigkeiten. Oder die Lösungsmöglichkeiten eines Problems sind *prinzipiell unbestimmt;* wir bezeichnen es dann als ein *Entscheidungsproblem*[15].

Beispiele: 1. Die Zeichenfolge A b ? D e verhält sich zur Zeichenfolge f G ! i K wie L m; O p zu ...? Diese Aufgabe kann unterschiedlich gelöst werden je nachdem, ob man das dritte Zeichen (a) schlechthin als Interpunktionszeichen, (b) als zweiteiliges Interpunktionszeichen oder (c) als zweiteiliges Interpunktionszeichen mit einem Strich und einem Punkt klassifiziert. – 2. Welches wären die militärischen und politischen Folgen gewesen, wenn das Attentat auf Hitler am 20. Juli 1944 geglückt wäre? ... Das Problem erlaubt keine eindeutige Lösung, da sich die geschichtliche Entwicklung selbst dann, wenn alle Prämissen bekannt sind, niemals exakt vorhersagen oder nachträglich konstruieren läßt.

b) Direktiven des Suchprozesses

An die Erkenntnis einer vorgegebenen Problemgestalt bzw. an die Gestaltung einer Problemsituation aus einer vorgegebenen Ausgangssituation schließt sich die Lösungssuche an.

Seine Richtung erhält der Suchprozeß von gewissen *natürlichen Direktiven des Denkens.* Deren Aufgabe besteht darin, zunächst die Vielzahl möglicherweise relevanter Daten in eine (serielle oder hierarchische) Ordnung zu bringen, sodann durch wechselnden Einsatz der Aufmerksamkeit Vektoren im Suchraum zu schaffen und hierdurch die Verbindung zu Lösungshypothesen herzustellen; schließlich eine Strategie zu entwerfen, wie man von den als relevant erkannten Daten am schnellsten eine als richtig vorgestellte Lösungssituation erreicht („Problemlösungsprogramm“).

Je nachdem, ob beim Durchgang durch den Suchraum Direktiven die Oberhand gewinnen, die das Denken kausal, d.h. von der Aufgabe her, oder teleologisch, d.h. von der vorgestellten Lösung her, steuern, läßt sich der Suchprozeß als (eher) *tentativ* oder (eher) *final* bezeichnen (vgl. genauer unten c).

Die beim Durchgang durch den Suchraum wirksam werdenden Direktiven sind u.a. von G. Berkeley, D. Hume und D. Hartley[16] erforscht worden. Sie

---

[15] Die Unterscheidung zwischen „geschlossenen“ und „offenen“ Entscheidungsmodellen wurde begründet von *M. Alexis/C. Z. Wilson* (1967). In „geschlossenen Entscheidungsmodellen“ sind alle Merkmale der Problemsituation bekannt und exakt definiert; darüber hinaus besteht ein zur Problemlösung führender Algorithmus. Die „offenen Entscheidungsmodelle“ enthalten dagegen nicht alle zur (eindeutigen) Problemlösung notwendigen Prämissen, so daß deren Gewinnung – sei es aus der realen Umwelt, sei es aus der idealen Wertwelt – zu ihrem Erklärungsgegenstand wird; darüber hinaus stehen in ihnen zur Problemlösung keine algorithmischen, sondern nur heuristische Programme zur Verfügung.

[16] *G. Berkeley* (1710); *D. Hartley* (1749); *D. Hume* (1748).

werden als *Assoziationsgesetze* bezeichnet; als Beispiele für sie werden hauptsächlich Berührung (Kontiguität) und Ähnlichkeit (Similarität) genannt. Ihre Geltung ist empirisch bestens abgesichert.

Diese Gesetze betreffen zunächst nur die *kausale* Verknüpfung von gedanklichen Zuständen miteinander. Denn die Assoziationspsychologie hatte ursprünglich den Denkakt als ausschließlich kausal determiniert begriffen. Gestaltpsychologische Forschungen ergaben dann jedoch, daß gleichzeitig mit dem kausalen Ablauf des Denkens auch eine *finale Steuerung* stattfindet, die an Erwartungen oder Vermutungen über die Lösung anknüpft. Das „Probieren" besteht beispielsweise nicht (nur) in einem blinden Prozeß des „trial and error", sondern (auch) in einem Überprüfen von Hypothesen über den zu erreichenden Zustand und in daraus folgenden gedanklichen Ableitungen, wie der Suchraum sinnvoll auf den angenommenen Zielzustand hin zu strukturieren sei. Ob die Assoziationsgesetze auch auf diese finalen Leistungen des Denkens zu übertragen sind, ist m.W. bisher noch nicht untersucht worden.

(1) Das *Gesetz der Berührung* (Kontiguität) besagt, daß zwei Gedanken, die zeitlich und örtlich bereits einmal verbunden aufgetreten sind, die Tendenz haben, wieder gemeinsam aufzutreten.

Spear, Ekstrand und Underwood (1964)[17] gaben einer Anzahl von Vpn zwölf Wortpaare und ließen sie dann diejenigen Wörter lernen, deren Vorkommen innerhalb eines Wortpaares vom Versuchsleiter als korrekt bezeichnet wurde. So konnte z.B. ein Wortpaar BAIL - FIFE lauten, und das korrekte Wort innerhalb dieses Paares konnte FIFE sein. Nicht dagegen wurde von den Vpn verlangt, daß sie eines der Wörter mit den anderen assoziativ verknüpfen lernten. Nach Abschluß der Lernphase wurden die Vpn in drei Gruppen aufgeteilt und mit jeder dieser Gruppen ein Wortverbindungstest vorgenommen. Bei der ersten Gruppe waren die Wortpaare mit den bisher gebrauchten identisch; bei der zweiten wurden die Wörter zu neuen Verbindungen zusammengestellt; und bei der dritten (Kontroll-)Gruppe wurden Wortverbindungen mit völlig neuen Wörtern dargeboten. Es stellte sich heraus, daß bei diesem Test die erste Gruppe die besten und die zweite die schlechtesten Ergebnisse vorwies. Das wurde dahin interpretiert, daß schon allein die Kontiguität zwischen zwei Wörtern imstande sei, eine assoziative Verbindung zwischen ihnen herzustellen.

(2) Das *Gesetz der Ähnlichkeit* (Similarität) besagt, daß zwei Gedanken um so wahrscheinlicher miteinander verknüpft werden, je ähnlicher entweder ihre Eigenschaften oder ihre Relationen sind.

Innerhalb der Gestaltpsychologie wird statt vom Gesetz der Ähnlichkeit zumeist vom Gesetz der Gleichheit (und da noch näher vom Gesetz des gleichen Verlaufs, des gleichen Schicksals, der gleichen Bewegung usf.) sowie vom Gesetz der guten Gestalt gesprochen. Die Gleichheit ist indessen nur ein ausgezeichneter Grenzfall der Ähnlichkeit, so daß das Gleichheitsgesetz wiederum nur ein Spezialgesetz des allgemeinen Ähnlichkeitsgesetzes ist. Darüber hinaus besteht die „Güte" einer Gestalt vornehmlich darin, daß ihr *ein* Bildungsgesetz zugrunde liegt, wodurch ihre Fortsetzung dem bisherigen Verlauf ähnlich oder gleich erscheint (Beispiel: Kreis); auch dieses Gesetz läßt sich daher als ein Spezialfall des Ähnlichkeitsgesetzes einstufen.

Die Bedeutung des Ähnlichkeitsgesetzes für Denkverläufe zeigt sich insbesondere beim *Lernen.*

---

[17] *N. E. Spear/B. R. Ekstrand/B. J. Underwood* (1964).

Nehmen wir an, es sei die Aufgabe gestellt, folgende Wortverbindungen dem Gedächtnis einzuprägen:

(a) Dung - Dank	(d) Frosch - Kröte
(b) groß - fraß	(e) riesig - Schrecken
(c) viel - wenig	(f) Haus - loyal

Folgende Überlegungen werden uns *das Lernen erleichtern*: Im Fall (a) wird uns das erste Wort orthographisch und akustisch an das zweite erinnern. Im Fall (b) können wir zwischen den Paarwörtern ebenfalls eine orthographische und akustische Verbindung herstellen; wir können uns aber auch des auf eine „große" Menge hinweisenden Mittelbegriffs „viel" bedienen, den wir dann in die uns geläufige Zusammensetzung mit „fraß" bringen (: „Vielfraß"). Im Fall (c) werden wir „viel" und „wenig" als Gegenbegriffe für eine Mengenangabe erkennen. Im Fall (d) werden wir uns die enge biologische Verwandtschaft zwischen „Frosch" und „Kröte" vergegenwärtigen. Im Fall (e) werden wir auf den Eindruck rekurrieren, den ein „riesiger" Gegenstand, etwa ein „Ungeheuer", auf uns macht: er versetzt uns in „Schrecken" (das Wort „Ungeheuer", das beides, Erscheinung und Eindruck, verbindet, kann dabei als Mittelbegriff dienen). Und im Fall (f) schließlich werden wir uns der Überlegung bedienen, daß es als sittliche Forderung gelten kann, gegenüber einem „Haus", in dem man lange Zeit gelebt oder gearbeitet hat, sich „loyal" zu verhalten.

Damit haben wir überall *Ähnlichkeitsbeziehungen* hergestellt, um uns das Lernen zu erleichtern: orthographische und akustische Ähnlichkeit im Fall (a), evtl. auch im Fall (b); semantische Ähnlichkeit zwischen „groß" und „viel" sowie Gleichheit der Eigenschaft, Bestandteil des Wortes „Vielfraß" zu sein, und somit mittelbare Ähnlichkeit zwischen „groß" und „fraß" im Fall (b); Zugehörigkeit zur semantischen Klasse der Mengenangaben und damit Ähnlichkeit zwischen „viel" und „wenig" im Fall (c); Zugehörigkeit zur biologischen Klasse der Amphibien und damit Ähnlichkeit zwischen „Frosch" und „Kröte" im Fall (d); Bestandteilseigenschaft eines Ursache-Wirkungs-Verhältnisses und damit Ähnlichkeit zwischen „riesig (aussehen)" und „Schrecken (einjagen)" im Fall (e); Bestandteilseigenschaft einer sittlichen Forderung und damit Ähnlichkeit zwischen „Haus" und „loyal" im Fall (f).

Stellen wir nunmehr die Frage, warum das Lernen durch die Feststellung von Ähnlichkeitsbeziehungen erleichtert wird, so kann die Antwort nur lauten: weil *unser Denken von Natur aus auf das Registrieren von Ähnlichkeiten programmiert* ist[18] und weil wir deshalb eine uns natürliche Fähigkeit einsetzen können, um den gewünschten Lernerfolg zu erreichen.

Besonders signifikant hilft uns das Erkennen von Ähnlichkeiten beim Lernen von Sequenzen – es gelingt uns problemlos, sobald wir das Gesetz ihrer Bildung erfaßt haben. So können wir beispielsweise die Buchstabenfolge atbataatbataatbataatbata usf. uns leicht merken, wenn wir sie uns aus einem invarianten Element at und einem alternierenden Element b/a zusammengesetzt vorstellen.

(3) Die Gesetze der Berührung und der Ähnlichkeit wirken im menschlichen Denken zumeist nicht isoliert, sondern in Verbindung miteinander. Sprachlich kommt dies in einer Reihe von Redewendungen zum Ausdruck, worin die Begriffe „Nähe" und „Ähnlichkeit" einander vertreten. So sagt man z.B. „das

---

[18] Dem entspricht es, wenn das Lernen durch Nachahmung für uns weit bedeutsamer ist als das Lernen durch Tun (bzw. durch „Versuch und Irrtum"). Vgl. etwa *B. R. Bugelski* (1979), S. 231 ff.

kommt der Sache näher", wenn ein Urteil dem Gegenstand, auf das es sich bezieht, in höherem Maße ähnlich („adäquat") ist als ein zuvor abgegebenes. Auch spricht man von der „Annäherung" zweier Standpunkte, wenn diese einander ähnlicher geworden sind. Und umgekehrt sucht man nach einer – Ähnlichkeit des Verhaltens erzeugenden – „Gemeinschaft", wenn man in die Nähe einer anderen Person kommt. Nähe also fordert Ähnlichkeit, und Ähnlichkeit fordert Nähe!

Wir haben deshalb Grund anzunehmen, daß ein *Gesetz der Konvergenz* unser Denken zwingt, die Gesetze der Berührung und der Ähnlichkeit als Bestandteile einer übergeordneten Direktive des Denkens aufzufassen. Es veranlaßt das Denken, ständig nach einem „inneren" Grund, d.h. nach einer gemeinschaftlichen Bedingung für die örtliche und zeitliche „Nähe" von Eindrücken oder Ereignissen zu suchen. Und es veranlaßt ferner das Denken, bei „Gleichheit *infolge* Berührung" die Kategorie einer Kausalität – „Gleichheit" von „Ursachen" und „Wirkungen" (causa aequat effectum) – zu bilden.

Ein solches *Konzept der Kausalität* besitzen nicht nur die Menschen, sondern auch diejenigen Tierarten, die ihre erblich konditionierten Reaktionen durch gelernte Verhaltensweisen ergänzen. Es ist für sie Voraussetzung für sämtliche Lernvorgänge und wird offenbar als *Lerndisposition* genetisch übermittelt. Eine Taube beispielsweise lernt sehr schnell, daß sie auf eine Scheibe picken muß, damit ein Korn in die Futterschale fällt. Offenbar nimmt sie eine Kausalbeziehung zwischen beiden Ereignissen an, wenn das eine zeitlich auf das andere folgt. Tritt eine solche Folge öfters ein, so bildet sie sich darüber hinaus ein festes Konzept von einer kausalen Gesetzmäßigkeit und „erwartet" den Eintritt der Folge schon dann, wenn das vorangehende Ereignis stattfindet. Man erkennt dies an ihren vorgezogenen „bedingten" Reflexen.

(4) Die letzte Bemerkung deutet bereits daraufhin, daß eine wiederholt erfolgreiche Direktion gedanklicher Prozesse gemäß einem *Gesetz der Bekräftigung* verstärkt wird. Dies geschieht dadurch, daß Gedankenoperationen, die bei der Lösungssuche erfolgreich waren und deshalb positiv bewertet wurden („sich gelohnt haben"), im Gedächtnis gespeichert werden, so daß sie jederzeit abgerufen und als Vorarbeiter für künftige Gedankenoperationen eingesetzt werden können.

Ersteindrücke erfolgreicher Problembewältigung werden dabei vom Gedächtnis besonders begierig aufgenommen; sie erlangen *Prägungskraft,* die beim Tier sogar irreversibel sein kann (vgl. dazu auch unten 2). Spätere Eindrücke sind allemal schwächer, und zwar selbst dann, wenn sie den Ersteindrücken zuwiderlaufen.

Übereinstimmend erfolgreiche Eindrücke bekräftigen die Auffassung von ihrer Richtigkeit bis hin zur absoluten *Determination* (Gesetzmäßigkeit, Wahrheit). Widersprechende Eindrücke schwächen die Wahrscheinlichkeit, daß frühere Eindrücke richtig waren, lediglich ab, ohne sie (zunächst) völlig zu löschen („Extinktion", vgl. unten 2).

(5) Sämtliche bisher genannten Gesetze lassen sich gleichzeitig zusammenfassen und erklären durch das *Gesetz des minimalen Energieaufwandes* („Entlastungsgesetz"): diejenige Möglichkeit, bei welcher im Gehirn möglichst viele Erregungen mit dem geringsten Energieaufwand zu einer Einheit zusammengefaßt werden, wird realisiert[19]. Die Entlastungstendenz führt insbesondere zur

Verkürzung von erfolgreich verlaufenen Denkvorgängen, deren Ergebnisse ohne Zwischenglieder im Gedächtnis fixiert und bei weiteren Denkoperationen eingesetzt werden. Ein klassisches Beispiel solcher Verkürzungstechnik ist in der Mathematik der Übergang von der Addition zur Multiplikation.

Auf der Wirkung des Entlastungsgesetzes beruht, daß wir im Rahmen eines Suchvorganges dem direkten Lösungsweg den Vorzug vor allen übrigen einräumen. Hiermit zusammen hängt auch der Aufbau hierarchischer Systeme des Erkennens und Handelns; denn diese Systeme ermöglichen uns, unsere Denkvorgänge erheblich zu verkürzen. Erwähnt sei schließlich, daß der Aufbau unserer grammatischen Strukturen ebenfalls von solchen Entlastungstendenzen geprägt zu sein scheint[20].

c) Kausalität und Finalität im Suchprozeß

Das zuletzt genannte Gesetz des minimalen Energieaufwandes beherrscht ferner den Einsatz der beiden alternativen Techniken zur Problemlösung: das kausale („tentative") und das finale Verhalten.

Tentatives Verhalten in Problemsituationen wird gern als „Methode von Versuch und Irrtum" ("vicarious trial and error" = VTE) bezeichnet.

Diese Bezeichnung verschleiert indessen mehr, als sie erklärt; denn
- „‚versuchen' impliziert, daß eine Reaktion bereits von relevanten Konsequenzen beeinflußt worden ist. Eine Katze ‚versucht zu fliehen', wenn sie ein Verhalten äußert, das entweder in der Evolution der Spezies selektiert worden ist, weil es zur Flucht aus gefährlichen Situationen geführt hat, oder das verstärkt worden ist durch Flucht vor aversiver Stimulation, die im Leben der Katze selbst stattgefunden hat";
- „der Begriff ‚Irrtum' beschreibt nicht, er beurteilt Verhalten"[21].

Gemeint ist mit „tentativem Verhalten" genauer ein *operantes Lernen am Erfolg* („so geht's") *und am Mißerfolg* („so geht's nicht").

Beispiel: Ein Mensch ist in einen Gitterkäfig eingesperrt. Er sucht nach einem Fluchtweg. Die einzige Tür ist indessen versperrt und auch bei aller Anstrengung nicht gewaltsam zu öffnen. Die Situation erscheint aussichtslos. Voller Verzweiflung rüttelt er an den Gitterstäben. Plötzlich bemerkt er, daß einer von ihnen locker ist und sich nach oben schieben läßt. Die hierdurch entstehende Lücke reicht aus, um sich hindurchzuzwängen. Die Flucht gelingt. ... Nehmen wir an, der Mensch werde nach einiger Zeit wieder gefangen genommen und erneut in einen Gitterkäfig eingesperrt. Was liegt für ihn näher, als wieder alle Gitterstäbe durchzuprobieren, ob sie sich lockern und wegschieben lassen? Er hat am Erfolg des ersten Males gelernt, er ist nunmehr „operant konditioniert".

---

[19] Vgl. *E. Mach* (1926), S. 176; *R. Hamburger* (1927), S. 19 ff.; *H. Rohracher* (1960), S. 189 f. Evolutiv läßt sich die Geltung des Entlastungsgesetzes (bzw. Ökonomieprinzips) damit erklären, daß die Prognostizierbarkeit von Umständen und Ereignissen für die Verhaltensplanung selektive Bedeutung im „Kampf ums Dasein" besitzt. Da ein Gehirn, das übergeordnete Zusammenhänge erfaßt, mehr prognostizieren kann als jedes andere, das auf einer untergeordneten Stufe arbeitet, muß es das erfolgreichere sein.

[20] Vgl. dazu auch *H. Sydow* (1976), S. 254 ff.

[21] *B. F. Skinner* (1974), S. 119.

Das Beispiel wirkt konstruiert und ist es auch. Aber es stellt die Verbindung her zu entsprechenden Tierversuchen, die insbesondere mit Katzen vorgenommen wurden: Man sperrte eine Katze in einen Käfig, der mit einem Riegel verschlossen war. Die Katze suchte nach einem Ausweg aus dem Käfig und kam irgendwann per Zufall darauf, daß der Riegel sich zurückschieben ließ. Von da an benutzte sie den Mechanismus ständig, um dem Käfig zu entfliehen.

Tentatives Verhalten ist im menschlichen Leben häufiger, als man gemeinhin annimmt. Lediglich in Routinesituationen, in Situationen also ohne Problemgehalt, spielt es überhaupt keine Rolle. In den meisten Problemsituationen dagegen kommt man ohne es nicht aus. Da das Denken hier stets Gefahr läuft zu scheitern, kann es nur versuchen, durch die Entwicklung möglichst genauer heuristischer Problemlösungsverfahren diese Gefahr zu minimalisieren.

Ein Humorist steht auf der Bühne und bemüht sich, seine Zuhörer mit sorgfältig zurechtgelegten Gags zum Lachen zu bringen. Aber es nutzt nichts; der Funke will nicht überspringen. Unsicher geworden und halb resignierend macht er eine Gebärde, die Hilflosigkeit zum Ausdruck bringt. Und das Publikum, überrascht von soviel Naivität inmitten gekünstelter Pointen, lacht schallend los. Unser Humorist lernt blitzartig, woran es ihm offenbar bisher gefehlt hat. Er versucht künftig, die Geste der Hilflosigkeit in sein Repertoire einzubauen.

Ein Tänzer übt eine neue Figur, aber sie will nicht gelingen. Er setzt immer wieder an. Plötzlich merkt er, wie sein Körper sich lockert und alles „ganz natürlich" abläuft. Er hat die Lösung des Problems gefunden und wird künftig dasselbe Körpergefühl wiederzuerzeugen und dadurch dieselben Körperbewegungen wieder auszuführen suchen.

Wie die vorstehenden Beispiele zeigen, können wir genauer noch *zwei alternierende Phasen* des tentativen Verhaltens im Suchprozeß unterscheiden: die Suche nach den entscheidungsrelevanten Informationen innerhalb einer vollständig unbekannten Situation und, unter der Voraussetzung einer ersten Problemlösung, die Suche im Gedächtnis nach den für die Problemlösung relevanten Situationsmerkmalen und dem passenden Problemlösungsprogramm[22].

Die letztgenannte Suche soll i.d.R. das *finale Verhalten* ermöglichen, d.h. ein Verhalten, bei dem der Suchende die Lösung oder den zu ihr hinführenden Weg kennt, bevor er mit der Endhandlung beginnt. Man spricht hier auch von einsichtigem oder *intelligentem Verhalten*.

Ein Gitterzaun wird auf einer Wiese so aufgestellt, daß er ein Rechteck von drei Seiten begrenzt. Außerhalb der Längsseite wird ein Gegenstand deponiert, der für das Versuchsobjekt so begehrenswert ist, daß er ein starkes Motiv erzeugt, den umzäunten Bereich zu verlassen. Setzt man nun nacheinander einen Schimpansen, einen Hund und ein fünfzehn Monate altes Kind dem Motivdruck aus, so gewahrt man gleichermaßen folgendes: Zunächst versuchen sie, durch das Gitter hindurch an den Gegenstand zu gelangen. Alsbald geben sie diese Versuche jedoch auf. Sie schauen sich um. Dann gehen sie ohne jedes Zögern um das Gitter herum auf ihr Ziel zu. (Zum Vergleich: ein Huhn läuft lediglich aufgeregt am Gitter hin und her, bis es durch Zufall außerhalb des eingezäunten Bereichs gerät und von dort aus dann den nächsten Weg zum Ziel findet.)

---

[22] *F. Klix* (1980), S. 377; *W. Kirsch* (1977), S. I/82.

Finales Verhalten beruht auf dem Assoziationsgesetz der Bekräftigung (oben b 4). Doch nicht dadurch unterscheidet es sich vom tentativen Verhalten, das ebenfalls durch Erfolge bekräftigt und dadurch „operant konditioniert“ werden kann. Entscheidend ist vielmehr, daß das finale Verhalten von der vorausschauenden Erkenntnis des Lösungsweges getragen wird, daß also in ihm nicht „dieselbe stückhafte, sachblinde Verbindung immer wieder vorkommt“, sondern daß „der Übergang von einer unverstandenen und blinden Paarung zum Erfassen der Struktur“[23] geglückt ist. Die finale Strategie besteht also in der *Anwendung eines in seiner Struktur bekannten Problemlösungsverhaltens* auf das spezielle Problem der Ausgangssituation. Dementsprechend liegt der Vorteil der finalen Strategie in der hochgradigen Wahrscheinlichkeit, durch Anwendung eines bereits erfolgreich erprobten Problemlösungsverfahrens zu einer konventionellen Problemlösung zu gelangen - während der Vorteil der tentativen Strategie, die sich mit dem jeweils „nächsten Schritt“ begnügt, darin liegt, daß sie für unkonventionelle Lösungen bis zuletzt offen bleibt.

Tentatives und finales Verhalten stehen nicht einander ausschließend gegenüber. Vielmehr wechseln sie sich ab, und diese Abwechslung kann wiederum entweder von einer *„Strategie der Lösungsschritte“* gesteuert werden oder sich ungeplant aus der Situation heraus ergeben. Darüber hinaus verbinden sie sich dort, wo einzelne Sequenzen eines einheitlichen Verhaltensprozesses final, andere wiederum tentativ den besten Erfolg versprechen. Ist das Problem hochgradig kompliziert, dürfte eine solche Kombination sogar die Regel sein.

2. Konklusionen

Der Suchprozeß mündet in das Lösungsstadium, in die Konklusion.

Gedanklich bauen Konklusionen auf dem „Kausalitäts“schema von Grund und Folge auf: Eine Konklusion besteht aus einer Reihe von Gedanken, deren letztfolgender durch die vorangehenden begründet wird. Der Schlußgedanke wird als *Conclusum,* die vorangehenden werden als *Prämissen* bezeichnet.

Während die (formale) *Logik* in der Lehre vom Schluß das normativ-denkgesetzliche Hervorgehen des Conclusums aus seinen Prämissen behandelt, nimmt sich die *Denkpsychologie* der tatsächlichen Denkabläufe und der in ihnen wirksam werdenden Gesetzmäßigkeiten an. Trotz ihrer unterschiedlichen Zielrichtungen haben beide Disziplinen indessen eine gemeinsame Grundlage: das *Denken,* das in der Denkpsychologie in seiner Realität, d.h. als (anschauliche oder unanschauliche) Denkakte (Vorstellungen), in der (formalen) Logik aber in seiner Idealität, d.h. als geistiges Sein bar aller Aktqualität, zum Untersuchungsgegenstand gemacht wird. Die formal-logische Form des Schlusses besitzt deshalb auch in der Psychologie eine besondere Bedeutung: sie zeichnet sich dort vor anderen Schlüssen durch ein Maximum an Prägnanz aus und stellt somit die Idealform auch des psychologischen Schließens dar. Konklusionen, die solche Prägnanz nicht besitzen, kommen dieser Idealform nur „nahe“, besitzen mit ihr nur „Ähnlichkeit“ und haben deshalb nicht dieselbe Evidenz. Will man gleichwohl alle Schlußverfahren im denk-

---

[23] *W. Ehrenstein* (1965), S. 87.

psychologischen Sinne einheitlich charakterisieren, so wird man sie als *Ähnlichkeitsschlüsse* („Analogie“schlüsse) zu verstehen haben, welche gemäß dem Prägnanzgesetz der Gestaltpsychologie die Tendenz besitzen, sich der Idealform eines logischen *Gleichheitsschlusses* anzunähern.

Während in der Logik jeder beliebige Satz zum Schlußsatz eines Syllogismus erhoben werden kann, sind für das problemorientierte Denken nur diejenigen Sätze „Schluß“sätze, welche eine zuvor gesuchte Problemlösung enthalten. *Psychisch* ist die Erreichung eines solchen Schlußsatzes zumeist von einem belohnenden *„Aha“-Effekt* begleitet. Er entsteht, wenn eine Problemlösung „ernsthaft“ erstrebt wurde, wenn also eine psychische Problem*spannung* (eine „kognitive Dissonanz“) und ein hierauf erwachsenes Problemlösungs*bedürfnis* bestand. Problemspannung und Problemlösungsbedürfnis sind Ausdruck menschlicher „Neugier“ i.w.S., also jenes – beim Menschen funktional weitgehend autonom gewordenen – Antriebs, durch Wahrnehmung, begreifendes Denken und wertendes Fühlen neue Erkenntnisse zu gewinnen. Die Befreiung von der Problemspannung durch Problemlösung ist darum gleichbedeutend mit der Befriedigung menschlicher „Neugier“.

Je stärker die „Gier“ nach „neuer“ Erkenntnis ist, desto höher ist der Befriedigungseffekt, wenn die Erkenntnis erlangt wird. Aber auch dann „lohnt sich“ eine Erkenntnis gewöhnlich mehr, wenn sie längere Zeit hat auf sich warten lassen, wenn sie dem Suchenden eine erhebliche Anstrengung abgefordert hat u.a.m. Der Effekt der Belohnung wirkt zurück auf das Maß der Anstrengung, die künftig bei der Erkenntnissuche für erforderlich gehalten wird: Ist die Lösung erst nach langem Suchen gefunden worden, dann ist der Suchende im allgemeinen bereit, auch künftig mehr Zeit in die Suche zu investieren, als wenn er bisher stets nach kurzer Suche Erfolg hatte. So neigt, um ein triviales *Beispiel* zu benutzen, der Mensch eher dazu, ein defektes Feuerzeug wegzuwerfen, wenn es zuvor stets gezündet hat, als wenn er sich jedesmal erst mit ihm abmühen mußte und daher der Belohnungseffekt, daß es brennt, höher war.

Die unterschiedliche Höhe des Belohnungseffekts ist vor allem in der experimentellen *Tierpsychologie* wiederholt getestet worden: Eine Taube, die nach jedem Picken gegen die Scheibe eines Futterautomaten zur Belohnung ein Korn erhielt, ließ beim Ausbleiben der Belohnung in ihrer Anstrengung viel schneller nach als eine andere, die nur für jedes hundertste Picken ein Korn erhalten hatte.

Auch von der negativen Seite her kann der Schlußsatz einer Denkoperation charakterisiert werden. Er ist dann derjenige Satz, dessen Nichterreichen beim Suchenden eine *Frustration* und, damit verbunden, ein Gefühl der Ratlosigkeit („Konflikt“) auslöst.

Wann beim Suchenden ein „Aha“-Erlebnis, wann ein Gefühl der Ratlosigkeit entsteht, wann also der Schlußsatz als erreicht oder nicht erreicht scheint, hängt nicht von der „richtigen“ Lösung des Problems ab, sondern entweder von der subjektiven *Empfindung,* das Problem gelöst oder nicht gelöst zu haben, oder aber von der subjektiven *Entscheidung*[24], bei der gefundenen Lösung stehenzu-

[24] Vgl. zum Begriff der „Entscheidung“ *W. Keller* (1954), S. 103:„Gemeinhin denkt man beim Begriff der Entscheidung an eine Wahl zwischen mehreren Möglichkeiten. Allein gerade das macht nicht ihr eigentliches Wesen aus. Dieses liegt nicht in der Tatsache mehrerer

bleiben. Eine solche Entscheidung ist darüber hinaus erforderlich, wenn ein Problem in mehreren Alternativen gelöst werden kann und es deshalb der Wahl bedarf, welcher der Alternativen man den Vorzug geben will.

Die Empfindung, ein Problem gelöst zu haben, entsteht, wenn sich ein neuer Gedanke in das System des eigenen Denkens einordnen läßt, wenn er in eine harmonische Beziehung zu den bereits vorhandenen gedanklichen Konzepten tritt, wenn er sich mit diesen zu einer guten (*konsonanten*) Gestalt verbindet.

Hierüber berichtete K. Bühler in einem Referat auf dem dritten Kongreß für experimentelle Psychologie (1908) aufgrund von Mitteilungen seiner Vpn: Ihr „Aha"-Erlebnis war in allen Fällen ein Beziehungserlebnis. Es war ein alter, der Vp geläufiger Gedanke produziert worden, und nun wurde eine bestimmte logische Beziehung zwischen diesem alten und dem zu verstehenden neuen Gedanken bewußt. Diese Beziehung war sehr mannigfaltig: Identität, Ähnlichkeit, Gegensatz, Subsumtion, Begründung usw. Der Gedanke wurde dadurch ideal eingeordnet, er erhielt, bildlich gesprochen, seinen logischen Platz in der Gedankenwelt des Hörers, und dadurch wurde er verstanden.

Diese Beobachtungen entsprechen denen der *„Dissonanz"-Forschung* L. Festingers, wonach sich das Denken solange im Stadium der Aktivierung befindet, wie die einzelnen Gedanken sich noch im Zustand der „Dissonanz", d.h. noch nicht im höchstmöglichen Gleichgewichtszustand, dem der Spannungslosigkeit, befinden[25].

Eine *Entscheidung, ob man bei der gefundenen Problemlösung stehenbleiben soll,* wird dann notwendig, wenn sich am Ende des Problemlösungsprozesses kein Zustand der Spannungslosigkeit einstellt, sondern weiterhin Zweifel nagen, ob die gefundene Lösung wirklich die richtige oder auch nur die bestmögliche ist. Entscheidet sich der Suchende unter diesen Umständen dafür, die Lösungssuche fortzusetzen, dann geht er auf das dem Lösungsstadium voranliegende Stadium

---

Möglichkeiten, sondern darin, daß überhaupt eine Möglichkeit *ergriffen* wird." Ferner *W. Kirsch* (1977), S. I/71: „Faßt man den Entscheidungsbegriff so weit, so sind auch Problemlösungsprozesse als Entscheidungsprozesse zu charakterisieren, die lediglich zur Entwicklung und Formulierung einer einzigen Lösungshypothese führen, die akzeptiert wird, ohne daß mehrere Alternativen erwogen und verglichen werden."

[25] Vgl. *L. Festinger* (1978). Nach *G. Reber* (1973), S. 222, machen drei Annahmen den Kern dieser Theorie aus:

1. Kognitive Dissonanz wird als psychischer Spannungszustand erlebt.
2. Dieser Spannungszustand entsteht, wenn eine Person gleichzeitig mindestens zwei Kognitionen (Ideen, Meinungen, Ansichten, Glaubenssätze) offen (bewußt) erfaßt, die psychologisch inkonsistent (dissonant) sind.
3. Der Spannungszustand wird als unangenehm empfunden; deshalb strebt die Person danach, Dissonanzen abzubauen, d.h. Kognitionen so zu verändern, daß sie psychologisch besser zusammenpassen, konsonanter werden.

Die Theorie der kognitiven Dissonanz ging ursprünglich davon aus, daß Dissonanzen lediglich nach dem Abschluß eines Problemlösungsprozesses auftreten, und untersuchte deshalb nur die davon ausgehenden Wirkungen (z.B. *L. Festinger* (1957), S. 123 ff.). Neuere Forschungen haben indessen ergeben, daß auch schon innerhalb eines Problemlösungsprozesses Entscheidungen über Verhaltensalternativen zu treffen sind und daß sich deshalb eine Person fast niemals im Stadium „reiner" (d.h. objektiver, unparteiischer) Kognition befindet, sondern fast immer im Stadium strategischer Weichenstellung und damit der Entscheidung. Die ursprünglich von Festinger getroffene Unterscheidung zwischen „Konflikt" und „kognitiver Dissonanz" ist daher inzwischen eingeebnet worden, so daß heute zwischen beiden Begriffen kein wesentlicher Unterschied mehr besteht. Vgl. dazu *M. Irle* (1971), S. 145 ff.; *G. Reber* (1973), S. 190 ff., 221 ff.

wieder zurück und beginnt von dort aus die Suche aufs Neue. Entscheidet er sich für die Einstellung der Suche, dann senkt er entweder, zur Entschärfung etwa noch bestehender Dissonanz, das Anspruchsniveau auf die erreichte Lösungsstringenz herab, gibt sich also mit der erreichten Lösung zufrieden, oder er biegt die Problemsituation nachträglich so zurecht, daß die erreichte Situation die vollstringente Auflösung der Problemsituation enthält.

Von der zuletzt genannten Entscheidung, bei einer möglicherweise unrichtigen Problemlösung stehenzubleiben, ist die *Entscheidung zwischen mehreren gedanklich gleich richtigen Problemlösungen* zu unterscheiden. In Frage steht hier nicht das Anspruchsniveau, sondern der Inhalt der Lösung: ob er z.B. das Rechtsgefühl befriedigt. Gewählt wird im allgemeinen diejenige Alternative, die sich dem eigenen Wertsystem am besten einordnen läßt bzw. sich mit früheren Wertentscheidungen zu einem harmonischen (konsonanten) Ganzen verbindet.

Ein Denken, welches den Zielzustand eines Suchprozesses tatsächlich erreicht, also die *richtige Lösung* gefunden hat, wird gern als *produktives Denken* bezeichnet[26].

D. Die Bindung des Rechts an das menschliche Denkprogramm

Die programmierende Bedeutung der psychischen Denkgesetze für die juristische Arbeitsweise ist, wenn ich recht sehe, bisher nirgends eingehend behandelt und gewürdigt worden. Das ist um so erstaunlicher, als eine Reihe von Autoren sich speziell mit dem juristischen Denken monographisch auseinandergesetzt hat. Sämtliche Autoren treten jedoch als Juristen und somit vom normativen Standpunkt an das juristische Denken heran[27]. Sie unterstellen es Sollensregeln - und sie tun das, ohne zuvor die Regeln seines Könnens untersucht zu haben. Daß ihre Sollensregeln gleichwohl nichts Unmögliches fordern, verdanken die Autoren der bewährten Tradition, auf der sie aufbauen, darüber hinaus wahrscheinlich noch ihrer praktischen Erfahrung. Beide, Tradition und Erfahrung, lassen sie die Grenzen des Denkenkönnens selbst dort einhalten, wo die Regeln, die diese Grenzen bestimmen, im Dunkeln bleiben.

Selbst dort, wo ausnahmsweise die psychologischen Strukturen der richterlichen Entscheidung zum Gegenstand der Untersuchung gemacht wurden, nämlich in der Arbeit von R. Weimar[28], sind seltsamerweise die psychischen Denkgesetze nicht in die Erörterung einbezogen.

---

[26] Zum produktiven Denken vgl. insbesondere die Arbeiten von *M. Wertheimer* (1964); *K. Duncker* (1974); *O. Selz* (1922); *F. Klix* (1980), S. 637 ff.

Über amerikanische Forschungen zu den Problemlösungsprozessen berichten *L. E. Bourne/ B. R. Ekstrand/R. L. Dominowski* (1971), S. 41 ff.

[27] Beispielhaft *K. Engisch* (1983); *H. Coing* (1985), S. 301 ff.; aber auch *C. H. Perelman/ L. Olbrechts-Tyteca* (1970).

[28] *R. Weimar* (1969).

Im folgenden habe ich daher zunächst auf die an sich triviale Tatsache hinzuweisen, daß *dem juristischen Denken natürliche Denkprozesse („Assoziationen") zugrunde liegen, die von natürlichen Denkgesetzen („Direktiven") gesteuert werden.* Von hier aus werde ich dann im einzelnen darlegen, daß die natürlichen Denkgesetze sowohl die Rechtsetzung als auch – und bedeutsamer noch – die Interpretation des gesetzten Rechts bestimmen und somit die Annahme des Rechtspositivismus Lügen strafen, daß sich das juristische Denken allein vom positiven Recht leiten lasse. Die methodischen Regeln für die Lösung juristischer Probleme sind vielmehr weitgehend Fest- bzw. Fortschreibungen derjenigen natürlichen Gesetzmäßigkeiten, welche überhaupt Denkprozesse in Problemsituationen steuern – und zwar deshalb, weil sie sich als gewöhnlich erfolgreich erwiesen haben. Anders ausgedrückt: *Die deskriptiven Modelle effizienten Problemlösungsverhaltens sind zumindest im Ansatz auch die präskriptiven Modelle juristisch richtigen Problemlösungsverhaltens.*

1. Assoziationen und Direktiven im juristischen Denken

Wie im Verlauf von allgemeinen Problemlösungsprozessen lassen sich auch im Verlauf juristischer Problemlösungsprozesse drei Phasen unterscheiden: (a) die Eingangsphase, nämlich die *Gestaltung des Rechtsproblems,* (b) die Arbeits- oder Suchphase, nämlich der kreative Prozeß der *Generierung und Selektion von Hypothesen* zur Auflösung des Rechtsproblems, und (c) die Lösungsphase, nämlich die *Entscheidung des Rechtsproblems.*

a) Die Gestaltung der juristischen Problemsituation

Am Anfang steht die Gestaltung des juristischen Problems. Sie ist nur dann entbehrlich, wenn die Problemfrage von Anfang an fertig vorgegeben ist, etwa im Vorlagebeschluß eines Oberlandesgerichts an den Bundesgerichtshof gemäß § 121 II GVG. Im übrigen bedarf das Problem der Definition, die Problemfrage also der Formulierung, etwa in folgender Gestalt: „Kann eine beleidigte Person von ihrem Beleidiger Schadensersatz bzw. Genugtuung in Geld verlangen?" oder konkreter: „Hat X einen Zahlungsanspruch gegen Y, weil dieser ihn gegenüber Z als ‚Bankrotteur' bezeichnet hat?"

Obwohl in keiner juristischen Problemfrage normative Elemente fehlen, nimmt ihre Gestaltung im allgemeinen nicht vom positiven Recht, sondern von einem tatsächlichen Ereignis oder von einer Anzahl solcher Ereignisse ihren Ausgang. Bleiben wir beim Einzelfall: Ein gewisser Y möge einem gewissen X dadurch, daß er ihn einen „Bankrotteur" nannte, einen nicht unerheblichen Rufschaden zugefügt haben. Wir bezeichnen dieses Ereignis als den *tatsächlichen Teil der Ausgangssituation.* Indem die Ausgangssituation uns als rechtsfolgebedürftig erscheint, wird sie zum *tatsächlichen Teil einer Problemsituation* – zum juristischen „Sachverhalt" bzw. zur „tatsächlichen Seite des Streitverhältnisses" (§ 139 I 2 ZPO). *Definieren* kann man den tatsächlichen Teil einer Problemsituation somit als Summe derjenigen Sachverhaltselemente, die uns bzw. einer kompetenten Instanz für die Beantwortung einer juristischen Problemfrage als relevant („rechtsrelevant") erscheinen.

Welche Merkmale der tatsächlichen Ausgangssituation kommen dafür in Betracht? Nach dem oben Ausgeführten (vgl. C 1 a) sind es diejenigen Merkmale, von denen aus sich die Lösungssituation, d.i. die juristische Entscheidung des „Streitverhältnisses", erreichen läßt. Wie aber lassen sich diese Merkmale isolieren, ohne daß zuvor die Entscheidung gefällt wäre? Gerät das juristische Denken hier nicht sogleich in ein Knäuel von Problemen hinein, worin es das Ende in der Hand halten muß, um den Anfang zu finden? Die Antwort und damit des Rätsels Lösung liegt in dem noch näher zu beschreibenden Verlauf des juristischen Suchprozesses. Über ihn sei so viel vorausgeschickt, daß er den allgemeinen Direktiven des menschlichen Denkens folgt, sich also hauptsächlich durch Ähnlichkeitsbezüge hindurch auf sein Ziel zubewegt. Daraus ergibt sich dann rückläufig, daß zur Problemsituation lediglich diejenigen tatsächlichen Merkmale der Ausgangssituation gehören, die mit den tatsächlichen Merkmalen der Lösungssituation Ähnlichkeit besitzen.

Mitbestimmt wird die Lösungssuche allerdings auch von den gesetzlichen und sonstigen rechtlichen Normen, die auf die tatsächliche Ausgangssituation „anwendbar" sind und somit den *normativen Teil der Ausgangssituation* bilden. Welche Normen aber sind „anwendbar"? In Betracht kommen nur Normen, deren Tatbestände mit den tatsächlichen Merkmalen der Ausgangssituation Ähnlichkeit besitzen. Zwecks vollständiger Definition der Problemsituation hat der Jurist folglich die tatsächlichen Merkmale der Ausgangssituation mit allen normativen Tatbestandssituationen überschlägig zu vergleichen und sodann diejenigen Normen auszuwählen, deren Tatbestände im Verlauf der Lösungssuche noch eine genauere Vergleichung erfordern, die also „ernstlich in Betracht kommen". Anders und plastischer ausgedrückt hat der Jurist die Rechtsnormen durch die „Brille des Sachverhalts" und den Sachverhalt durch die „Brille der Norm" zu betrachten und hierbei die als vergleichbar ins Auge fallenden Merkmale zu isolieren[29]. Die Summe der vergleichbaren Merkmale bildet dann die *Gesamtheit der juristischen Problemsituation: die tatsächliche Ausgangssituation nebst dem juristischen Problemlösungsprogramm.*

---

[29] Ebenso *A. Kaufmann* (1982), S. 37 ff. (: Rechtsfindung als Assimilation zwischen Lebenssachverhalt und Norm); *K. Larenz* (1983), S. 268 (: „Der Beurteiler geht ... von dem ihm geschilderten Sachverhalt aus, prüft, welche Rechtssätze möglicherweise auf ihn anwendbar sind, vervollständigt danach den Sachverhalt im Hinblick auf die Tatbestände dieser Rechtssätze, die er ihrerseits wieder, soweit sie keine glatte Subsumtion ermöglichen, im Hinblick auf solche Umstände, wie sie hier vorliegen, konkretisiert. Der Sachverhalt als Aussage erhält seine endgültige Fassung erst im Hinblick auf die Rechtssätze, nach denen er beurteilt wird; diese aber werden ihrerseits ausgewählt und, soweit erforderlich, konkretisiert im Hinblick auf den zu beurteilenden Sachverhalt."); *J. Hruschka* (1965), S. 46 ff.; *W. Hassemer* (1986), S. 209 f.; u.a.

Für den *Gesetzgeber* stellt sich die Aufgabe der Problemdefinition insofern anders, als er nicht von einem einzelnen historischen Sachverhalt auszugehen hat, sondern von einer unbestimmten Vielzahl, und seine Sachverhalte zumindest teilweise nicht in der Vergangenheit liegen, sondern in der Zukunft. Gesteuert wird sein Denken indessen genau wie das des Richters durch normative Komponenten, wenngleich mit dem Unterschied, daß diese Komponenten noch keine gesetzliche Gestalt gefunden haben, sondern lediglich als „Normhypothesen" in der öffentlichen Diskussion vertreten werden. Davon abgesehen aber gestaltet sich die gesetzgeberische Problemsituation ebenso wie die richterliche: durch eine Vergleichung der Situation, wie sie ist, mit der in der Rechtsgemeinschaft nachhaltig geforderten Situation, wie sie sein soll, und durch den Aufweis, daß eine Diskrepanz zwischen der Ist- und der Soll-Situation besteht.

Im allgemeinen wird der Gesetzgeber den in der Rechtsgemeinschaft vorherrschenden Wertstandpunkt übernehmen und ihm normative Sicherheit verleihen. Der Richter wird ihn abermals an die Beurteilung des konkreten Falles anlegen und dadurch für seine Geltung auch im Einzelfall sorgen. Wiederum ergibt sich hieraus eine Fülle von Ähnlichkeitsbeziehungen, die schon seit längerem von der – unter psychologischem Einfluß entstandenen[30] – „Interessenjurisprudenz" hervorgehoben wurden. Deren Kernaussage lautet: „Die Gebote des Gesetzes enthalten eine Abwägung in Konflikt stehender Interessen und dadurch Werturteile. Diese Werturteile sind für den Richter bei der Abwägung gleichartiger [!] Interessen maßgebend ..."[31]. Freilich – woraus ergibt sich für den Richter die Vergleichbarkeit des von ihm zu entscheidenden Interessenkonflikts mit dem vom Gesetz vorentschiedenen? Unmöglich kann hierfür allein die Gleichheit in der Formulierung von gesetzlicher Norm und realem Sachverhalt den Ausschlag geben. Die Formulierung bedarf vielmehr auf beiden Seiten der *Auslegung.* Diese Auslegung lenkt dann, vom Gesetz her, den Blick auf sämtliche Sachverhaltstatsachen, die für den Plan, den der Gesetzgeber mit seiner Norm verfolgt hat, relevant sind[32], und von der Ausgangssituation her auf sämtliche Gesetzesnormen, die für den konkreten Interessenkonflikt herangezogen werden können. Eine Chemikalie beispielsweise wird in andere Wert- und Normbeziehungen hineingestellt je nachdem, ob sie als Arznei oder als Gift interpretiert wird.

Vollständig ausgedrückt: Es gehören zur Problemsituation sämtliche tatsächlichen Merkmale der Ausgangssituation und juristischen Problemlösungsprogramme, die aufgrund ihrer – durch Auslegung sichtbar zu machenden – immanenten Ordnungsstrukturen einander *ähnlich* sind.

Ein Rechtsproblem ist *desto besser* herausgearbeitet, *je klarer* sich die Strukturen seiner Lösung abzeichnen. Prototypen solcher elaborierter Rechtsprobleme sind die Lehrfälle in der juristischen Literatur – obwohl es vor noch gar nicht langer Zeit als „chic" galt, sie zu belächeln[33]. Ihrer Darstellung fehlt fast jegliche *Redundanz,* d.h. sie isolieren eine Problemsituation so stark von allen

---

[30] Vgl. *J. Edelmann* (1967), S. 53 ff.; *H. Coing* (1968), S. 69 ff.

[31] *Ph. Heck* (1932), S. 47, 62.

[32] *F. Müller* (1976), S. 117 u.ö. spricht sogar davon, daß der „Normbereich, d.h. der Ausschnitt sozialer Wirklichkeit in seiner Grundstruktur, den sich das Normprogramm als seinen Regelungsbereich ‚ausgesucht' ... hat", zur Norm „gehört". Diese Auffassung dürfte indessen zu stark auf das öffentliche Recht zugeschnitten sein, als daß sie für die gesamte Rechtsordnung Geltung beanspruchen dürfte. Richtig erscheint indessen, daß die logistische Auffassung der Rechtsnormen seitens der klassischen Methodenlehre zu eng ist und zugunsten einer realistischen, damit aber zugleich voluntativ-dynamischen Auffassung verlassen werden muß.

[33] Vgl. etwa *H. Jäger* (1973), S. 300 ff.

nicht relevanten Merkmalen einer tatsächlichen Ausgangssituation, daß die tatsächliche Ausgangssituation selbst kaum noch sichtbar wird.

Dagegen ist in der juristischen Praxis gerade diese Reduktion der situativen Redundanz, die Abstraktion von allen unwesentlichen Aspekten der Ausgangssituation, die Hauptaufgabe des Juristen (vgl. § 313 I Nr. 3 ZPO). Zwei endogene Tendenzen wirken hierbei mit und werden zur Grundlage methodischer Postulate erhoben:

- eine *natürliche Betrachtungsweise,* welche die Situation insgesamt gestalthaft zusammenfaßt und gliedert;
- eine *normative Betrachtungsweise,* welche die Zahl der für die Problemsituation relevanten Ereignisse und Zustände nochmals reduziert, indem sie zwischen solchen mit hohem und solchen mit geringem oder fehlendem juristischen Informationswert unterscheidet[34].

Bei der zuletzt genannten normativen Betrachtungsweise arbeitet das juristische Denken solange *„korrekt“,* wie es sich auf eine an den nationalen Rechtsgesetzen geschulte Einstellung („Judiz“) stützt. Es führt dann zu einer von vornherein gesetzeskonformen Sicht der tatsächlichen Ausgangssituation, d.h. zu ihrer Reduktion auf die für die Gesetzesanwendung wesentlichen Tatsachen (und schließlich zu einer unter gesetzlichem Aspekt vertretbaren Entscheidung). Weniger „korrekt“ als vielmehr intuitiv arbeitet das Denken dagegen, wenn es auf einem lediglich am Recht ausgerichteten Gefühl für die Relevanz von Tatsachen („Rechtsgefühl“ i.e.S.) aufbaut. Dann nämlich führt es entweder zu einer stark persönlich („willkürlich“) gefärbten Problemsicht (die eine lediglich subjektiv richtige, nicht aber unbedingt gesetzeskonforme Entscheidung zur Folge hat) oder zur Einbeziehung einer übergroßen Zahl von „nebensächlichen“ Umständen in die Problemsituation (wodurch der Blick auf die für die Entscheidung wesentlichen Gesichtspunkte verstellt wird). Methodisch scheint daher alles dafür zu sprechen, die vom „Judiz“ beherrschte normative Betrachtung zur allein der lex artis entsprechenden zu erklären. Daß dies nicht geschieht, beruht auf einem Vorteil, den nur ein vom „Rechtsgefühl“ (i.e.S.) getragenes Auswahlverfahren verbürgt: auf dem Vorteil nämlich, daß auch die das abstrakte Gesetz individualisierenden Merkmale der Ausgangssituation in die Problemsituation einbezogen werden und daß dann deren immanente Ordnungsstruktur die Problemlösung ebenfalls mitbestimmt. Soll eine Rechtsfindung „gerecht *und* billig“ sein, soll sie sich an „Gesetz *und* Recht“ (vgl. Art. 20 III GG) ausrichten, dann muß sie sich einer komplexen normativen Betrachtungsweise bedienen, dann muß sie neben dem „Judiz“ auch dem „Rechtsgefühl“ i.e.S. eine gestaltende Funktion zuweisen.

---

[34] Zur „natürlichen“ und zur „normativen“ Betrachtungsweise vgl. *E.-J. Lampe* (1984), S. 231 f. Eingehende Untersuchungen über Bedeutung und Wirkung dieser Betrachtungsweisen im Recht sind mir nicht bekannt.

Wesentlich für das Zustandekommen einer an „Gesetz und Recht" ausgerichteten Rechtsfindung *des Richters* ist – neben der stimulierenden Wirkung der tatsächlichen Ausgangssituation – dessen *individuelle Lerngeschichte.* Vor allem *Übung* im Umgang mit juristischen Sachverhalten und mit den nationalen Rechtsregeln bringt nämlich ein gutes „Judiz" hervor; vor allem *Übung* schärft darüber hinaus den Blick für feinere Nuancen, für das Rechtliche der konkreten Situation und im abstrakten Gesetz; und vor allem *Übung* verhindert schließlich, daß an die Stelle der realen Situation und der tatsächlichen Gesetzeslage ein simplifiziertes heuristisches Abbild die Rechtsfindung bestimmt, daß also das Anspruchsniveau an die Wohldefiniertheit der Problemsituation zu stark abgesenkt wird. Daraus folgt, daß theoretisches Studium allein niemals die praktische Erfahrung ersetzen kann – wie umgekehrt selbstverständlich praktische Erfahrung ohne vorangegangenes theoretisches Studium niemals verbürgt, daß „Gesetz und Recht" die Problemgestaltung bestimmen.

Hingewiesen sei noch auf eine speziell juristisch bedeutsame Strategie zur Reduktion von Problemredundanz: auf die *Problemzerlegung.* Ein hochkomplexes Gesamtproblem wird danach in mehrere Teilprobleme aufgespalten, für die Teillösungen erarbeitet werden; erst anschließend wird hieraus die Gesamtlösung hergeleitet.

Angewandt wird das Verfahren regelmäßig in der *Gesetzgebung.* Dort wird z.B. das komplexe Problem der Computer-Kriminalität zerlegt in seine vermögensstrafrechtlichen, urkundenstrafrechtlichen, urheberstrafrechtlichen usf. Bestandteile, deren Beratung verfahrensmäßig getrennt und mit der Schaffung unterschiedlicher Schutznormen abgeschlossen wird.

Erhebliche Bedeutung besitzt die Problemzerlegung aber auch in der *Rechtsprechung.* Hier wird beispielsweise die Prüfung der Zulässigkeit einer gerichtlichen Klage von der Prüfung ihrer Begründetheit abgespalten. Innerhalb der Zulässigkeit werden wiederum die allgemeinen Verfahrensvoraussetzungen (Partei- und Prozeßfähigkeit) von den besonderen Verfahrensvoraussetzungen für eine bestimmte Prozeßart oder Prozeßhandlung abgetrennt. Möglich ist ferner eine Aufspaltung der Begründetheitsprüfung in Grund und Höhe des Anspruchs, und § 304 I ZPO erlaubt dem Gericht sogar, über den Grund eines Anspruchs vorab zu entscheiden. „Er will damit das Verfahren vereinfachen und verbilligen, indem er umfangreiche Beweisaufnahmen über den Betrag erspart, die bei anderweitiger Einstellung der höheren Instanz ins Wasser fallen"[35].

Die Problemzerlegung birgt allerdings auch Gefahren. Denn über der Lösung der Teilprobleme kann leicht das *Gesamtproblem* aus dem Blick geraten. So sollen z.B. durch die Zerlegung der Begründetheitsprüfung und die Vorabentscheidung über den Grund des Anspruchs Zeit und Kosten gespart werden. Aber das Verfahren kostet die Parteien u.U. mehr Geld – dann nämlich, wenn über den Grund des Anspruchs durch drei Instanzen gestritten wird und sich danach, bei der Verhandlung über den Betrag, herausstellt, daß von der Klageforderung wenig oder nichts übrig bleibt. Und das Verfahren kostet die Parteien u.U. auch mehr Zeit – weil nämlich der Kläger, solange nicht über die Höhe des Anspruchs entschieden ist, nicht (noch nicht einmal vorläufig) vollstrecken kann und daher Gefahr läuft, trotz verurteilendem Erkenntnis leer auszugehen. Bevor die Zerlegung der Begründetheitsprüfung stattfindet, bedarf es deshalb der Aufstellung einer *Hierarchie der Teilproblem-Lösungsprozesse.* Nur wenn danach – unter dem prozeßökonomischen Aspekt der Nutzenmaximierung – der Entscheidung über den Grund des

---

[35] *P. Hartmann* (1987), Anm. 1 zu § 304 ZPO.

Anspruchs die Priorität vor einer Gesamtbehandlung zukommt, weil der dem Grund nach zuerkannte Anspruch mit hoher Wahrscheinlichkeit in einer nennenswerten Höhe besteht und vollstreckt werden kann, dürfen Zerlegung und Vorabentscheidung stattfinden[36].

Eine gut aufbereitete Problemsituation ist bereits halb gelöst. Doch wie gut darf eine Problemsituation aufbereitet werden? Hierin liegt eine weitere, speziell für die juristische Entscheidungsfindung bedeutsame Frage. Kein Richter darf z.B. eine Problemsituation so „gut" aufbereiten, daß er die *Lösungssituation* mit einem einzigen (Subsumtions-)Schritt erreichen kann – also praktisch *vorwegnimmt.* Die „Entscheidung", d.h. die richterliche Wahl zwischen Alternativen, muß bei der Formulierung der Problemsituation möglich bleiben, auch wenn der Ausgang der Wahl dem Kundigen klar vor Augen steht. Exakter gesagt: Die Problemsituation darf nicht bereits sämtliche für eine formallogische Lösung notwendigen Prämissen enthalten.

Daneben muß die Ausgangssituation in der Problemsituation erkennbar bleiben, nicht nur für den Juristen, sondern auch für den Laien. Zu ihrer Darstellung muß deshalb die *Alltagssprache* verwendet werden. Seine eigene Terminologie darf der Jurist in diesem Stadium nur insoweit einsetzen, als sie der Alltagssprache entnommen oder in die Alltagssprache eingegangen ist. Doch selbst Begriffe der Alltagssprache müssen für ihn dann ausscheiden, wenn sie den Streit der Parteien präjudizieren würden. Die petitio principii ist nicht nur eine logische, sondern auch eine juristische Sünde! Streiten die Parteien beispielsweise um den Abschluß eines „Kauf"vertrages, so muß es sich der Richter versagen, bereits die „tatsächliche Seite des Streitverhältnisses" (§ 139 I 2 ZPO) als „Kauf" darzustellen, nur weil sie ihm unter juristischem Aspekt als Kauf erscheint.

Während auf der einen Seite die Problemdarstellung die Problemlösung nicht schon vorwegnehmen darf, darf sie auf der anderen Seite die Problemlösung nicht *verhindern.* Dies aber geschähe, wenn sie den Sachverhalt auf eine Abstraktionsebene höbe, die höher ist als die der anwendbaren Gesetzesnormen. Geht es z.B. um einen Diebstahl, dann darf der dargestellte Sachverhalt nicht nur die Feststellung enthalten, daß X einen „Pkw" weggenommen habe; denn § 242 StGB verlangt nicht die Wegnahme einer „beweglichen", sondern genauer einer „fremden beweglichen Sache". Der Sachverhalt muß den Gegenstand der Wegnahme somit genauer bezeichnen: als einen „fremden, nämlich dem Y gehörenden, Pkw".

Eine Ausnahme von dem Verbot, die Abstraktionsebene des Gesetzes zu überschreiten, gilt lediglich dort, wo sich die Lösung des Rechtsproblems nicht schon dem Gesetz, sondern erst einem „hinter" dem Gesetz stehenden allgemeinen Rechtsgedanken entnehmen läßt. Dies ist insbesondere der Fall bei der *analogen Rechtsanwendung.*

Ein einfaches *Beispiel:* § 1007 I BGB gewährt dem früheren Besitzer einer „beweglichen" Sache einen Herausgabeanspruch gegen den bösgläubigen späteren Besitzer. Seinem Wortlaut nach gilt er nicht für den früheren Besitzer eines Geschäftslokals; denn ein Geschäftslokal ist ein Grundstücksbestandteil (vgl. § 94 I BGB), und Grundstücksbestandteile sind nach dem einheitlichen Sprachgebrauch des Bürgerlichen Gesetzbuches „unbewegliche" Sachen[37]. Vergleicht man indessen die Situation des früheren Besitzers

[36] BGHZ 53, 17 (23).

einer „unbeweglichen" Sache mit der des früheren Besitzers einer „beweglichen" Sache, so stellt sich heraus, daß der für § 1007 BGB maßgebliche Rechtsgedanke, „daß der ältere bessere Besitz gegen den jüngeren schlechteren rechtsschutzwürdig sei"[38], auch die Interessenlage des Besitzers einer „unbeweglichen" Sache abdeckt, dieser Rechtsgedanke also in § 1007 I BGB eine „zu enge" Fassung gefunden hat. Abstrahiert man daher in § 1007 BGB vom Merkmal „beweglich", dann ist es auch zulässig, bei der Darstellung der Problemsituation lediglich den Besitz einer „Sache" festzustellen[39].

Von der analogen Rechtsanwendung ist es nur noch ein Schritt hinüber in den Bereich des *Fallrechts*. Dort ist zu prüfen, ob der zur Entscheidung anstehende Sachverhalt Ähnlichkeit besitzt mit einem vorentschiedenen Sachverhalt, mit einem „Präjudiz". Lösbar ist diese Aufgabe nur, wenn der neue Sachverhalt unterhalb oder genau auf derjenigen Abstraktionsebene formuliert wird, die dem Präjudiz zugrunde liegt.

Beispiele lassen sich nicht nur dem von Präjudizien bestimmten anglo-amerikanischen Recht, sondern auch dem deutschen Recht entnehmen. Auch im deutschen Recht besteht nämlich in gewissen Fällen eine Präjudizienbindung, z.B. dann, wenn ein Oberlandesgericht von einer Entscheidung des Bundesgerichtshofs abweichen will. Das Oberlandesgericht muß dann gemäß § 121 II GVG die Sache dem Bundesgerichtshof zur Entscheidung vorlegen. Wann aber liegt eine „Abweichung" vor? Nach deutscher Rechtsprechung[40] muß in der früheren Entscheidung eine Rechtsansicht enthalten sein, die nicht allein für diese selbst, sondern – aufgrund gleicher Problemlage – auch für die jetzt zu fällende maßgeblich ist. Das entspricht der anglo-amerikanischen Auffassung, wonach „precedent" ein Fall insofern ist, als die ihm zugrunde liegende Rechtsansicht, die ratio decidendi, die rechtliche Beurteilung des früheren Falles getragen hat und nunmehr geeignet ist, auch die neue Entscheidung zu begründen[41]. Demnach fehlt es an einer „Abweichung" bzw. an einem „precedent", wenn die ratio der früheren Entscheidung auf den neuen Fall *nicht* zutrifft, da dessen Sachverhalt „anders gelagert" ist, d.h. Tatsachen enthält, die einen wesentlichen Unterschied für die Rechtsfindung bedeuten.

Feststellen kann man das, indem man alle für die jetzt anstehende Entscheidung relevanten Tatsachen entweder auf derselben Abstraktionsebene formuliert, die der früheren Entscheidung zugrunde lag, oder indem man eine geringere Abstraktionsebene wählt, von der aus man in der Phase des Suchprozesses die höhere Abstraktionsebene der früheren Entscheidung erreichen kann. Hat beispielsweise der Bundesgerichtshof in einer früheren Entscheidung erkannt, daß „Gift" eine „Waffe" im Sinne eines gesetzlichen Tatbestandes sei, dann muß das nunmehr entscheidende Oberlandesgericht den zur Begehung benutzten Stoff ebenfalls danach qualifizieren, ob er ein „Gift" oder wenigstens ein „giftähnlicher Stoff" ist. Kommt es zu diesem Ergebnis und will es dennoch das „Gift"

---

[37] Vgl. RGZ 158, 362 (367 f.).

[38] BGHZ 7, 208 (215 f.).

[39] Eine andere Frage ist es, ob die gleich anfängliche Abstraktion von der „Beweglichkeit" der streitbefangenen Sache *ratsam* ist. Denn das Gesetz setzt diese „Beweglichkeit" voraus, und die analoge Anwendung des Gesetzes auf „unbewegliche" Sachen bedarf eines höheren Legitimationsaufwandes als seine unmittelbare Anwendung auf „bewegliche" Sachen.

[40] Vgl. etwa BGHSt 7, 2 (4).

[41] Vgl. *W. Fikentscher* (1975), S. 81 ff., 86 ff.; *H. Coing* (1985), S. 315 f.: „Wesentlich an einem Precedent ist ... die Regel, welche als juristisch entscheidender Gesichtspunkt die konkrete Entscheidung trägt und aus der diese abgeleitet ist: die sog. ‚ratio decidendi' ... Die Anwendung dieser Regel auf einen neuen Fall setzt natürlich voraus, daß dieser dem des Precedents *analog* liegt; ist er in wesentlichen Punkten verschieden, so kommt er nicht in Betracht und muß unterschieden werden (to be distinguished)."

oder den „giftähnlichen Stoff" *nicht* als „Waffe" im Sinne der gesetzlichen Bestimmung gelten lassen, dann besteht die Verpflichtung, den Fall dem Bundesgerichtshof zur Entscheidung vorzulegen[42].

Als letzte Besonderheit bei der Darstellung von Problemsituationen greife ich die *Uneindeutigkeiten* heraus. Uneindeutigkeiten bestehen im Tatsachenmaterial, wenn es sich als widersprüchlich oder lückenhaft erweist; oder im Gesetzesmaterial, wenn ihm für das Tatsachenmaterial keine Regel (= kein algorithmisches Beurteilungsprogramm) zu entnehmen ist und es sich deshalb ebenfalls als lückenhaft erweist. Ich gehe beiden Alternativen getrennt nach.

Erweist sich das *Tatsachenmaterial* als uneindeutig, so sieht sich das auf Entscheidung programmierte Denken gezwungen, von zwei einander widersprechenden Informationen A und B eine als wahr oder wahrscheinlich auszuzeichnen bzw. lückenhafte Informationen im Sinne einer maximalen Übereinstimmung mit den im Langzeitgedächtnis gespeicherten Strukturen, den „Erfahrungssätzen des täglichen Lebens", zu ergänzen.

Die *Auszeichnung* einer Information A, die einer Information B widerspricht, kann endgültig oder nur vorläufig sein. *Endgültig* ist sie, wenn die Valenz der Information A soweit erhöht werden kann, daß der Grad der erlangten Sicherheit dem Anspruchsniveau des Richters genügt; zur Absicherung dieses Anspruchsniveaus enthalten die Prozeßgesetze allerdings gewisse Anforderungen an die richterliche „Überzeugung" vom Vorliegen oder Nichtvorliegen einer Tatsache[43]. *Vorläufig* ist sie, wenn der Richter sich „noch nicht schlüssig" werden kann und deshalb bereits bei der Problemdefinition jenen Weg beschreitet, der ihm später für die Suche nach einer Problemlösung dienen wird: den Weg nämlich der experimentellen Wahrunterstellung unter dem Vorbehalt der Verbesserung aufgrund künftiger Informationen („trial and error").

Die *Ausfüllung von Lücken* innerhalb des Tatsachenmaterials erfolgt – mit Hilfe der erwähnten „Erfahrungssätze des täglichen Lebens" – teils in einem klar bewußten logischen Subsumtionsverfahren, teils in einem nur ausschnittweise vom Bewußtsein kontrollierten Ergänzungsverfahren, bei dem der logische Prozeß unvollständig und deshalb oft fehlerhaft abläuft[44]. Das logische Subsumtionsverfahren besteht in der Formulierung (a) des für anwendbar gehaltenen Satzes der Lebenserfahrung (z.B. „Beim Kauf von Lebensmitteln wird im allgemeinen sofort bar[45] bezahlt"), (b) des unter diesen Obersatz subsumierbaren Sachverhalts (z.B. „A hat in der Metzgerei des B 1 kg Rindfleisch gekauft") und (c) des hieraus herzuleitenden Schlußsatzes („A hat wahrscheinlich bar bezahlt"). Das Ergänzungsverfahren verzichtet meistens auf die Formulierung des Obersatzes und leitet stattdessen den Schlußsatz unmittelbar aus dem Sachverhalt her, wobei

---

[42] Die deutsche Rechtsprechung verwendet vielfach erhebliche Mühe darauf, das Vorliegen wesentlicher Unterschiede zu vorentschiedenen Sachverhalten herauszuarbeiten, um der Vorlagepflicht zu entgehen. Zu dieser Strategie der „Konfliktvermeidung" vgl. *Eike v. Savigny* (1976), S. 84 ff.; *M. Kriele* (1967), S. 279 ff.

[43] Vgl. etwa § 261 StPO. Nach BGHSt VRS 24, 207 (210) muß die Sicherheit vom Vorliegen oder Nichtvorliegen einer Tatsache „nach der Lebenserfahrung" ausreichen. Das bedeutet, daß nicht diejenige Überzeugung des Richters entscheidet, die dieser sich bildet, sondern die er sich bilden soll.

[44] Dazu *Th. Ziehen* (1920), S. 393: „Im tatsächlichen Denken werden bei den Schlüssen sehr oft ein oder mehrere Hilfsvordersätze nur sehr flüchtig und unbestimmt gedacht und daher auch sprachlich nicht in Gestalt eines vollständigen Satzes formuliert."

[45] Oder – bei größeren Summen – mittels Scheck.

allerdings Erfahrungssätze latent mitwirken (z.B. „A hat meinen Brief heimlich geöffnet, also hat er ihn gelesen").

Erweist sich das *Gesetzesmaterial* als uneindeutig, so kommt es (a) bei Widersprüchen (Kollisionen) von Normen zur Derogation der einen, indem die Valenz der anderen, sei es nach festen Regeln (z.B. „lex specialis derogat legi generali" oder „lex superior derogat legi inferiori"), sei es nach dem Rechtsgefühl, erhöht wird; (b) bei Lückenhaftigkeit des Normmaterials („Gesetzeslücken") zur Ergänzung entweder im Wege der Analogie oder der „freien" Rechtsfindung, wobei allerdings auch im letzten Fall stets Analogieschlüsse latent mitwirken (und bei stärkerer Rationalisierung des Rechtsfindungsvorgangs zumeist auch freigelegt werden können)[46]; (c) bei bloßen Vagheiten zur „verschärfenden" Interpretation des Normtextes.

b) Direktiven für die Suche nach der juristischen Problemlösung

Die sich an die juristische Problemformulierung anschließende *Lösungssuche* verläuft unterschiedlich je nachdem, ob sie zur richtigen Lösung *de lege ferenda* oder *de lege lata* führen soll. Die folgende Darstellung legt das Schwergewicht auf den letztgenannten Suchprozeß und verfolgt ihn insoweit beispielhaft anhand der richterlichen Rechtsfindung. Der Charakter gerade dieses Suchprozesses erscheint nämlich für die Bindung des Rechtsfindungsprozesses an die psychologischen Denkgesetze - und damit an außerrechtliche Gesetzmäßigkeiten - besonders lehrreich: alle Rechtsgesetze müssen sich der richterlichen Interpretation nach diesen Denkgesetzen beugen[47].

Der richterliche Rechtsfindungsprozeß verläuft idealiter geradlinig; juristisches Denken im allgemeinen und richterliches Denken im besonderen steht unter dem Postulat, *folgerichtig* zu sein. Das bedeutet, daß es aus assoziativen Gedanken*folgen,* d.h. aus einem Prozeß besteht, worin die späteren Gedanken von den früheren assoziiert (= begründet) werden.

Faktisch begründet ist bereits das „normale" Denken im Alltag. Wenn demgegenüber das juristische Denken als „strenger" empfunden wird als das alltägliche, dann deshalb, weil ihm - anders als dem Alltagsdenken - keine Unterbrechung der Gedankenfolge, kein „Gedankensprung" gestattet ist. Der Jurist soll *durchgängig* begründet denken; man soll ihm anmerken, daß er das Collegium Logicum besucht hat[48].

---

[46] Rechtsfindung per analogiam und „freie" Rechtsfindung unterscheiden sich demnach durch das Ausmaß, welches dem experimentellen Faktor zugestanden wird. Eine scharfe Grenze läßt sich zwischen ihnen nicht ziehen.

[47] So haben die Kommentierung verboten Justinian in der Constitutio „Tanta" (C.1.17, 2.21) und das preußische ALR, Einleitung §§ 46 ff. (vgl. auch *B. Rehfeldt / M. Rehbinder,* 1973, S. 116; *H. Coing,* 1985, S. 288).

[48] Vgl. *K. Engisch* (1983), S. 49. Bekannt ist die Kritik von *J. W. v. Goethe,* Faust I (V. 1912 bis 1917):

„Da wird der Geist Euch wohl dressiert,
In spanische Stiefeln eingeschnürt,

Besieht man sich allerdings juristische Gedankenfolgen näher, dann stellt man fest, daß auch sie, genau wie die Gedankenfolgen des täglichen Lebens, wiederholt durch *Einfälle* unterbrochen werden. Solche Einfälle sind mindestens teilweise assoziativ unbegründet, also schöpferisch spontan. Sie strafen die Behauptung Lügen, daß das juristische „Denken" ausschließlich rational begründet oder gar logisch determiniert sei. Auch andere, kreative Prozesse sind vielmehr daran beteiligt[49].

Richtig ist die Folge assoziativer Gedanken dann, wenn sie sich nicht nur den formal-logischen Regeln beugt (s.o. I), sondern darüber hinaus auch den *psychologischen Gesetzmäßigkeiten des Denkens.* Diese üben somit einen *programmierenden Einfluß* auf den juristischen Problemlösungsprozeß aus.

Nicht Bestandteil der Folgerichtigkeit ist dagegen, daß der Suchprozeß bei der richtigen Lösung endet. Insoweit tritt vielmehr zu der Bewertung nach dem gedanklichen Ideal noch eine Bewertung nach dem Gerechtigkeitsideal hinzu. Da diese weitere Bewertung die Grenzen einer denkgesetzlichen Untersuchung transzendiert, bleibt sie hier ausgeklammert.

(1) Ich beginne die Untersuchung mit dem *Gesetz der Berührung* (Kontiguität). Seine Herrschaft über das juristische Denken ist so fraglos wie über das Denken im Alltag. In reiner Form wirksam finden wir es jedoch hier so selten wie dort. Nur negativ gilt deshalb, daß ein juristisches Denken, das dem Berührungsgesetz *nicht* gehorcht, *nicht* den Eindruck der Folgerichtigkeit erwecken kann.

In reiner Form erkennen wir die Wirksamkeit des Berührungsgesetzes beispielhaft beim Abruf von „Paragraphenketten": Man nenne einem ausgebildeten Juristen etwa den § 812 BGB und fordere ihn auf, denjenigen Paragraphen hinzuzufügen, der ihm zuerst dazu einfalle – die Zahl der dann zu Gehör kommenden Paragraphen wird ganz eng begrenzt sein. Solche gedanklichen Produktionen beruhen weitgehend nicht auf der Kenntnis von Problemzusammenhängen, sondern lediglich darauf, daß gewisse Vorschriften häufig mit anderen zusammen vorkommen, zusammen zitiert werden und sich infolgedessen dem Denken als Einheit einprägen. Darüber hinaus ist auch die Ausbildung an der Universität darauf ausgerichtet, dem angehenden Juristen häufig wiederkehrende Paragraphenverbindungen als „reinen" Lernstoff anzubieten, *damit* er sie später präsent hat und bei der Rechtsfindung berücksichtigen kann – weil eben diese Berücksichtigung in den meisten Fällen folg*erichtig* ist: „Wenn Sie § X anwenden, dann denken Sie immer auch an § Y!" Entsprechendes gilt für die Begriffsdefinitionen im Gesetz. Das Lernen an der Universität ist darauf *ausgerichtet,* den Gebrauch der Begriffe mit ihren Definitionen im Gesetz *zu verknüpfen,* die „Fahrlässigkeit" des Zivilrechts beispielsweise mit ihrer Definition in § 276 BGB, den „guten Glauben" mit seiner Definition in § 932 BGB usf.

Juristisch prägt das Berührungsgesetz vor allem die gedankliche *Zusammenfassung von Tatsachen und von Rechtsfolgen.* Tatsachen, die in einem historischen

Daß er bedächtiger so fortan
Hinschleiche die Gedankenbahn,
Und nicht etwa, die Kreuz und Quer,
Irrlichteliere hin und her."

[49] Diese Erkenntnis ist (u.a.) Grundlage der Topik, von der *Th. Viehweg* (1965), S. 23, meint: „Sie scheint der menschlichen Natur und Situation nicht gänzlich unangemessen zu sein, und es scheint zumindest geboten, sie nicht ganz außer acht zu lassen, wenn man versucht, sich über menschliches Denken, wo auch immer, Rechenschaft abzulegen."

Zusammenhang zueinander stehen, sollen im „Tatbestand" eines Urteils in diesem ihrem „natürlichem" Zusammenhang widergegeben werden, d.h. so, wie sie historisch einander berühren. Tatsachen, die kraft zeitlicher und örtlicher Nähe eine Einheit bilden, sollen darüber hinaus auch juristisch als Einheit bewertet werden – sie bilden eine für den Juristen präformative „natürliche" (z.B. Handlungs-)Einheit. Anträge in einer Klageschrift sind im Zusammenhang derjenigen Normen zu prüfen, auf die sie sich stützen. Auch Rechtsfolgen sind in ihrem Zusammenhang, d.h. in der Einheit ihrer Wirkung zu sehen: das „Zusammentreffen" etwa von Strafen bringt eine einheitliche oder wenigstens ganzheitliche Strafe hervor (§§ 52 f. StGB).

Darüber hinaus ist der *Zusammenhang zwischen Recht und Wirklichkeit* vom Juristen zu beachten. Niemals dürfen seine Rechtsausführungen ihre Berührung zur Realität verlieren, „rein theoretisch" sein. Bei der Verhängung von Rechtsfolgen muß er vielmehr stets danach fragen, welche Interessen hierdurch „berührt" werden sowie von welcher Intensität und Dauer diese „Berührung" sein wird. Umgekehrt gibt ihm erst die (schädliche) „Berührung" von Interessen überhaupt Veranlassung, eine rechtliche Entscheidung (z.B. über den Ausgleich des Schadens) zu fällen[50]. Verantwortung oder zumindest ihren Verdacht leitet er daher aus der „Berührung" mit einem schadensstiftenden Ereignis her – und zwar nicht nur zivilrechtlich, sondern auch strafrechtlich. Der tatsächliche Kontakt mit einem Verbrechen, die Anwesenheit am Tatort, begründet prozeßrechtlich den Verdacht der Beteiligung und damit das Recht zur vorläufigen Festnahme (§ 127 I StPO). Sogar strafrechtliche Haftung folgt aus dem Kontakt mit einem Verbrechen – oder wenigstens die Tendenz, sie zu begründen. Nach der Rechtsprechung soll als Gehilfe eines Täters schon haften, wer lediglich die verbrecherische Handlung, nicht auch deren Erfolg „gefördert" hat, und zur „Förderung" soll schon der enge psychische oder physische Kontakt mit der verbrecherischen Handlung, z.B. die Anwesenheit am Tatort, ausreichen[51].

Erheblich stärker noch als bei uns ist die Kontiguität bei *primitiven Völkern* Grundlage der Verbrechenshaftung. Sie ergreift dort auch Tiere, ja selbst Werkzeuge der Tat wie etwa die Axt, mit der der tödliche Streich geführt wurde. Darüber hinaus befleckt das Verbrechen den Ort, an dem es geschah; wer ohne Schuld ist, meidet ihn künftighin – im Gegensatz zum Verbrecher, den es an den Ort seiner Tat stets zurückzieht.

Freilich sind auch bei uns noch Reste des Befleckungsdenkens vorhanden: Wer von uns wohnte gern in einem Haus, worin kürzlich ein Mord verübt wurde? Wer wollte gar eines Verbrechers Freund sein? Um jeden Anschein der „Identifizierung" mit der Tat oder dem

---

[50] Die Abstufung der Berührung wird von Gesetz und Rechtsprechung meist mit ziemlich unbestimmten Begriffen umschrieben. Z.B. „erheblich" (§ 184 c StGB: „Im Sinne des Gesetzes sind sexuelle Handlungen nur solche, die im Hinblick auf das geschützte Rechtsgut von einiger Erheblichkeit sind"), „grob" (§ 315 c StGB: „grob verkehrswidrig"), „schwer" (Schweretheorie des Bundesverwaltungsgerichts zur Abgrenzung zwischen Enteignung und Eigentumsverletzung – BVerwGE 5, 145; 7, 299; 11, 75), „wesentlich" (z.B. §§ 745 III, 1037 I BGB: „wesentliche Veränderung").

[51] Beispiel: Bloßes Dabeistehen bei einem Raubüberfall als geistige Unterstützung des Täters (BGH bei Dallinger MDR 1967, 173).

Täter zu vermeiden, hat man sich zu distanzieren, und zwar auch räumlich, indem man den Kontakt zum Ort der Tat und zum Verbrecher meidet.

(2) Allerdings bringen wir der zuletzt genannten, lediglich durch Kontiguität begründeten Verantwortung gewöhnlich starke Vorbehalte entgegen. Sie erscheint uns als zu „äußerlich". Eine „innerlich" begründete Verantwortung liefert erst die Ähnlichkeit der Tat mit dem Täter, so daß uns erst das *Denkgesetz der Ähnlichkeit* (Similarität) als das „eigentliche" *Grundgesetz des Rechtsdenkens* gilt.

Wie stark wir juristische Folgerichtigkeit mit der Feststellung von Ähnlichkeiten (Analogien) identifizieren, davon zeugt bereits unsere Ausbildung als Juristen. Ständig werden wir angehalten, „innerlich begründet" zu denken, „äußere" Zusammenhänge also auf die sie jeweils steuernden Kräfte (Interessen, Bedürfnisse u.ä.) zurückzuführen. Offensichtlich gilt im Rechtsbereich jener Grundsatz, den M. Scheler für den Gesamtbereich des Denkens (insoweit m.E. freilich unzutreffend) behauptet hat: daß „alles mögliche Stattfinden einer ‚Assoziation durch Berührung' durch das Stattfinden einer Ähnlichkeitsassoziation bedingt" ist[52]. Juristisches Denken hat *argumentativ* zu sein. Argumentativ aber ist ein Denken, das ein möglichst hohes Maß an (juristischer) *Ähnlichkeit* in der Gedankenfolge aufweist.

Diese *funktionale Gleichsetzung von Argument und Ähnlichkeitsassoziation* möchte ich noch weiter entfalten. Hierzu wähle ich einen Umweg, indem ich nicht sogleich die juristische Argumentation untersuche, sondern eine Argumentation, die der juristischen in allen wesentlichen Beziehungen gleicht, jedoch allgemeiner gehalten und insbesondere nicht durch die Bindung an Rechtsnormen vorgeprägt ist: die *ethische (moralische) Argumentation.*

(a) Die *Geltung des Ähnlichkeitsgesetzes im moralischen Bereich* läßt sich sowohl empirisch als auch normativ nachweisen.

Ich beginne mit einer kurzen historischen Reminiszenz. Im Jahre 1944 veröffentlichte *Ch. L. Stevenson* ein Buch „Ethics and Language", worin er u.a. folgende Theorie entwickelte[53]: Er postulierte, daß ein ethisches Urteil nicht die Aufgabe habe, einen Gegenstand zu beschreiben, sondern die Gefühle des Sprechers in bezug auf den Gegenstand auszudrücken und im Hörer bestimmte Gefühle in bezug auf eben diesen Gegenstand hervorzurufen: "'This is good' means 'I approve of this; do so as well'." Deshalb, so folgerte er, lasse sich die Beziehung zwischen einem ethischen Urteil und seiner Wirkung auf den Adressaten nur als eine *psychische* erfassen; der Adressat der Aussage solle *psychisch* beeinflußt werden, aufgrund der Aussage eine bestimmte Haltung (attitude) einzunehmen oder eine bestimmte Handlung vorzunehmen. Für unsere Zwecke an einem juristischen Beispiel verdeutlicht: „Wer auf einen anderen mit einem Messer einsticht, begeht strafwürdiges Unrecht" bedeutet, gegenüber einer mit Strafgewalt ausgestatteten Person oder Institution ausgesprochen: „Ich würde dieses Verhalten bestrafen; du, der du die (rechtliche) Macht dazu hast, solltest es tatsächlich tun!" Hier hat der erste („deklarative") Satzteil („Ich würde dieses Verhalten bestrafen") die Bestimmung, den Adressaten des zweiten („dynamischen") Satzteils, den Richter, psychisch zu veranlassen, der dort

---

[52] *M. Scheler* (1966), S. 465.

[53] *Ch. L. Stevenson* (1944), bes. S. 111–205. Die Sekundärliteratur zu Stevensons Theorie ist erheblich. Juristisch ausgewertet wurde sie von *R. Alexy* (1978), S. 60 ff.

enthaltenen Aussage („du solltest es tun") gemäß zu handeln. Einen ethischen Satz, der eine solche *emotive* Bestimmung hat, nennt Stevenson ein *Argument* („reason"), und er führt weiter aus: "*Any* statement about *any* matter of fact which *any* speaker considers likely to alter attitudes may be adduced as a reason for or against an ethical judgment. Whether this reason will in fact support or oppose the judgment will depend on whether the hearer believes it, and upon whether, if he does, it will actually make a difference to his attitudes ..."[54].

Gehen wir nun einen Schritt weiter. Bekanntlich unterscheidet man *„gute" und „schlechte" Argumente* voneinander. Was heißt das? Folgt man der Theorie des Emotivismus, dann kann hiermit eigentlich nur die psychische Wirkung gemeint sein, die gewisse Argumente auf die Einstellung oder auf die Handlungen einer Person ausüben. „Gut" ist ein Argument mit einer starken Wirkung auf die Einstellung oder auf die Handlungen einer Person, „schlecht" ist ein Argument mit einer schwachen Wirkung. Dieses „Umschlagen von Qualität in Quantität" läßt sich damit erklären, daß man die Qualität eines ethischen Arguments kaum anders messen kann als an seinem psychischen Einfluß auf die sittliche Haltung einer Person. Einen objektiven Wert nämlich kann man einem Argument nur dann zusprechen, wenn das Ergebnis, das es begründen soll, seinerseits objektiv bewertet werden kann. Eine solche Bewertung aber ist bei moralischen Haltungen oder Handlungen – im strengen Sinne – unmöglich. Für unsere Zwecke wiederum innerhalb des Rechtsbereichs exemplifiziert: Ob Rechtssätze, insbesondere Normen, „gute" Argumente für die Entscheidung eines Richters sind, hängt allein davon ab, wie sie ad personam wirken, ob sie also den Richter in seiner Entscheidung psychisch determinieren oder nicht; einen Maßstab, nach dem wir die objektive Güte von Rechtsnormen für richterliche Entscheidungen beurteilen können, gibt es dagegen nicht, weil es objektiv gute richterliche Entscheidungen – im strengen Sinne – nicht gibt.

Gegen den Emotivismus in seiner historischen Gestalt sind verschiedene *Einwände* vorgebracht worden. Soweit sie im vorliegenden Zusammenhang relevant sind, zielen sie auf die – von den Objektivisten übernommene – Prämisse, die objektive Güte bzw. Validität („validity") eines ethischen Grundes müsse von der *Wahrheit* des Begründeten abhängen[55]. Wäre diese Behauptung richtig, dann könnte man objektiv gute Gründe nur für

---

[54] *Ch. L. Stevenson* (1944), S. 114 f. Man beachte, daß Stevenson hier eine ethische Argumentation beschreibt, deren Ziel es stets auch ist, sich über die Geltung der behaupteten ethischen Normen durch *Zustimmung* des Auditoriums zu versichern. Da allen an einem ethischen Diskurs Beteiligten – mehr oder weniger latent – bewußt ist, daß ethische Normen nicht dieselbe Allgemeingültigkeit besitzen wie Naturgesetze, bedürfen sie alle dieser Zustimmung, um ihre sittliche Position begründen oder rechtfertigen zu können.

[55] Vgl. etwa *St. E. Toulmin* (1970), S. 36 ff., 41 ff.

Nicht überzeugend erscheint mir dagegen die von *G. Grewendorf/ G. Meggle* geübte Kritik am Emotivismus Stevensons: Der moralische Diskurs sei nicht durch Verben zu charakterisieren, „die lediglich die perlokutionäre, aber nicht die illokutionäre Rolle von Äußerungen wiedergeben". Indem der Emotivismus dies gleichwohl tue, rechne er zur Bedeutung einer moralischen Aussage, was gar nicht zu ihrer Bedeutung gehöre (1974, S. 17 f.). Hiergegen ist einzuwenden:

- Welchen illokutionären Charakter eine Äußerung hat, ist ohne Kenntnis ihres perlokutionären Charakters (zu diesen Begriffen vgl. oben S. 57) weder allgemein noch im Einzelfall immer eindeutig zu ermitteln. So kann z.B. die Bedeutung einer Äußerung als „Empfehlung", „Warnung" oder „Drohung" durchaus davon abhängen, ob sie im Adressaten eine positive oder negative Wirkung hervorbringt (oder hervorzubringen geeignet ist). Die Äußerung, jemand sei ein linientreuer Kommunist, ist eine Empfehlung gegenüber einem östlichen Geheimdienst, eine Warnung dagegen gegenüber einem westlichen.
- Es stimmt ferner nicht, daß nur der illokutionäre Aspekt eines Sprechakts von Bedeutungsregeln bestimmt sei, der perlokutionäre Aspekt dagegen nicht (so *Grewendorf/ Meggle*,

etwas vorbringen, was sich schließlich als wahr herausstellt, niemals aber für eine Unwahrheit. Von Gründen pro und contra wären immer nur die einen gut; die anderen könnten noch so scharfsinnig, noch so (auf den ersten Blick) einleuchtend sein – schlecht blieben sie allemal. Schon das erscheint dem Juristen, der im steten Abwägen des Für und Wider zu denken und entscheiden gelernt hat, als inakzeptabel. Aber es steckt hinter der genannten Auffassung noch ein weiterer Irrtum. Wenn das Vorhandensein eines ethischen Arguments – entsprechend der Theorie des Emotivismus – davon abhängen soll, daß es eine subjektiv-psychische Wirkung erzeugt (oder zu erzeugen bestimmt ist), dann darf die Güte dieses Arguments niemals von einem nicht-psychischen Umstand abhängen, sondern nur davon, ob die subjektiv-psychische Wirkung überhaupt und in bestimmter Stärke erzeugt wurde (oder erzeugt zu werden pflegt). Denn wäre ein (nicht psychisch) Objektives das Qualitätskriterium für das (psychisch) Subjektive, dann müßte innerhalb des Subjektiven alles gleich, weil eben nicht-objektiv sein.

Aber, so läßt sich replizieren, ist denn nicht in der Tat innerhalb des Subjektiven alles gleich subjektiv, und müssen nicht eben deshalb alle Differenzierungen innerhalb des Subjektiven dem nach objektiver Richtigkeit Suchenden willkürlich erscheinen? Das Bedenken ist gewichtig. Es führt uns zurück auf einen Ausgangspunkt der abendländischen Philosophie, wo Sokrates, anknüpfend an den Satz des Protagoras, „der Mensch sei das Maß aller Dinge, der seienden, daß sie sind, der nichtseienden, daß sie nicht sind", die Frage stellte: „Meint er das nicht so, daß für mich alles so ist, wie es mir erscheint und für dich wiederum so, wie es dir erscheint?"[56] Die anthropologische Antwort hierauf lautet: Bis zu einem gewissen Grade ist in der Tat jedes menschliche Urteil über die Wahrnehmungswelt relativ. Aber eben *nur* insoweit! Denn es gibt innerhalb des Psychischen gewisse *angeborene und erlernte Programmierungen,* welche die Abweichungen der individuellen Urteile über die Wahrnehmungswelt in Grenzen halten, so daß wir zwischen richtigen, weil programmierten, und falschen, weil der Programmierung widersprechenden Urteilen unterscheiden können. Falls es daher entsprechende Programmierungen auch im moralischen Bereich gibt, können wir auch dort zwischen „guten" und „schlechten" Urteilen sowie „guten" und „schlechten" Gründen für diese Urteile unterscheiden. „Gut" sind dann diejenigen Gründe für ein Urteil, die entweder „normalerweise" eine bestimmte subjektiv-psychische Wirkung erzeugen (während „schlecht" diejenigen Gründe sind, denen dieser Effekt „normalerweise" nicht zukommt), oder die „normgemäß" eine bestimmte subjektiv-psychische Wirkung zur Folge haben sollen (während „schlecht" diejenigen Gründe sind, die „normgemäß" diesen Effekt nicht hervorbringen sollen).

Gibt es im moralischen Bereich solche Programmierungen? In Betracht kommt hauptsächlich das erwähnte *Assoziationsgesetz der Ähnlichkeit.*

Wir nehmen an, daß jemand vor der Entscheidung steht, ob er einem schwerkranken Freund, der vermutlich nicht mehr genesen wird, über seinen Zustand die Wahrheit sagen oder ob er ihn belügen soll, daß er Gründe sowohl für die eine als auch für die andere Entscheidung hat und daß ihm, um zu einem Beschluß zu kommen, nur noch der ausschlaggebende Grund fehlt. Wie muß dieser Grund beschaffen sein? Ganz sicher wird man zunächst fordern, daß von ihm aus eine der alternativen Handlungen „näherliegt" als die andere. Diese Überlegung deutet auf die Wirksamkeit des Berührungsgesetzes hin. Aber es ist

---

1974, S. 19). Wer den Gottesdienst durch den Ruf „Feuer!" unterbricht, benutzt hierbei die Regel, daß ein derartiger Ruf die Aufforderung an die Gläubigen bedeutet, den Gottesdienst abzubrechen und zum Löschen zu eilen.

[56] *Platon,* Theätet 152 A.

gewiß nicht nur das Berührungsgesetz, das Gesetz des Nächstliegenden, das die Handlung bestimmen muß. Die Handlung muß normalerweise durch den ausschlaggebenden Grund auch „innerlich“ gerechtfertigt sein, um folgerichtig zu erscheinen. Was das bedeutet, wird deutlich, wenn wir uns nunmehr auf jene drei Ebenen zurückbesinnen, die unserer abendländischen Moral zugrunde liegen (vgl. oben IV A 2 a) und auf denen sich daher auch unsere moralische Argumentation abspielt: die Ebene der rationalen Erkenntnis, die Ebene der sittlichen Wertung und schließlich die Ebene der verhaltensmäßigen Reaktion.

- Auf der *Ebene der rationalen Erkenntnis* besteht die moralische Aufgabe, die von den Signalzuständen der Außenwelt ausgehenden Reizwirkungen angemessen wahrzunehmen, d.h. (a) das Sein der Signalzustände angemessen zu perzipieren und (b) das Perzept sodann in Begriffe zu inordinieren, die im sozialen Leben als angemessene (korrekte, gebräuchliche u.ä.) Bezeichnungen der Signalzustände gelten.
- Auf der *Ebene der gefühlsmäßigen Wertung* besteht zusätzlich die moralische Aufgabe, den von den Signalzuständen ausgehenden sittlichen Anruf angemessen zu beantworten, d.h. (a) den Wert der Signalzustände angemessen in sittliche Empfindungen umzusetzen und (b) die Wertempfindungen sodann in Ausdrucksgehalte zu inordinieren, die im sozialen Leben als angemessene Antwort auf den Anruf der Signalzustände gelten (z.B. strahlendes Lächeln, angewidertes Abwenden).
- Auf der *Ebene der verhaltensmäßigen Reaktion* besteht schließlich die moralische Aufgabe, auf die von den Signalzuständen ausgehende Dynamik angemessen zu reagieren, d.h. (a) den Aufforderungscharakter der Signalzustände angemessen in finale Spannung zu übersetzen und (b) die finale Spannung sodann in Verhaltensabläufe zu inordinieren, die im sozialen Leben als angemessene Reaktion auf die Dynamik der Signalzustände gelten (z.B. Hilfeleistung in Gefahrsituationen).

In allen drei Bereichen ist es die angemessene oder *adäquate Antwort* auf die Problemsituation, die zu geben als die moralische Aufgabe erscheint. Ein Argument ist daher dann „gut“, wenn es jemandem zu einer solchen adäquaten Antwort verhilft. Auf dreierlei Weise ist das möglich. Das „gute“ Argument kann wirken

- zunächst als *individuelle Determinante:* Die Güte des Arguments besteht dann darin, daß es dem individuellen Denken, Fühlen und Handeln einer Person dazu verhilft, auf eine Problemsituation adäquat zu reagieren – und zwar in einer Weise, die der moralischen Einstellung gerade dieser Person entspricht.

  Auf die oben geschilderte Situation angewandt: Die Güte eines Arguments für Wahrheit oder Lüge ist danach zu bemessen, ob das Argument dem Freund zu einer Reaktion gegenüber dem Schwerkranken verhilft, die ihm als „gerade für ihn“, den Freund, angemessen erscheint.

- darüber hinaus als *Durchschnittsdeterminante:* Die Güte des Arguments hängt dann davon ab, daß es gleiche oder ähnliche Individuen veranlaßt, auf eine Problemsituation adäquat zu reagieren – und zwar in einer Weise, die ihrer (durchschnittlich gleichen oder ähnlichen) moralischen Einstellung entspricht.

  Wiederum auf die obige Situation bezogen: Die Güte eines Arguments, das den Freund dazu bringen soll, die Wahrheit zu sagen oder zu lügen, hängt davon ab, ob es ihm suggeriert, daß man „als Freund“ bzw. als Mensch „seines Schlages“ sich „gewöhnlich“ gegenüber Schwerkranken so verhält.

- schließlich als *universell-anthropologische Determinante:* Gut ist ein Argument, das „jeden normalen Menschen“ veranlaßt, auf eine Problemsituation adäquat zu reagieren – und zwar in der Weise, wie sie einer ubiquitär geltenden moralischen Einstellung angemessen ist.

Nochmals auf die obige Situation angewandt: Ein Argument ist gut, wenn es den Freund veranlaßt, sich als „normaler Mensch“ angesichts des Schwerkranken „normal“ zu verhalten.

Aus dieser Aufgliederung erkennen wir, daß das Ähnlichkeitsgesetz nicht nur im Verhältnis Situation–Reaktion wirkt, sondern auch im Verhältnis Person–Reaktion: Jedes Argument wirkt stets nur und ist stets nur insoweit „gut“, wie es sich einer vorhandenen individuellen, überindividuellen bzw. allgemeinen Werthaltung einpaßt. Salopp ausgedrückt: *Ein Argument ist so gut wie derjenige, auf den es wirkt.*

Was den *individuellen Menschen* anbelangt, so ist seine Werthaltung freilich einerseits so komplex, andererseits so unterschiedlich ausdifferenziert, daß sich die Güte eines Arguments nur schwer bestimmen läßt. Zwar wenn es um einfache Fragen geht, gestattet der nach außen hervortretende Charakter eines Menschen wenigstens annähernd die Vorhersage, welche Reaktion „ihm ähnlich sieht“, und somit auch die argumentative Beeinflussung dieser Reaktion. „Du willst mit deinem Nachbarn Frieden halten. Das erreichst du, wenn du anbietest, ihm während seines Urlaubs den Garten zu gießen. Dieses Opfer ist nicht besonders groß, weil er ja kaum umhin kann, dir dann das gleiche anzubieten.“ Sobald aber die Probleme schwieriger werden und es mehr als eines Argumentes bedarf, um sie zu lösen, wachsen auch die Schwierigkeiten, gute Argumente zu finden. Denn die Güte der Argumente kann dann nur im Kontext mit den weiteren erforderlichen Argumenten beurteilt werden – und wer kennt schon deren Wirkung genau? Oft auch wird sich in solch schwierigen Problemsituationen der Gesprächspartner nicht mehr an der Realität, sondern – entsprechend seiner begrenzten Verarbeitungskapazität – an einem vereinfachten inneren Modell dieser Realität orientieren[57]. Dann weicht sein Problemlösungsverhalten so erheblich vom entscheidungslogischen Ideal ab, daß es fast jede Ähnlichkeit mit der für ihn sonst typischen Reaktion auf reale Situationen verliert und vollends unberechenbar wird.

Ein Teil dieser Schwierigkeiten schwindet, sobald man seine Argumente nicht mehr an den individuellen Menschen, wie er in Fleisch und Blut vor einem steht, sondern an den *Angehörigen einer bestimmten Klasse von Menschen,* etwa an einen Arzt, richtet. Dann kann man davon ausgehen, daß dieser Mensch die gleiche berufsspezifische Einstellung besitzt und deshalb auf Argumente in gleicher Weise reagiert wie andere Ärzte – vorausgesetzt natürlich, man erörtert

[57] Dazu *W. Kirsch* (1977), S. 107 ff.; *R. Vogt* (1981), S. 204 ff.

mit ihm ein berufsspezifisches Problem. Forschen wir nach den Wurzeln dieser typischen Werthaltung, so stoßen wir einesteils auf berufs- oder standesrechtliche Normierungen, andernteils auf ein Berufs- oder Standesethos, das sich offenbar im Laufe der Zeit herausgebildet hat, das zumindest teilweise durch die „Natur" dessen erzeugt wurde, womit sich der Beruf oder Stand speziell beschäftigt, und das nun durch Erziehung und Lernen tradiert wird. *Gut* sind in diesem normativ oder werthaft geprägten Bereich alle Argumente, die sich, kraft Ähnlichkeit, in die berufsspezifische oder standesgemäße Tradition einpassen lassen.

Noch einfacher zu beantworten scheint die Frage nach der Güte von Argumenten, die den *Menschen schlechthin,* in seiner „Normalität", zum Adressaten haben. Die Komplexität und Ausdifferenziertheit der Werthaltung erscheint hier abermals reduziert; nur noch diejenigen Wertstrukturen scheinen Beachtung zu verdienen, die allen Menschen, unabhängig von ihrem Geschlecht, ihrer Rasse, ihrer Nationalität, ihrer Religion usf., gleich sind. Und *gut* scheinen infolgedessen nur noch diejenigen Argumente zu sein, die auf alle Menschen in gleicher Weise wirken und sie zu dem gleichen moralischen Verhalten veranlassen. Aber gibt es einen solchen allgemeinen moralischen Charakter des Menschen, wie er hier vorausgesetzt wird? Gibt es *das* Normalmaß des Menschen, das die – ohnehin unerreichbare – *objektive Adäquität* einer moralischen Reaktion lediglich auf eine allen Menschen *adäquate Subjektivität* reduziert? Ganz offenbar stellen sich uns hier neue, schwierige Fragen, für die es bislang an allgemein anerkannten Antworten fehlt[58]. Zum einen geht es um die Frage, ob überhaupt der Mensch von Natur aus eine moralische Mitgift besitzt, und zum andern schließt sich hieran die Frage an, ob eine solche „natürliche" Moralität bereits apriori im Menschen enthalten ist oder aposteriori von ihm erst erlernt werden muß. Eine eingehende Diskussion dieser Fragen liegt außerhalb meiner Untersuchung. Ich beschränke mich auf den Hinweis, daß, *wenn* im Menschen eine „natürliche" Moralität wirkt, diese sich *dann* in universell verbreiteten Werthaltungen und Normierungen niederschlägt (nicht notwendig an deren Oberfläche, wohl aber in ihrer Tiefenstruktur) und von dort her universell die Qualität moralischer Argumentationen bestimmt.

Dieser kurze Hinweis genügt bereits, um auf eine begrenztere Fassung derselben Fragestellung überzuleiten: ob es nämlich *kulturelle Normen oder Standards* gibt, die innerhalb einer Sozietät ausnahmslos gelten und denen sich niemand entziehen kann, der nicht als abnorm oder wertblind gebrandmarkt werden will. Solche Normen gibt es unbestritten. Sie machen entweder das aus, was für eine Kultur spezifisch ist, z.B. die Verpflichtung zur Monogamie, oder sie weisen über die Kultur hinaus und nähern sich den anthropologischen Univer-

---

[58] All zu optimistisch m.E. *E. O. Wilson* (1978), S. 5: "Innate censors and motivators exist in the brain that deeply and unconsciously affect our ethical premises; from these roots, morality evolved as instinct. If that perception is correct, science may soon be in a position to investigate the very origin and meaning of human values, from which all ethical pronouncements and much of political practice flow." Sehr weitgehend auch *H. Mohr* (1983).

salien an, ohne allerdings deren Geltungsanspruch zu teilen, z.B. die Verpflichtung zu einem in sich widerspruchsfreien Verhalten. Zumindest im nationalen moralischen Diskurs wird man sich dann hierauf einrichten und die kulturspezifische Güte eines Arguments an der Ähnlichkeit mit diesen kulturellen Normen und Standards messen können. Widerspricht jemand einem solchen Argument, dann wird man nicht an der moralischen Qualität des Arguments, sondern an der moralischen Qualifikation des Widersprechenden zweifeln. Anders ausgedrückt: Nicht die Güte des Arguments, sondern die Normalität der Person bemißt sich dann nach der Wirkung, die das Argument auf die Person ausübt.

Damit aber sind wir bereits von der Ebene der Normalität auf die der *Normativität* hinübergewechselt. Hier stellt sich die Frage, ob es „gute" Argumente gibt, die einen Menschen veranlassen *sollen,* eine bestimmte moralische Haltung einzunehmen, Argumente also, die sich an das *Gewissen* des einzelnen richten und ihn im Gewissen verpflichten, sich moralisch richtig zu verhalten.

Auch hier gilt das *Gesetz der Ähnlichkeit,* und zwar wiederum in dreierlei Hinsicht. Ein normatives Argument ist dann „gut", wenn es

- den Normen entspricht (d.h. gleich oder ähnlich ist), die *jedermann* angesichts gleicher oder ähnlicher Umstände zu einer bestimmten Entscheidung verpflichten, und wenn es zusätzlich die Artgleichheit des Entscheidenden mit jedermann als Grund für die Gewissensentscheidung anführen kann („Universalitätsprinzip").
- den Normen entspricht, die Menschen *meines Schlages* angesichts gleicher oder ähnlicher Umstände zu einer bestimmten Entscheidung verpflichten, und wenn es zusätzlich die Typusgleichheit des Entscheidenden als Grund für die Gewissensentscheidung anführen kann („Klassen- oder Rollenprinzip").
- der Norm entspricht, die *mich selbst* angesichts der besonderen Umstände, in denen ich mich befinde, zu einer bestimmten Entscheidung verpflichtet, und es zusätzlich meine charakterliche Identität oder Individualität als Grund für die Gewissensentscheidung anführen kann („Individualitätsprinzip").

Fügen wir nun noch hinzu, daß normalerweise innerhalb der genannten Stufen der Argumentation eine – wenn auch instabile – *Hierarchie* existiert: daß normalerweise die stärker individuierten sittlichen Argumente vom Gewissen als höherwertig und darum als die besseren angesehen werden – daß also das, was „jedermann" soll, normalerweise hinter das zurücktritt, was Menschen „meines Schlages" sollen, und das, was Menschen „meines Schlages" sollen, wiederum hinter die ethische Aufgabe, die „mir persönlich" gestellt ist[59]: dann folgt daraus,

[59] Etwa *M. Scheler* (1966), S. 548: „Wie reich und mannigfaltig die Gliedschaften nun aber auch sein mögen, in denen jede Person dem Ganzen des sittlichen Kosmos eingeflochten ist, ... niemals geht sie doch in diese Gliedschaften auf ... Hinter allem Erleben, das in diese Gliedstellen eintritt und hineinreicht, ... spürt jeglicher noch (in irgendeinem Maße), so er sich das Ganze dieser Gliedstellen und sein Sein darin zur klaren Anschauung zu bringen sucht, noch ein *eigentümliches Selbstsein* über dieses Ganze hinaus ragen (desgleichen Selbstwert, Selbstunwert), in dem er sich (deskriptiv gesagt) *einsam* weiß."

daß für *mein* Handeln normalerweise die Individualität *meines* Charakters ausschlaggebend sein soll, m.a.W. daß das, was ich tue, entscheidend begründet werden soll aus dem, was gerade *ich* vor *meinem* Gewissen bin. Ob diese faktische Hierarchie ethisch anerkennenswert ist, steht auf einem anderen Blatt; ein universelles ethisches Prinzip liegt in ihr höchstwahrscheinlich nicht[60].

Gehen wir, anstatt diese letzte, wiederum äußerst schwierige Frage zu erörtern, nochmals auf unsere *Ausgangsfrage* zurück: Welche Gründe man demjenigen, der angesichts eines Schwerkranken um Rat fragt, ob er die Wahrheit sagen oder lügen soll, als „gute" Argumente für seine moralische Entscheidung anbieten könne? Allgemein können wir nunmehr antworten: jeden Satz, der die Problemsituation seines Gewissens ihrer adäquaten Lösung (d.h. der Entscheidung zur Wahrheit oder zur Lüge) auch nur einen Schritt näher bringt. Welche Sätze hierfür vorzugsweise in Betracht kommen, hängt allerdings zum einen von der Ausbildung seines Gewissens ab[61], insbesondere welchen Grad an Individualität es erreicht hat, und zum anderen von der – unbeantwortet gebliebenen – ethischen Frage, ob man den individuelleren Argumenten den Vorrang vor den generelleren geben soll.

In bezug auf unser Ausgangsbeispiel lassen sich daher *drei Stufen der normativen Argumentation* unterscheiden:

- Argumente, wie „man" sich angesichts eines Kranken zu verhalten hat, sind *normative Argumente der ersten Stufe.* „Man soll einem Kranken nicht die Hoffnung auf Genesung rauben" als Argument für die Lüge und „Man soll es einem Kranken ermöglichen, sich rechtzeitig auf den Tod vorzubereiten" als Argument für die Wahrheit sind hier einzuordnen. Argumente dieses Typs sind vorzugswürdig, wenn jemand auf der allgemeinen Ebene, der Ebene von „jedermann", die Lösung seines Gewissensproblems sucht. Unterstellt sich unser Freund daher der Moral dieser Stufe nicht, fordert er vielmehr zu wissen, was sich für „seinesgleichen" schickt, so wird ihm ein für „jeder-

[60] Nicht oder zumindest nicht notwendig folgt aus der moralischen Hierarchie des Individuellen vor dem Generellen eine „Herrenmoral", wie sie einst *F. Nietzsche* gepredigt hat (1934), S. 730: „Die vornehme Art Mensch fühlt *sich* als wertbestimmend, sie hat nicht nötig, sich gutheißen zu lassen ..." Eher dagegen läßt sich aus ihr jenes Bekenntnis zum Individualismus herleiten, das in Art. 2 Abs. 1 GG seine juristische Anerkennung gefunden hat: „Jeder hat das Recht auf die freie Entfaltung [gerade] seiner Persönlichkeit ...". Dazu auch J. W. v. Goethe, Urworte, Orphisch (1. Dämon):

„So mußt du sein, dir kannst du nicht entfliehen,
So sagten schon Sybillen, so Propheten;
Und keine Zeit und keine Macht zerstückelt
Geprägte Form, die lebend sich entwickelt."

Die hier angesprochene Bindung an den eigenen Dämon, den eigenen Charakter, „wodurch sich der einzelne von jedem anderen bei noch so großer Ähnlichkeit unterscheidet", darf allerdings nicht als Bekenntnis zum Determinismus mißverstanden werden; denn sie besagt nicht, daß der Charakter alle Handlungen vorherbestimme. Nur approximativ, nur als Ähnlichkeitskreis, sind die Handlungen vorgeprägt. Innerhalb des Ähnlichkeitskreises aber ist unser Ich frei – ein „unfestgestelltes Wesen", das für seine Handlungen stets neu verantwortlich ist. Der Charakter ist daher zwar der notwendige Grund jeder Handlung, die Handlung aber niemals die notwendige Folge des Charakters. Was immer ich tue, es sieht mir zwar ähnlich; aber es ist nicht identisch mit dem, was ich bin.

[61] Vgl. zur Ausbildung des Gewissens u.a. *F. Oser* (1976); *K. Kuerzdoerfer* (1978).

mann" geltendes Argument nicht als „gut" erscheinen – mag es auch von einem normativen Standpunkt aus („kontrafaktisch") gut sein. „Für meinesgleichen ist das kein Argument!" wird unser Freund entgegnen und nach einer Soll-Aussage verlangen, worin „seinesgleichen" als Subjekt erscheint.

- Damit kommen wir zu den *normativen Argumenten der zweiten Stufe.* Sie unterscheiden sich von denen der ersten Stufe dadurch, daß sie die Ausbildung eines (z.B. sozialen) Rollenbewußtseins beim Ratsuchenden voraussetzen. Nicht mehr was allgemein gesollt ist, ist auf dieser Stufe maßgeblich, sondern was jemand aufgrund seiner besonderen (z.B. sozialen) Stellung an moralischen Rechten und Pflichten hat. Diese Rechte und Pflichten können die allgemeinen Rechte und Pflichten verändern oder spezifizieren, verschärfen oder abstumpfen. Demgemäß entwickelt sich dann ein spezifisches Gewissen, dessen Spruch maßgeblich ist: ein soldatisches Gewissen, ein ärztliches Gewissen, ein seelsorgerisches Gewissen u. dgl. mehr. „Dir als Arzt muß das Leben deines Freundes, nicht aber die Wahrheit das höchste Gut sein" ist ein Argument der zweiten Stufe.
- Auf die Individualität der Einzelperson konkretisiert, sind die *normativen Argumente der dritten Stufe.* Als „gutes" Argument wird hier nur anerkannt, was vor der Instanz des individuellen Gewissens bestehen kann. „Gerade du, von dem alle Welt höchste Wahrhaftigkeit erwartet, solltest dir keine Mitleidslüge leisten, nicht einmal einem Sterbenden gegenüber" ist etwa ein solches Argument der dritten Stufe. Es geht auf die charakterliche Eigenart des Einzelnen ein und unternimmt es, aus ihr den Grund für die konkrete Entscheidung herzuleiten. Voraussetzung ist, daß sich eine solche charakterliche Eigenart beim Ratsuchenden bereits ausgebildet, daß er also zu seiner eigenen Identität bereits gefunden hat. Kindern gegenüber wäre deshalb diese Argumentation fehl am Platz. Erst der Heranwachsende, der sich die Frage vorzulegen vermag „Wer bin ich eigentlich?", besitzt jenes individuelle Gewissen, das sich auf dieser Stufe argumentativ ansprechen und zur freien, selbstschöpferischen Entscheidung aufrufen läßt.

(b) Nach den Analogien, die wir schon bisher zwischen dem moralischen und dem juristischen Bereich entdeckt haben, ist es von vornherein wahrscheinlich, daß *das Ähnlichkeitsgesetz auch die juristische Argumentation prägen* wird: Der Weg von einer juristischen Problemsituation aus wird den Richter wahrscheinlich über ständig neue Ähnlichkeitsbezüge zur Lösungssituation hinführen. Und da die juristische Problemsituation einerseits durch generelle Normen, andererseits durch den konkreten Sachverhalt konstituiert wird, werden wahrscheinlich die Ähnlichkeitsbezüge einerseits von den Normen, andererseits vom Sachverhalt ausgehen – und das Ziel wird sein, die Ähnlichkeiten und Unähnlichkeiten der Normen und des Sachverhalts solange zu verstärken, bis eine Entscheidung über die Subsumtion des Sachverhalts unter die Normen gefällt werden kann. Doch all das gilt es nun, näher zu untersuchen.

Bei der *Argumentation aus den juristischen Normen* muß man sich hüten, nur auf die Tatbestände der Normen zu sehen, auf die Beschreibung zeitlich und örtlich zwar verschiedener, sachlich aber einander gleicher oder ähnlicher Vorgänge. Gewiß, die Normen erfüllen auch die Funktion der Tatbestandsbeschreibung, und für die Subsumtionsaufgabe des Richters mag sie sogar die primäre Bedeutung haben. Daneben aber enthalten die Normen auch Rechtsfolgen, und diese stehen zu den Tatbeständen wiederum in einer ganz spezifischen Beziehung, nämlich derjenigen der Ähnlichkeit. Läuft irgendwann und irgendwo ein dem Tatbestand einer Norm entsprechender, d.h. ihm gleicher oder ähnlicher Vorgang ab, dann knüpfen sich daran normative Folgen, die deshalb eintreten, weil sie ihm – unter dem übergeordneten Gesichtspunkt der Gerechtigkeit – ebenfalls entsprechen, d.h. gleich oder ähnlich sind. Die Argumentation aus den juristischen Normen zielt mithin stets auf die Feststellung einer *doppelten Gleichheit oder Ähnlichkeit:* der des Vorgangs mit dem Tatbestand einer Norm *und* der des Vorgangs mit ihrer Rechtsfolge, wobei die erste Ähnlichkeit mehr tatsächlicher, die letzte mehr rechtlicher Natur ist.

In früheren Zeiten wurde allerdings auch die zuletzt genannte Gleichheit oder Ähnlichkeit des tatsächlichen Vorgangs mit seiner Rechtsfolge zumeist auf tatsächlichem Gebiet gesucht – die Gesetze ordneten vorzugsweise Naturalrestitutionen oder Spiegelstrafen an („Talionsprinzip"). Erst spätere Zeiten haben dann die Beziehung zwischen Vorgang und Folge vergeistigt und abstrahiert, so daß heute lediglich als Ziel gilt, der Schwere einer vorangegangenen Rechtsverletzung einen entsprechend schweren Rechtsnachteil folgen zu lassen bzw., da eine isolierte Abwägung ausscheidet, zwischen Rechtsverletzungen und Rechtsfolgen Proportionalität herzustellen. Man betrachtet also alle Rechtsverletzungen „in der Reihe" und sieht darauf, daß ihnen proportional gleiche Rechtsfolgen „in der Reihe" zugeordnet werden – einer schwereren Körperverletzung also eine schwerere Strafe als einer leichteren, einer vorsätzlichen Körperverletzung eine schwerere als einer nur fahrlässigen usf., wobei die Höhe der Strafen dann von Kultur zu Kultur durchaus verschieden ausfallen kann.

Strittig ist, ob das Ähnlichkeitsgesetz auch verlangt, daß Rechts*folgen* nur dann eintreten, wenn die Erfüllung der Rechts*voraussetzungen,* m.a.W. die begangene Tat, dem Rechtsbrecher ähnlich sieht, d.h. ihren Grund hat in einer typischen Schlechtigkeit, in einer „Gemeinheit" seines Charakters. M.E. Mayer hatte dies einst angenommen: Der Rechtsbrecher brauche, was ihm wesens*fremd* ist, *nicht* zu verantworten; es falle höherer Gewalt, der Ungunst der Umstände, der Not des Augenblicks u.ä. zur Last. „Der Charakter belastet, die Motive entlasten", auf diese Formel brachte er seinen Standpunkt[62] – wobei er unter „Motiven" offenbar die dem Charakter fremden Entscheidungsgründe begriff. Aber Mayers Standpunkt war nur aus einem extremen Täterstrafrecht zu begründen. Ein solches Strafrecht findet heute bei uns keine Anerkennung mehr.

In letzter Konsequenz führt nämlich das *Täterstrafrecht* zur Entlastung des Täters für alle Situationen, die er charakterlich nicht bewältigen kann. Diese Konsequenz aber akzeptiert unser positives Strafrecht nicht. Ohne Schuld handelt nach ihm nur, „wer bei Begehung der Tat wegen einer ... schweren seelischen Abartigkeit unfähig ist, das Unrecht zur Tat einzusehen und nach dieser Einsicht zu handeln" (§ 20 StGB). Wer ohne eine solche „Abartigkeit" das Unrecht seiner Tat nicht einzusehen oder nicht nach dieser Einsicht zu handeln vermag, bleibt strafbar – es sei denn, seine intellektuellen (!) Fähigkeiten hätten nicht ausgereicht, ihn zur Unrechtseinsicht zu bringen (§ 17 StGB). Daher kehrt unser Strafrecht den moralischen Satz „operari sequitur esse" im Interesse eines *Tatstrafrechts* um; es folgert den Charakter eines Täters aus seiner Tat („An ihren Früchten sollt ihr sie erkennen!") und läßt sich von diesem induktiven Ähnlichkeitsschluß nur dann abbringen, wenn er sich als offensichtlich falsch erweist.

---

[62] *M. E. Mayer* (1923), S. 493.

Unstreitig ist dagegen eine andere Forderung, die ebenfalls auf die Geltung des Ähnlichkeitsgesetzes im Recht hinzielt: daß die Gesetzesnormen *gleichmäßig angewandt* werden sollen. „Alle Menschen sind vor dem Gesetz gleich", formuliert Art. 3 I GG; „Tous les hommes sont égaux ... devant la loi", lautete übereinstimmend bereits Art. 3 der französischen Menschen- und Bürgerrechtserklärung von 1793. Solche Gleichheit „vor dem Gesetz" wird in hohem Maße zwar bereits durch die „Gesetzmäßigkeit allen Rechts" bzw. durch die „Generellität aller Gesetze" verbürgt. Darüber hinaus aber bedarf sie der Absicherung gegen Auslegungsunterschiede seitens der Gerichte. Gleichmäßige Ausbildung aller Richter (vgl. § 5 d I 2 DRiG), gleichmäßiges Bekenntnis aller Richter zu den Grundwerten unserer Verfassung (vgl. § 9 Nr. 2 DRiG) und Verpflichtung aller Richter zu gleichmäßiger Rechtsprechung (vgl. § 137 GVG) sind daher die weiteren Stützen für die „Einheit der Rechtsordnung".

Gleichmäßige Anwendung der Rechtsnormen bedeutet indessen nicht Vernachlässigung *individueller Unterschiede.* Neben der Tendenz zur abstrakten Gleichheit prägt auch die Tendenz zur Konkretisierung unsere Rechtsordnung. Gleiches muß gleich behandelt werden, gewiß; aber Ungleiches muß auch – seiner Natur entsprechend – ungleich behandelt werden[63]. Die juristischen Normen müssen sich nach dem Sachverhalt ausrichten, dessen Regelung sie dienen. Sie müssen sich ihm anpassen, ihm *ähnlich* werden – soweit es ihnen die *Grenze der Abstraktion* erlaubt.

Damit kommen wir zur *Argumentation aus dem juristischen Sachverhalt.* Ein solcher Sachverhalt begegnet dem Juristen nur selten in fertiger Gestalt, als feststehendes sprachliches Gebilde, z.B. als beleidigende Äußerung. Meistens muß er aus einem Lebensvorgang erst konstituiert werden. Dort „geschieht" er – *vor* aller Augen, *vor* aller Sprache. Um juristische Gestalt anzunehmen, muß er wahrgenommen werden und einen sprachlichen Bearbeitungsprozeß durchlaufen, der je nach den Intentionen des Bearbeiters unterschiedlich ausfällt. Man höre zu, wenn mehrere Zeugen vor Gericht denselben Vorgang bekunden – niemals entsteht Identität, immer nur *Ähnlichkeit.* Daß es überhaupt derselbe Vorgang ist, ergibt sich erst aus einer Vergleichung der unterschiedlichen Darstellungen. Argumentation aus dem juristischen Sachverhalt heißt daher: Argumentation aus einer Summe von Ähnlichkeitsbeziehungen mit der Absicht, sie zu einer anderen Summe von Ähnlichkeitsbeziehungen, derjenigen der juristischen Norm, in eine Ähnlichkeitsbeziehung zu setzen.

Annäherung von Norm- und Lebenssachverhalt ist das Ziel der Interpretation, Hervorhebung ihrer Gleichheiten und Unterschiede. Doch was bedeutet das? Verliert der Lebenssachverhalt seine Individualität, wird er zum bloßen Beispiel für den Geltungsbereich einer Norm – wie es dem Rechtspositivismus entspräche? Oder gewinnt die Norm an Individualität, wird sie, um das andere Extrem zu beschwören, zur Legitimationsgrundlage für die Entscheidung gerade

---

[63] Vgl. BVerfGE 32, 157 (167).

dieses individuellen Falles - wie es (cum grano salis) die Freirechtsschule behauptet hat?

Vieles gerät zum Streit um Worte. Im Ergebnis sind sich (fast) alle, Rechtspositivisten wie Freirechtler, einig. Die Tätigkeit des Richters darf sich nicht auf die Auffindung einer möglicherweise anwendbaren Norm beschränken, sondern muß die Entscheidung über die Anwendung oder Nichtanwendung der Norm auf den konkreten Sachverhalt umfassen - und somit auch alle Zwischenschritte, die zu der Entscheidung führen. Der Streit beschränkt sich daher auf die mehr theoretische (bzw. semantische) Frage, inwieweit die Konkretisierung einer Norm noch rechtlich oder schon politisch determiniert ist. Diese Frage aber brauche ich im vorliegenden Zusammenhang nicht zu diskutieren.

Lediglich anmerken möchte ich, daß viele Normen gar nicht einmal festbestimmte Rechtsfolgen kennen, so daß selbst für den Fall, daß ihre Rechtsvoraussetzungen gegeben sind, der Richter lediglich einen Regelungsrahmen zur Verfügung hat, innerhalb dessen er dann die gerechte Rechtsfolge festsetzen muß. Daß er dies nicht aus allein politischen Erwägungen heraus kann, sondern auch aus *rechts*politischen, daß er nicht allein sachgemäß zu regeln hat, sondern auch sach*gerecht*, erscheint mir allerdings dann kaum zweifelhaft. Deshalb liegt es für mich nahe, das Suchverfahren des Richters *insgesamt* dem Rechtsbereich zuzuordnen und die richterlichen Argumente *insgesamt* als juristisch zu qualifizieren[64].

Seine *Aufgabe*, Ähnlichkeiten zwischen juristischen Sachverhalten und juristischen Normen aufzufinden - bzw., wie sich genauer sagen läßt, unter mehreren authentischen Interpretationen von juristischen Normen und mehreren authentischen Darstellungen von lebensmäßigen Situationen diejenigen aufzusuchen, die einander am stärksten ähneln -, *löst* der Richter, indem er Sachverhalt und Norm in die Zange seines Denkens nimmt, bis sie, auf der höchsten erreichbaren Ähnlichkeitsstufe, entweder aneinanderhaften oder auseinanderfallen. Er interpretiert eine Norm solange auf den Sachverhalt hin, bis sie ihm höchstmöglich ähnelt (Beispiel: „Eine Sache ‚beschädigt', wer ihre bestimmungsmäßige Brauchbarkeit beeinträchtigt"); und er stellt den Sachverhalt in Begriffen dar, die denen der Norm höchstmöglich entsprechen (Beispiel: „Das Ablassen der Luft aus den Reifen hat die Fahrtüchtigkeit des Pkw aufgehoben"). *Argument* ist in diesem Zusammenhang jeder Satz, der die Ähnlichkeit zwischen Sachverhalt und Norm verstärkt, *Gegenargument* ist jeder Satz, der ihre Unähnlichkeit hervortreten läßt.

An einem *weiteren Beispiel* sei der Suchprozeß des Richters genauer dargestellt. Wir setzen voraus, ein Richter habe zu entscheiden, ob die Tötung eines mißgebildeten Säuglings durch ein schnell wirkendes Gift, das ihm seine Mutter in die Milch gab, als Mord mit lebenslanger Freiheitsstrafe zu ahnden sei. Der Richter hat zu diesem Zweck die juristische Norm (§ 211 StGB) und den Sachverhalt einander soweit anzunähern, daß ihre Ähnlichkeit oder Unähnlichkeit möglichst plastisch hervortritt.

Er beginnt seine Lösungssuche beim Gesetz: „Mord" ist die vorsätzliche (§ 15 StGB) Tötung eines Menschen unter bestimmten erschwerenden Voraussetzungen - von denen

---

[64] Vgl. dazu auch *R. Dreier* (1986), S. 895.

im vorliegenden Fall (aufgrund Ähnlichkeit) allenfalls „Heimtücke" in Betracht kommt. Er entnimmt ferner dem Lebenssachverhalt, daß ein Mensch, nämlich der Säugling, vorsätzlich von seiner Mutter getötet wurde. Problematisch bleibt, ob dies „heimtückisch" geschah. In bezug auf dieses Merkmal erstreckt sich zwischen gesetzlicher Norm und Lebenssachverhalt ein „Problemfeld", das der Richter durchschreiten muß, indem er Sachverhalt und Norm einander angleicht einerseits mittels Paraphrasierung des Norminhalts, andererseits mittels Paraphrasierung der Sachverhaltsdarstellung.

Der Richter beginnt mit der Paraphrasierung derjenigen Merkmale, deren Veränderung bereits erprobt ist, so daß er sich insoweit auf bekanntem Gelände bewegt (vgl. dazu unten 1 c). In unserem Beispiel schlägt der Richter z.B. in einem Kommentar nach, wie das Merkmal „heimtückisch" in Rechtsprechung und Literatur gedeutet wird: „Heimtückisch handelt, wer die Arg- und Wehrlosigkeit des Opfers bewußt ausnutzt." Damit hat der Richter einige Merkmale in der Hand, für die er im Lebenssachverhalt Entsprechungen finden kann. Indessen bleiben Grenzfälle, und unser Beispiel ist offenbar einer dieser Grenzfälle, weil in ihm problematisch ist, ob die „Arglosigkeit" des Opfers ausgenutzt wurde. Denn wer ist „arglos"? Nur derjenige, der sich in acht nehmen kann? Oder auch der Schlafende, der Bewußtlose oder, wie in unserem Beispiel, der Säugling? Die Problematik ist also durch die definitorische Interpretation des Merkmals „heimtückisch" nicht beseitigt; es besteht noch ein Deutungsspielraum, der nur aufgrund einer neuen konkretisierenden Wertung, also durch neuerliches Zuschreiten auf den Sachverhalt, zu begrenzen ist.

Auch für diese weitere Konkretisierungsarbeit findet der Richter im Kommentar Hinweise – insbesondere auf Personengruppen, die normalerweise als „arglos" angesehen werden können. So heißt es dort etwa (unter Hinweis auf bereits ergangene Gerichtsentscheidungen), daß Schlafende arglos seien, nicht aber Kleinkinder, während bei Besinnungslosen unterschiedliche Auffassungen vertreten würden. Der Richter hat damit den Bereich der „exemplifikatorischen Interpretation" erreicht, wo die Tendenz besteht, den normativen Gehalt eines Begriffs auf Gegenstandsbereiche zu beziehen, die empirisch gegeneinander abgrenzbar sind. Gleichwohl darf man sich nicht täuschen lassen; denn die zur Auslegung, und zwar auch zur Auslegung durch Beispiele, verwendeten Begriffe bleiben (normative) Rechtsbegriffe. Und so ist beispielsweise, was ein „Kleinkind" ist, nicht aufgrund fester Altersangaben, sondern nach normativen Gesichtspunkten (z.B. dem der „Hilflosigkeit" gegenüber lebensbedrohenden Angriffen) zu bestimmen.

Lassen wir es mit dieser Auslegungsarbeit auf der Normseite bewenden und gehen wir über auf die Sachverhaltsseite. Auch hier „deutet" der Richter das vorgefundene Material. Doch es sind Deutungen anderer Art – nicht Deutungen aus dem Gesetz heraus („Ausdeutungen"), sondern auf das Gesetz hin („Hindeutungen", „Würdigungen"), die in der sprachlichen Fassung des Sachverhalts ihren Ausdruck finden. Selbst Identität eines Wortes bedeutet noch nicht Identität seines Begriffs: ein „Gift" im Sinne des Alltagssprachgebrauchs *kann* ein „Gift" auch im Sinne des Strafgesetzbuches sein, *muß* es aber nicht. In unserem Beispiel wird der Richter lediglich feststellen, daß der Säugling „infolge seiner natürlichen Arg- und Wehrlosigkeit gegen einen Angriff auf sein Leben nichts unternehmen" konnte[65] und daß man deshalb im Sinne des Alltagssprachgebrauchs nicht von einem „Ausnutzen" der Arg- und Wehrlosigkeit zu sprechen *brauche*. Ob man davon nicht sprechen *soll* – im Sinne des Gesetzes –, diese Entscheidung wird er dem „entscheidenden Schritt" im Zielstadium seines Denkens überlassen.

Unter den juristischen Argumenten lassen sich – genau wie unter den moralischen – *drei Arten* unterscheiden: allgemeine, klassentypische und individuelle.

---

[65] BGHSt 8, 216 (218).

In den juristischen Gesetzen stehen gewöhnlich nur die *allgemeinen Argumente,* wie „man" sich verhalten soll. Untechnisch ausgedrückt: „du sollst nicht töten", „du sollst deine Schulden bezahlen", „du sollst eine Steuererklärung abgeben". Rechtstechnisch gefaßt: „Der Käufer ist verpflichtet, dem Verkäufer den vereinbarten Kaufpreis zu zahlen und die gekaufte Sache abzunehmen" (§ 433 II BGB). Diese juristischen Argumente besitzen gegenüber den entsprechenden moralischen Argumenten die Besonderheit, daß sie unverbrüchlich sind, d.h. *für jedermann* gelten, gleichviel ob sich jedermanns Gewissen angesprochen fühlt oder nicht. Der – schon im moralischen Bereich zweifelhafte – Grundsatz, daß das individuellere Argument das höhere und daher stärker verbindliche ist, tritt also hier – zweifelsfrei – außer Kraft; er wird durch den Gleichheitsgrundsatz verdrängt, wonach das Individuellere nur soweit im Recht ist, wie es dem Allgemeineren und letzthin der Allgemeinheit, dem „Wohl des Ganzen", nicht schadet. Diese (amoralische?) Prävalenz des Allgemeinen gegenüber dem Besonderen folgt daraus, daß in jeder sozialen Gemeinschaft elementare Grundsätze des Zusammenlebens sichergestellt werden müssen, die für das Überleben des Ganzen, für das Wohlergehen, d.h. den inneren Frieden der Gemeinschaft, und für das wahre Glück, d.h. die harmonische Bildung des Ganzen, unerläßlich sind. Ja, es gilt sogar der Grundsatz, daß, je pluralistischer die Moral einer Gemeinschaft ist, Elementarnormen um so wichtiger sind und um so wichtiger folglich auch eine Rechtsordnung, die das „sozial-ethische Minimum" vor moralischen Infragestellungen bewahrt[66]. Jegliche *moralische* Prävalenz des Individuellen vor dem Allgemeinen *kann* grundsätzlich nur unter der Voraussetzung bestehen, daß die *rechtliche* Prävalenz des Allgemeinen vor dem Individuellen die Gemeinschaft als solche erhält.

Diese Gegensätzlichkeit von Moral und Recht sei noch am *Beispiel der Nächstenliebe* veranschaulicht. Es gibt einen juristischen „Liebesparagraphen" und es gibt ein moralisches „Liebesgebot". Der Anwendungsbereich des juristischen „Liebesparagraphen", des § 323 c StGB, ist enger; er umfaßt eine Hilfspflicht nur „bei Unglücksfällen oder in gemeiner Gefahr oder Not". Dafür aber gebietet er diese Hilfeleistung jedem und zugunsten von jedermann. Das moralische „Liebesgebot" dagegen ist umfassender; es gilt überall, wo jemand der Hilfe bedarf, auch wenn kein Unglücksfall und keine gemeine Gefahr oder Not der auslösende Faktor war. Dafür ist es aber von der Art der persönlichen Beziehung und von den Umständen, worin die Hilfe begehrt wird, abhängig. Moralisch verpflichtet die Nächstenliebe also inhaltlich umfassender als jede juristische Norm. Dafür aber fehlt ihr die Verläßlichkeit des Gesetzes. „Denn jedesmal hat sie wieder ein neues Gesetz. Ihr etwas Bestimmtes vorzuschreiben, ist sinnlos, weil sie schöpferisch von der gegebenen Situation aus erst erschaut, was not tut, und sich lebendig Gesetze gebend inhaltlich immer wieder eine andere ist. Diese innere Spontaneität erhebt sie über alle Uniformität der bestimmten Norm"[67]. Aber sie macht ihre Wirkung auch von der Schöpferkraft des Augenblicks abhängig! Daher ist sie unzuverlässiger als eine Norm, welche „Handeln aus Pflicht" gebietet.

Neben die allgemeinen treten die *klassentypischen Argumente,* diejenigen Argumente also, mit denen sich das Recht an den Einzelnen „als" Mitglied einer

[66] Dazu *H. Henkel* (1977), S. 78 ff., 83. Siehe ferner *M. Scheler* (1966), S. 501 f.

[67] *N. Hartmann* (1962), S. 451 f.

bestimmten Klasse von Personen („Rollenträger") wendet: „als" Autofahrer, „als" Grundstückseigentümer, „als" Beamter, „als" Unterstützungsempfänger usf.[68]. Diese Argumente setzen – anders als die entsprechenden moralischen Argumente – die allgemeinen Argumente regelmäßig nicht außer Kraft. Sie konkretisieren sie lediglich und führen zur Typenbildung innerhalb der rechtlichen Argumente. Das allgemeine Argument bildet dann den Rahmen der Diskussion; innerhalb des Rahmens gilt jedes Argument, welches die Diskussion auf eine typische Problemlösung hinführt.

Aus dem Gesagten folgt, daß ein juristischer Diskussionsrahmen dort nicht besteht, wo das Gesetz eine generelle Regelung hat statuieren wollen, die alle darunter subsumierbaren Fälle *abstrakt-gleichmäßig* trifft. So verhindert beispielsweise im Sachenrecht ein gesetzlicher numerus clausus die typisierende Schaffung neuer Rechtspositionen. Umgekehrt fordert das Gesetz zu einer typisierenden Argumentation dort auf, wo es auf der Tatbestandsseite unbestimmte Rechtsbegriffe verwendet oder wo es im Rahmen der Rechtsfolgenbestimmung Ermessensentscheidungen des Richters Raum gibt („Methode der Typenbildung und des Typenvergleichs").

Klassentypische Argumente spezifizieren die allgemeinen juristischen Argumente vor allem dort, wo aus dem Zusammentreffen („Konkurrenz") allgemeiner juristischer Argumente eine qualitativ neue Problemlage entsteht, die sich durch die bloße „Kombination" der allgemeinen Argumente nicht erfassen läßt. Fährt beispielsweise ein Arzt im Straßenverkehr grob verkehrswidrig und rücksichtslos und gefährdet er dadurch das Leben anderer, so ist er, obwohl ihn sein Beruf zu größerer Rücksichtnahme auf menschliches Leben verpflichtet und ihn deshalb stärker moralisch schuldig erscheinen läßt als beispielsweise den Kaufmann oder den Studenten von nebenan, doch rechtlich nicht grundsätzlich anders zu behandeln als jeder Autofahrer sonst. Doch wo ihn ein spezielles soziales Band mit seinem Patienten verbindet und diese Verbindung einen spezifischen juristischen Status erhält, d.h. den Arzt zum Garanten für das Wohl des Patienten macht, da entstehen für ihn spezielle Rechte und Pflichten, die sich auch auf sein Verhalten im Straßenverkehr auswirken können (z.B. Berechtigung oder gar Verpflichtung zur Überschreitung einer Geschwindigkeitsbegrenzung, um dem Patienten rechtzeitig Hilfe bringen zu können).

Stark im Hintergrund stehen im Recht die *auf den Einzelnen bezogenen Argumente*[69]. Die Gleichheit des Menschen als Mitglied einer sozialen Gemeinschaft geht seiner Verschiedenheit als Individuum vor. Individuelle Eigenschaften werden nur dann relevant, wenn sie „höchstpersönliche Beziehungen" als „höchstpersönliche Merkmale" charakterisieren, wie etwa die besonderen Eigenschaften der Ehegatten ihre familienrechtlichen Beziehungen (Haftung nur für die in eigenen Angelegenheiten übliche Sorgfalt, § 1359 BGB) oder die besonderen Fähigkeiten eines Angestellten sein Arbeitsverhältnis (höchstpersönliche Verpflichtung zur Dienstleistung, § 613 S. 1 BGB). Im übrigen kennt das Recht nur soziale Teilhaberechte und -pflichten, und bei ihnen kommt es nicht auf die

---

[68] Vgl. zur Bedeutung der sozialen Rolle für das Recht *W. Maihofer* (1958), S. 160 ff.

[69] Vgl. dazu ausführlich *H. Henkel* (1958).

persönliche Individualität des Berechtigten oder Verpflichteten, sondern auf seine soziale Typizität und auf seine Verträglichkeit an. Das „besondere Persönlichkeitsrecht" des Einzelnen auf Entfaltung aller seiner Kräfte ist daher zumeist das „allgemeine Persönlichkeitsrecht" eines jeden; und es hat konsequent seine Grenzen an den gleichen „Rechten anderer" sowie am allgemeinen „Sittengesetz" und an der zur Wahrung der Gleichheit verpflichteten „verfassungsmäßigen Ordnung" (Art. 2 I GG). Nicht das individuelle, sondern das soziale Wohl bleibt das oberste Ziel des Rechts. Die Individualität des Einzelfalles achtet es; aber sie gilt ihm nur insoweit, wie sie das allgemeine Wohl nicht beeinträchtigt. Einen inneren oder äußeren Aufstand des Einzelnen gegen die Allgemeinheit müßte es unterdrücken. Selbst das individuelle Gewissen muß für die Allgemeinheit „vertretbar" und damit akzeptabel bleiben[70].

Allein dort, wo das Recht den Einzelnen zur *eigenverantwortlichen Entscheidung* aufruft, vermag sich rechtlich die Individualität zu entfalten. Das geschieht selten genug: bei der Gestaltung der eigenen Persönlichkeitssphäre; nach gründlicher Ausbildung wohl auch in sozialen Funktionen, etwa als Richter, als Beamter; nur beschränkt darüber hinaus bei der Mitgestaltung des familiären Bereichs oder beim Umgang mit dem eigenen Vermögen. Doch überall steht dann letzthin wiederum das Recht bereit und achtet darauf, daß der Einzelne in seiner Ich-Entfaltung nicht „über die Stränge schlägt", insbesondere die Schranken, die das Recht in seinen Normen (§§ 134, 138 BGB u.a.) aufgerichtet hat, nicht übersteigt. „Alles will es nur *eben* machen, Möchte gern die Welt verflachen"[71].

Insgesamt haben wir daher im Rechtsbereich eine *Umkehrung der moralischen Wertstruktur* zu registrieren: Je allgemeiner eine rechtliche Norm ist, desto unverbrüchlicher gilt sie als Argument für richtiges Handeln. Spezielle Normen können sich nur als Spezifizierungen von allgemeinen Normen behaupten; ihre Geltung beschränkt sich darauf, den Rahmen der allgemeinen Normen auszufüllen - so daß sie sich ihre Deutung aus den rahmenbildenden Argumenten gefallen lassen müssen. Schlechthin individuelle Gewissensargumente werden überhaupt nur geduldet, wenn sie entweder die höchstpersönliche Sphäre des Einzelnen oder einen ihm zur eigenverantwortlichen Gestaltung rechtlich zugewiesenen Bereich betreffen.

Natürlich beschwört diese Antinomie zwischen moralischer und juristischer Wertstruktur *Konflikte* herauf, die sich in gegensätzlichen Argumentationen Ausdruck verschaffen. Die Ursachen dieser Konflikte können beim Einzelnen liegen: er hat die Beziehung zu den elementaren Rechtswerten des sozialen Zusammenlebens verloren und sich stattdessen eine eigene individuelle (Hyper-) Moral aufgebaut, welche andere, insbesondere Ich-Werte, bevorzugt. Hier muß der Richter zugunsten der Rechtsordnung entscheiden, damit die Rechtskultur der Gemeinschaft nicht Schaden leidet. Die Ursachen des Konflikts können aber auch in der Rechtsordnung begründet sein: infolge ihrer Starrheit nivelliert sie einen moralisch ausdifferenzierten Bereich und verlangt ein Verhalten, das auf

---

[70] Vgl. *H. Zbinden* (1958), S. 31. Zum Ganzen auch *K.-H. Fezer* (1986).

[71] *F. Schiller,* Die Braut von Messina, 1. Akt.

niedrigerer moralischer Stufe steht, als sie der Einzelne für verpflichtend empfindet. Hier muß der Richter grundsätzlich zugunsten des Einzelnen votieren. Denn die höhere Moral muß gegenüber der verflachenden gesetzlichen Regelung dort den Vorrang haben, wo sie die soziale Gemeinschaft nicht auflöst, sondern ihr zum Vorbild dient – m.a.W. „Anpassung nach oben“ statt „Angleichung“ an ein Mittelmaß bedeutet.

Die Möglichkeit von Konflikten zwischen dem generelleren Recht und der individuelleren Moral macht *Konfliktlösungsmechanismen* erforderlich, die, außerhalb der insbesondere durch den Gleichheitsgrundsatz gewährleisteten Konstanz, für die notwendige Anpassung des Rechts an bisher nicht erfaßte Gestaltungen der sozialen Umwelt sorgen und damit die erforderliche Plastizität des Rechts gewährleisten. Darüber hinaus können diese Konfliktlösungsmechanismen multifunktional eingesetzt werden, was zusätzlich der Rechtsordnung Elastizität verleiht. Zu nennen sind

- die *Gestattung „billiger“ Entscheidungen* zur Modifizierung starrer gesetzlicher Regelungen: Weicht ein Sachverhalt von der in einer Rechtsnorm vertypten Fallgestaltung wesentlich ab, dann kann der Richter diese Abweichung nach Billigkeitsmaßstäben berücksichtigen. Solche Billigkeitsentscheidungen werden gelegentlich sogar vom Gesetz ausdrücklich vorgeschrieben, z.B. bei der Ersatzpflicht desjenigen, der einen Schaden im Zustand mangelnder Verantwortlichkeit herbeigeführt hat – er hat „gleichwohl den Schaden insoweit zu ersetzen, als die Billigkeit nach den Umständen, insbesondere nach den Verhältnissen der Beteiligten, eine Schadloshaltung erfordert“ (§ 829 BGB).
- die *Zurücknahme des Schuldmaßstabes,* wenn ein Strafgesetz infolge seiner Starrheit Unzumutbares verlangt: Entweder wird schon das Gehorsam-“Schulden“ bzw. der objektive Zumutbarkeitsmaßstab reduziert, so z.B. bei der Unterstützung von Angehörigen, um sie der Strafverfolgung zu entziehen (vgl. § 258 StGB – „Strafvereitelung“); spätestens aber kommt es zur Verneinung von Gewissens-„Schuld“ bzw. der subjektiven Zumutbarkeit, so z.B. bei der Hilfspflicht des § 323 c StGB, wo eine individuelle Gewissensentscheidung die allein wirksame Hilfeleistung „unzumutbar“ machen kann.
- *Normkorrekturen* bei Fehlsamkeit der gesetzlichen Regelung: Eine zu weite Norm wird durch teleologische Reduktion auf das rechte Maß zurückgeführt; eine zu enge Norm wird durch analoge Ausweitung auf Fälle angewandt, die ihrem Wortlaut zwar nicht unterstehen, ihrem Sinn und Zweck aber richtigerweise unterstehen sollten.
- die *verfassungsrechtliche Überprüfung* fehlerhafter Normen: Sie kann auch ihre moralische Bedenklichkeit (z.B. gem. Art. 4 GG) umfassen und zur Folge haben, daß die Normen aufgehoben oder in Übereinstimmung mit den gewandelten moralischen Auffassungen interpretiert werden.

Insgesamt hat daher die Erörterung des psychologischen Ähnlichkeitsgesetzes im Hinblick auf die juristische Argumentation *zwei wesentliche Ergebnisse* gebracht: (1) Alle richterlichen Argumente unterstehen diesem Ähnlichkeitsgesetz – sie müssen sich durch ihre doppelte Ähnlichkeit sowohl mit den anwendbaren Rechtsnormen als auch mit dem Sachverhalt, auf den die Rechtsnormen angewandt werden sollen, auszeichnen. „Gut“ ist dabei jedes Argument, das die Ähnlichkeit von Norm und Sachverhalt klarer hervortreten läßt und dadurch die Problemsituation der Lösungssituation einen Schritt näherbringt. (2) Allgemeinere juristische Argumente haben grundsätzlich den Vorrang vor spezielleren; denn nicht das Individuum als Individuum ist Gegenstand rechtlicher

Regelung, sondern das Individuum als Teil der Gemeinschaft. Im Gegensatz zur moralischen Argumentation gilt daher innerhalb der juristischen Argumentation das gemeine Wohl prinzipiell als der höchste Wert. – Zusammengefaßt besagen beide Ergebnisse: *Das gesamte Rechtsdenken ist analogisch mit dem prinzipiellen Vorrang des allgemeineren Gedankens vor dem spezielleren.*

(3) Die beiden bisher behandelten Gesetze, das Berührungsgesetz und das Ähnlichkeitsgesetz, wirken nicht nur isoliert auf das juristische Denken ein, sondern sie tendieren darüber hinaus aufgrund des weiteren *Gesetzes der Konvergenz* dazu, miteinander zu einer Wirkungseinheit zu verschmelzen. Entsteht diese Wirkungseinheit, dann ist sie nicht eine bloße Addition derjenigen assoziativen Wirkungen, die von Berührung und Ähnlichkeit ausgehen, sondern es entsteht eine qualitativ eigenständige Begründungspotenz, die eigenständige Konsequenzen tragen kann.

Der Tendenz zur Verschmelzung von Berührung und Ähnlichkeit begegnen wir bereits bei der Begründung von *moralischer Verantwortlichkeit.* Geradezu zwanghaft veranlaßt uns ein nur äußerlich-zufälliger Kontakt zu einem Ereignis, nach dem inneren Grund für diesen Kontakt zu suchen und ihn, oft wider alle Vernunft, sogar zu finden. Glück und Unglück gelten uns dann nicht als das, was sie sind, sondern als gerechtfertigt aus einem uns unbekannt gebliebenen Verdienst: Glück als die Belohnung für gute Taten, Unglück (z.B. eine Naturkatastrophe) als Strafe für Sünde und für Schuld[72]. Ganz entsprechend ergeht es uns im Bereich der *juristischen Verantwortlichkeit.* Auch dort tendieren wir dazu, den Zurechnungsgrund des sozialen Kontakts durch den Zurechnungsgrund der sozialen Ähnlichkeit zu verstärken, indem wir beispielsweise aus dem unmittelbaren Kontakt mit einer kriminellen Tat, z.B. der Anwesenheit am Tatort, den inneren Grund für das Geschehen der Tat, die „Kausalität", etwa in Form einer psychischen Beihilfe, herleiten.

Treffen beide Zurechnungsgründe tatsächlich zusammen, dann erzeugen sie soziale Konsequenzen, die das Recht an jede einzelne nicht anschließen würde. Generell führt Ähnlichkeit *infolge* Berührung als juristische „Kausalität" zur Folgenzurechnung; sie ist damit die wichtigste Haftungsgrundlage der gesamten Rechtsordnung. Speziell begründen die Unmittelbarkeit der Folgenverursachung und die Regelmäßigkeit ihres Eintritts eine erhöhte Verantwort-

---

[72] *H. v. Kleist* hat in seiner Novelle „Das Erdbeben von Chili" sehr feinfühlig den psychischen Mechanismus einer solchen Verantwortungszuschreibung geschildert. Daß dieser Mechanismus nicht dichterischer Phantasie entspringt, zeigt etwa die Reaktion *I. Kants* auf das Erdbeben von Lissabon: Er sah sich veranlaßt, öffentlich vor der Annahme zu warnen, daß Gott die Natur benütze, um auf menschliches Fehlverhalten zu reagieren: „Der Anblick so vieler Elenden als die letzte Katastrophe unter unseren Mitbürgern gemacht hat, soll die Menschenliebe rege machen und uns einen Theil des Unglücks empfinden lassen, welches sie mit solcher Härte betroffen hat. Man verstößt aber sehr dawider, wenn man dergleichen Schicksale jederzeit als verhängte Strafgerichte ansieht, die die verheerte Städte um ihrer Übeltaten willen betreffen, und wenn wir diese Unglückselige als das Ziel der Rache Gottes betrachten, über die seine Gerechtigkeit alle ihre Zornschalen ausgießet. Diese Art des Urtheils ist ein sträflicher Vorwitz ..." (1922, S. 325 f.).

lichkeit. Nur den unmittelbaren Schadensverursacher trifft beispielsweise die deliktsrechtliche Ersatzpflicht; nur ein unmittelbarer Störer darf polizeirechtlich in Anspruch genommen werden. Nur die Gleichmäßigkeit eines sozialen Kontakts, d.i. „enge Verbundenheit", schafft darüber hinaus die Verpflichtung, einander in Gefahrsituationen beizustehen; nur Gleichheit der Interessen *und* sozialer Kontakt („gleich zu gleich gesellt sich gern") schaffen die besondere Rechtsform der Gesellschaft, „ein Schuldverhältnis ... in dem Sinne, daß alle Gesellschafter gleichrangig und grundsätzlich auch gleichmäßig zur Förderung des gemeinsamen Zwecks beizutragen haben"[73].

Daß hier überall nicht schon Tatsachen, sondern erst durch sie veranlaßte Denkoperationen die juristische Verantwortlichkeit begründen, ist in der juristischen Literatur fast unumstritten. Beispielsweise gilt das Unterlassen des Beistandes trotz „enger Verbundenheit" als Gedankenprodukt (: es „besitzt keine Realität, sondern ist ein Urteil"[74]), ebenso aber auch der Zusammenhalt in einer Gesellschaft (: diese ist „eine ‚Wirkungseinheit', ohne sich gegenüber ihren Mitgliedern zu verselbständigen"[75]).

(4) Nicht nur Berührung und Ähnlichkeit besitzen die Tendenz, ihre Wirkung auf das Denken qualitativ zu verstärken. Auch eine Folge einander ähnlicher Vorgänge hat diese Kraft: Die Beobachtung von Vorgängen in der Natur, welche in stets derselben Weise ablaufen, erzeugt in uns die Vorstellung von einem *Seins*gesetz; die Beobachtung von Vorgängen im sozialen Leben, die sich zwar nicht in derselben, wohl aber in ähnlicher Weise wiederholen, erzeugt in uns die Vorstellung von einem *Sollens*gesetz. Unser Denken unterliegt überall und deshalb auch im Rechtsbereich dem *Affirmationsgesetz,* dem Gesetz der Bekräftigung. Angewandt auf ein zukunftsbezogenes naturwissenschaftliches oder juristisches Modell besagt dieses, daß die Zahl der Bestätigungen nicht nur die quantitativ-statistische, sondern auch die qualitative Bedeutung einer Vorhersage erhöht. Aus einer Wahrscheinlichkeitsaussage wird ein wahres Naturgesetz, aus einer Üblichkeitsaussage eine gültige Rechtsregel.

Zwei Beispiele mögen der juristischen Verdeutlichung dienen: Den ersten Beleg entnehmen wir dem sog. *Richterrecht*[76]. Dieser Begriff meint nicht die Binnenwirkung richterlicher Entscheidungen – ihre Fähigkeit also, Rechtsstreitigkeiten rechtskräftig zu beenden, sondern ihre Außenwirkung – ihre Fähigkeit, Präjudiz für andere Entscheidungen zu sein. Eine solche präjudizielle Außenwirkung besteht zunächst und selbstverständlich in Rechtsordnungen, die ausdrücklich die richterliche Weisheit zur Fortbildung des Rechts benutzen – offenbar aufgrund der Erkenntnis, daß auch das juristische Denken eine Bahn, die es einmal mit Erfolg durchlaufen hat, gern zur Norm für zukünftige Fälle wählt. Rechtsordnungen wie die unsrige, die wesentlich auf dem Gesetzesrecht beruhen, erkennen eine solche präjudizielle Wirkung (von Ausnahmefällen

[73] *P. Ulmer* (1980), Rdnr. 116 zu § 705 BGB.
[74] *W. Stree* (1985), Rdnr. 139 zu §§ 13 ff. StGB; *W. Gallas* (1955), S. 8.
[75] *P. Ulmer* (1980), Rdnr. 110 zu § 705 BGB.
[76] Dazu *R. Zippelius* (1985 b), § 13 m.w.N.; *Th. Raiser* (1985).

abgesehen) zwar de iure nicht an, zollen ihr aber doch de facto ihren Tribut. Entscheidungen zumal der höheren Gerichte besitzen auch bei uns eine präjudizielle Außenwirkung: Sie wirken zum einen auf die allgemeine Rechtsauffassung bekräftigend ein – besonders dann, wenn sie sich, unterstützt von der Literatur, zur „herrschenden Meinung" verdichtet haben. Und sie werden zum andern für künftige Entscheidungen wegweisend; diese bedürfen triftiger Gründe, um den Weg, den die Präjudizien gewiesen haben, zu verlassen[77]. Letzthin ist daher auch bei uns die Rechtsprechung eine latente Rechtsquelle.

Noch stärker allerdings belegt bei uns das *Gewohnheitsrecht* die Bedeutung des Bekräftigungsgesetzes für die Rechtsentstehung. Zwar trifft einerseits nicht zu, daß wir im Bekräftigungsgesetz die einzige (hinreichende) Ursache seiner Entstehung vor uns haben; doch könnte andererseits ohne das Bekräftigungsgesetz niemals ein Gewohnheitsrecht entstehen – weshalb es jedenfalls eine notwendige Ursache ist.

Die Begründung bedarf einer etwas ausführlicheren Darstellung und Kritik der bisher zur Entstehung von Gewohnheitsrecht vertretenen *Theorien:* der Willenstheorie, der Überzeugungstheorie, der Anerkennungstheorie und der Erzeugungstheorie.

Nach der *Willenstheorie*[78] soll „ein allgemeiner Rechtsgeltungswille der Gemeinschaft oder ihrer Organe" Voraussetzung für die Entstehung von Gewohnheitsrecht sein. ... Diese Auffassung ist unklar, in jeder ihrer möglichen Versionen aber widerleglich. (a) Faßt man den „Rechtsgeltungswillen" als „Rechtsschöpfungswillen" auf, so läßt er sich regelmäßig nicht nachweisen; läßt er sich ausnahmsweise aber nachweisen, so ist er für die tatsächliche Rechtsentstehung irrelevant, da er keine Legitimation zur Rechtssetzung über diejenigen besitzt, welche ihn nicht teilen. (b) Faßt man den „Rechtsgeltungswillen" dagegen als bloßen „Rechtswirkungswillen" auf, also als den Willen, „sich einem recht-

---

[77] Aus der Rechtsprechung vgl. BVerfGE 12, 341 (348): „Der Gleichheitssatz wird durch eine Sonderregelung verletzt, wenn sich ein vernünftiger, aus der Natur der Sache ergebender oder sonstwie einleuchtender Grund für die ... Differenzierung nicht finden läßt." Ähnlich BVerfGE 42, 374, 388; 51, 1, 23. Aus der Literatur vgl. *R. Zippelius* (1985b), S. 74: „Eine einmal gewählte Interpretation oder Lückenausfüllung, die im Spielraum des hermeneutisch Vertretbaren liegt, darf nicht ohne triftigen Grund aufgegeben werden." Ein triftiger Grund liege vor, wenn die Interpretation oder Lückenfüllung sich als von Anfang an ungerecht erweist oder aufgrund veränderter Umstände ungerecht wird. „Wesentlich ist aber, daß eine solche Abweichung stets einer Rechtfertigung bedarf. Es ist immer abzuwägen, ob die für die Abweichung sprechenden Gründe schwerer wiegen als die Prinzipien der Rechtssicherheit und Gleichbehandlung, die eine unveränderte Beibehaltung der Judikatur nahelegen." Dieser Auffassung entspricht die von P. Lorenzen und O. Schwemmer vertretene Lehre von der faktischen und kritischen (normativen) Genese von Normensystemen (vgl. *P. Lorenzen/O. Schwemmer,* 1973, S. 190 ff.). Im Anschluß an sie formuliert *R. Alexy* (1978), S. 253, folgende „Diskursregel": „Die den moralischen Auffassungen der Sprecher zugrunde liegenden moralischen Regeln müssen der Überprüfung in einer kritischen historischen Genese standhalten können. Eine moralische Regel hält einer solchen Überprüfung nicht stand, (a) wenn sie zwar ursprünglich rational zu rechtfertigen war, inzwischen aber ihre Berechtigung verloren hat, oder (b) wenn sie schon ursprünglich nicht rational zu rechtfertigen war und sich auch keine hinreichenden neuen Gründe für sie anführen lassen."

Eine knappe Übersicht zur Rechtsquelleneigenschaft des Richterrechts findet man bei *W. Fikentscher* (1976), S. 728 ff., insbesondere S. 737.

[78] *L. Enneccerus/H. C. Nipperdey* (1959), § 39 I, S. 264 m.w.N.

lichen Grundsatz zu unterwerfen" oder „eine bindende Regelung zu verwirklichen, indem man sie durchsetzt oder ihr gehorcht"[79], so ist er in Wahrheit kein Wille mehr – auch kein „Dulderwille", wie gelegentlich behauptet wurde[80] –, sondern die Einsicht in eine vorhandene rechtliche Notwendigkeit, m.a.W. Rechtsgehorsam; Rechtsgehorsam aber ist kein Grund für Recht, sondern eine Folge von Recht, setzt also jenes, was er begründen soll, in Wahrheit als bestehend voraus.

Die *Überzeugungstheorie*[81] gründet das Recht statt auf den Willen auf die Vernunft. Sie findet diese in der massenpsychologischen Tatsache der jeweiligen Volksüberzeugung, im Rechtsbewußtsein eines Volkes: Die Sätze des Gewohnheitsrechts seien die präzise sprachliche Form des von der Volksüberzeugung geschaffenen Rechts; die tatsächliche Übung sei dessen Folge. Im einzelnen wird ausgeführt: die anfänglich individuellen Rechtsvorstellungen gingen im Laufe der Zeit dahin, die geübte Norm *sollte* als objektives Recht gelten; schließlich würden die Einzelvorstellungen zu einer Gemeinüberzeugung, welche nicht mehr zum Inhalt hat, dies oder jenes sollte Recht sein, sondern dies oder jenes *ist* Recht[82]. ... Auch diese Auffassung bleibt letztlich unklar. Denn was ist diese Gemeinüberzeugung, dieses allgemeine Rechtsempfinden des Volkes, welches das Recht hervorbringen soll? Sind es die sich bestätigenden Anschauungen von dem, was „Rechtens" ist? Oder ist es – zumindest bei einem Teil der Rechtsgenossen – ein bloßes Dulden oder Nichtwidersprechen gegenüber dem, was gilt? Ist, anders gefragt, die sogenannte Rechtsüberzeugung (aktive) Überzeugung, oder ist sie (passives) Überzeugtwerden, im Extremfall sogar Apathie? Wird, noch anders gefragt, Gewohnheitsrecht überhaupt durch Überzeugung erzeugt? Liegt darin nicht vielmehr ein gedanklicher Widerspruch?

Diese Fragen führen uns zur dritten Theorie hin, zu der von G. Jellinek begründeten *Anerkennungstheorie*[83]. Sie geht von der These aus, daß alles Recht ursprünglich nichts anderes ist als faktische Übung. „Die fortdauernde Übung erzeugt die Vorstellung des Normmäßigen dieser Übung ..."[84]; das Gewohnheitsrecht entsteht „aus der allgemeinen psychischen Eigenschaft, welche das sich stets wiederholende Faktische als das Normative ansieht"[85]. Freilich, so wird eingeschränkt, folge aus der fortdauernden Übung die Vorstellung, daß sie das Normative sei, noch nicht unmittelbar; *nur wenn* den tatsächlichen Verhältnissen die Kraft innewohnt, in den Köpfen der Menschen die Überzeugung hervorzubringen, daß sie als rechtliche Verhältnisse anzuerkennen seien, komme es zur Rechtsbildung: „Voraussetzung für die Gewohnheitsrechtsbildung ist die aufgrund Wahrnehmung des Geschehenen erfolgende Anerkennung der Betroffenen und ihrer sich bildenden Überzeugung, daß das, was geschieht, Rechtens sei"[86]. ... Indessen – wann wohnt einem „tatsächlichen Verhältnis" jene normative Kraft inne, die sich als Recht Anerkennung verschaffen kann? Hierüber gibt kein Akt des Bewußtseins, geschweige denn eine innere Stimme Auskunft. „Auch die unfreiwillige Anerkennung ist noch Anerkennung, und zwar umfaßt dieselbe nicht nur die abgenötigte, erzwungene, sondern auch die unbewußte, unwillkürliche Anerkennung", muß deshalb E. R. Bierling behaupten[87]. Dagegen aber kann H. Kelsen mit Recht einwenden: „Daß derartige Einschränkungen

---

[79] So *L. Enneccerus/H. C. Nipperdey* (1959), § 39 I, S. 264 ff., im Anschluß an *W. Schuppe* (1890), S. 19 ff.

[80] PrOVG in PrVerwBl. 33, 75.

[81] *G. F. Puchta* (1828), S. 133 ff.; nahezu übereinstimmend *F. C. v. Savigny* (1849), S. 35 ff.

[82] *J. Wackernagel* (1950), S. 362.

[83] *G. Jellinek* (1959).

[84] *G. Jellinek* (1959), S. 339.

[85] *G. Jellinek* (1959), S. 339.

[86] OLG Frankfurt in SJZ 1947, 641.

[87] *E. R. Bierling* (1877), S. 81 f.

noch irgendeinen psychischen Vorgang seitens des anerkennenden Subjekts übriglassen, muß stark bezweifelt werden"[88].

Während die Anerkennungstheorie als eine Kombination von faktischer Übung und Überzeugungstheorie begriffen werden kann, läßt sich die *Rechtserzeugungstheorie* E. Zitelmanns[89] eher als Kombination von faktischer Übung und Willenstheorie auffassen. Auch für Zitelmann ist es im wesentlichen „die Macht der dauernden Tatsachen, welche dem Gewohnheitsrecht Geltung verschafft ... Die ewige Rechtfertigung der Geltung des Gewohnheitsrechts liegt nur in jener eigentümlichen psychologischen Erscheinung, daß ein normal denkender Mensch die Vorstellung, daß eine rechtliche Ordnung gelte, dann erzeugt, wenn er das längere tatsächliche Herrschen eines Satzes beobachtet und erwartet, daß dieses tatsächliche Herrschen auch noch länger andauern werde"[90]. ... Die „eigentümliche psychische Zutat"[91] zur Macht der Tatsachen, auf der ihr Rechtscharakter beruhen soll, wird von Zitelmann leider nicht näher untersucht, sondern als ein „Wunder"[92] hingenommen – obwohl sie nicht auf dem Gebiet des Glaubens, sondern des Wissens, der Psychologie, liegt und daher wissenschaftlicher Diskussion zugänglich ist. Doch der Schritt zur richtigen Erkenntnis ist hier schon fast getan: Nicht ein psychisches „Wunder" zwar, wohl aber die nachweisbare und näher erforschbare *Bekräftigungswirkung* des Sich-Wiederholenden führt zur Entstehung von Gewohnheitsrecht – zwar nicht allein, weil noch andere soziale Bedingungen (Wesentlichkeit sozialkonformen Verhaltens u.ä.) erfüllt sein müssen, wohl aber als *condicio sine qua non.* Insgesamt gilt also:

Das *Bekräftigungsgesetz* liefert die Erklärung für die Herausbildung von Gewohnheitsrecht, weil die ständige Wiederholung eines naturgesetzlich nicht oder nur unvollständig determinierten menschlichen Verhaltens in unserem Denken dann die Wirkung einer sozialen Norm erzeugt, wenn es sich als Lösung einer sozialen Problemspannung normalerweise bewährt. Gewohnheitsrecht ist mithin eine durch ständige, bewußte, sozial erfolgreiche Übung *präformierte Verhaltensorganisation,* die aufgrund psychischer Bekräftigung sich zu einer neuen Qualität, nämlich zur *normativen Eigengesetzlichkeit,* formiert und die dadurch Rechtsqualität erlangt, daß das Vertrauen in ihre Geltung rechtsschutzwürdig erscheint.

(5) Alle dargestellten psychischen Gesetzmäßigkeiten lassen sich, wie wir bereits sahen, zusammenfassen und erklären durch das *Gesetz des minimalen Energieaufwandes* („Entlastungsgesetz"). Dieses Gesetz beherrscht nicht nur die kognizierte *Gestalt* der Welt – „den Wahrnehmungsprozeß, die Vorstellung, die Assoziation, die Denkprozesse von den einfachen Vernunftakten bis zu den höchsten wissenschaftlichen Systemen"[93]. Es beherrscht auch die praktizierte *Gestaltung* der Welt – den Normierungsprozeß, der die Fülle des dem Menschen Möglichen auf das Geziemende reduziert und damit übersichtlich darbietet. Als durchgängige Struktur jeder Sozial-, aber auch jeder Rechtsordnung gilt der *Ver-*

---

[88] *H. Kelsen* (1911), S. 357.
[89] *E. Zitelmann* (1883), S. 323 ff., bes. S. 446 ff.
[90] *E. Zitelmann* (1883), S. 459; vgl. auch S. 463.
[91] *E. Zitelmann* (1883), S. 461.
[92] *E. Zitelmann* (1883), S. 461.
[93] *R. Hamburger* (1927), S. 27.

trauensgrundsatz, wonach man sich auf das normale bzw., wo angezeigt, auf das normierte Verhalten seiner Mitmenschen verlassen darf.

Das Gesetz des minimalen Energieaufwandes beherrscht nicht nur jede Sozial- und jede Rechtsordnung, sondern auch die Verbindung beider: Rechts- und Sozialordnung müssen höchstmöglich übereinstimmen, um eine entlastete Struktur aufzuweisen. Abweichungen der Rechtsnormen von den übrigen sozialen Normen, von den Gewohnheitsregeln und vom Brauchtum der Kultur, würden zwangsläufig die Komplexität der sozialen Ordnung erhöhen; Unsicherheit und Ratlosigkeit im gesellschaftlichen Handeln wären die Folgen. Doch nicht nur die Gesamtheit der kulturellen Normenordnung tendiert zu einer entlasteten, einheitlichen Gestalt, auch Sein und Sollen haben an dieser Einheit teil[94]: *ens et bonum convertuntur*[95]. Im Rechtsbereich folgt hieraus die Vermutung, daß menschliches Verhalten rechtmäßig ist - die Rechts*widrigkeit* bedarf des Nachweises, zumindest in Form einer Rechtsgutsverletzung[96]. Vermutet wird ferner, daß die staatlichen Gesetze und darüber hinaus jedes staatliche Handeln, ob in Verwaltung oder Rechtsprechung, recht*mäßig* ist – Recht hat, wer hierauf vertraut; wer Gegenteiliges annimmt, riskiert zu fehlen[97]. Und schließlich stützt sich die Anerkennung des Rechts insgesamt auf die Vermutung, daß jedermann von Rechts wegen das widerfährt, was seine Taten wert sind – weil allein diese

---

[94] Diese Bedrängung, ja Zwangsläufigkeit des menschlichen Denkens spiegelt hervorragend der berühmte Vers von A. Pope:

> "And, spite of Pride, and Erring Reasons's spite,
> One Truth is clear, whatever is, is Right."

Siehe ferner *A. Pope* (1963), S. 143:

> "First follow NATURE, and your judgement frame
> By her just standard, which is still the same:
> Unerring NATURE, still devinely bright.
> One clear, unchang'd, an universal light,
> Life, force, and beauty, must to all impart,
> At once the source, and end, and test of Art."

[95] Vgl. *Thomas von Aquin* (1933), I. 6. 3. ad 1; 16.3.c.; (1934), II.I.183. ad 3 u. ö.

[96] Vgl. BGHZ 24, 21 (27 f.). Bei der Verletzung kasuistisch umschriebener Rechtsgüter nimmt der Bundesgerichtshof an, daß das Rechtswidrigkeitsurteil zunächst „naheliegt" und es somit eines besonderen Rechtfertigungsgrundes bedürfe, „wenn dargetan werden soll, daß eine Verletzung ausnahmsweise nicht das Unwerturteil der Rechtswidrigkeit verdient". Abschließend heißt es: „Dieses im System unserer Deliktsrechtsordnung begründete und in der Rechtsanwendung bewährte Verhältnis von Regel und Ausnahme hat gemäß den anerkannten Grundsätzen des Beweisrechts die Folge, daß dem Verletzer eines geschützten Rechtsguts der Beweis für das Vorliegen eines Rechtfertigungsgrundes obliegt."

[97] Allgemein *G. Meder* (1970), S. 39: „Die Rechtmäßigkeitsvermutung ist keine seltene Ausnahmeform des Rechts, sondern geradezu eine Regelform, die stets dort zu finden ist, wo immer eine Rechtsentscheidung getroffen werden muß."

Zur Vermutung der Verfassungsmäßigkeit von Gesetzen: *G. Meder* (1970), S. 56 ff.; *K. Hesse* (1985), S. 71; aus der Rspr. BVerfGE 2, 266 (282); 9, 338 (350); 45, 187 (238).

Zur Vermutung der Rechtmäßigkeit von hoheitlichem Handeln: *H. Peters* (1949), S. 10; aus der Rspr. BVerwGE 1, 67 (69).

Zur Vermutung der Richtigkeit richterlicher Prozeßhandlungen: BGHSt 16, 164 (167); 17, 351 (353); 21, 4 (10); einschränkend *E.-W. Hanack* (1986), § 337 StPO Rdnr. 76.

Vermutung das Denken vom Zwiespalt zwischen Sein und Sollen entlastet[98]. *Un*recht ist stets „abweichendes“, niemals normales Verhalten; Folge des Unrechts ist stets die Restitution des Normalen, die Wiederherstellung des gestörten sozialen Ordnungsgefüges. Rechtsnormen, welche gegen das Entlastungsgesetz des Denkens verstoßen, sind naturrechtswidrig und auf Dauer nicht zu halten.

c) Kausalität („Tentativität“) und Finalität im juristischen Suchprozeß

Auch welche Richtung das menschliche Denken in juristischen Problemsituationen normalerweise nimmt, folgt aus dem zuletzt erwähnten Entlastungsgesetz: möglichst ohne Umschweife nähert es sich seinem Ziele an; der kürzeste Weg ist gleichzeitig der beste. „Unbedingte Rationalität“ („geistige Zucht“) bzw. „Denkökonomie“ („Prozeßökonomie“) heißt daher allenthalben auch die normative Forderung, die man dem Juristen stellt.

Freilich erhebt sich die Frage, welcher Weg wohl der kürzeste und damit der beste ist. Eine Antwort hierauf müßte die allgemeine Denkpsychologie[99] geben können; doch ihre Forschungen sind bisher noch nicht weit genug gediehen. Allzu theoretisch sind Auskünfte wie: am kürzesten sei der Weg, auf dem man in einer möglichst dichten Folge von Gedankenassoziationen ein möglichst hohes Maß an Gedankenstringenz erreicht; nicht Gedankensprünge trügen am schnellsten zum Ziel, sondern äußerste gedankliche Folgerichtigkeit; erstrebenswert sei nicht ein „kurzer Prozeß“, sondern ein „optimaler Prozeß“. All dies, im juristischen Bereich als „Fallösungstechnik“ bezeichnet und in vielen Anleitungsbüchern abgehandelt, muß aus dem Stadium intuitiver Erkenntnis erst noch herausgeholt und in das Stadium experimenteller Bewährung überführt werden[100]. Im folgenden kann ich nur einige Vorüberlegungen skizzieren.

Wie für das Denken im allgemeinen bieten sich für das juristische Denken *zwei Techniken* an, um ein Optimum an Denkökonomie zu erreichen: das tentative und das finale Vorgehen.

Ein *tentatives Vorgehen* (die Anwendung der Methode von „Versuch und Irrtum“) wird hauptsächlich bei vollständig unbekannten Problemsituationen angewendet werden und empfiehlt sich auch nur hier: Der Suchende geht in Gedanken einen Schritt voran in der Erwartung, daß er dadurch seinem Ziel näherkomme – er wählt z.B. einen Rechtsgrundsatz oder eine Gesetzesnorm aus,

---

[98] Vgl. *B. Villmow* (1977), S. 150 ff.; *D. Dölling* (1985).

[99] Insbesondere die Psychologie des produktiven Denkens, die sich allerdings bisher nicht mit spezifisch juristischen Problemlösungstechniken beschäftigt hat.

[100] Vgl. etwa *F. Bydlinski* (1982), S. 400 ff. Die Literatur zur „Fallösungstechnik“ geht – wenn ich recht sehe: ausnahmslos – auf die tatsächlichen gedanklichen Vorgänge bei der Fallösung nicht ein, sondern bemüht sich, Fallösungsschemata bereitzustellen, die, aus der jeweiligen Rechtsmaterie entwickelt, das Denken vor unökonomischen Operationen bewahren sollen (z.B. Anweisung, die strafrechtliche Schuld niemals vor dem strafrechtlichen Unrecht zu prüfen).

die er zu dem geltend gemachten Anspruch in Beziehung setzt. Dann hält er inne, um das Maß der Zielannäherung bzw. die Verbesserung der Chance zur Zielerreichung abzuschätzen. Erscheint ihm das Ergebnis als unbefriedigend (die Herleitung des Anspruchs aus der zugrunde gelegten Norm vielleicht als „abwegig"), so geht er gedanklich auf seinen Ausgangspunkt, also auf die Problemsituation, zurück, um von dort aus aufs neue den Schritt aufs vorgestellte Ziel hin zu wagen. Das wiederholt er solange, bis er schließlich, durch Fehlschläge belehrt, den richtigen Weg findet („operantes Lernen am Mißerfolg").

Diesem tatsächlich geübten „operanten Lernen am Mißerfolg" entspricht die Forderung der juristischen Methodenlehre, alle zur Begründung eines Anspruchs in Betracht kommenden Normen zu überprüfen und dabei zunächst diejenigen darzustellen, von denen aus der gewünschte Erfolg sich nicht erreichen läßt. Erst abschließend soll die in Wahrheit anspruchsbegründende Norm eingeführt und aus ihr das Ergebnis begründet werden.

Erschwert wird die Befolgung der Methode von „Versuch und Irrtum", wenn sich das Denken nach nur einem Schritt noch nicht in der Lage sieht zu beurteilen, ob es sich seinem Ziel angenähert hat. Es muß dann weitere Schritte tun, um die Chance der Zielerreichung abschätzen zu können. Dadurch aber erhöht sich gleichzeitig sein Risiko, mit erheblichem Aufwand in die Irre zu gehen, d.h. entweder eine falsch gestaltete Problemsituation zu benutzen oder Lösungsanstrengungen in die falsche Richtung zu investieren.

Bei einer juristischen Fallösung genügt es beispielsweise meistens nicht, daß eine mögliche Anspruchsnorm aus dem Gesetz herausgegriffen und zum Fall in Bezug gesetzt wird. Die Norm muß vielmehr noch ausgelegt, dabei auftauchende Streitfragen müssen auf ihre Relevanz überprüft und die Folgen einer sich als möglich abzeichnenden Entscheidung müssen sowohl im Hinblick auf den konkreten Fall als auch auf ihre präjudizielle Wirkung für gleiche Fälle überdacht werden. Erst die Gesamtheit dieser Überlegungen kann das Urteil begründen, ob eine zunächst aussichtsreich erscheinende Norm tatsächlich fallrelevant ist oder nicht und ob die bisher aufgewendete Denkanstrengung nützlich war.

Die juristische Methodenlehre schwächt entmutigende Eindrücke allerdings – psychologisch geschickt – dadurch ab, daß sie Mißerfolge bei der Lösungssuche, die unter hohem Denkeinsatz zustande kamen, als Wert-an-sich betrachtet, welche die Qualität der schließlich auf anderem Wege erreichten Lösung steigern.

In solchen Fällen hochgradiger gedanklicher Unsicherheit tritt an die Stelle der bisher geschilderten „Einweg"-Methode zumeist eine *Variation* dieser Methode, die sich als „Mehrweg"-Methode bezeichnen läßt. Bei ihr laufen die Gedanken von vornherein nicht in nur eine, sondern in mehrere Richtungen. Nicht nur eine Anspruchsnorm wird beispielsweise in Erwägung gezogen, sondern eine systematisch ausgewählte Anzahl von Normen, aus denen die Fallösung mit hoher Wahrscheinlichkeit folgt. Selbstverständlich werden die Normen dann nicht gleichzeitig, sondern nacheinander ausprobiert, so daß die „Mehrweg"-Methode sich der „Einweg"-Methode wieder anzunähern scheint. Als Unterschied bleibt jedoch bestehen, daß das Hin- und Herwandern des Denkens zwischen den Normen einem einheitlichen Plan entspringt und daher zu einer systematischen Annäherung an die Lösung führt.

Juristisch verdeutlicht: Der Kläger verlangt vom Beklagten eine Entschädigung wegen mangelhafter Vertragserfüllung. Um das Begehren zu begründen, bewegt sich das Denken vom Erfüllungsanspruch zum Gewährleistungsanspruch, vom Gewährleistungsanspruch zum Schadensersatzanspruch, vom Schadensersatzanspruch wegen Nichterfüllung zum Schadensersatzanspruch wegen nicht gehöriger Erfüllung hin und her, um auf diese systematische Weise die am besten passende Anspruchsnorm ausfindig zu machen.

Freilich, auch die „Mehrweg"-Methode kann letztlich erfolglos bleiben und den Suchenden zu einer grundsätzlichen Korrektur der Problemgestaltung oder der Lösungssuche veranlassen. Aber solche Fälle eines vollständigen Mißlingens werden selten bleiben, viel seltener jedenfalls als bei der „Einweg"-Methode. Deshalb verleiht diese Methode größere Sicherheit und ist, trotz größerem geistigen Aufwand, bei komplizierteren Problemen der „Einweg"-Methode grundsätzlich vorzuziehen.

Abschließend seien beide Alternativen des tentativen Vorgehens einander schematisch gegenübergestellt:

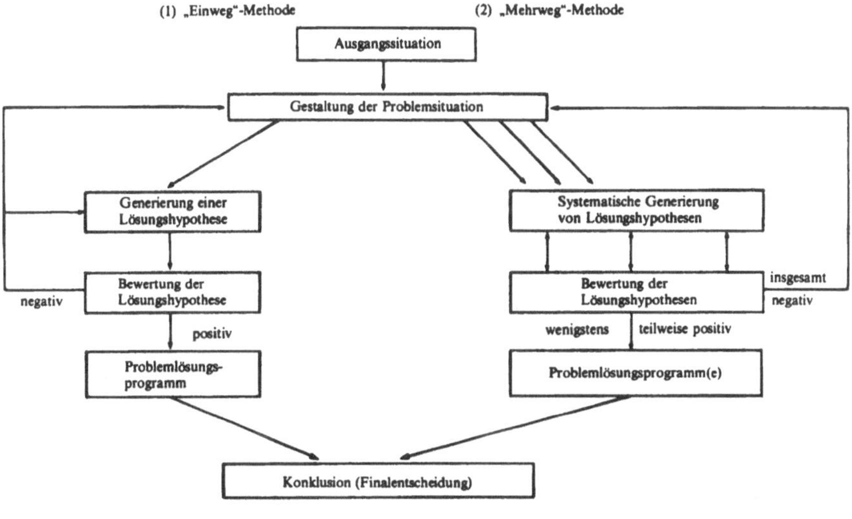

Mit der Anwendung der zuletzt genannten „Mehrweg"-Methode entfernt sich das Denken bereits vom „reinen" Suchmodell, um sich der zweiten, der finalen Methode der Problemlösung anzunähern. Ein *finales Vorgehen* wird i.d.R. derjenige wählen, dem die Problemsituation vertraut ist und der deshalb die Problemlösung bzw. den Weg zu ihr ohne weiteres findet. In dieser Lage ist z.B. ein Verkehrsrichter, der aufgrund seiner Entscheidungsroutine die bei einem Verkehrsunfall aufklärungsbedürftigen Tatsachen kennt und deshalb den Weg zur Entscheidung „sehend" beschreitet. Ist gar der Unfall-Sachverhalt durch die polizeilichen Ermittlungen vollständig aufgeklärt *und* überdies den Normen der Straßenverkehrsgesetze ohne weiteres („schematisch") subsumierbar, dann laufen die Gedanken des Verkehrsrichters nach einem *algorithmischen Programm* ab, das sie mit größter Sicherheit zum richtigen Ergebnis hinleitet.

Der Verkehrsrichter verhält sich dann wie ein Computer, in den Daten eingegeben werden, der diese Daten nach einem algorithmischen Programm verarbeitet und der schließlich das Ergebnis ausgibt. Eine solch strenge Determination der Problemlösung – und damit die Möglichkeit, mit Hilfe eines algorithmischen Programms ans Ziel zu gelangen – findet der mit den Streitfällen des täglichen Lebens befaßte Jurist freilich selten vor. Wenn gestritten wird, dann zuallermeist über Sachverhalte, die keine eindeutige Lösung erkennen lassen, weil die Tat- oder die Rechtsfragen, die sie aufwerfen, mehrere Möglichkeiten zur Beantwortung eröffnen und daher nicht einmal einzelnen Lösungsschritten die Gewißheit mitgegeben ist, daß sie in die richtige Richtung führen.

Neben die Anwendung von algorithmischen Programmen tritt innerhalb der Methode finalen Vorgehens eine weitere, weniger strenge Variante: das Vorgehen aufgrund von *heuristischen Programmen.* Diese Methodenvariante ist für die praktische Jurisprudenz wohl die wichtigste, weil am häufigsten Erfolg versprechende. Der Jurist geht die wesentlichen Merkmale der Problemsituation nach und nach durch, um sie – aufgrund von Lösungshypothesen, die er im Umgang mit ähnlichen Sachverhalten gewonnen hat – zu modifizieren oder zu ergänzen. In der methodischen Literatur findet man hierzu u.a. folgende Schilderung[101]:

„Auf diese Weise lassen sich ganze Fallreihen bilden. Auf Grund der – dadurch zugleich angeregten und aktualisierten – Normerfahrung des Juristen wird er jene Elemente der gedachten Fallvarianten, die nach geltendem Recht relevant sein könnten, herausgreifen und (durch Nachfragen, Beweisaufnahme etc.) zu ermitteln versuchen, ob der vorliegende Fall nicht in Wahrheit diese Elemente aufweist und nur bisher nicht zureichend vollständig festgestellt ist. Die Normen, auf die man so stößt, können wieder den Anstoß zu weiteren Fallvariationen geben.

Wie weit das beschriebene Verfahren tatsächlich zur erstrebten Vollständigkeit (und Ausschließlichkeit) des festgestellten rechtlich möglicherweise relevanten Sachverhaltes führt, ist – wie sonst – eine Frage der Erfahrung, Phantasie und Bemühung des – hier juristischen – Experten, der gerade tätig ist, teilweise auch seines Glücks. Naheliegende, typische, in der Realität häufige Sachverhaltselemente, die vorliegen könnten, müssen jedenfalls bei sonstiger Verletzung des notwendigen Mindeststandards an beruflicher Sorgfalt überprüft werden, soweit sie nach Normen relevant sind, die man als Jurist ‚wissen muß'."

Da innerhalb dieser Methodenvariante die heuristischen Programme den Suchenden nicht in eine klar vorgegebene Richtung führen, sondern sich in Alternativen verzweigen, welche bedacht, bewertet und akzeptiert oder verworfen werden müssen, ist die Annäherung an die tentative Methode unverkennbar. Als Unterschied bleibt indessen bestehen, daß auch bei dieser Variante der Suchende die Lösung *oder* den Lösungsweg stets vor Augen behält, so daß Abweichungen stets der Vergewisserung dienen. Sprachlich wird die Verwendung der tentativen Methode im „Gutachtenstil", die Verwendung der finalen Methode dagegen im „Urteilsstil" zum Ausdruck kommen.

---

[101] *F. Bydlinski* (1982), S. 424.

Betrachtet man abschließend sämtliche Möglichkeiten des tentativen und des finalen Vorgehens, so erkennt man, daß sie sich innerhalb eines Problemlösungsverfahrens nahezu beliebig miteinander kombinieren lassen. Heuristische Programme z.B. können tentativ benutzt, d.h. es kann „durchprobiert" werden, ob sie auf die definierte Problemsituation passen oder ob sie evtl. umzugestalten sind.

Welche der möglichen Programme der Jurist danach wählt und ob und wie er sie miteinander kombiniert, bleibt ihm und seinem „Gespür" überlassen. Arbeitsstile werden hier sichtbar, die sich nur beschränkt darstellen und noch beschränkter normieren lassen. Letzthin hängt die Wahl der Methode und die Konsequenz, mit der sie beibehalten wird, von der Art der Problemsituation, vom konkreten *Fall*, sowie von der konkreten Persönlichkeit des den Fall *Lösenden* ab. Absolute Richtigkeiten lassen sich deshalb nicht aufzeigen; allenfalls von Sachrichtigkeit und Sachgerechtigkeit sowie von Persönlichkeitsrichtigkeit und Persönlichkeitsgerechtigkeit kann hier noch die Rede sein.

Jede Lösungssuche, ob tentativ oder final, *endet* einmal, und zwar entweder mit einem Abbruch oder mit der Auffindung des „passenden" Lösungsprogramms. In der Jurisprudenz ist es typischerweise das Gesetz, welches das „passende" Lösungsprogramm bereit hält – jedenfalls sobald es als „anwendbar" erkannt worden ist. Das Problem beispielsweise, ob der Schuldner für die Ertragskraft eines verkauften Wirtschaftsunternehmens haftet, ist gelöst, sobald man die Regelung der §§ 459 ff. BGB über die Sachmängelhaftung für „anwendbar" befunden hat.

Der Schlußschritt, durch den dies geschieht, enthält entweder eine Entscheidung *secundum legem*: der im Problemfall enthaltene Interessenkonflikt ist ein (bzw. kein) Beispiel für den im Gesetz geregelten Konflikt. Oder er enthält eine Entscheidung *contra legem, secundum ius*: obwohl der im Problemfall enthaltene Konflikt ein (bzw. kein) Beispiel für den im Gesetz geregelten Konflikt ist, entscheide ich mich aus Rechtsgründen dafür, die gesetzliche Konfliktlösung nicht (bzw. auch) auf den Problemfall anzuwenden. Am obigen Beispiel verdeutlicht: Die Vorschriften über die Sachmängelhaftung in §§ 495 ff. BGB finden auf den Unternehmenskauf unmittelbar zwar keine Anwendung, da ein Unternehmen keine „Sache" (§ 90 BGB) ist; dennoch wende ich sie „analog" an, weil ihre Regelung der Interessenlage beim Unternehmensverkauf am besten gerecht wird.

Entscheidung ist auch die Verwerfung der zuletzt genannten Lösung. Aber während die bejahende Entscheidung die Lösungssuche beendet, läßt die verneinende Entscheidung das Problem ungelöst. Das Denken muß sich nochmals zurückbewegen und aufs neue diejenige Lösungshypothese generieren, der es dann zu folgen gewillt ist. An die Stelle der zuvor verworfenen Haftung aus §§ 459 ff. BGB tritt dann vielleicht die Haftung aus culpa in contrahendo, oder die Folgen des Wegfalls der Geschäftsgrundlage kommen zur Anwendung u.a.m. Doch wie immer die Entscheidung ausfällt: sie legt das juristische Problemlösungsprogramm fest, nach dem sich das Denken auf die letzte Phase der Problemlösungsprozesses zubewegt – auf die nunmehr darzustellende Phase der Problementscheidung (Finalentscheidung).

2. Juristische Konklusionen

In dieser entscheidenden Phase des juristischen Denkens kommt es *konklusiv* zum Ausspruch der Rechtsfolge für die Ausgangssituation, also zum eigentlichen „Spruch“. Von den vorangegangenen Phasen ist sie dadurch abgehoben, daß ein (subjektives) Höchstmaß an argumentativer Determination erreicht ist: Der Richter sieht sich imstande, den Problemfall gemäß dem Gesetz oder dem Recht zu entscheiden.

Den gedanklichen Prozeß, der die Lösungssuche abschließt, hatten wir bereits (oben C 2) als *Ähnlichkeits- oder Analogieschluß* charakterisiert. Ebenfalls erwähnt hatten wir bereits, daß dieser gedankliche Prozeß i.d.R. von einem gefühlsmäßigen *Prägnanzerlebnis* begleitet wird – der Richter hat es z.B., wenn er zwischen dem geltend gemachten Anspruch und der einschlägigen Anspruchsnorm Gleichheit feststellt. Zu ergänzen ist jetzt noch, daß man den Schlußschritt als logischen Prägnanz- oder Gleichheitsschluß („modus ponens“) bzw. als *Subsumtionsschluß* bezeichnet, sofern die richterliche Gleichheits-Feststellung auch objektiv zutrifft.

In der juristischen Literatur[102] wird es vielfach als Ziel des Suchprozesses erachtet, die Konklusion gedanklich soweit vorzubereiten, daß sie sich als ein solcher Subsumtionsschluß darstellt. Da der Unterschied zwischen der denkpsychologischen Finalentscheidung und dem Subsumtionsschluß nach dem Gesagten darin besteht, daß der Eindruck einer zwingenden Folgerung sich im ersten Falle subjektiv, im zweiten Falle aber objektiv einstellt, müßte es danach das Ziel des Juristen sein, eine Rechtsfolge als – unter den im Suchprozeß erarbeiteten Prämissen – *zwingend eintretend* darzustellen. Der Gang des Rechts schiene damit eine gleiche Zwangsläufigkeit zu erreichen wie der Ablauf der Vorgänge in der Natur: „gesetzmäßig“ hieße „unabänderlich“, „eindeutig“, „determiniert“. Es ist klar, daß eine solche Vorstellung dem Rechtspositivismus besonders gemäß ist und daß sie wenigstens dem letzten Akt der Rechtsfindung eine – wenn auch bescheidene – positivistische Legitimation geben würde. Doch selbst insoweit sind Bedenken anzumelden.

Gegen die Forderung, juristische Konklusionen als logische Subsumtionsakte zu begreifen, spricht allerdings nicht, daß viele Rechtsnormen nur „Kann“- oder „Darf“-Folgen enthalten (so „kann“ z.B. nach § 1565 I 1 BGB „eine Ehe geschieden werden, wenn sie gescheitert ist“). Auch „Kann“- und „Darf“-Folgen treten nämlich zwingend ein, sobald ihre Voraussetzungen erfüllt sind. Bedenken erwecken vielmehr jene Normen, die einerseits den Eintritt von Rechtsfolgen auf die Tatbestandsverwirklichung, andererseits aber *die Tatbestandsverwirklichung darauf stützen, daß der Eintritt von Rechtsfolgen „angemessen“ ist*[103]. Zwei Fallgruppen sind hier zu unterscheiden:

---

[102] Vgl. etwa *E. Bund* (1983), S. 164 ff.; *H.-J. Koch/H. Rüßmann* (1982), S. 48 ff.; *K. Larenz* (1983), S. 260 ff.

[103] Hierzu und zum folgenden vgl. *E.-J. Lampe* (1982), S. 113 ff.

- Bereits der Tatbestand einer Norm enthält den Hinweis, daß er nur dann erfüllt ist, wenn die Rechtsfolge verhängt werden kann oder soll.

  Beispiel: Nach § 1576 BGB hat ein geschiedener Ehegatte einen Anspruch auf Unterhalt gegenüber dem anderen, „soweit und solange ... die Versagung von Unterhalt ... grob unbillig wäre".

- Die Auslegung des Tatbestandes einer Norm führt dazu, daß der Tatbestand nur dann erfüllt ist, wenn die Rechtsfolge verhängt werden kann oder soll.

  Beispiel: Nach § 250 I Nr. 2 StGB trifft den Räuber grundsätzlich eine Freiheitsstrafe nicht unter fünf Jahren, wenn er eine Waffe bei sich führt, um den Widerstand eines anderen durch Gewalt oder durch Drohung mit Gewalt zu brechen. Nach h.L.[104] soll hierfür eine Scheinwaffe - z.B. eine Pistolenattrappe - nicht ausreichen, was u.a. damit begründet wird, daß „schlechterdings nicht einzusehen" sei, warum „in jedem Falle die gegenüber § 249 außerordentlich erhöhte Strafdrohung des § 250 gerechtfertigt sein soll, wenn der Täter zum Zwecke einer Drohung irgendeinen - objektiv noch so ungefährlichen - Gegenstand mitführt".

Beide Fallgruppen sind nicht etwa Ausnahmeerscheinungen innerhalb unseres Normensystems. Sie sind vielmehr Ausdruck des allgemeinen Postulats, in unserer Rechtsordnung dem Zweckgedanken Raum zu geben und demgemäß alle Normen *teleologisch* auszulegen. Gewiß, diese Auffassung ist nicht unumstritten; die Gegenauffassung wird gelegentlich von soziologischer Seite vertreten[105]. Doch die Begründung der Gegenauffassung, eine gründliche Abwägung der Entscheidungsfolgen überfordere den Richter, wird von der Rechtspraxis widerlegt. *Alle* kausalen Folgen zwar kann kein Richter in die Abwägung einbeziehen - so z.B. nicht die persönliche Belastung, die eine Entscheidung auf die Familie, oder die wirtschaftliche Belastung, die eine Entscheidung auf die Gläubiger des Verurteilten ausübt. Insoweit ist der Richter „entlastet" und muß er es sein. Die Folgen aber, die innerhalb des „Telos", des Zwecks der angewandten Normen liegen, soll und kann er abwägen[106]: Sie sollen auf der einen Seite der „Waage der Gerechtigkeit" liegen, die auf der anderen Schale den Tatbestand trägt, der sie auslöst. Und nur wenn die Waage danach im Gleichgewicht steht, soll der Richter den Tatbestand und mit ihm die Rechtsfolge bejahen.

Was den *Umfang* der Folgenabwägung anbelangt, werden freilich in den Rechtsordnungen Abstufungen erkennbar, die sich nach der Grundeinstellung richten, die ein Volk bzw. sein Juristenstand gegenüber dem Recht hat. Sieht ein Volk im Recht eine wesentlich rationale Ordnung - wie bei uns beispielsweise während der Herrschaft der sog. Begriffsjurisprudenz -, dann tritt die Bedeutung der Tatbetandsfeststellung hervor, und eine möglichst logisch begründete finale Entscheinung erscheint ihm dann als das Ideal der Rechtsfindung - die *Gesetzesgerechtigkeit* steht vor der Sachgerechtigkeit. Sieht es dagegen im Recht

---

[104] *A. Eser* (1985), § 250 StGB Rdnr. 16 m.N.; a.A. allerdings BGHSt (GS) 26, 167 ff.

[105] *N. Luhmann* (1969), (1974). Gegen Luhmann *J. Esser* (1972), S. 142 ff.; *G. Lübbe-Wolff* (1981), S. 11 ff., 137 ff.

[106] Dazu eingehend *G. Lübbe-Wolff* (1981), S. 130 ff., 137 ff.

den Ausdruck eines sich stets aufs neue schöpferisch verwirklichenden Willens – wie es bei uns z.B. der Freirechtsschule entsprach –, dann ist ihm die evidente Folgerichtigkeit der Entscheidung das Kennzeichen wahrhaft geglückter Rechtsfindung – die *Sachgerechtigkeit* siegt über die Gesetzesgerechtigkeit.

Doch das sind Abstufungen; denn niemals kann ein Volk oder sein Juristenstand sich *ausschließlich* auf die Rationalität oder die Emotionalität der Rechtserkenntnis einlassen. Naturhafte Vorprägungen verhindern jede Einseitigkeit des Standpunkts. Auch für den letzten Akt der Rechtserkenntnis gilt ein negatives Naturrecht.

Ein allein auf der *gefühlsmäßigen Stufe* entstehender, „irrationaler" Entscheidungsakt erscheint schon deshalb unmöglich, weil unsere sämtlichen kognitiven Rechtsgefühle der ständigen Kontrolle unseres Denkens unterliegen. Doch nicht nur das. All unsere Rechtsentscheidungen unterstehen auch dem unwiderstehlichen Zwang, sie anderen gegenüber (wenigstens teilweise) rational zu begründen (*Rationalitätsdruck*)[107]. Dabei mag es, nach einer parteiisch getroffenen Entscheidung, zu geradezu abenteuerlichen Alterationen der Logik kommen – vorhanden ist etwas, was sich zumindest als logische Begründung *ausgibt,* allemal. Und noch ein weiterer psychischer Mechanismus tritt hinzu: Je länger wir uns mit einem juristischen Problem beschäftigen, desto schwächer werden unsere ursprünglich vorhandenen Emotionen und desto mehr machen sie einer rational abgeklärten Sicht Platz[108]. Nur bei raschen Entscheidungen ist der rationale Klärungsprozeß schwach, nur bei impulsiven Handlungen (Aufbrausen im Zorn) fehlt er ganz. Solche unüberlegten, spontanen Reaktionen sind indessen, selbst wenn sie bereits Keime des Rechtlichen in sich tragen[109], keine *juristischen* Entscheidungen; sie sind bloße Parteinahmen. Juristische Entscheidungen müssen einen rationalen Prozeß durchlaufen haben – je länger, desto besser. Ein guter, gar „weiser" Richter ist nur, wer nach diskursiver Beratung (notfalls mit sich selbst) urteilt[110]. Recht ist (auch) Ratio.

---

[107] Vgl. etwa *D. Katz* (1972), S. 376, der zwei Gründe unterscheidet: einesteils das Bedürfnis nach „sozial akzeptabler Rechtfertigung für eine Handlung, die in Wirklichkeit aus einem weniger respektablen Motiv begangen worden ist", andernteils den Wunsch zur „rationalen Begründung einer Verhaltensweise, die aus irrationalen, aber keineswegs tadelnswerten Motiven fließt". „Die Tendenz, für eine Handlungsweise mit unbewußter Motivation eine augenscheinlich logisch-vernünftige Begründung zu geben, ist im täglichen Leben ständig zu beobachten" (*U. H. Peters,* 1978, S. 129).

[108] Freilich gibt es auch das Gegenteil, daß Emotionen durch rationale Prozesse „hochgeschaukelt" werden: „Schon der Gedanke daran macht mich wütend!" so sagen wir. Aber es handelt sich dann um die Verbindung von Emotionen mit Vorstellungsprozessen und nicht um die rationale Analyse der Gründe für eine Entscheidung, die im Text ausschließlich gemeint ist: „Warum bin ich emotional so eingestellt?"

Zur Wirkung des Denkens auf emotionale Prozesse vgl. aus der neueren Literatur *G. C. Cupchik/H. Leventhal* (1974); *J. Kuhl* (183), S. 3 ff.; *D. Dörner* (1985), S. 177 f.

[109] Ich habe bei früherer Gelegenheit hier von „Rechtsreflexen" gesprochen und als Beispiele die spontanen Retributionen (z.B. die „auf der Stelle" ausgelösten körperlichen oder verbalen Vergeltungshandlungen) benannt (*E.-J. Lampe,* 1985 b, S. 111).

[110] Zur „Waage der Gerechtigkeit" und zur Unparteilichkeit des Rechtsgefühls siehe *M. Kriele* (1985), S. 24 ff. Vgl. auch die dort (S. 36) wiedergegebene Diskussionsbemerkung C.

Nicht richtig ist daher die Auffassung, die z.B. H. Isay, abgeschwächt aber auch noch J. Esser vertritt, daß jeder (oder zumindest jeder kontinentaleuropäische) Richter seine Entscheidung unabhängig vom Gesetz fälle und nur anschließend versuche, sie mit dem Gesetz in Übereinstimmung zu bringen, indem er das Gesetz durch Interpretation solange verändere, bis es „paßt“[111]. Zwar mag es sein, daß in vielen, vielleicht sogar in den meisten Fällen Richter Entscheidungen treffen, noch bevor die Gründe hierfür vollständig feststehen; aber diese Entscheidungen werden zumeist nur vorläufig sein. Das anschließende „Sammeln“ von Gründen wird fast immer zur erneuten, sowohl rationalen als auch emotionalen, Auseinandersetzung mit den Grundlagen der Entscheidung führen und ggf. auch zur Veränderung der gefühlsmäßigen Einstellung. Und die Folge hiervon kann dann durchaus eine abweichende Endentscheidung sein.

Nicht nur die reine Gefühlsjurisprudenz ist unmöglich; auch eine *rein rational* verfahrende Jurisprudenz ist es. Dafür gibt es sowohl neurophysiologische als auch psychologische Gründe. Neurophysiologisch: Unsere Nervenzellen leiten die bei den peripheren Sinnesorganen ankommenden Signalwirkungen unserer Umwelt nicht nur an die entsprechenden Hirnrindenfelder weiter, sondern – auf dem schnelleren Weg über subkortikale Bereiche – auch an den Hypothalamus und das ihn umgebende limbische System[112]. Psychologisch: Die dort einsetzende Informationsverarbeitung hat eine Gefühlsreaktion zur Folge, welche der Hirnrinde mitgeteilt wird und somit, noch vor der rationalen Analyse, eine Reaktion nach dem Lust-Unlust-Schema auslöst[113].

Lediglich wenn die Lust- bzw. Unlustwirkung durch eine schon vorher begrifflich erfaßte Situation (Beispiel: durch Aktenlektüre) ausgelöst wird, kann sich das Verhältnis

---

F. Graumanns, „daß das Prinzip der Unparteilichkeit auch mit einer Konzeption des Rechtsgefühls, die dieses als eine Form teilnehmender Identifikation deute, vereinbar sei, wenn man die Unparteilichkeit als Einfühlung und Übernahme der Perspektiven *beider* Seiten verstehe“.

[111] *H. Isay* (1929), S. 177: „Die Ableitung der Entscheidung von der Norm bedeutet ihre nachträgliche Ableitung. Die Entscheidung ist nicht in dieser Weise entstanden, sondern es wird nur kontrolliert, ob sie in dieser Weise hätte entstehen können. Damit ist der Zweck der Norm erreicht.“ Nach Auffassung von *J. Esser* (1972), S. 139, nehmen dagegen die sog. volitiven Urteilselemente das Ergebnis nicht vorweg, „sondern sie steuern ... bestimmte Lösungsmöglichkeiten an, die nun Schritt für Schritt im Vergleich der Interessengewichte, die sich bei jeder weiteren Überlegung als relevant erweisen, selektiert und mit etwa nötigen Verfeinerungen akzeptiert werden“. Dabei gäben die gesetzlichen Normen die Orientierungshilfen, welche Lösungsmöglichkeiten überhaupt angesteuert werden können.

[112] Physiologische Untersuchungen stammen insbesondere von *W. B. Cannon* (1929) sowie von *M. B. Arnold* (1960). Nach der Auffassung Cannons entstehen Emotionen, wenn die Wahrnehmung eines Signalzustandes in der Umwelt bestimmte Zentren im Hypothalamus aktiviert. Folgen der Aktivierung sollen sowohl Veränderungen in den Körperfunktionen als auch subjektive Emotionserlebnisse sein. Unterstützt wird die Auffassung Cannons durch experimentelle Befunde, wonach chirurgische Eingriffe in kortikale Zonen zu einer emotionalen Enthemmung führen können, die nach weiteren Eingriffen in bestimmte hypothalamische Strukturen wieder verschwinden. Weiterhin folgerte Arnold aus den ihr vorliegenden neurophysiologischen Befunden, daß das limbische System in uns das Erleben der emotional grundlegenden Kategorien „gut“ und „schlecht“ hervorrufe.

[113] Dies ist freilich in der psychologischen Literatur umstritten. Gelegentlich wird der Rückgriff auf neurophysiologische Erkenntnisse mit dem Argument abgelehnt, psychische Sachverhalte ließen sich nicht auf neurale Prozesse reduzieren. Zu einer solchen Reduktion kommt es indessen dann nicht, wenn man neurale Prozesse lediglich als notwendige, nicht dagegen als hinreichende Bedingungen für die Entstehung psychischer Sachverhalte ansieht.

umkehren. Ob es dafür ausreicht, daß die Akten eine Situationsbeschreibung enthalten, erscheint mir zweifelhaft. Ziemlich sicher ist die Umkehr lediglich für den Fall, daß mit der Situation auch bereits eine juristische Bewertung mitgeteilt wird[114].

Ist danach weder eine rein emotionale noch eine rein rationale Entscheidung juristischer Probleme möglich, dann muß offenbar der Jurist in der Endphase des Rechtsfindungsprozesses *zwischen seinen gefühlsmäßigen und seinen rationalen Gründen abwägen.* Die Rechtsordnung hat hiervon auszugehen. Sie kann lediglich das Maß der rationalen und emotionalen Beteiligung normativ zu beeinflussen suchen.

Eine Rechtsordnung, die Wert darauf legt, daß juristische Konklusionen *höchstmöglich rational* hervorgebracht werden, wird die Konklusionen dadurch logisch determinieren, daß sie bis ins einzelne gehende Entscheidungsprogramme normiert und hierbei möglichst deskriptive Begriffe verwendet. Sie wird darüber hinaus Billigkeitsentscheidungen verbieten und prozessual die Entscheidungsfindung Kollegialorganen übertragen, die im rationalen Für und Wider die Gründe für die urteilsmäßige Konklusion zu erarbeiten haben.

Die heutige deutsche Rechtsordnung entspricht diesem Modell nicht und will ihm offenbar auch nicht entsprechen. Schon indem sie die Rechtsprechung „an Gesetz *und Recht*" (Art. 20 III GG) bindet, erweitert sie den Argumentationsrahmen auf nichtnormierte Elemente, deren Steuerungsgehalt sich nur teilweise in rationale Anweisungen übersetzen läßt, teilweise aber gefühlsmäßig verwirklicht werden muß. Darüber hinaus sind die Normen der meisten deutschen Gesetze so abstrakt gehalten, daß sie für eine rationale Argumentation nur den Rahmen abgeben, innerhalb dessen dann dem Richter Raum für – auch gefühlsgeleitete – Entscheidungen verbleibt. In diesem Raum kann der Richter einesteils den individuellen Strukturen des Sachverhalts, andernteils jenen Besonderheiten Rechnung tragen, welche die konkrete Entscheidung – sei es für den Betroffenen, sei es für dritte Personen – nach sich zieht (im Strafrecht spricht man hier von spezialpräventiver und speziell-generalpräventiver Wirkung). Er handelt also in diesem Raum eigenverantwortlich; sein Evidenzerlebnis betrifft nicht nur das Auffinden der „richtigen Norm", sondern auch das Auffinden des „richtigen Rechts".

Eine Rechtsordnung, die auf eine *starke Gefühlsbeteiligung* bei der Rechtsprechung Wert legt, wird den Richter von normativen Vorgaben weitgehend freistellen. Sie wird stattdessen Leitbilder schaffen, deren Ausfüllung die gesamte Persönlichkeit des Richters beansprucht.

In der deutschen Rechtsordnung stehen die normativen Vorgaben an den Richter noch immer im Mittelpunkt. Gesetzliche Generalklauseln und unbestimmt gehaltene Rechtsbegriffe sowie Ermessensspielräume sind demgemäß Ausnahmeerscheinungen, deren Vermehrung in neueren Gesetzen als „Flucht des Gesetzgebers aus der politischen Verantwortung" kritisiert wird[115]. Doch die Öffnung des gesamten Schuldrechts für eine Billigkeitsrechtsprechung durch den Treu-und-Glauben-Grundsatz des § 242 BGB, die Unterstellung der gesamten Wettbewerbsproblematik unter das Sittlichkeitsgebot des § 1

---

[114] Dies alles ist – soweit ich sehe – bis heute im wesentlichen unerforscht. Als zusammenfassenden Überblick über „Emotion und Problemlösen" sei auf den Beitrag von *J. Kuhl* (1983), S. 232 ff., hingewiesen.

[115] *U. Diederichsen* (1974).

UWG, die Relativierung der zwangsweisen Gläubigerbefriedigung durch die Härteklauseln des § 765 a ZPO u.a. stellen bereits tiefe Einbrüche in die Normativität der deutschen Rechtsordnung dar und berechtigen zu der Frage, ob nicht allmählich neben die überwiegend rational gestaltete *legale Normenordnung* eine praeter legem wirkende *soziale Werteordnung* tritt, worin sich das (Sozial-)Gefühl Geltung verschafft und in deren Rahmen eine richterliche Enscheidung schon dann als begründet erscheint, wenn sie die gefühlsmäßige Zustimmung (sei es der Mehrheit der Bürger, sei es der Mehrheit der Richter) findet. Die Gefahren sind unverkennbar: Der denkende Gehorsam, den der Richter den Gesetzesnormen schuldet, tritt in den Hintergrund; den Vordergrund beherrscht ein sich aus der Sache selbst legitimierendes Verantwortungsgefühl, welches dogmatische Positionen beiseite schiebt und stattdessen unmittelbar auf jene sozialen Ideale zugreift, die ihm der sozialpolitische Zeitgeist präsentiert und die zu erstreben ihm die Sozialstaatsklausel unserer Verfassung zur (vermeintlichen) Pflicht macht.

Maßgeblicher Faktor einer solchen Rechtsfindung ist dann der gefühlsmäßige Affekt - aber nicht etwa jener, der sich nach der intellektuellen Bewältigung des Rechtsproblems gleichsam als Nebeneffekt, als „Lösung einer Problemspannung“ einstellt, sondern das auf die eigene Persönlichkeit bezogene Harmoniegefühl. Die Problemlösung wird als richtig, *weil mit der eigenen Wertordnung konsistent,* erlebt. Daß die eigene Wertordnung möglicherweise nicht mit der des Gesetzes identisch ist - oder vielleicht nicht einmal sein kann, weil dem Gesetz mangels Klarheit Wertvorstellungen nicht zu entnehmen sind - spielt für eine solche Rechtsfindung auf affektiver Basis keine Rolle.

Wir verlassen die Diskrepanz zwischen einer stärker rational und einer stärker emotional determinierten Rechtsfindung. Unsere abschließende Frage lautet: Wann signalisiert ein Evidenz-Erlebnis, ein „Aha“-Effekt die Richtigkeit der Entscheidung? Benutzen wir die bereits referierten Forschungen K. Bühlers zur Beantwortung dieser Frage, so können wir jenen Zeitpunkt benennen, wo das gefundene Recht in die als richtig erlebte Rechtsordnung eingeordnet ist und sich im Urteilenden das Gefühl bildet, das Ergebnis „schon immer gewußt“ zu haben. *Identität mit dem schon immer Gewußten,* zumindest Ähnlichkeit, oder Gegensatz, Subsumtion, Begründung - darin liegen die subjektiven Richtigkeitskriterien für neue Rechtserkenntnisse. In Anlehnung an die „Dissonanz“-Theorie L. Festingers[116] formuliert: Rechtsevidenz liegt im Zustand der „Konsonanz“, der Spannungslosigkeit, der bewußten Übereinstimmung mit „Gesetz und Recht“.

Nicht immer erreicht der Richter einen solchen Zustand, ein solches befriedigendes Gefühl der Rechtsevidenz. Oft kann er die im Prozeß aufeinandertreffenden Interessen nicht harmonisch ausgleichen, oft auch bleibt er im Zweifel, ob er den Ausgleich gefunden hat. Nur der Zwang zur Entscheidung, das non-liquet-Verbot, hindert ihn dann, die Lösungssuche noch weiter fortzusetzen oder sie ergebnislos abzubrechen. Die zeitliche Grenze, die seinem Streben nach Gerechtigkeit gesetzt ist, zwingt ihn stattdessen zur Senkung des Anspruchsniveaus, zum Verzicht auf intellektuelle Lösungsstringenz oder auf gefühlsmäßige Lösungsharmonie. Erträglich erscheint ihm dieser Zwang nur deshalb, weil das Gesetz einen Teil der Verantwortung für die Urteilsrichtigkeit

[116] *L. Festinger* (1978).

auf die Prozeßparteien verlagert, im Zivilprozeß z.B. die Beweislast für die Urteilstatsachen. Aber auch diese Verlagerung der Verantwortung verschafft dem Richter keinen „verantwortungsfreien Raum". Denn der Norm über die „Erklärungspflicht der Parteien" (§ 138 ZPO) folgt die Norm über die „Aufklärungspflicht des Richters" (§ 139 ZPO): Weil Tatsachen nur im Hinblick auf Rechtsnormen relevant sind, muß sie der Richter Hand in Hand mit den Parteien erforschen. Wie sollte er auch das Rechtsmaterial „nach bestem Wissen und Gewissen" anwenden, wenn er nicht „nach bestem Wissen und Gewissen" meint, das Tatsachenmaterial richtig, vollständig und klar verfügbar zu haben[117]? Fehler, Lücken und Uneindeutigkeiten im Tatsachenbereich haben Fehler, Lücken und Uneindeutigkeiten im Rechtsbereich zur notwendigen Folge – und die muß der Richter unter allen Umständen vermeiden.

Blicken wir abschließend auf die *Ergebnisse dieses Abschnitts* (IV d) zurück, so finden wir die eingangs aufgestellte These bestätigt, daß Rechtsetzung und Rechtsfindung von Anbeginn bis Ende, von der Erfassung des Problemsachverhalts über die Suche nach der richtigen Lösung bis zur Finalentscheidung, an die Strukturen und Gesetzmäßigkeiten der Informationsverarbeitung und -bewertung im menschlichen Geist gebunden sind. Noch einmal also: Hiervon muß jede positive Rechtsordnung ausgehen, hiervon werden sämtliche ihrer Regelungen berührt. Ein Gesetzgeber, der das nicht berücksichtigt, schafft unrichtiges Recht, das sich an der Macht der Realität bricht. Ihn davor zu bewahren, ist Zweck des negativen Naturrechts, wie es hier herausgearbeitet wird[118].

3. Die Folgen der Mißachtung von programmierenden Denkgesetzen durch das Recht

Freilich kann das negative Naturrecht das positive Recht nicht überall vor einer Verletzung der programmierenden Denkgesetze bewahren. Deshalb wird es abermals notwendig, die *Folgen* zu bedenken, die aus *einer Verletzung* dieser Gesetze resultieren – und sie gegen die Vorteile abzuwägen, welche eine gelegentliche Verletzung der Gesetze vielleicht mit sich bringen mag. Meine Ausführungen können das freilich wiederum nur beispielhaft leisten.

---

[117] Vgl. *E.-J. Lampe* (1987 b).

[118] Vgl. auch *H. v. Ditfurth* (1984), S. 15 f.: „Wenn man den psychischen Bereich im wahrsten Sinne des Wortes ‚von unten angeht', wenn man also den gleichen Weg abschreitet, auf dem sich in den letzten Jahrmilliarden auf der Erde aus biologischen Möglichkeiten und Bedürfnissen Schritt für Schritt psychische Funktionen entwickelt haben, dann wird mit einem Male die historisch gewachsene Natur auch unseres eigenen Bewußtseins erkennbar. Wie alles andere, was es auf dieser Welt gibt, so ist auch dieses Bewußtsein in allen seinen Besonderheiten das Produkt einer realen Geschichte, die Summe der Abfolge ganz bestimmter und konkreter Ereignisse, die es hervorgebracht haben. Unser Denken und Erleben, unsere Ängste und Erwartungen sind von den Spuren dieser Geschichte bis auf den heutigen Tag geprägt."

Ich beginne mit den *Assoziationsgesetzen der Berührung* (Kontiguität) *und der Ähnlichkeit* (Similarität). Verstößt eine juristische *Argumentation* gegen eines dieser Gesetze, so bezeichnen wir sie als entweder *unzusammenhängend* oder *nicht folgerichtig* (inkonsequent). Ohne weiteres offensichtlich ist uns dabei, daß eine unzusammenhängende oder inkonsequente Argumentation auf ein menschliches Denken, das den genannten Gesetzen der Berührung und der Ähnlichkeit untersteht, *nicht überzeugend* wirken, d.h. keine Richtigkeitsevidenz erzeugen kann. Dies aber, die Bewirkung oder Vermittlung von Überzeugung bzw. Richtigkeitsevidenz, ist wesentliche Aufgabe jeder Rechtsordnung - im Gegensatz zur Gewaltordnung, die hierauf keine Rücksicht zu nehmen braucht.

Die Bedeutung der Überzeugungsbildung wird für die *Entscheidungstätigkeit des Richters* in unseren Prozeßgesetzen mehrfach anerkannt und ausdrücklich hervorgehoben.

In § 261 StPO etwa heißt es: „Über das Ergebnis der Beweisaufnahme entscheidet das Gericht nach seiner ... Überzeugung." Daß der Überzeugungsbildung ein assoziativer, ein argumentativer Denkprozeß zugrunde liegt, erscheint dem Gesetz „selbstverständlich" und ist auch „niemals ernstlich bestritten worden"[119]. Aber die Überzeugungsbildung transzendiert die Sphäre „reinen" Denkens; sie umfaßt auch emotionale Momente und wird daher durch die Gesetze der Gefühlsassoziation ebenso geprägt wie durch die rationalen Assoziationsgesetze. Letzthin wird nicht nur eine Übereinstimmung mit der „Logik der Vernunft" verlangt, sondern auch eine Übereinstimmung mit der „Logik der Gefühle" bzw. „des Herzens"[120].

Für das Streben nach Bewirkung oder Vermittlung von Überzeugung ist die richterliche Tätigkeit indessen nur paradigmatisch. Darüber hinaus wird das *gesamte Rechtsleben* hiervon geprägt. Überzeugend argumentieren will jeder Teilnehmer am Rechtsgespräch: der Laie, der Anwalt vor Gericht, der Richter in seiner Urteilsbegründung, der Wissenschaftler in seiner Urteilskritik. Wer nicht überzeugend zu argumentieren versteht, scheidet aus dem Rechtsgespräch aus; sein Reden wird als „leeres Gerede" abgetan, überhört, mißachtet.

„Überzeugend" sein will vor allem aber auch das *Gesetz*. Es will akzeptiert werden, weil es nur so die Chance hat, aus freien Stücken befolgt zu werden[121]. Ein Gesetz, das *nicht* überzeugt, wird auch nicht akzeptiert. Sein gleichwohl aufrechterhaltener Geltungsanspruch erscheint als „Willkür". „Willkür" aber *will* Geltung, ohne sie sich *zu verdienen*; und darum erhält sie sie *zumeist* nicht. Ein willkürliches Gesetz wird offen und bedenkenlos, d.h. ohne Unrechts-

---

[119] *G. Bohne* (1948), S. 50.

[120] Vgl. *G. Bohne* (1948), S. 56 ff.

[121] In dieser Hinsicht argumentieren zutreffend die sog. Anerkennungstheorien (vgl. zu ihnen insbesondere *H. Welzel*, 1966, S. 8 ff.; ferner oben S. 170 f.) welche die Geltung des Rechts aus seiner Anerkennung als verpflichtende Verhaltensordnung seitens der Rechtsgenossen herleiten. Die Anerkennung kann selbstverständlich im Einzelfall auf den unterschiedlichsten Motiven beruhen; sieht man im Recht jedoch eine (auch) rationale Ordnung, dann muß die Anerkennung eines Gesetzes als „Rechts"gesetz auch sinnhaft begründet sein, d.h. auf Überzeugung beruhen.

bewußtsein, überall dort verletzt, wo es ohne Schaden möglich erscheint. Und wo nicht, wird es wenigstens heimlich umgangen.

Abermals kommen wir daher zu jenem Ergebnis, zu dem uns schon die früheren Kapitel unserer Untersuchung hingeleitet haben. Folge eines die denkpsychologischen Gesetze mißachtenden Rechts ist – zwar nicht, wie bei der Mißachtung der denklogischen Gesetze, die vollständige Nichtigkeit, wohl aber – die *Herabminderung seiner Gültigkeit.* Diese Herabminderung bemißt sich je nach der Stärke der mißachteten Determinante und je nach dem Ausmaß ihrer Mißachtung. Im oberen Extrem ist der Eindruck der Willkürlichkeit so stark, daß eine gesetzliche Regelung ihre Ungültigkeit „auf der Stirn" trägt. Im unteren Extrem wird ihre Gültigkeit kaum berührt; der Gesetzgeber erntet allenfalls Kritik und wird aufgefordert, eine sachangemessenere Regelung zu finden. Im mittleren Bereich schließlich ist beides möglich, die Regelung zu halten oder sie für ungültig zu erklären; was zweckmäßiger und gerechter ist, entscheidet sich von Fall zu Fall. Beispiele aus dem deutschen Recht sollen hierfür sogleich als Anschauungsmaterial eingeführt werden.

Zunächst freilich ist noch auf eine Komplikation hinzuweisen, welche gerade die deutsche Gesetzeslage mit sich bringt. Das Verbot willkürlicher gesetzlicher Regelungen wird hier im allgemeinen aus dem *Gleichheitsgebot* des Art. 3 GG hergeleitet – wo es indessen nicht steht, sondern wo es lediglich heißt (Abs. 1), daß „alle Menschen vor dem Gesetz gleich" sind und wo anschließend (Abs. 2 und 3) einige Differenzierungen aufgezählt werden, die *keiner* gesetzlichen Regelung zugrunde liegen dürfen.

Dennoch postuliert man, daß Art. 3 GG diejenigen Fälle willkürlicher Gesetzesregelungen verbietet, die auf einer Mißachtung des Gleichheitssatzes beruhen. „Gleiches ist gleich, Ungleiches ungleich zu regeln" – so soll die Forderung aus Art. 3 GG lauten. Aber eine solche Forderung ist zu unbestimmt, als daß sich nach ihr willkürliche Regelungen von nichtwillkürlichen abgrenzen ließen. Denn was ist gleich, was ungleich? Die *rein rationale Gleichheit* wird bereits durch die Generellität des Gesetzes gesichert[122]; allein sie zu fordern, wäre daher gewiß nicht im Sinne des Gleichheitsgrundrechts. Und ein Mehr? Die Rechtsprechung hat die durch die Begrifflichkeit des Gesetzes verwirklichte Gleichheit um die *Wesensgleichheit* zu erweitern versucht. „Wesentlich Gleiches ist gleich, wesentlich Ungleiches ungleich zu regeln" – lautet ihre Forderung an den Gesetzgeber[123]. Aber damit hat sie das Problem von der Gleichheit weg auf die Erfassung des Wesentlichen, genauer noch: des Wesensgerechten, verschoben; und die Gleichheit selbst springt dabei allenfalls als Nebenprodukt oder als Kontrollgröße mit heraus.

Vollends beseitigt wird die Bedeutung des Gleichheitsgrundsatzes dann, wenn die Rechtsprechung vom Gesetzgeber verlangt, er dürfe „weder wesentlich Gleiches *willkürlich* ungleich noch wesentlich Ungleiches *willkürlich* gleich behandeln"[124]. Denn nunmehr ist jeglicher Schluß von der Verletzung des Gleichheitsgebotes auf die Willkür der gesetzlichen Regelung ausgeschlossen. Die gesetzliche Willkür folgt allein aus der – Willkürlichkeit, mit der der Gesetzgeber den Gleichheitssatz durchbricht. Der Schluß ist zirkulär.

---

[122] Vgl. *Ch. Starck* (1985), Art. 3 GG Rdnr. 7 ff.

[123] BVerfGE 4, 144 (155) u.ö.; ferner *G. Dürig* (1985), Art. 3 I GG Rdnr. 332.

[124] BVerfGE 4, 144 (155) u.ö.

Indessen findet sich unter den vielfältigen Äußerungen der Rechtsprechung zum Willkürverbot auch diejenige, die dem hier vertretenen „negativ naturrechtlichen" Standpunkt entspricht, den programmierenden Denkgesetzen des Menschen Einfluß auf die Rechtsgeltung einzuräumen. Es heißt nämlich, daß sich für jede Sonderregelung „ein vernünftiger, aus der Natur der Sache sich ergebender oder sonstwie einleuchtender Grund" finden lassen müsse[125]. Damit wird genau das zum Kriterium der Willkürlichkeit erhoben, was auch als Quintessenz aus der vorliegenden Untersuchung herausspringt: daß jede Differenzierung, die sich als Abweichung von der Gleichheits- (bzw. Ähnlichkeits-)tendenz des Denkens darstellt, einer *stichhaltigen Begründung* bedürfe[126]. Freilich krankt die Formulierung noch an ihrer Einseitigkeit. Denn überall dort, wo die Gleichheits- (bzw. Ähnlichkeits-)tendenz des Denkens *nicht* wirksam ist, wo sich das Denken wegen einer hervorstechenden Unterschiedlichkeit zur Differenzierung gedrängt sieht, bedarf umgekehrt die gesetzliche Gleichbehandlung des rechtfertigenden Grundes. Deshalb ergibt sich schließlich ein Grundsatz, der das Anknüpfen gesetzgeberischer Begründungspflicht an das „negative Naturrecht" der Denkgesetze noch klarer in Erscheinung treten läßt: Es besteht das generelle Gebot für den Gesetzgeber, den Anschein einer Gleichbehandlung von ungleichen Gegenständen bzw. einer ungleichen Behandlung von gleichen Gegenständen dadurch zu beseitigen, daß er rationale Gründe anführt, welche die Konkordanz zwischen Gleichheit und Gleichbehandlung bzw. Ungleichheit und Ungleichbehandlung wiederherstellen. Oder umgekehrt und einfacher: Es besteht das Gebot, keine gesetzliche Regelung schaffen, die unserem vom Gleichheits- (bzw. Ähnlichkeits-)gesetz beherrschten Denken *„nicht einleuchtet"*[127].

Welches sind nun solche „willkürlichen" Regelungen, in denen „nicht einleuchtende" Differenzierungen angeordnet oder „einleuchtende" Differenzierungen mißachtet werden? Ein lehrreiches *Beispiel* ist die Entscheidung des Bundesverfassungsgerichts über die Rechtsgültigkeit von *§ 38 I 2 baden-württembergisches Feuerwehrgesetz*[128]. Danach waren grundsätzlich alle männlichen Gemeindeeinwohner im Alter zwischen 18 und 60 Jahren in der Gemeindefeuerwehr dienstpflichtig; männliche Gemeindeeinwohner dieses Alters, die nicht der Feuerwehr angehörten, konnten zu einem „Feuerwehrbeitrag" herangezogen werden. Das Ziel dieser Differenzierung nach Geschlecht und Alter erschien dem Bundesverfassungsgericht nicht eindeutig; deshalb prüfte es die Feuerwehrabgabe unter den drei möglichen Ausgestaltungsformen als Beitrag, als Personalsteuer und als Ersatzgeld. Als Beitrag verstanden, hätten alle Personen herangezogen werden müssen, die Vorteile aus dem Brandschutz hatten, also etwa auch Frauen, denen Grundbesitz zustand. Als Personalsteuer verstanden, hätten schlechthin alle Einwohner herangezogen werden müssen, unabhängig von Geschlecht und Alter, da alle am Brandschutz interessiert waren. Als Ersatzgeld schließlich verstanden, d.h. als Abgabe anstelle der primär geschuldeten Feuerwehrdienste, durften nur diejenigen Personen herangezogen werden, die tatsächlich diensttauglich waren, also nicht Schwerbeschädigte.

---

[125] BVerfGE 9, 124 (129 f.) u.ö.

[126] Daß der Gleichheitssatz des Art. 3 I GG primär ein Gebot vernünftigen Argumentierens enthält, betont auch *D.-D. Hartmann* (1972), S. 44 ff.

[127] BVerfGE 12, 341 (348).

[128] BVerfGE 9, 291 ff.

Denn wenn schon die Personen, bei denen die Dienstuntauglichkeit aufgrund Alters lediglich vermutet wurde, keinen Beitrag zu leisten brauchten, dann erst recht nicht die nachweisbar Dienstuntauglichen. Die Erstreckung des „Feuerwehrbeitrags" auch auf Schwerbeschädigte war also mangels einleuchtenden Grundes willkürlich. Ein *weiteres Beispiel* ist die *Pflichtmitgliedschaft in der Arbeitslosenversicherung* für die auf deutschen (nicht auch auf ausländischen) Seeschiffen beschäftigten, über die Jahresarbeitsverdienstgrenze der Angestelltenversicherung hinaus verdienenden Angestellten[129]. Wiederum suchte das Bundesverfassungsgericht nach einem sachlich einleuchtenden Grund für die Differenzierung. Es erörterte der Reihe nach die zur Rechtfertigung der Regelung vorgebrachten Argumente, vermochte aber keines als einleuchtend anzuerkennen. Insbesondere verneinte es eine erhöhte Schutzbedürftigkeit der auf deutschen Seeschiffen tätigen, höher verdienenden Angestellten im Hinblick auf mögliche Arbeitslosigkeit. Diese folge u.a. auch nicht aus den erhöhten Risiken in der Krankenversicherung, an die die gesetzliche Regelung die Arbeitslosenversicherungspflicht angeknüpft hatte. Somit sei es willkürlich, die ausnahmsweise bestehende Krankenversicherungspflicht der höher verdienenden Angestellten – einem sonst geübten Brauch entsprechend – zum gesetzlichen Grund auch für die Arbeitslosenversicherungspflicht zu nehmen.

Die beiden vorstehenden Beispiele veranschaulichten einen Verstoß gegen das *Gleichheitsprinzip*. Als willkürlich erscheint uns daneben aber auch eine Regelung, die das *Gesetz der Kontiguität* verletzt, weil ihr kein sachlicher Zusammenhang innewohnt.

Sachlichkeit bedeutet zum einen „die Geeignetheit einer Regelung und der in ihr vorgenommenen Differenzierungen im Hinblick auf den durch sie zu verwirklichenden ... Zweck"[130] – m.a.W. den Mittel-Zweck-Zusammenhang. Sie bedeutet zum andern aber auch den Grund-Folge-Zusammenhang und da insbesondere den Zusammenhang zwischen Tatbestand und Rechtsfolge einer Norm.

Wir gehen zunächst auf den *Mittel-Zweck-Zusammenhang* ein. In der Wahl seiner Zwecke ist der Gesetzgeber grundsätzlich frei. Hat er aber seine Wahl getroffen, dann muß er diejenigen Mittel zur Zweckerreichung auswählen, die sachlich hierfür *geeignet* sind („Mittel-Zweck-Relation"). Der Einsatz anderer Mittel ist willkürlich, der Einsatz dieser Mittel dagegen selbst dann nicht, wenn er, z.B. hinsichtlich der Auswahl begünstigter Personen, zu Differenzierungen führt. Verfolgt beispielsweise ein Gesetzgeber den Zweck, auf die künftige „pluralistische" Zusammensetzung des Landtags Einfluß zu nehmen, so kann er eine Altersversorgung schaffen, welche die gegenwärtigen und künftigen Landtagsabgeordneten wirtschaftlich absichert. Daß dann *nur* sie und nicht auch die bereits ausgeschiedenen Abgeordneten eine Altersversorgung erhalten, macht seine Regelung nicht willkürlich[131].

---

[129] BVerfGE 18, 38 ff.

[130] *G. Robbers* (1980), S. 113.

Oft sind mit dem Einsatz des zur Zweckerreichung geeigneten Mittels Nebenfolgen verbunden. In diesem Fall wird vom Gesetzgeber verlangt, daß er die bezweckten und die Nebenfolgen gegeneinander abwägt und daß er das Mittel nur einsetzt, wenn die schädlichen Nebenfolgen den bezweckten Nutzen nicht überwiegen. Damit kommen wir zum *Grund-Folge-Zusammenhang* im Recht. Zunächst abermals ein Beispiel[132]: Die Zahlung von Kindergeld ist ein geeignetes Mittel, kinderreiche Familien wirtschaftlich besser zu stellen. Daneben ist sie aber auch geeignet, die Geburtenziffer zu erhöhen. Will man nun das eine, nicht aber das andere erreichen, so besteht zwischen der Kindergeldzahlung und der wirtschaftlichen Besserstellung kinderreicher Familien ein Mittel-Zweck-Zusammenhang, zwischen der Kindergeldzahlung und der Erhöhung der Geburtenziffer aber ein Grund-Folge-Verhältnis. In einem solchen Fall hat der Gesetzgeber zwischen den Vor- und den Nachteilen der Kindergeldzahlung abzuwägen. Einzubeziehen in eine solche Abwägung sind allgemein diejenigen Nebenfolgen, deren Zusammenhang mit dem Mitteleinsatz nicht ganz fernliegt, sondern uns aufgrund unserer Kausalitätserfahrung „einleuchtet". Willkürlich ist eine Gesetzgebung, wenn sie diese Abwägung außer acht läßt oder bei ihr den „Gestaltungsspielraum" überschreitet[133].

Die letzten Ausführungen haben uns die enge Verbindung zwischen Kontiguitäts- und Similaritätsgesetz vor Augen geführt. Wir haben nämlich gesehen, daß eine mit der Verfolgung gesetzlicher Zwecke *in Zusammenhang stehende* Nebenfolge nur dann zu berücksichtigen ist, wenn sie erfahrungsgemäß eintritt, also ihrem Grund *ähnlich sieht.* Die damit in Kraft gesetzte Verstärkung von Kontiguität und Similarität wird speziell vom *Konvergenzgesetz* erfaßt. Juristisch besagt es, daß uns eine gesetzliche Regelung willkürlich erscheint, wenn sie einen typischen Zusammenhang entweder kontrafaktisch annimmt oder aber übersieht. Beispielsweise wäre eine gesetzliche Regelung willkürlich, die bei „Sachen, deren bestimmungsmäßiger Gebrauch in dem Verbrauch besteht" (§ 92 I BGB), den Verbrauch durch den Nutzungsberechtigten ausschließen würde (vgl. etwa § 1057 BGB); wenn sie die bestimmungsmäßige Zusammengehörigkeit von Eltern und Kindern mißachtete (vgl. Art. 6 II GG); wenn sie Schicksalsgemeinschaften sprengte oder einer Gemeinschaft, die sie selbst begründet hat, z.B. der Ehe (§ 1353 I 2 BGB: „Die Ehegatten sind einander zur ehelichen Lebensgemeinschaft verpflichtet"), anschließend den Schutz versagte.

Allerdings sei noch einmal betont: Gleichheit und Zusammenhang sind nur eine notwendige, nicht dagegen die hinreichende Grundlage für rechtliche Folgerungen; sie besitzen nur eine rechtsbegrenzende, nicht dagegen eine rechtsbegründende Kraft. Ihr Imperativ lautet „So nicht!", nicht dagegen „So soll es sein!"

---

[131] BVerfGE 32, 157 ff.

[132] Beispiel aus *P. Noll* (1973), S. 156 f.

[133] BVerfGE 3, 162 (182).

Man denke an einen *Indizienprozeß*, einen Prozeß also, der durch den Beweis von Tatsachen geführt wird, die für sich allein rechtsunerheblich sind, jedoch in Verbindung mit Erfahrungssätzen den Schluß auf rechtserhebliche Tatsachen begründen. Und man stelle sich vor, daß in einem solchen Indizienprozeß eines Tages jemand vom Erben seiner Frau tausend Mark verlangt. „Sie verschwand vor Jahren spurlos. Mit ihr mein Spargeld aus der Kommode. Das kann ich indirekt beweisen: Ich habe sie sofort polizeilich suchen lassen (Beweis: Polizeiakten). Zwar habe ich dabei nichts von dem Geld gesagt; aber warum hätte ich hinter ihr herlaufen sollen, wenn sie mir nicht tausend Mark gestohlen hätte?" Dieser Fall aus der Praxis demonstriert, wie H. Brauer bemerkt[134], eine „überzeugungsschwache" Argumentation. Denn „es ist nur normal, wenn jemand seine verschwundene Frau suchen läßt. Daraus folgt nicht, daß sie ihm Geld entwendet habe, geschweige denn tausend Mark." Was Brauer vermißt, ist offenbar der *erfahrungsmäßige Zusammenhang* zwischen der Suche nach einer verschwundenen Ehefrau und dem Verlust einer bestimmten Geldsumme. Deshalb, meint er, wäre es falsch, wenn der Richter den Indizien einen hinreichenden Beweiswert für die Verurteilung des Erben zugemessen hätte. Negatives Naturrecht! Aber es wäre auch falsch, aus der Überzeugungsschwäche der Indizien positiv ableiten zu wollen, daß dem Kläger *kein* Anspruch zustünde. Ein Anspruch *kann* vielmehr auch dann bestehen, wenn ihn der Kläger nicht zu beweisen vermag. Und in dem von Brauer geschilderten Fall war es auch so. Dort erschien der ehrliche Erbe im Termin vor Gericht und erklärte: „Ich habe ein Tagebuch der Verstorbenen gefunden und kann den Diebstahl nicht mehr bestreiten." Noch einmal also: Aus dem Fehlen eines Zusammenhangs läßt sich schlechthin nichts, aus dem Vorhandensein dagegen zumindest etwas folgern – nur braucht es nicht unbedingt das Richtige zu sein.

Neben das Verbot der Willkür, der Nichtberücksichtigung des *Bestehens* von Zusammenhängen und Gemeinsamkeiten (Gleichheiten bzw. Ähnlichkeiten), tritt die clausula rebus sic stantibus, das Verbot, den *Wandel* von Zusammenhängen und Gemeinsamkeiten unbeachtet zu lassen. Die Rechtsordnung ist sachgerecht umzugestalten, wenn ihre Materie sich ändert. *Cessante ratione legis cessat lex ipsa.*

Die *ratio legis* – das ist die Kultur eines Volkes, deren bekräftigender Wirkung das Recht bedarf, um bestehen zu können (*Bekräftigungsgesetz*).

Zwei Beispiele aus neuerer Zeit mögen der Erläuterung dienen[135]: Bei der Kolonialgesetzgebung der europäischen Weltmächte forderte die Übertragung des mutterländischen Rechts auf die Kolonialgebiete die Anpassung an das Eingeborenenrecht – vor allem dort, wo die Eingeborenen in die Anwendung einbezogen wurden. Die meisten Gesetze, welche europäisches Recht in den Kolonialgebieten einführten, versahen deshalb die Rezeption von vornherein mit der Klausel: das europäische Recht solle nur gelten, soweit es mit den örtlichen Verhältnissen vereinbar sei. Fehlte die Klausel aber einmal, wie z.B. in Kanada und teilweise in Indien, dann machten die Gerichte ausnahmslos kraft einer Usance davon Gebrauch. Wie notwendig dieses eigenmächtige Verfahren der Gerichte war, zeigt sich darin, daß – mit oder ohne Klausel – die Anpassung oft so stark wurde, daß an die Stelle des europäischen Rechts überhaupt das Eingeborenenrecht trat, und zwar mit der lapidaren Begründung: es werde den Verhältnissen der Eingeborenen am besten gerecht. – Ein anderes Beispiel, diesmal nicht räumlicher, sondern zeitlicher Anpassung an veränderte kulturelle Auffassungen, stellt die deutsche Rechtslage nach 1945 dar. Der

---

[134] *H. Brauer/E. Schneider* (1960), S. 94 f.

[135] Zum folgenden *W. Wengler* (1949), S. 68 f.; *E.-J. Lampe* (1974), S. 155 ff.

Grundsatz cessante ratione legis cessat lex ipsa bewirkte, daß die Gerichte einen Teil des nationalsozialistischen Rechts nicht mehr anwandten, weil es mit dem neuen Kulturbewußtsein, vor allem mit der demokratisch-rechtsstaatlichen Auffassung nicht übereinstimmte. Legitimiert wurde die Nichtanwendung durch ein Naturrechtsbewußtsein, welches die Geltung abendländischer Kultur- und Rechtsprinzipien höher stellte als die Geltung der abweichenden Gesetze.

Beide Beispiele zeigen, wie sehr sich das Recht der bekräftigenden kulturellen Ordnung eines Volkes anpassen, wie weitgehend es die vorhandenen Sozialstrukturen aufnehmen muß, um sozial effektiv zu bleiben. Ein Recht, welches diese Aufgabe nicht leistet, widerspricht dem *Gesetz der Entlastung,* das wir für alle vorangegangenen Gesetze bereits als grundlegend erkannten. Dieses Gesetz drängt zu möglichst einfachen, prägnanten, schon immer erfahrenen Ordnungen hin. Schon immer erfahren aber sind die vorgefundenen kulturellen Verhaltensnormen, welche sich desto intensiver einprägen, je einfacher und je prägnanter sie sind. Deshalb widersprechen Rechtsnormen der menschlichen *Natur* und ihrem „negativen" Recht um so mehr, je stärker sie von einer *Kultur* und je mehr sie gerade von den grundlegenden Normen dieser Kultur abweichen. Sie werden als hemmend, bedrückend, autoritär, unrichtig empfunden und entweder als nur „formal" verbindlich ins Rechtsbewußtsein aufgenommen oder aber vollständig abgelehnt. Kultur- und Rechtsbewußtsein müssen – so der rechtsanthropologische Grundsatz – übereinstimmen; wir können kein Kulturbewußtsein ohne entsprechendes Rechtsbewußtsein, kein Rechtsbewußtsein ohne entsprechendes Kulturbewußtsein entwickeln. Denn dies würde die Komplexität unserer sozialen Ordnung ins Unermeßliche steigern und Unsicherheit und Ratlosigkeit im gesellschaftlichen Handeln mit sich bringen.

Von den möglichen Einwendungen gegen diese Auffassung will ich an dieser Stelle nur eine berühren. Sie besagt, daß nicht nur, wie bisher beschrieben, Recht auf Kultur, sondern auch Kultur auf Recht beruhe. Jede Kultur sei wandelbar, und als Mittel zum Zweck, einen kulturellen Wandel herbeizuführen, könne auch das Recht eingesetzt werden (Stichwort: „revolutionäres Recht"). Beispiele seien die Änderungen der Eigentumsordnung, die tief in die kulturelle Ordnung eingriffen und zumeist gegen vorhandene kulturelle Beharrungstendenzen erzwungen würden. Dieser Einwand verkennt zum einen, daß eine die vorhandene Kultur ändernde Strömung, welche das Recht als Mittel zur Änderung einsetzt, ihrerseits auch kulturell begründet ist. Denn die Kultur ist nicht statisch; sie erneuert sich selbst und nimmt hierfür nach Bedarf auch ihre strengste Form, das Recht, in Anspruch. Zum andern reicht die Kraft des Rechts, sein Zwangscharakter, stets nur aus, um einen Teil der kulturellen Normen zu verdrängen oder zu verändern; völlig kulturfremde Rechtsregeln dagegen könnten sich nicht einleben, sie würden durch Sitte und Gewohnheit wieder verdrängt – zunächst nur faktisch, schließlich auch de iure. Weder verharrend noch sich wandelnd können daher Recht und Kultur einander Gegensätze werden – selbst dann nicht, wenn einmal die Wandlung von Kultur und Recht nicht mit gleicher Dynamik und deshalb auch nicht genau parallel zueinander vorangetrieben wird.

Insgesamt allerdings ist die *Parallelität von Kultur und Recht der normale Zustand.* Deshalb ist es verständlich und richtig, wenn die Rechtsdogmatik ihn einfach mutmaßt und, etwa im Strafrecht, für die Erkenntnis von normativen Tatbestandsmerkmalen die „Parallelwertung in der Laiensphäre" genügen läßt. Gelehrt wird[136], der Täter müsse die

Tatbestandsmerkmale nicht juristisch-exakt qualifizieren, es genüge vielmehr, wenn er Kenntnis davon hat, welche besondere Bedeutung und Funktion die mit den Begriffen bezeichneten Sachverhalte im sozialen Leben besitzen, auf denen auch ihre juristische Einschätzung im Gesetz beruht. Am *Beispiel* verdeutlicht: Was juristisch eine Urkunde ist, braucht der Täter nicht zu wissen; aber er muß wissen, daß das Schriftstück, welches er fälscht, im sozialen Leben beweiserheblich ist. Fehlt ihm diese Kenntnis des sachlichen Bedeutungsgehalts im sozialen Leben, so handelt er unvorsätzlich.

Fassen wir zusammen: Der Verstoß einer Rechtsordnung gegen programmierende Gesetze des menschlichen Denkens hat nicht ihre Ungültigkeit zur Folge, sondern, abgestuft nach dem Grad des Verstoßes, lediglich eine Gültigkeitsminderung. Rechtsregeln, deren Gültigkeit wesentlich vermindert ist, können in unserer Rechtsordnung von den Verfassungsgerichten für nichtig erklärt werden. Steht diese juristische Lösung nicht zu Gebote, dann bringen die naturrechtswidrigen Gesetze genau jene Folgen hervor, die wir auch sonst bei Verstößen von Rechtsgesetzen gegen negatives Naturrecht kennengelernt haben: es kommt zur Mißachtung, zur Widersetzlichkeit, ja sogar zur offenen Auflehnung gegen die Gesetze. Der Staat kann dagegen nur solange Widerstand leisten, wie er fähig ist, Macht einzusetzen, und wie er bereit ist, Rücksichtslosigkeit auszuüben. Gelegentlich mag solche Rücksichtslosigkeit legitim sein: wenn es gilt, erstarrte Strukturen der Kulturordnung aufzubrechen und Neuem zu seinem Recht zu verhelfen. Im allgemeinen aber ist der rücksichtslose Einsatz von Staatsmacht sozialethisch illegitim, „inhuman". Er widerstreitet dem Entlastungsgesetz, dessen Ziel die Herstellung einfacher, prägnanter, von der Überraschungsfülle des Lebens entlasteter Sozialstrukturen ist und das infolgedessen eine Rechtsordnung fordert, die sich in Übereinstimmung mit den endogen begründeten und kulturell überformten Anschauungen des täglichen Lebens befindet.

---

[136] Vgl. etwa *H.-H. Jescheck* (1978), S. 236 f.

V. Zusammenfassung

Die vorgelegte Untersuchung geht den Folgerungen nach, die sich aus den im Menschen wirksamen *logischen und natürlichen Gesetzmäßigkeiten* für die Gestaltung seiner Rechtsordnung ergeben. Sie unterscheidet zwischen *determinierenden* Gesetzmäßigkeiten, deren Wirkung zwingend ist, und *programmierenden* Gesetzmäßigkeiten, die lediglich eine regulative, eine „programmatische" Funktion besitzen. Ihr Schwergewicht liegt eindeutig auf den letztgenannten Gesetzmäßigkeiten. Denn einer naturhaften Determination unterliegt der moderne Mensch kaum noch, weshalb auch sein Recht kaum noch naturhaft geformt ist; und logische Determinanten spielen im Recht zwar hin und wieder eine Rolle, werden aber dann kaum je in Frage gestellt und bleiben auch für die Gestaltung des Rechts relativ bedeutungslos.

Um so bedeutsamer sind dagegen die erwähnten *programmierenden Gesetzmäßigkeiten.* Soweit sie *naturhafter* (biologischer bzw. psychologischer) Art sind, lassen sie sich als Motivationsgesetze erfassen: Der Mensch besitzt Antriebskräfte, die ihm als „Bedürfnisse" bewußt werden (*„Grundbedürfnisse"*) und die ihn zu gezielter Aktivität in seiner Umwelt „motivieren", damit er dort „Befriedigung" erlange. Zwischen den menschlichen Bedürfnissen und den Möglichkeiten ihrer Befriedigung in der Umwelt besteht eine Wechselwirkung, weil die Umwelt einerseits Bedürfnisse weckt und auf sich ausrichtet, andererseits aber auch selbst im Vorgriff auf die Bedürfnisbefriedigung zurechtgeschnitten, „kultiviert" wird („Daseinsvorsorge"). Entgegen manchen Stimmen in der Wissenschaft verhindert diese Wechselwirkung aber nicht, daß wir die vom Menschen ausgehenden Wirkungen auf die Umwelt, die „endogene Lebensthematik", isoliert betrachten und phänomenologisch aufgliedern. Zweierlei ist dazu erforderlich: die scheinbar unendliche Mannigfaltigkeit der menschlichen Verhaltensweisen muß von ihren kulturellen Besonderheiten abstrahiert werden, so daß ihre einheitliche und daher mutmaßlich endogene Grundlage hervortritt; und die mutmaßlich ursprüngliche Einheit der menschlichen Seele muß in die Vielheit ihrer Möglichkeiten ausdifferenziert werden, so daß sich die heutigen Kulturen als verwirklichte Chancen geistig-seelischer Konkretion darstellen. Daß hierdurch naturwissenschaftlich „exakte" Ergebnisse nicht gefunden werden, ist zwangsläufig. Daß die Ergebnisse gleichwohl anthropologisch brauchbar sind, dafür sorgt eine zusätzliche Wechselwirkung: diejenige zwischen Bedürfnissen und Sprache, wonach einerseits die Bedürfnisse dahin tendieren, in der Sprache ihren Ausdruck zu finden, und andererseits die Sprache die Bedürfnisse nach den in ihr enthaltenen Begriffen formt.

Dem psychologischen Versuch, aus der Unzahl situationsabhängiger Bedürfnisse existentielle menschliche „Grundbedürfnisse“ zu explizieren, entspricht das juristische Unternehmen, aus der Unzahl situationsabhängiger Rechtspositionen existentielle menschliche Rechte („*Grundrechte*“) herauszuheben und sie in den Staatsverfassungen gegen staatliche Willkür abzusichern. Die psychologische „Grundbedürfnis“-Forschung dient, so betrachtet, der rechtsanthropologischen Vergewisserung, daß es wirklich die für den Menschen grundlegenden Anliegen sind, die in den „Grundrechts“-Artikeln der Staatsverfassungen Schutz erhalten – daß also der Staat nichts gewährt, was für die Mehrzahl seiner Bürger relativ belanglos ist, und daß er nichts vorenthält, was seine Bürger zu den zentralen Werten ihres Lebens rechnen.

Während der Aufweis menschlicher Grundbedürfnisse als natürlich-kulturelle Basis von Grundrechten Überlegungen aufnimmt und weiterführt, die ich bereits 1970 in meiner „Rechtsanthropologie“ vorgetragen habe, bringt die folgende Untersuchung der programmierenden *logischen* Gesetze („*Verstandesgesetze*“) und ihrer Auswirkungen auf das Recht eine wesentliche Erweiterung. Wenngleich ich mich in diesem Teil hauptsächlich auf den europäischen Raum und auf die Gegenwart beziehe, schlagen die entwicklungsgeschichtlichen Bezüge und die außereuropäische Situation doch wenigstens am Rande durch. Das erscheint mir wichtig; denn es räumt die Illusion aus, die Gesetzmäßigkeiten des Denkens seien absolut. Sowohl das Denken als insbesondere auch die Sprache, in deren Bahnen sich das Denken hauptsächlich bewegt, sind vielmehr weitgehend zeit- und ortsspezifisch; sie entsprechen der Entwicklungsstufe, welche die Angehörigen einer Sprachgemeinschaft neurophysiologisch und psychologisch erreicht haben, und sie spiegeln darüber hinaus die Besonderheiten der Umwelt wider, die in der Natur eines Volkes verarbeitet sind.

Besonders deutlich tritt das in der *Sprache* hervor. Jede nationale Sprache läßt erstens auf die Umwelt schließen, in der sie entstand und deren sie sich abstrahierend und katalogisierend bemächtigt hat. Und jede nationale Sprache läßt zweitens auf den geistigen Entwicklungsstand ihrer Benutzer schließen – etwa auf die Differenziertheit, mit der sie die Umwelt wahrnehmen und ihre Wahrnehmungen begreifen und deuten.

Wahrnehmungen enthalten niemals bloß rationale, sondern stets auch emotionale Komponenten. Folglich enthält jede Sprache nicht nur deskriptive, sondern auch emotive Begriffe bzw. Begriffsbestandteile. Für unsere auf Wissenschaftlichkeit bedachte *abendländische Kultur* ist das ein Nachteil, den sie durch Herausbildung einer zwischen Kognition und Emotion differenzierenden Sprache zu überwinden sucht, und zwar sowohl bei der ordnenden Wahrnehmung der Umwelt als auch bei den ethischen und rechtlichen Anordnungen zum Umgang mit ihr. Für das Recht folgt hieraus zweierlei: Die gedankliche Erfassung des Gesollten wird zunächst von der gefühlsmäßigen Wertung getrennt, und sie wird anschließend, beim Urteil über das menschliche Verhalten, wieder mit ihr vereinigt. Vor allem den rationalen („gesetzmäßigen") Teil des gesollten Verhaltens vermag dabei das gesprochene oder geschriebene Recht zu erfassen. Den anderen, gefühlsmäßig-werthaften („rechtlichen") Teil muß dagegen der Richter ergänzen, der insoweit zur Eigenwertung aufgerufen ist. Wertentscheidungen des Gesetzgebers und Präjudizien weisen ihm zwar den Weg, nehmen ihm aber die eigenverantwortliche Entscheidung nicht ab.

Das abendländische Rechtsfeststellungsverfahren ist offenbar das Ergebnis eines langen Entwicklungsprozesses, der unter dem Eindruck naturwissenschaftlicher Erkenntnisinteressen stand – und wohl auch deshalb schon frühzeitig zur Ausbildung „natur"rechtlicher Ordnungen geführt hat. Teils einfacher, teils in anderer Weise differenzierend, ist die Rechtserkenntnis im Bereich *mythischer oder holistischer Kulturen* verlaufen, für die beispielhaft auf die Kulturen der schriftlosen Völker und auf die chinesische Kultur hinzuweisen ist. Diese Kulturen haben sich, ebenso wie ihre Sprachen, der Zergliederung in einen gedanklichen und einen gefühlsmäßigen Bereich widersetzt; stattdessen haben sie sich auf die unmittelbare Erkenntnis des handlungsmäßig Richtigen ausgerichtet. Normen, die Ausdruck eines solchen Kultur- und Rechtsverständnisses sind, gibt es auch noch bei uns, wenngleich nur in kleiner Zahl: z.B. § 276 BGB, der die Fahrlässigkeit als Zuwiderhandlung gegen das Gebot beschreibt, sich wie ein „sorgfältiger Verkehrsteilnehmer" zu verhalten.

Auf die sprachliche Gestaltung des Rechts wirken verschiedene – teilweise endogene – *Sprachtendenzen* ein, von denen am wichtigsten die Tendenzen zur Substantialisierung, zur Bild- und Gestalthaftigkeit und zur Bevorzugung des Vertrauten sind. Substantialisierung bedeutet: das Recht „ist", es erlangt infolge seiner Begriffssprachlichkeit „Substanz", ein Kauf etwa dadurch, daß eine Summe von Einzelakten durch einen einheitlichen Rechtsbegriff zusammengefaßt wird. Diese Substantialisierungstendenz ist – trotz heftiger Opposition der Nominalisten – auch heute noch im wesentlichen ungebrochen. Dagegen hat sich die Tendenz zur Bildhaftigkeit, die etwa das altgermanische Recht noch prägte, inzwischen weitgehend abgeschwächt. Weder die „Entstehung" noch den „Untergang" von Rechten sehen wir heute leibhaftig vor uns; sie werden uns durch unsere überkommene metaphorische Redeweise nurmehr „verdeutlicht". Auch das Streben der Rechtssprache nach Gestalthaftigkeit oder „Förmlichkeit" hat sich abgeschwächt. Geblieben ist lediglich die Bevorzugung des Vertrauten, des Typischen, wenngleich auch insofern die Rechtssprache ein gut Teil zumindest an volkstümlicher Vertrautheit verloren hat, seit sie an Rationalität und Spezifität gewann.

Geringer als die Entwicklung in der Sprache ist – jedenfalls seit historischer Zeit – die Entwicklung im menschlichen Denken vorangeschritten, speziell in den *Gedankenverbindungen.* Hier wirken offenbar Gesetzmäßigkeiten, die sich im wesentlichen nicht zu verändern, allenfalls zu verfeinern brauchten. Unsere Untersuchung beschränkt sich auf das *problemlösende Denken,* auf jenes Denken also, das sich, angesichts einer ungelösten geistigen Aufgabe, in einem Suchprozeß der Lösung nähert. Unsere Fragen lauten: Welche Direktiven leiten die Gedankenassoziationen innerhalb dieses Suchprozesses? Und unter welchen Bedingungen führen sie zum Erfolg? Drei Phasen lassen sich unterscheiden:

An der Spitze steht die Phase der *Problemgestaltung.* In ihr tendiert das Denken dazu, größtmögliche Klarheit innerhalb der Aufgabe herzustellen: die Problemmerkmale also höchstmöglich zu reduzieren, die relevanten von den nichtrelevanten Merkmalen zu scheiden und die Aufmerksamkeit auf die relevanten Merkmale zu konzentrieren. Wieweit das Denken in dieser Phase geht, hängt einesteils vom Problem ab, andererseits vom Anspruchsniveau, auf dem es die Lösung sucht. Im Rechtsbereich wird das Mindestniveau vom Rechtsgesetz vorgegeben, weil dessen sämtliche Merkmale sich in der Lösung wiederfinden müssen – die „tatsächliche Seite eines Streitverhältnisses" darf niemals einfacher dargestellt werden, als es die Rechtsnormen erlauben. Darüber hinaus fühlt sich das richterliche Denken zur Herstellung von „Fallgerechtigkeit" verpflichtet und bezieht deshalb zusätzlich zu den Normstrukturen auch noch die individualtypischen Strukturen des Sachverhalts mit in die Aufgabenstellung ein.

Auf die Problemgestaltung folgt die *Lösungssuche.* In dieser Phase arbeitet sich das Denken von der Problemsituation zur Lösungssituation vor. Dirigiert wird es von gewissen „Assoziationsgesetzen", die sich – annähernd vollständig – aufzählen lassen als Gesetz der Berührung (Kontiguität), Gesetz der Ähnlichkeit (Similarität), Gesetz des Zusammenschlusses (Konvergenz) und Gesetz der Bekräftigung (Affirmation). Vereinigen lassen sich all diese Gesetze unter dem Dach des Entlastungsgesetzes, das dem Prinzip des minimalen Energieaufwandes Prägnanz verleiht. Denkvorgänge, welche diesem Gesetz entsprechen, weil sie von allem Überflüssigen, insbesondere von allen Umwegen „entlastet" sind, werden – auch und gerade in der Jurisprudenz – komplexeren Überlegungen vorgezogen. Die juristische Methodenlehre besitzt daher hier einen ihrer wichtigsten Ansatzpunkte, um tatsächlich ausgezeichnete Denkvorgänge zur Normativität juristisch richtigen Denkens zu erheben. Einige Einzelheiten:

- Auf der Grundlage des *Kontiguitätsgesetzes* hat das juristische Denken bei der Lösungssuche, z.B. anläßlich einer gesetzgeberischen oder richterlichen Entscheidung, alle Interessen zu berücksichtigen, die von der Entscheidung „berührt" werden.
- Das *Similaritätsgesetz* begrenzt darüber hinaus die juristische Argumentation auf Gründe, die sowohl mit der Problem- als auch mit der Lösungssituation in einer Ähnlichkeitsbeziehung stehen, d.h. zwischen ihnen vermitteln. Deshalb ist die Meinung berechtigt, daß das juristische Denken „analogisch" sei. Im Gegensatz zum ebenfalls „analogischen" Denken in der Moral haben allerdings in der Jurisprudenz die allgemeinen Argumente den Vorrang vor den speziellen: was jedermann soll, gilt unverbrüchlich für jedermann; spezielle Normen mögen diese Pflichten durch weitere ergänzen, können sie

aber (grundsätzlich) nicht beseitigen oder herabmindern. Dadurch ergeben sich Friktionen zur moralischen Argumentation, wo ein spezielles Argument das allgemeine meistens verdrängt, die elitäre Moral also den Vorzug vor der Allerweltsmoral genießt. Im Laufe der moralisch-rechtlichen Entwicklung haben sich diese Friktionen vermutlich verschärft und dazu geführt, daß Recht und Moral heute bei uns relativ streng voneinander geschieden werden.

- Das *Konvergenzgesetz* betrifft das Zusammentreffen von Berührungs- und Ähnlichkeitsargumenten. Beide haben die Tendenz zur Annäherung bzw. Angleichung: enge äußere Beziehungen zweier Menschen legen den Schluß auf ihre innere Gemeinsamkeiten nahe (z.B. bei Anwesenheit am Tatort den Schluß auf die psychische Unterstützung des Täters), Gleichheit der Interessen spricht für ihren äußerlichen Zusammenschluß in einer Gemeinschaft. Treffen beide, Berührung und Ähnlichkeit, tatsächlich aufeinander, dann verstärken sie sich und erlangen dadurch manchmal sogar eine neue Rechtsqualität: (nur) unmittelbare Schadensverursachung begründet die zivilrechtliche Haftung, (nur) unmittelbare Störung der öffentlichen Belange rechtfertigt polizeiliches Einschreiten u.ä.
- Explizit erfaßt ist die verstärkende Wirkung gleicher Vorgänge im *Affirmationsgesetz.* Es erklärt z.B., warum eine „ständige Rechtsprechung" eine qualitativ höhere Geltung hat als ein nur vereinzelt gebliebener Richterspruch, oder warum ein ständig beobachtetes problemlösendes Verhalten schließlich als allein richtig anerkannt wird und damit „Gewohnheitsrecht" zur Entstehung bringt.

Das Affirmationsgesetz liegt auch dem sog. *„Lernen am Erfolg"* zugrunde. Gemeint ist hiermit folgendes: Kaum ein Suchprozeß beginnt innerhalb eines vollständig unbekannten Problemfeldes; fast immer kann sich das Denken auf gleiche oder ähnliche Problemsituationen und auf erfolgreiche Lösungsprozesse zurückbesinnen. Daher ist in fast jedem Suchprozeß der Abruf solcher gelernter erfolgreicher Lösungsprozesse eingeschlossen. Ein „blindes" Herumprobieren, eine rein kausal von der Aufgabe bestimmte („tentative") Lösungssuche ist dagegen selten. Der Jurist geht allenfalls innerhalb eines ihm vollständig unbekannten Rechtsgebiets so vor, wenn er sich erst „ein"arbeiten muß, um überhaupt juristisch arbeiten zu können. Die typische Methode des juristischen Denkens dagegen ist die „intelligente" Methode der „finalen" Subsumtion, wonach von einer vorgestellten Lösung aus Sachverhalt und Norm einander zielbewußt angenähert werden, und zwar solange, bis beide ein Höchstmaß an Ähnlichkeit (oder Unähnlichkeit) erreicht haben und dem Suchenden nunmehr der Schlußschritt gelingt.

Dieser Schlußschritt, die *Conclusio,* ist abermals ein Ähnlichkeits- oder Analogieschluß – sowohl im psychologischen als auch im logischen Sinne. Logisch muß sich der zu beurteilende Sachverhalt als (möglicher!) Anwendungsfall einer juristischen Norm darstellen; psychologisch muß mit der Anwendung der Norm auf den Sachverhalt das (wertmäßige) Prägnanzerlebnis verbunden sein, daß der in der Norm zum Ausdruck gebrachte Wert (oder Unwert) im Wert (oder Unwert) des Sachverhalts seine Konkretion gefunden hat. Die Übereinkunft beider, der rationalen und der gefühlsmäßigen Beurteilung nach Norm und Wert im (personalen) Akt der Entscheidung, schafft dann die Lösung des Rechtsproblems und damit das Recht des Einzelfalles.

An dieser Stelle endet unsere Untersuchung der programmierenden Gesetzmäßigkeiten, die – als „negatives Naturrecht" – die menschlichen Rechtsordnungen allgemein und unser eigenes Recht insbesondere bestimmen. Es bleibt die Frage, *was geschieht, wenn die aufgewiesenen* naturhaften und logischen *Gesetzmäßigkeiten* – z.B. von einem nationalen Gesetzgeber – *unbeachtet gelassen werden*? Völlige Ungültigkeit und Unwirksamkeit, wie sie aus der Mißachtung von absolut determinierenden Natur- und Denkgesetzen folgen, sind nicht zu gewärtigen. Mit einem falschen Recht kann man leben – wenigstens eine Zeitlang. Doch auf die Dauer kann man mit ihm nicht auskommen! Unabweislich besteht die Tendenz zu seiner Änderung, zu seiner Korrektur. Sie mindert die Gültigkeit der naturrechtswidrigen Gesetze, sie schadet ihrer Wirksamkeit. All dies geschieht abgestuft je nach der Stärke der mißachteten Determinante und je nach dem Ausmaß ihrer Mißachtung. Im oberen Extrem haben die naturrechtswidrigen Normen kaum die Kraft, sich überhaupt durchzusetzen; an ihre Stelle treten konkurrierende Normen, die der Natur des Menschen besser angepaßt sind. Im unteren Extrem dagegen können sich die naturrechtswidrigen Normen zumindest zeitweise etablieren und das gesellschaftliche Leben in Zucht nehmen – die Gesellschaft paßt sich ihnen an, solange sie nicht die Kraft hat, sie sich anzupassen, oder sie bejaht sie sogar in der Hoffnung, daß sie den Weg zu einer besseren Zukunft weisen. Im mittleren Bereich schließlich ist typischerweise der Kompromiß zu Hause. Man schwankt zwischen Akzeptanz des eben noch Hinnehmbaren und Empörung über die unerträgliche Gängelung, und man versucht, die dadurch entstehende Rechtsunsicherheit durch einen verfahrensmäßig abgesicherten Kompromiß zu beenden. Doch gleichgültig, wie stark oder schwach im einzelnen die Diskrepanz zwischen Naturrecht und positivem Recht auch ausfallen mag – stets muß, um die Mängel der Rechtsgültigkeit (der Rechts„akzeptanz") und der Rechtswirksamkeit (des Rechts„gehorsams") auszugleichen, eine obrigkeitliche Macht bereitstehen, welche die Gesetze der Gewalt dort walten läßt, wo die Gesetze des Rechts ihrer geistigen Richtungsaufgabe nicht genügen können. Inwieweit die obrigkeitliche Macht hierzu in der Lage und inwieweit sie hierzu legitimiert ist – das freilich ist abermals ein äußerst komplexes Problem. Seine Lösung fällt nicht mehr in den Rahmen der vorgelegten Untersuchung.

Literaturverzeichnis

Abel, B.: Problemorientiertes Informationsverhalten, 1977.

Aberle, D. F./*Cohen,* A. K./*Davis,* A. K./*Levy* jr., M. J./*Sutton,* F. X.: The functional prerequisites of a society, in: Ethics LX, 1949–50, S. 100 ff.

Alderfer, C. P.: Existence, relatedness and growth, 1972.

Alexander, R. D.: The biology of moral systems, 1987.

Alexis, M./*Wilson,* C. Z.: Basic framework for decisions, in: dies. (Hrsg.), Organizational decision making, 1967, S. 148 ff.

Alexy, R.: Theorie der juristischen Argumentation, 1978.

Allport, G. A.: Persönlichkeit. Struktur, Entwicklung und Erfassung der menschlichen Eigenart, 1959 (Orig.: Personality, a psychological interpretation, 1937).

Anschütz, G.: Psychologie. Grundlagen, Ergebnisse und Probleme der Forschung, 1953.

Arnold, M. B.: Emotion and personality, 1960.

Austin, G. L.: Zur Theorie der Sprechakte, 1972 (Orig.: How to do things with words, 1955).

Ayer, A. J.: Sprache, Wahrheit und Logik, 1970 (Orig.: Language, truth and logic, 2nd ed. 1946).

Balmer, H. P.: Philosophie der menschlichen Dinge. Die europäische Moralistik, 1981.

Baron, R. A.: Human aggression, 1977.

Bastock, M./*Morris,* D./*Moynihan,* M.: Some comments on conflict and thwarting in animals, in: Behaviour 6, 1954, S. 66 ff.

Baumbach, A./*Lauterbach,* W./*Albers,* J./*Hartmann,* P.: Zivilprozeßordnung, 45. Aufl. 1987.

Bear, M.: Leadership, employee needs and motivation, 1966.

Beck, A.: Wahrnehmung der Wirklichkeit und Neurose, 1979.

Becker, H.: Außenseiter. Zur Soziologie abweichenden Verhaltens, 1973.

Bee, H.: The developing child, 2nd ed. 1978.

Beling, E.: Die Lehre vom Verbrechen, 1906.

Benda, E.: Die Würde des Menschen ist unantastbar, in: E.-J. Lampe (Hrsg.), Beiträge zur Rechtsanthropologie, 1985, S. 23 ff.

Beneviste, E.: La phrase nominale, in: Bulletin de la Société de Linguistique de Paris 46, 1950, S. 19 ff.

Bentham, J.: Grundsätze der Civil- und Criminal-Gesetzgebung, 1830 (Orig.: Principles of civil and penal law, 1789).

Berck, Th.: Geschichte der Westfälischen Femegerichte, nebst einem Rückblick auf die Vorzeit Westfalens, 1815.

Bergbohm, C.: Jurisprudenz und Rechtsphilosophie, 1892.

Berkeley, G.: Eine Abhandlung über die Prinzipien der menschlichen Erkenntnis, 1957 (Orig.: A treatise concerning the principles of human knowledge, 1710).

Bethge, H.: Zur Problematik von Grundrechtskollisionen, 1977.

Bidney, B.: The concept of value in modern anthropology, in: A. L. Kroeber (Hrsg.), Anthropology today. An encyclopedic inventory, 1953, S. 682 ff.

- Cultural relativism, in: International Encyclopedia of the Social Sciences, III, 1968, S. 543 ff.

Bierling, E. R.: Zur Kritik der juristischen Grundbegriffe, 1877.

- Juristische Prinzipienlehre, V, 1917.

Bilz, R.: Menschliche Aggressivität. Versuch einer verhaltensphysiologischen Differenzierung, in: Zeitschr. f. Psychotherapie u. med. Psychologie 17, 1967, S. 157 ff.

Binder, J.: Der Adressat der Rechtsnorm und seine Verpflichtung, 1927.

Blumenberg, H.: Die kopernikanische Wende, 1965.

Blumentritt, F.: Versuch einer Ethnographie der Philippinen, in: Petermanns Mitteilungen aus Justus Perthes' Geographischer Anstalt, Ergänzungsbd. XV, 1881–1882.

Boas, F.: The mind of primitive man, 1911.

- Race, language and culture (Collected Essays), 1940.

Bodenheimer, E.: Anthropological foundations of the law, in: E. Bulygin / J. L. Gardies / I. Niiniluoto (Hrsg.), Man, law and modern forms of life, 1985, S. 3 ff.

Bohne, G.: Zur Psychologie der richterlichen Überzeugungsbildung, 1948.

Bourne, L. E. / *Ekstrand,* B. R. / *Dominowski,* R. L.: The psychology of thinking, 1971.

Brauer, H. / *Schneider,* E.: Der Zivilrechtsfall in Prüfung und Praxis, 3. Aufl. 1960.

Breasted, J. H.: Die Geburt des Gewissens, 1950.

Brentano, F.: Grundlegung und Aufbau der Ethik (hrsg. v. F. Mayer-Hillebrand), 1952.

Brown, C. / *Lahren,* S. L.: More on hunting ability and increased brain size, in: Current Anthropology 14, 1973, S. 309 ff.

Bruner, J. S.: The social context of language acquisition, in: Language and Communication 1, 1981, S. 155 ff.

Bucher, E.: Das subjektive Recht als Normsetzungsbefugnis, 1965.

Bugelski, B. R.: Principles of learning and memory, 1979.

Bund, E.: Juristische Logik und Argumentation, 1983.

Bydlinski, F.: Juristische Methodenlehre und Rechtsbegriff, 1982.

Calin, V.: Auferstehung der Allegorie, 1975.

Campbell, D. T.: On the conflicts between biological and social evolution and between psychology and moral tradition, in: American Psychologist 30, 1975, S. 1103 ff.

Canaris, C.-W.: Die Feststellung von Lücken im Gesetz, 2. Aufl. 1983.

Cannon, W. B.: Bodily changes in pain, hunger, fear and rage, 1929.

Cardozo, B. N.: Lebendiges Recht, 1949 (Orig.: The growth of law, 1924).

Carrel, A.: Der Mensch, das unbekannte Wesen, 1955 (Orig.: Man, the unknown, 1950).

Carroll, J. B.: Development of native language skills belong the early years, in: C. E. Reed (Hrsg.), The learning of language, 1971, S. 95 ff.

Caspari, E.: Genetische Grundlagen des Verhaltens, in: A. Roe/G. G. Simpson (Hrsg.), Evolution und Verhalten, 1969, S. 36 ff.

Cassirer, E.: Philosophie der symbolischen Formen, I, 4. Aufl. 1964.

Child, T. L./*Whiting,* J. W. M.: Determinants of level aspiration. Evidence from everyday life, in: H. Brand (Hrsg.), The study of personality, 1954, S. 495 ff.

Chomsky, N.: Language and the mind, in: I. Bar-Adon/W. F. Leopold (Hrsg.), Child language, 1971, S. 424 ff.

- Strukturen der Syntax, 1973 (Orig.: Syntactic structures, 1957).

Church, J.: Sprache und Entdeckung der Wirklichkeit, 1971 (Orig.: Language and the discovery of reality, 1967).

Clark, H. H.: Linguistic processes in deductive reasoning, in: Psychol. Review 76, 1969, S. 387 ff.

Coing, H.: Neue Strömungen in der Nordamerikanischen Rechtsphilosophie, in: ARSP 38, 1949/50, S. 536 ff.

- Benthams Bedeutung für die Entwicklung der Interessenjurisprudenz und der allgemeinen Rechtslehre, in: ARSP 54, 1968, S. 69 ff.

- Rechtsphilosophie, 4. Aufl. 1985.

Cornelius, H.: Psychologie als Erfahrungswissenschaft, 1897.

- Über Gestaltqualitäten, in: Zeitschrift f. Psychol. 22, 1900, S. 101 ff.

Count, E. W.: The biological basis of human society, in: American Anthropologist 60, 1958, S. 1049 ff.

- Das Biogramm. Anthropologische Studien, 1970.

- Being and becoming human. Essays on the Biogram, 1973.

Cramer, P.: siehe Schönke, A./Schröder, H.

Cupchik, G. C./*Leventhal,* H.: Consistency between expressive behaviour and the evaluation of humorous stimuli. The role of sex and self observation, in: Journal of Personality and Social Psychology 30, 1974, S. 429 ff.

Czajka, D.: Pressefreiheit und „öffentliche Aufgabe" der Presse, 1968.

Dempff, A.: Krisis des Fortschrittsglaubens, 1947.

Dicey, A. V.: Lectures introductory to the study of the Law of the Constitution, 10th ed. 1968.

Diederichsen, U.: Die Flucht des Gesetzgebers aus der politischen Verantwortung im Zivilrecht, 1974.

Diemer, A.: Die Begründung des Wissenschaftscharakters der Wissenschaft im 19. Jh. Die Wissenschaftstheorie zwischen klassischer und moderner Wissenschaftskonzeption, in: ders. (Hrsg.), Beiträge zur Entwicklung der Wissenschaftstheorie im 19. Jh., Studien zur Wissenschaftstheorie, I, 1968, S. 3 ff.

Dilthey, W.: Ideen über eine beschreibende und zergliedernde Psychologie, 1894, in: Gesammelte Schriften, V, 5. Aufl. 1968.

v. Ditfurth, H.: Der Geist fiel nicht vom Himmel. Die Evolution unseres Bewußtseins, 6. Aufl. 1984.

Dobzhansky, Th.: Vererbung und Menschenbild, 1966.

Dölle, H.: Vom Stil der Rechtssprache, 1949.

Dölling, D.: Rechtsgefühl und Perzeption des Strafrechts bei delinquenten und nicht delinquenten Jugendlichen und Heranwachsenden, in: E.-J. Lampe (Hrsg.), Das sog. Rechtsgefühl, 1985, S. 240 ff.

Dörner, D.: Verhalten, Denken und Emotionen, in: L. H. Eckensberger/E.-D. Lantermann (Hrsg.), Emotion und Reflexivität, 1985, S. 157 ff.

Dollard, J./*Miller*, N. E./*Doob*, L. W./*Mowrer*, O. H./*Sears*, R. R.: Frustration and aggression, 1939.

Dombois, H.: Naturrecht und christliche Existenz, 1952.

Douglas, M.: Purity and danger. An analysis of concepts of pollution and taboo, 2nd ed. 1978.

Dreier, R.: Der Begriff des Rechts, in: NJW 1986, S. 890 ff.

Dreher, E./*Tröndle*, H.: Strafgesetzbuch, 42. Aufl. 1985.

Dürbeck, H.: Neuere Untersuchungen zur Sapir-Whorf-Hypothese, in: Linguistics 145, 1975, S. 5 ff.

Dürig, G.: siehe Maunz/Dürig/Herzog.

Duncker, K.: Zur Psychologie des produktiven Denkens, 3. Neudr. 1974.

Dux, G.: Der Ursprung der Normen. Die Bedeutung der Sprache für ihre Entwicklung, in: ARSP 66, 1980, S. 53 ff.

Eckensberger, L. H.: Das „Rechtsgefühl" aus entwicklungspsychologischer Perspektive, in: E.-J. Lampe (Hrsg.), Das sog. Rechtsgefühl, 1985, S. 71 ff.

Edelmann, J.: Die Entwicklung der Interessenjurisprudenz, 1967.

Ehrenstein, W.: Probleme des höheren Seelenlebens, 1965.

Eibl-Eibesfeldt, J.: Liebe und Haß: Zur Naturgeschichte elementarer Verhaltensweisen, 5. Aufl. 1972.

- Der vorprogrammierte Mensch, 1973.

- Menschenforschung auf neuen Wegen. Die naturwissenschaftliche Betrachtung kultureller Verhaltensweisen, 1976.

- Die Biologie des menschlichen Verhaltens. Grundriß der Humanethologie, 1984.

- Grundriß der vergleichenden Verhaltensforschung, 7. Aufl. 1987.

Eklund, H.: Das Gewissen in der Auffassung des modernen Menschen, in: Zeitschrift für systematische Theologie 14, 1937, S. 197 ff.

Ekman, P./*Friesen*, W. V.: The repertoire of nonverbal behavior: Categories, origins, usage and coding, in: Semiotica 1, 1969, S. 49 ff.

Engisch, K.: Die Einheit der Rechtsordnung, 1935.

- Vom Weltbild des Juristen, 2. Aufl. 1965.

- Die Idee der Konkretisierung in Recht und Rechtswissenschaft unserer Zeit, 2. Aufl. 1968.

- Auf der Suche nach der Gerechtigkeit. Hauptthemen der Rechtsphilosophie, 1971.

- Einführung in das juristische Denken, 8. Aufl. 1983.

Enneccerus, L./*Nipperdey*, H. C.: Allgemeiner Teil des Bürgerlichen Rechts, Halbbd. I, 15. Aufl. 1959.

Eser, A.: siehe Schönke, A./Schröder, H.

Esser, J.: Vorverständnis und Methodenwahl, 2. Aufl. 1972.

Essler, W. K.: Einführung in die Logik, 2. Aufl. 1969.

Ewer, R. F.: Ethologie der Säugetiere, 1976.

Fauconnet, M.: La responsabilité, 1920.

Festinger, L.: Theorie der kognitiven Dissonanz, 1978 (Orig.: A theory of cognitive dissonance, 1957).

Fezer, K.-H.: Teilhabe und Verantwortung, 1986.

Field, G. C.: Faculty psychology and instinct psychology, in: Mind 30, 1921, S. 257 ff.

Fikentscher, W.: Methoden des Rechts in vergleichender Darstellung, II, 1975; III, 1976.

Flume, W.: Allgemeiner Teil des Bürgerlichen Rechts, II: Das Rechtsgeschäft, 1975.

Freud, S.: Totem und Tabu, in: WW (hrsg. v. A. Freud/W. Hoffer) IX, 3. Aufl. 1961.

- Der Witz und seine Beziehung zum Unbewußten, in: WW (hrsg. v. A. Freud/W. Hoffer) VI, 4. Aufl. 1969.
- Die Verneinung, in: WW (hrsg. v. A. Freud/W. Hoffer) XIV, 5. Aufl. 1972, S. 11 ff.
- Die Zukunft einer Illusion, in: WW (hrsg. v. A. Freud/W. Hoffer) XIV, 5. Aufl. 1972, S. 325 ff.

Frey, G.: Sprache, Ausdruck des Bewußtseins, 1965.

v. *Freytag-Löringhoff,* B.: Über einige Wesenszüge des Gesprächs, in: Studium Generale 8, 1955, S. 549 ff.

Friedman, L. M.: Einige Bemerkungen über eine allgemeine Theorie des rechtsrelevanten Verhaltens, in: M. Rehbinder/H. Schelsky (Hrsg.), Zur Effektivität des Rechts, 1972, S. 206 ff.

Fromm, E.: Psychoanalyse und Ethik, 1980 (Orig.: Man for himself, 1947).

Fuller, G. L./*Thompson,* W. R.: Behaviour genetics, 1960.

Furth, H. G.: Research with the deaf. Implications for language and cognition, in: Psychol. Bulletin 62, 1964, S. 145 ff.

Gallas, W.: Zum gegenwärtigen Stand der Lehre vom Verbrechen, in: ZStW 67, 1955, S. 1 ff.

Gehlen, A.: Der Mensch. Seine Natur und seine Stellung in der Welt, 9. Aufl. 1971.

Gibson, E. J.: Principals of perceptual learning and development, 1969.

Ginsburg, H./*Opper,* S.: Piaget's theory of intellectual development, 2nd ed. 1978.

Goerlich, H.: Wertordnung und Grundgesetz, 1973.

v. *Goethe,* J. W.: Zur Farbenlehre. Didaktischer Teil (1810), in: WW (hrsg. von E. Trunz) XIII, 4. Aufl. 1962, S. 314 ff.

- Zur Morphologie (1817) in: WW (hrsg. von E. Trunz), XIII, 4. Aufl. 1962, S. 53 ff.
- Maximen und Reflexionen (1822) in: WW (hrsg. von E. Trunz), XII, 4. Aufl. 1962, S. 365 ff.

Graf, E./*Dietherr,* M.: Deutsche Rechtssprichwörter, 2. Aufl. 1869.

Graf, O.: Djin si lu (Tschun hi), die sungkonfuzianische Summa mit dem Kommentar des Yä tsai, 1953.

Graumann, C. F.: Sinn für Gerechtigkeit in der Masse, in: E.-J. Lampe (Hrsg.), Das sog. Rechtsgefühl, 1985, S. 319 ff.

Greenberg, J. H. (Hrsg.): Universals of languages. Report of a conference held at Dobby Ferry 1961, 1963.

Grewendorf, G./*Meggle,* G. (Hrsg.): Seminar Sprache und Ethik: Zur Entwicklung der Metaethik, 1974.

Grey, J. P.: Primate social biology, 1985.

Grimm, J.: Von der Poesie im Recht, 1816 (Nachdruck 1972).

Grosier, J. B.: Die Welt des alten China, 1972.

Großfeld, B.: Sprache und Recht, in: JZ 1984, S. 1 ff.

Gruenthal, E.: Über Unterschiede im Gehirnbau der Anthropoiden und des Menschen und das eigentlich Menschliche am Gehirn, in: Fortschritte der Neurologie, Psychiatrie und ihrer Grenzgebiete 8, 1936, S. 261 ff.

Günther, L.: Recht und Sprache. Ein Beitrag zum Thema Juristendeutsch, 1891.

Hämmerlein, H.: Public Relations der öffentlichen Verwaltung, in: DÖV 1963, 364 ff.

Hamburger, R.: Neue Theorie der Wahrnehmung und des Denkens, 1927.

Hanack, E.-W.: siehe Löwe/Rosenberg.

Hare, R. M.: Freiheit und Vernunft, 1973 (Orig.: Freedom and reason, 1963).

Harlow, H. F.: The nature of love, in: Amer. Psychologist 13, 1958, S. 673 ff.

Harrison, A. A.: Mere exposure, in: L. Berkowitz (Hrsg.), Advances in Experimental Social Psychology, X, 1977, S. 39 ff.

Hartley, D.: Observations on man, his frame, his duty and his exceptions, 1971 (Orig.: 1749).

Hartmann, D.-D.: Willkürverbot und Gleichheitsgebot, 1972.

Hartmann, N.: Ethik, 4. Aufl. 1962.

Hartmann, P.: siehe Baumbach/Lauterbach/Albers/Hartmann.

Hassemer, W.: Einführung in die Grundlagen des Strafrechts, 1981.

- Juristische Hermeneutik, in: ARSP 72, 1986, S. 195 ff.

Hassenstein, B.: Instinkt, Lernen, Spielen, Einsicht, 1980.

Hatz, H.: Rechtsprache und juristischer Begriff, 1963.

Hauschildt, J.: Entscheidungsziele. Zielbildung in innovativen Entscheidungsprozessen, 1977.

Heck, Ph.: Begriffsbildung und Interessenjurisprudenz, 1932.

Heckhausen, H.: Motivation und Handeln, 1980.

Hedemann, J. W.: Über die Kunst, gute Gesetze zu machen, in: FS O. Gierke, 1911, S. 305 ff.

- Wesen und Wandel der Gesetzgebungstechnik, in: FS W. Schmidt-Rimpler, 1957, S. 23 ff.

Hegel, G. W. F.: Grundlinien der Philosophie des Rechts, 1821.

Heidegger, M.: Platons Lehre von der Wahrheit, 2. Aufl. 1954.

- Sein und Zeit, 9. Aufl. 1960.

- Holzwege, 4. Aufl. 1963.

Heinitz, E.: Das Problem der materiellen Rechtswidrigkeit, 1926.

Hellpach, W.: Sozialpsychologie, 2. Aufl. 1946.

Hendrichs, H.: On the evolution of social structure in mammels, in: J. F. Eisenberg/D. G. Kleimann (Hrsg.), Advances in the study of mammalian behavior, 1983, S. 738 ff.

- Zu möglichen Vorformen des menschlichen Rechtsgefühls bei höheren Tieren, in: E.-J. Lampe (Hrsg.), Das sog. Rechtsgefühl, 1985, S. 57 ff.

Henkel, H.: Recht und Individualität, 1958.

- Einführung in die Rechtsphilosophie, 2. Aufl. 1977.

Henle, P. (Hrsg.): Sprache, Denken, Kultur, 1975.

Herder, J. G.: Sprachphilosophische Schriften, 2. Aufl. 1964 (hrsg. v. E. Heintel).

Herskovits, M. J.: Man and his works, 1948 (12th ed. 1970).

- Cultural anthropology (An abridged revision of "Man and his works"), 1955.

Herzog, R.: Von der Akzeptanz des Rechts, in: B. Rüthers/K. Stern (Hrsg.), Freiheit und Verantwortung im Verfassungsstaat. Festgabe zum 10jährigen Bestehen der Gesellschaft für Rechtspolitik, 1984, S. 127 ff.

Hesse, K.: Grundzüge des Verfassungsrechts der Bundesrepublik Deutschland, 15. Aufl. 1985.

Hewes, G. W.: Language origines. A bibliography, 2nd ed. 1975.

- Language origin theories, in: D. M. Rumbaugh (Hrsg.), Language learning by a chimpanzee - The Lana project, 1977, S. 3 ff.

Hirsch, E. E.: Die Steuerung menschlichen Verhaltens, in: M. Gruter/M. Rehbinder, Der Beitrag der Biologie zu Fragen von Recht und Ethik, 1983, S. 275 ff.

Hjelmslev, L.: Prolegomena zu einer Sprachtheorie, 1974 (Orig.: Prolegomena to a theory of language, 1953).

Hobbes, Th.: De cive, or The citizen (1651), Reprint 1982.

Hoebel, E. A.: The law of primitive man. A study in comparative legal dynamics, 1954.

Hörmann, H.: Psychologie der Sprache, 1967.

Hof, H.: Verhaltensforschung zum Recht, in: Rechtstheorie 14, 1983, S. 349 ff.

Hoffman, M. L.: Moral development, in: P. H. Mussen (Hrsg.), Carmichael's Manual of Child Psychology, II, 3rd ed. 1970, S. 261 ff.

v. *Holst*, E.: Zur Verhaltenspsychologie bei Tieren und Menschen, I, 1969.

Honigmann, J. J. (Hrsg.): Handbook of social and cultural anthropology, 1973.

Horn, E.: siehe Systematischer Kommentar zum StGB.

Howitt, A. W.: The native tribes of S.-C. Australia, 1904.

Hruschka, J.: Die Konstitution des Rechtsfalles. Studien zum Verhältnis von Tatsachenfeststellung und Rechtsanwendung, 1965.

Hubmann, H.: Naturrecht und Rechtsgefühl, in: AcP 153, 1954, S. 297 ff.

Huizinga, G.: Maslow's need hierarchy in the work situation, 1970.

v. *Humboldt*, W.: Über das vergleichende Sprachstudium in Beziehung auf die verschiedenen Epochen der Sprachentwicklung (1820), in: WW (hrsg. v. A. Flitner/K. Giel) III, 1963, S. 11 ff.

- Über den Dualis (1827), in: WW (hrsg. v. A. Flitner/K. Giel) III, 1963, S. 113 ff.

- Über die Verschiedenheit des menschlichen Sprachbaues und ihren Einfluß auf die geistige Entwicklung des Menschengeschlechts, 1830/35.

Hume, D.: Untersuchung über die Prinzipien der Moral (hrsg. v. C. Winckler), 1929 (Orig.: An enquiry concerning the principals of morals, 1751).

- Eine Untersuchung über den menschlichen Verstand (hrsg. v. R. Richter), 1961 (Orig.: An enquiry concerning human understanding, 1748).

Irle, M.: Macht und Entscheidungen in Organisationen. Studie gegen das Linie-Stab-Prinzip, 1971.

Isay, H.: Rechtsnorm und Entscheidung, 1929.

Izard, C. J.: On the ontogenesis of emotions and emotion-cognition relationships in infancy, in: M. Lenis/L. A. Rosenbaum (Hrsg.), The development of affect, 1978, S. 389 ff.

Jackson, B. S.: Essays in jewish and comparative legal history, 1975.

Jäger, H.: Glosse über Lehrbuchkriminalität, in: Monatsschrift für Kriminologie und Strafrechtsreform 56, 1973, S. 300 ff.

Jaspers, K.: Einführung in die Philosophie, 1953.

Jellinek, G.: Allgemeine Staatslehre, 3. Aufl. 1959.

Jennings, H. S.: The biological basis of human nature, 1930.

Jescheck, H.-H.: Lehrbuch des Strafrechts. Allgemeiner Teil, 3. Aufl. 1978.

v. Jhering, R.: Geist des römischen Rechts, II/2, 2. Aufl. 1869.

- Der Zweck im Recht, 5. Aufl. 1916.

Jonas, D. F./*Jonas,* A. D.: Das erste Wort. Wie die Menschen sprechen lernten, 1979.

Jülisch, B./*Krause,* W.: Semantischer Kontext und Problemlösungsprozesse, in: F. Klix (Hrsg.), Psychologische Beiträge zur Analyse kognitiver Prozesse, 1976, S. 274 ff.

Kafka, G.: Über Uraffekte, in: Acta Psychol. 7, 1950, S. 256 ff.

Kahler, E.: Das Fortleben des Mythos, in: Amer. Rdsch. 1946, S. 38 ff.

Kainz, F.: Lügenerscheinungen im Sprachleben, in: O. Lipmann/P. Plaut (Hrsg.), Die Lüge, 1927, S. 212 ff.

Kaiser, A.: Aggressivität als anthropologisches Problem, in: A. Plack (Hrsg.), Der Mythos vom Aggressionstrieb, 1973, S. 43 ff.

Kaiser, G.: Kriminologie. Eine Einführung in die Grundlagen, 1985.

Kant, I.: Grundlegung zur Metaphysik der Sitten, 2. Aufl. 1786.

- Kritik der praktischen Vernunft, 1788.
- Metaphysik der Sitten, 2. Aufl. 1798.
- Kleinere Schriften zur Naturphilosophie, in: WW (hrsg. von O. Buek u.a.) VII, 3. Aufl. 1922.

Katona, G.: Rational behavior and economic behavior, in: W. J. Gore/J. W. Dyson (Hrsg.), The making of decisions, 1964, S. 51 ff.

Katz, D.: Sozialpsychologie, in: D. u. R. Katz (Hrsg.), Kleines Handbuch der Psychologie, 3. Aufl. 1972, S. 357 ff.

Kaufmann, A.: Naturrecht und Geschichtlichkeit, 1957.

- Analogie und Natur der Sache. Zugleich ein Beitrag zur Lehre vom Typus, 2. Aufl. 1982.
- Recht und Sprache, 1983.

Kaulbach, F.: Einführung in die Philosophie des Handelns, 1982.

Keller, J. A.: Grundlagen der Motivation, 1981.

Keller, W.: Psychologie und Philosophie des Wollens, 1954.

Kelsen, H.: Hauptprobleme der Staatsrechtslehre, 1911.

- Reine Rechtslehre, 2. Aufl. 1960.

Kiefner, H.: Der Einfluß Kants auf Theorie und Praxis des Zivilrechts im 19. Jahrhundert, in: G. Blühdorn / J. Ritter (Hrsg.), Philosophie und Rechtswissenschaft, 1969, S. 3 ff.

Kimminich, O.: Bericht zur Staatsrechtslehrertagung 1963, in: JZ 1963, S. 769 f.

v. Kirchmann, J. H.: Anmerkungen zu Grotius' drei Büchern über das Recht des Krieges und Friedens, 1869.

Kirsch, W.: Einführung in die Theorie der Entscheidungsprozesse, 2. Aufl. 1977.

Klages, L.: Der Geist als Widersacher der Seele, 4. Aufl. 1960.

Klecatski, H. R. / *Wimmer*, N.: Sozialintegrierte Gesetzgebung, 1980.

Klingenberg, E.: Besprechung zu Jackson, Essays in jewish and comparative legal history, in: Zeitschrift der Savigny-Stiftung für Rechtsgeschichte 95, 1978, S. 333 ff.

Klix, F.: Information und Verhalten, 5. Aufl. 1980.

Koch, H.-J.: Über juristisch-dogmatisches Argumentieren im Staatsrecht, in: H.-J. Koch (Hrsg.), Die juristische Methode im Staatsrecht. Über Grenzen von Verfassungs- und Gesetzesbindung, 1977, S. 13 ff.

Koch, H.-J. / *Rüßmann*, H.: Juristische Begründungslehre. Eine Einführung in Grundprobleme der Rechtswissenschaft, 1982.

Koch, W. A.: Poetizität. Skizzen zur Semiotik der Dichtung, 1981.

Koehler, O.: Tiersprachen und Menschensprachen, in: G. Altner (Hrsg.), Kreativer Mensch, 1969, S. 119 ff.

Koffka, K.: Die Grundlagen der psychischen Entwicklung, 2. Aufl. 1966.

Kohlberg, L.: Development of moral character and moral ideology, in: M. L. Hoffman / L. W. Hoffman (Hrsg.), Review of child development research, I, 1964, S. 383 ff.

Kohlberg, L.: Moral stages and moralization. The cognitive-development approach, in: T. Lickona (Hrsg.), Moral development and behavior, 1976, S. 31 ff.

Kornadt, H. J.: Die Entwicklung der Frustrations- und Aggressionsforschung, in: ders. (Hrsg.), Aggression und Frustration als psychologisches Problem, 1981, S. 3 ff.

Kriele, M.: Kriterien der Gerechtigkeit, 1963.

- Theorie der Rechtsgewinnung. Entwickelt am Problem der Verfassungsinterpretation, 1967.

- Rechtsgefühl und Legitimität der Rechtsordnung, in: E.-J. Lampe (Hrsg.), Das sog. Rechtsgefühl, 1985, S. 23 ff.

Kroeber, A. L. / *Kluckhuhn*, C.: Culture. A critical review of concepts and definitions, 1952.

Krüger, H.: Allgemeine Staatslehre, 2. Aufl. 1966.

Kuerzdoerfer, K. (Hrsg.): Gewissensentwicklung und Gewissenserziehung, 1978.

Kuhl, J.: Emotion, Kognition und Motivation, in: Sprache und Kognition 2, 1983, S. 1 ff., 228 ff.

Kunert, K.-H.: Die normativen Merkmale der strafrechtlichen Tatbestände, 1958.

Kupsch, P. U.: Das Risiko im Entscheidungsprozeß, 1973.

Labov, W.: The boundaries of words and their meanings, in: C. J. N. Bailey/R. W. Shuy (Hrsg.), New ways of analyzing variation in English, 1973, S. 340 ff.

Lampe, E.-J.: Das personale Unrecht, 1966.

- Rechtsanthropologie, I, 1970.

- Rechtsgut, kultureller Wert und individuelles Bedürfnis, in: FS H. Welzel, 1974, S. 151 ff.

- Besprechung von H. Ryffel, Grundprobleme der Rechts- und Staatsphilosophie, in: Rechtstheorie 7, 1976, S. 103 ff.

- Verhaltensnormen und Sanktionsnormen, in: Symposia II. Memoria del X Congreso Mundial Ordinario de Filosofia del Derecho y Filosofia Social, V, 1982, S. 113 ff.

- Besprechung von F. H. Schmidt, Verhaltensforschung und Recht, in: ARSP 69, 1983, S. 281 ff.

- Bedingungen richtiger Strafbemessung, in: GS P. Noll, 1984, S. 231 ff.

- Das Menschenbild im Recht - Abbild oder Vorbild?, in: ders. (Hrsg.), Beiträge zur Rechtsanthropologie, 1985 a, S. 9 ff.

- Rechtsgefühl und juristische Kognition, in: ders. (Hrsg.), Das sog. Rechtsgefühl, 1985 b, S. 110 ff.

- Genetische Rechtstheorie. Recht, Evolution und Geschichte, 1987 a.

- Richterliche Überzeugung, in: FS G. Pfeiffer, 1987 b, S. 353 ff.

Lang, P. J.: A bio-informational theory of emotional imagery, in: Psychophysiology 16, 1979, S. 495 ff.

Larenz, K.: Methodenlehre der Rechtswissenschaft, 5. Aufl. 1983.

Lawler III, E. E./*Suttle,* J. L.: A causal correlational test of the need hierarchy concept, in: Organizational Behaviour and Human Performance 7, 1972, S. 265 ff.

Lehrmann, D. S.: Eine Kritik an Konrad Lorenz' Theorie des instinktiven Verhaltens, in: G. Roth (Hrsg.), Kritik der Verhaltensforschung, 1974, S. 17 ff.

Leist, A.: Sprechen und Dinge. Der Gegenstandsbereich instrumentellen Handelns, 1979.

Lenneberg, E. H.: Biologische Grundlagen der Sprache, 1972 a (Orig.: Biological foundations of language, 1967).

- Die Sprache in biologischer Sicht, in: ders. (Hrsg.), Neue Perspektiven in der Erforschung der Sprache, 1972 b, S. 74 ff.

Lenneberg, E. H./*Roberts,* J. N.: The language of experience, in: Memoir 13, Inst. f. Americ. Linguistics, 1956.

Lersch, Ph.: Der Aufbau der Person, 8. Aufl. 1962.

Lévy-Bruhl, L.: Das Denken der Naturvölker (hrsg. v. W. Jerusalem), 2. Aufl. 1926.

Lévy-Strauss, C.: Die elementaren Strukturen der Verwandtschaft, 1981.

Leyhausen, P.: Die Funktion der relativen Stimmungshierarchie, in: K. Lorenz/P. Leyhausen (Hrsg.), Antriebe tierischen und menschlichen Verhaltens, 1968, S. 169 ff.

Liebrucks, B.: Sprache und Bewußtsein, I: Einleitung. Spannweite des Problems, 1964.

Linton, R.: The cultural background of personality, 1945.

Lipps, H.: Die Verbindlichkeit der Sprache, 1944.

Livingstone, F. B.: Biological and cultural determinants of human behavior, 1978 (zit. nach E. Bourgnignon, Psychological anthropology. An introduction to human nature and human differences, 1979, S. 44).

Löwe, E. / *Rosenberg*, W.: Die Strafprozeßordnung und das Gerichtsverfassungsgesetz (hrsg. von P. Rieß), 24. Aufl. 1984–87.

Lohmann, J.: Philosophie und Sprachwissenschaft, 1965.

– Die Sprache als das Fundament des Menschseins, in: H. G. Gadamer / P. Vogler (Hrsg.), Neue Anthropologie, VII, 1975, S. 204 ff.

Lorenz, K.: Über die Bildung des Instinktbegriffes, in: Naturwissenschaften 25, 1937, S. 289 ff.

– Ganzheit und Teil in der tierischen und menschlichen Gemeinschaft, 1950, in: Über tierisches und menschliches Verhalten. Aus dem Werdegang der Verhaltenslehre, II, 1970, S. 114 ff.

– Das sogenannte Böse, 32./33. Aufl. 1973.

Lorenzen, P. / *Schwemmer*, O.: Konstruktive Logik, Ethik und Wissenschaftstheorie, 1973.

Lorenzer, A.: Kritik des psychoanalytischen Symbolbegriffs, 2. Aufl. 1972.

Lübbe-Wolff, G.: Rechtsfolgen und Realfolgen. Welche Rolle können Folgenerwägungen in der juristischen Regel- und Begriffsbildung spielen?, 1981.

Lückert, H. R.: Konfliktpsychologie, 1957.

Luhmann, N.: Funktionale Methode und juristische Entscheidung, in: AöR 94, 1969, S. 1 ff.

– Rechtssystem und Rechtsdogmatik, 1974.

– Rechtssoziologie, 2. Aufl. 1983.

Luria, A. R.: The functional organization of the brain, in: Scientific American 222, 1970, S. 66 ff.

Luther, M.: WW (hrsg. v. H. Böhlaus Nachfolger) XL, 2. Abt., 1914 (Nachdruck 1962).

MacDougall, W.: An introduction to social psychology, 1908 (dt.: Grundlagen einer Sozialpsychologie, 1928).

– Aufbaukräfte der Seele. Grundriß einer dynamischen Psychologie und Pathopsychologie, 2. Aufl. 1947.

Mach, E.: Erkenntnis und Irrtum. Skizzen zur Psychologie der Forschung, 5. Aufl. 1926.

Madsen, K. B.: Modern theories of motivation, 1974.

Mahrenholz, E. G. / *Böckenförde*, E. W.: Sondervotum zu BVerfGE 69/1 ff., in: NJW 1985, S. 1528 ff.

Maihofer, W.: Die Natur der Sache, in: ARSP 44, 1958, S. 145 ff.

– Einleitung, in: ders. (Hrsg.), Naturrecht oder Rechtspositivismus?, 2. Aufl. 1966, S. IX ff.

– Vorwort, in: ders. (Hrsg.), Begriff und Wesen des Rechts, 1973, S. IX ff.

v. Mangoldt, H. / *Klein*, F.: Das Bonner Grundgesetz, I, 3. Aufl. 1985 (bearb. v. Ch. Starck).

Mann, Th.: Tod in Venedig, in: WW VIII, 2. Aufl. 1974, S. 444 ff.

Marx, K.: Die Frühschriften, 1953.

Maslow, A. H.: Motivation und Persönlichkeit, 1977 (Orig.: Motivation and personality, 2nd ed. 1970).

Mason, W. A.: Early social deprivation in the nonhuman primates. Implications for human behavior, in: D. G. Glass (Hrsg.), Environmental influences, 1968, S. 70 ff.

Matlin, M. W.: Response competition, recognition and affect, in: Journal of Personality and Social Psychology 19, 1971, S. 295 ff.

Maunz, Th./*Dürig,* G./*Herzog,* R.: Grundgesetz, Kommentar, I (Stand August 1985).

Maurach, R./*Zipf,* H.: Strafrecht Allgemeiner Teil, I, 6. Aufl. 1983.

Mayer, M. E.: Rechtsnormen und Kulturnormen, 1903.

- Der allgemeine Teil des deutschen Strafrechts, 2. Aufl. 1923.

Mayer-Maly, Th.: Rechtskenntnis und Gesetzesflut, 1969.

Mead, M.: Coming of age in Samoa, 1928.

- Growing up in New Guinea, 1930.

- Sex and temperament in three primitive societies, 1935.

Meder, G.: Das Prinzip der Rechtmäßigkeitsvermutung, dargestellt für die Vermutung der Verfassungsmäßigkeit von Gesetzen, 1970.

Meier, Ch.: Zur Diskussion über das Rechtsgefühl. Themenvielfalt, Ergebnistrends, neue Forschungsperspektiven, 1986.

Meltzoff, A. N./*Moore,* M. K.: Imitation of facial and manual gestures by human neonates, in: Science 198, 1977, S. 75 ff.

Merten, D.: Das Recht auf freie Entfaltung der Persönlichkeit, in: JuS 1976, S. 345 ff.

Messelken, H.: Drei Aspekte der anthropologischen Sprachtheorie, 1968.

Meyer, P.: Soziobiologie und Soziologie, 1982.

Mezger, E.: Die subjektiven Unrechtsmerkmale, in: GS 89, 1924, S. 207 ff.

Michael, F.: The role of law in traditional, nationalist and communist China, in: China Quarterly 9, 1962, S. 124 ff.

Miller, N. E./*Dollard,* J./*Doob,* L. W./*Mowrer,* O. H./*Sears,* R. R.: The frustration-aggression hypothesis, in: Psychol. Review 48, 1941, S. 337 ff.

Mischel, W.: Toward a cognitive social learning reconceptualization of personality, in: Psychol. Review 80, 1973, S. 252 ff.

Mock, E.: Gewissen und Gewissensfreiheit, 1983.

Mohr, H.: Biologische Wurzeln der Ethik?, 1983.

Mühlmann, W. E.: Rassen, Ethnien, Kulturen, Moderne Ethnologie, 1964.

- Umrisse und Probleme einer Kulturanthropologie, in: W. E. Mühlmann/E. W. Müller (Hrsg.), Kulturanthropologie, 1966, S. 15 ff.

- Geschichte der Anthropologie, 2. Aufl. 1968.

Müller, F.: Juristische Methodik und politisches System, 1976.

Münchener Kommentar zum BGB, III 2, Schuldrecht Besonderer Teil (§§ 657–853), 1980.

Münzel, F.: Rechtswesen, in: W. Franke (Hrsg.), China Handbuch, 1974, S. 1086 ff.

Mummendey, A.: Aggressives Verhalten, in: H. Thomae (Hrsg.), Motivation und Emotion, II: Psychologie der Motive, 1983, S. 321 ff.

Musil, R.: Der Mann ohne Eigenschaften, 1952.

Naka, Y.: Die Appellfunktion des Tatbestandsvorsatzes, in: JZ 1961, S. 210 ff.

Nelson, K.: Structure and strategy in learning talk. Monographs of the Society for Research in Child Development, 38 (1–2, serial No. 149), 1973.

Neumann-Duesberg, H.: Sprache im Recht, 1949.

Nietzsche, F.: Jenseits von Gut und Böse, 1934, in: WW (hrsg. von K. Schlechta) II, 1966, S. 563 ff.

Noll, P.: Gesetzgebungslehre, 1973.

v. Ockham, W.: Dialogus de potestate papae et imperatoris, 1614.

Oksaar, E.: Sprache als Problem des Juristen, in: ARSP 53, 1967, S. 91 ff.

Oser, F.: Das Gewissen lernen. Probleme intentionaler Lernkonzepte im Bereich der moralischen Erziehung, 1976.

Ott, W.: Der Rechtspositivismus. Kritische Würdigung auf der Grundlage eines juristischen Pragmatismus, 1976.

Otto, W. F.: Sprache und Mythos, in: Die Sprache (hrsg. v. d. Bayer. Akad. d. Schönen Künste), 1959, S. 115 ff.

Palandt, O.: Bürgerliches Gesetzbuch, 10. Aufl. 1952.

Paul, H.: Prinzipien der Sprachgeschichte, 1920.

Perelman, C. H./*Olbrechts-Tyteca,* L.: The new rhetoric. A treatise on argumentation, 1970.

Peters, H.: Lehrbuch der Verwaltung, 1949.

Peters, U. H.: Wörterbuch der Tiefenpsychologie, 1978.

Phillips, J. L.: The origins of intellect: Piaget's theory, 2nd ed. 1975.

Piaget, J.: Das moralische Urteil beim Kinde, 1973 (Orig.: Le jugement moral chez l'enfant, 1954).

– Das Weltbild des Kindes, 1978 (Orig.: La représentation du monde chez l'enfant, 1926).

– Intelligence and affectivity. Their relationship during child development, 1981.

Piaget, J./*Inhelder,* B.: The psychology of the child, 1969.

Pilz, G. A./*Mösch,* H.: Der Mensch und die Graugans, 1975.

Platon: Theätet, in: WW (hrsg. v. G. Eigler) VI, 1970, S. 1 ff.

– Der Staatsmann, in: WW (hrsg. v. G. Eigler) VI, 1970, S. 403 ff.

– Gesetze, in: WW (hrsg. v. G. Eigler) VIII, 1977.

Ploog, D.: Verhaltensforschung und Psychiatrie, in: K. P. Kisker (Hrsg.), Psychiatrie der Gegenwart. Forschung und Praxis, I/1 B, 1964, S. 291 ff.

– Kommunikation in Affengesellschaften und deren Bedeutung für die Verständigungsweise von Menschen, in: H.-G. Gadamer/P. Vogler (Hrsg.), Neue Anthropologie, II, 1972, S. 98 ff.

Pope, A.: Essay on criticism, in: The Poems of Alexander Pope (hrsg. v. J. Butt), 1963, S. 143 ff.

Portmann, A.: Zoologie und das neue Bild des Menschen. Biologische Fragmente zu einer Lehre vom Menschen (rde. Bd. 20), 1956.

Porzig, W.: Das Wunder der Sprache, 5. Aufl. 1971.

Pospíšil, L.: Anthropologie des Rechts. Recht und Gesellschaft in archaischen und modernen Kulturen, 1982 (Orig.: Anthropology of law, 1971).

Pound, R.: Justice according to law, 1913.

Pribram, K.: Comparative neurology and the evolution of behaviour, in: A. Roe/G. G. Simpson (Hrsg.), Behaviour and Evolution, 1958, S. 156 ff.

Puchta, G. F.: Das Gewohnheitsrecht, I, 1828.

Pugh, G. E.: The biological origin of human values, 1977.

Quintilian: Institutio oratoria.

Radbruch, G.: Rechtsphilosophie, 3. Aufl. 1932; 8. Aufl. 1973.

– Vorschule der Rechtsphilosophie, 3. Aufl. 1965.

Raiser, Th.: Richterrecht heute, in: ZRP 18, 1985, S. 111 ff.

Ranken, H. B.: Language and thinking. Positive and negative effects of naming?, in: Science 141, 1963, S. 48 ff.

Rasmussen, D. M.: Symbol and interpretation, 1974.

Rath, H.-D.: Positivismus und Demokratie, 1981.

Reber, G.: Personales Verhalten im Betrieb, 1973.

Rehfeldt, B./*Rehbinder,* M.: Einführung in die Rechtswissenschaft, 3. Aufl. 1973.

Reiche, E.: Rousseau und das Naturrecht, 1935.

Rensch, B.: Neuere Probleme der Abstammungslehre. Die transspezifische Evolution, 3. Aufl. 1972.

Révész, G.: Ursprung und Vorgeschichte der Sprache, 1946.

v. Richthofen, U.: Friesische Rechtsquellen, 1840.

Riedel, M.: Norm und Werturteil, 1979.

Riezler, E.: Das Rechtsgefühl, 2. Aufl. 1946.

– Der totgesagte Positivismus, in: FS F. Schulz, II, 1951, S. 330 ff.

Robbe-Grillet, A.: Pour un nouveau roman, 1963.

Robbers, G.: Gerechtigkeit als Rechtsprinzip. Über den Begriff der Gerechtigkeit in der Rechtsprechung des Bundesverfassungsgerichts, 1980.

Rödig, J. (Hrsg.): Studien zu einer Theorie der Gesetzgebung, 1976.

Rohracher, H.: Einführung in die Psychologie, 7. Aufl. 1960.

Roth, G.: Kritik der verhaltensphysiologischen Grundlagen der Lorenzschen Instinkttheorie, in: ders. (Hrsg.), Kritik der Verhaltensforschung, 1974, S. 156 ff.

Roxin, C.: Täterschaft und Tatherrschaft, 4. Aufl. 1984.

Rudolph, W.: Der kulturelle Relativismus, 1968.

Rudolph, W./*Tschohl,* P.: Systematische Anthropologie, 1977.

Rudolphi, H.-J.: siehe Systematischer Kommentar zum StGB.

Sapir, E.: Conceptual categories of primitive languages, in: Science 74, 1931, S. 578 ff.

Sarasin, P./*Sarasin,* F.: Die Weddas von Ceylon, in: Ergebnisse naturwissenschaftlicher Forschungen auf Ceylon in den Jahren 1884–1886, III, 1893.

Sauermann, H./*Selten,* R.: Anspruchsanpassungstheorie der Unternehmung, in: ZStaatsW 118, 1962, S. 577 ff.

v. Savigny, E.: Juristische Dogmatik und Wissenschaftstheorie, 1976.

v. Savigny, F. C.: Das System des römischen Rechts, VIII, 1849.

Schadewaldt, W.: Das Wort in der Dichtung, in: Wort und Wirklichkeit (hrsg. v. d. Bayer. Akad. der Schönen Künste), 1960, S. 90 ff.

Scheler, M.: Der Formalismus in der Ethik und die materiale Wertethik. Neuer Versuch der Grundlegung eines ethischen Personalismus, 5. Aufl. 1966.

Schelling, F. W. J.: Philosophische Untersuchungen über das Wesen der menschlichen Freiheit und die damit zusammenhängenden Gegenstände (hrsg. v. W. Schulz), 1975.

Schild, W.: Einige philosophische Anmerkungen zur Methode der Entwicklung des moralischen Urteils bei Lawrence Kohlberg, in: E.-J. Lampe (Hrsg.), Beiträge zur Rechtsanthropologie, 1985, S. 104 ff.

Schiller, F.: Was kann eine gute Schaubühne eigentlich wirken?, in: Erzählungen/Theoretische Schriften (hrsg. v. G. Fricke u. H. G. Göpfert), 8. Aufl. 1975, S. 823 ff.

Schlesinger, I. M.: Production and comprehension of utterances, 1977.

Schmidbauer, W.: Methodenprobleme der Humanethologie, in: ders. (Hrsg.), Evolutionstheorie und Verhaltensforschung, 1974, S. 13 ff.

Schmidhäuser, E.: Über Aktualität und Potentialität des Unrechtsbewußtseins, in: FS H. Mayer, 1965, S. 317 ff.

Schmidt, F. H.: Verhaltensforschung und Recht. Ethologische Materialien zu einer Rechtsanthropologie, 1982.

Schmidt, W.: Der Verfassungsvorbehalt der Grundrechte, in: AöR 106, 1981, S. 497 ff.

Schmidt-Bleibtreu, B./*Klein,* F.: Kommentar zum Grundgesetz für die Bundesrepublik Deutschland, 6. Aufl. 1983.

Schmitt, A.: Die Aufgaben der Sprachwissenschaft, in: Indogermanische Forschungen 54, 1936, S. 241 ff.

Schönherr, F.: Recht und Sprache, ein altes Thema, aber aktueller denn je, in: Juristische Blätter 1982, S. 245 ff.

Schönke, A./*Schröder,* H.: Strafgesetzbuch, 22. Aufl. 1985.

Scholich, B.: Wurzeln und Besonderheiten der menschlichen Sprache, in: G. Kurth/I. Eibl-Eibesfeldt (Hrsg.), Hominisation und Verhalten, 1975, S. 262 ff.

Scholz, R.: Das Grundrecht der freien Entfaltung der Persönlichkeit in der Rechtsprechung des Bundesverfassungsgerichts, in: AöR 100, 1975, S. 80 ff.

Schott, R.: Die Einheit der Rechtskultur in der Vielheit der Rechtskulturen, in: E.-J. Lampe (Hrsg.), Beiträge zur Rechtsanthropologie, 1985, S. 158 ff.

Schramm, Th.: Staatsrecht II, 3. Aufl. 1985.

Schreiber, R.: Logik des Rechts, 1962.

Schuppe, W.: Das Gewohnheitsrecht, 1890.

Schweikert, H.: Die Wandlungen der Tatbestandslehre seit Beling, 1957.

Schwidetzky, I.: Das Menschenbild der Biologie, 2. Aufl. 1971.

Seibert, C.: siehe Palandt.

Selz, O.: Zur Psychologie des produktiven Denkens und des Irrtums, 1922.

Service, E. R.: Ursprünge des Staates und der Zivilisation. Der Prozeß der kulturellen Evolution, 1977 (Orig.: Origins of the state and civilization. The process of cultural evolution, 1975).

Shimahara, N.: Enculturation - a reconsideration, in: Current Anthropology 11, 1970, S. 143 ff.

Simon, H. A.: Models of man, 1957.

Simon, R. J.: Encoding in complex problem situation, in: Journal of Experimental Psychol. 83.2, 1970, S. 227 ff.

Simpson, G. G.: Verhalten und Evolution, in: A. Roe/G. G. Simpson (Hrsg.), Evolution und Verhalten, 1969, S. 212 ff.

- The concept of progress in organic evolution, in: Social Research 41, 1974, S. 28 ff.

Sinclair de Zwart, H.: Psychologie der Sprachentwicklung, in: H. Lenninger/M. H. Miller/F. Miller (Hrsg.), Linguistik und Psychologie, II, 1974, S. 73 ff.

Skinner, B. F.: Die Funktion der Verstärkung in der Verhaltenswissenschaft, 1974 (Orig.: Contingencies of Reinforcement, 1969).

Slobin, D. I.: Psycholinguistics, 1971 (dt.: Einführung in die Psycholinguistik, 2. Aufl. 1979).

- Developmental psycholinguistics, in: W. O. Dingwall (Hrsg.), A survey of linguistic science (Linguistics Program, Univ. of Maryland), 2. Aufl. 1978, S. 267 ff.

Söhngen, G.: Analogie und Metapher, 1962.

Somló, F.: Juristische Grundlehre, 2. Aufl. 1927.

Sorel, G.: Les illusions de progrès, 1908.

Spann, O.: Gesellschaftslehre, 3. Aufl. 1914.

Spear, N. E./*Ekstrand,* B. R./*Underwood,* B. J.: Association by contiguity, in: Journal of Experimental Psychol. 67, 1964, S. 151 ff.

Spiro, M. E.: Culture and human nature, in: G. D. Spindler (Hrsg.), The making of psychological anthropology, 1978, S. 330 ff.

Stammler, R.: Richtiges Recht, in: Rechtsphilosophische Grundfragen. Vier Vorträge, 1928.

Starck, Ch.: siehe v. Mangoldt/Klein.

Staub, E.: The development of prosocial behavior in children, 1975.

- Entwicklung prosozialen Verhaltens. Zur Psychologie der Mitmenschlichkeit, 1982 (Orig.: Positive social behavior and morality, Vol. 2: Socialization and development, 1979).

Stegmüller, W.: Hauptströmungen der Gegenwartsphilosophie, Bd. I, 7. Aufl. 1986.

v. d. Steinen, K.: Unter den Naturvölkern Zentral-Brasiliens, 1894.

Steiner, G. (Hrsg.): Piaget und die Folgen, in: Psychologie des 20. Jh., VII, 1978.

Stelzenberger, J.: Syneidesis, conscientia, Gewissen, 1963.

Stent, G. S. (Hrsg.): Morality as a biological phenomenon. Report of the Dahlem Workshop of Biology and Morals, 1978.

v. Stephanitz, D.: Exakte Wissenschaft und Recht. Der Einfluß von Naturwissenschaften und Mathematik auf Rechtsdenken und Rechtswissenschaft in zweieinhalb Jahrtausenden; ein historischer Grundriß, 1970.

Stern, C.: Grundlagen der Humangenetik, 2. dt. Ausg. 1968.

Stern, W.: Psychologie der frühen Kindheit bis zum 6. Lebensjahre, 3. Aufl. 1923.

Stevenson, Ch. L.: Ethics and language, 1944.

Stratenwerth, G.: Strafrecht Allgemeiner Teil, I, 3. Aufl. 1981.

Strawson, P. F.: Einzelding und logisches Subjekt, 1972 (Orig.: Individuals, 1959).

Stree, W.: siehe Schönke/Schröder.

Süsterhenn, A.: Das Naturrecht, in: Die Kirche in der Welt, I, 1947, S. 55 ff. (Wiederabdruck in: W. Maihofer (Hrsg.), Naturrecht oder Rechtspositivismus?, 1962, S. 11 ff.).

Sydow, H.: Der Erwerb von grammatischen Strukturen als Resultat von Problemlösungsprozessen, in: F. Klix (Hrsg.), Psychologische Beiträge zur Analyse kognitiver Prozesse, 1976, S. 254 ff.

Systematischer Kommentar (SK) zum Strafgesetzbuch: I (Stand September 1984); II (Stand Januar 1985).

Tammelo, I./*Schreiner*, H.: Grundzüge und Grundverfahren der Rechtslogik, II, 1977.

Thieme, H.: Die preußische Kodifikation, in: Zeitschrift der Savigny-Stiftung für Rechtsgeschichte 57, 1937, S. 355 ff.

Thier, E.: Das Menschenbild des jungen Marx, 1957.

Thoma, R.: Der Begriff der modernen Demokratie in seinem Verhältnis zum Staatsbegriff, in: Erinnerungsgabe M. Weber, 1923, S. 37 ff.

– Handbuch des deutschen Staatsrechts, I, 1930.

Thomas v. Aquin: Summa theologica, I, 1933 (Orig.: 1265); II, 1934 (Orig.: 1266).

Thomas, W. J.: Primitive Behavior, 1937.

Thomasius, Chr.: Fundamenta iuris naturae et gentium, 4. Aufl. 1718 (Neudr. 1963).

Thurnwald, R.: Probleme der ethnopsychologischen Forschung, in: Zeitschr. f. angewandte Psychologie 1913, Beiheft 5.

– Die menschliche Gesellschaft in ihren ethnologischen Grundlagen, II, 1932.

Thyssen, J.: Das Problem des Naturrechts, in: Philosoph. Jahrbuch 65, 1957, S. 342 ff.

Tinbergen, N.: Instinktlehre. Vergleichende Erforschung angeborenen Verhaltens, 5. Aufl. 1972.

Tönnies, F.: Philosophische Terminologie, 1906.

Toulmin, St. E.: An examination of the place of reason in ethics, 1970.

Tröndle, H.: siehe Dreher/Tröndle.

Tschirch, F.: Weltbild, Denkform und Sprachgehalt, 1954.

Tschohl, P.: siehe Rudolph, W.

Tullio-Altan, C.: Manuale di antropologia culturale. Teoria e metodo, 1971.

Tylor, E. B.: Primitive culture. Researches into the development of mythology, religion, language, art and custom, 1871.

Ulich, D.: Das Gefühl, 1982.

Ulmer, P.: siehe Münchener Kommentar zum BGB.

del Vecchio, G.: Lehrbuch der Rechtsphilosophie, 2. Aufl. 1951.

van der Ven, J. J. M.: Recht, Mensch, Person, in: W. Hassemer (Hrsg.), Dimensionen der Hermeneutik, 1984, S. 15 ff.

Venzlaff, F.: Über die Schlüsselstellung des Rechtsgefühls bei der Gesetzesanwendung, 1973.

Verdross, A.: Abendländische Rechtsphilosophie, 1958.

Viehweg, Th.: Topik und Jurisprudenz, 3. Aufl. 1965.

Villmow, B.: Schwereeinschätzung von Delikten, 1977.

Voget, F. W.: History of Cultural Anthropology, in: J. J. Honigmann (Hrsg.), Handbook of Social and Cultural Anthropology, 1973, S. 1 ff.

Vogt, R.: Individuelle, innovative Problemlösungsprozesse, 1981.

Vossler, K.: Die Grenzen der Sprachsoziologie, 1923.

Wackernagel, J.: Beiträge zur Lehre über die Feststellung des Gewohnheitsrechts, in: FS K. Haff, 1950, S. 360 ff.

Wagner, S. / *Winner,* E.: Metaphysical mapping in human infants (Paper presented at the Eastern Psychological Association meetings), 1979.

Wagner, V.: Rechtssätze in gebundener Sprache und Rechtssatzreihen im israelitischen Recht, 1972.

Wahba, M. A. / *Bridwell,* L. G.: Maslow reconcidered: A review of research on the need hierarchy theory, in: Proceedings of the 33rd Annual Meeting in the Academy of Management (Seattle, Wash.), 1973, S. 514 ff.

Wank, R.: Die juristische Begriffsbildung, 1985.

Waterhouse, M. J. / *Waterhouse,* H. B.: Primate ethology and human social behaviour, in: R. P. Michael / C. H. Crook (Hrsg.), Comparative ecology and behaviour of primates, 1973, S. 669 ff.

Weimar, R.: Psychologische Strukturen richterlicher Entscheidung, 1969.

– Die Rekonstruktion von Rechtsvernunft, in: A.-J. Arnaud (Hrsg.), Juristische Logik, Rationalität und Irrationalität im Recht 1985, S. 259 ff.

Wein, H.: Das Problem des Relativismus, 1950.

Weinberger, O.: Rechtslogik, 1970.

Weisgerber, J. L.: Muttersprache und Geistesbildung, 1929.

– Besprechung v. K. Haag, Die Loslösung des Denkens von der Sprache durch Begriffsschrift, in: Teuthonista 7, 1931/32, S. 249 ff.

Welzel, H.: Naturalismus und Wertphilosophie im Strafrecht, 1935.

– Naturrecht und Rechtspositivismus, in: FS H. Niedermeyer, 1953, S. 279 ff.

– Naturrecht und materiale Gerechtigkeit, 4. Aufl. 1962.

– An den Grenzen des Rechts. Die Frage nach der Rechtsgeltung, 1966.

– Lehrbuch des Strafrechts, 11. Aufl. 1969.

Wengler, W.: Die Nichtanwendung nationalsozialistischen Rechts im Lichte der Rechtsvergleichung und der allgemeinen Rechtslehre, in: JR 1949, S. 67 ff.

Werner, H.: Einführung in die Entwicklungspsychologie, 4. Aufl. 1970.

Wertheimer, M.: Produktives Denken, 2. Aufl. 1964.

Wesel, U.: Frühformen des Rechts in vorstaatlichen Gesellschaften. Umrisse einer Frühgeschichte des Rechts bei Sammlern und Jägern und akephalen Ackerbauern und Hirten, 1985.

White, L.: The science of culture. A study of man and civilization, 1949.

Whorf, B. L.: Sprache, Denken, Wirklichkeit, 1963 (Orig.: Language, thought and reality, 1939).

Wickler, W.: Die Biologie der Zehn Gebote, 1975.

Wieacker, F.: Privatrechtsgeschichte der Neuzeit unter besonderer Berücksichtigung der deutschen Entwicklung, 2. Aufl. 1967.

Wieser, W.: Konrad Lorenz und seine Kritiker, 1976.

Wilhelm, R.: Kongtse und der Konfuzianismus, 1930.

William v. Ockham: siehe Ockham.

Wilson, E. O.: Sociobiology: The new synthesis, 1975.

- Biologie als Schicksal. Die soziologischen Grundlagen menschlichen Verhaltens, 1980 (Orig.: On human nature, 1978).

Wolf, E.: Naturrecht und Gerechtigkeit, in: Evangelische Theologie 7, 1947/48, S. 233 ff.

- Der christliche Glaube und das Recht, in: Zeitschrift für evangelisches Kirchenrecht 4, 1955, S. 225 ff.

- Das Problem der Naturrechtslehre, 2. Aufl. 1959.

Yinger, J. M.: Contraculture and subculture, in: American Sociological Review 25, 1960, S. 625 ff.

Zajonc, R. B.: Feeling and thinking. Preferences need no inferences, in: American Psychologist 35, 1980, S. 151 ff.

v. Zallinger, O.: Wesen und Ursprung des Formalismus im deutschen Privatrecht, 1898.

Zbinden, H.: Das Gewissen in unserer Zeit, in: Das Gewissen (Studien aus dem C. J. Jung-Institut, VII) 1958, S. 9 ff.

Ziehen, Th.: Lehrbuch der Logik, 1920.

- Leitfaden der physiologischen Psychologie, 12. Aufl. 1924.

Zimmerl, L.: Zur Lehre vom Tatbestand, 1928.

Zippelius, R.: Allgemeine Staatslehre (Politikwissenschaft), 9. Aufl. 1985 a.

- Juristische Methodenlehre, 4. Aufl. 1985 b.

Zitelmann, E.: Gewohnheitsrecht und Irrtum, in: AcP 66, 1883, S. 323 ff.

- Die Kunst der Gesetzgebung, 1904.

Personen- und Sachverzeichnis*

* In das Personenverzeichnis sind nur diejenigen Autoren aufgenommen worden, die der Text der Arbeit erwähnt.

FSC
www.fsc.org
MIX
Papier | Fördert gute Waldnutzung
FSC® C083411

Kolibri 360 GmbH
Ferdinand-Jühlke-Straße 7
99095 Erfurt, Deutschland
produktsicherheit@kolibri360.de

Druck:
CPI Druckdienstleistungen GmbH
im Auftrag der
Kolibri 360 GmbH
Ferdinand-Jühlke-Str. 7
99095 Erfurt